跨境投资经营税收风险指引

主　　编　顾梅平
副 主 编　缪寿亮　宋　雁
编　　者　田青松　蔡秋萍　薛小妹
　　　　　戎　姝　林　静　陈蕊蕤　解　冰

东南大学出版社
SOUTHEAST UNIVERSITY PRESS
·南京·

图书在版编目(CIP)数据

跨境投资经营税收风险指引/顾梅平主编.—南京：东南大学出版社,2022.3
 ISBN 978-7-5641-9879-4

Ⅰ.①跨… Ⅱ.①顾… Ⅲ.①企业管理—对外投资—税收管理—风险管理—中国 Ⅳ.①F812.423

中国版本图书馆 CIP 数据核字(2021)第 254621 号

责任编辑：马伟　责任校对：韩小亮　封面设计：顾晓阳　责任印制：周荣虎

跨境投资经营税收风险指引

Kuajing Touzi Jingying Shuishou Fengxian Zhiyin

主　　编：顾梅平

出版发行：东南大学出版社
社　　址：南京四牌楼 2 号　邮编：210096　电话：025-83793330
网　　址：http://www.seupress.com
电子邮件：press@seupress.com
经　　销：全国各地新华书店
印　　刷：南京工大印务有限公司
开　　本：787mm×1 092mm　1/16
印　　张：16
字　　数：346 千字
版　　次：2022 年 3 月第 1 版
印　　次：2022 年 3 月第 1 次印刷
书　　号：ISBN 978-7-5641-9879-4
定　　价：78.00 元

本社图书若有印装质量问题，请直接与营销部调换。电话(传真)：025-83791830

编 写 说 明

目前的国际经济治理体系面临紧迫而突出的严峻挑战,数字经济迅猛发展,以贸易摩擦为特征的逆全球化趋势愈演愈烈,新冠肺炎疫情的流行给国际经济带来了快速且巨大的冲击。为了应对世界百年未有之大变局,党的十九届五中全会做出了构建国内国际双循环新发展格局的战略部署。随着高水平对外开放的推进,开拓、合作、共赢的新步伐不断加快,中共中央办公厅、国务院办公厅印发了《关于进一步深化税收征管改革的意见》,提出了"精确执法、精细服务、精准监管、精诚共治"的要求(简称"四精"要求),以深入推进税务领域"放管服"改革,打造市场化、法治化、国际化的营商环境,服务"走出去"与"引进来",以更好地发挥国际税收在助开放、稳外资、维权益、强合作等方面的积极作用。

在几十年的"引进来"和"走出去"中,税收发挥了基础性、支柱性、保障性的作用。面对百年未有之大变局的巨大挑战,面对国际税收规则调整的重大影响,如何从国际税收视角更好地服务于国内国际双循环发展中对外开放的新局面,促使税收在优化国际营商环境、助力跨境纳税人投资经营方面发挥更加积极的作用,编写者从国际税收遵从的规划入手,以问题为导向,以风险管理为抓手,梳理当前跨国(地区)纳税人存在的涉税风险,分析业务发展、模式创新、价值链布局中的新问题,并进行归纳整理、总结提炼,编写了《跨境投资经营税收风险指引》。

《跨境投资经营税收风险指引》立足于跨国(地区)纳税人的税收权益,围绕法人、自然人纳税主体对BEPS(Base Erosion and Profit Shifting,税基侵蚀和利润转移)行动计划的落实状况,紧扣跨国(地区)纳税人规避税收管辖权这个国际税收最核心、最根本的问题,从税收管辖权的居民身份风险,"引进来"纳税人日常业务涉税风险,"走出去"纳税人投入、运营、退出的涉税风险,各国(地区)反避税风险,国际税收合作风险五个方面,通过政策的解读、案例的剖析、国家(地区)间税收环境的比较、对数字经济新规则挑战的应对等方面,深入分析涉税风险给纳税人跨国(地区)投资经营带来的困扰和影响。特别是全球最低企业税率即将设立,标志着全球朝大规模税制改革迈出了重大一步,这必将给跨境纳税人的全球价值链布局带来巨大的挑战。因此,编写者期望在这国际税收规则变化的前夕，能为纳税人提供合法合规的指引和帮助，以满足跨境纳税人对国际税收风险提醒的需求，满足纳税人对政策确定性的诉求，满足纳税人对国际税改影响分析的渴望，鼓励纳税人拓展国际视野和树立全球眼光，科学合理地开展国际税收筹划，有效规避涉税风险，用好用足税收协定、安全港规则等税收政策，在全球价值链布局中实现投资与经营收益的最大化。也期望能为税务系统在培养国际思维、增强执法与服务的针对性、有效性等方面提供指引和帮助，鼓励税务系统坚持"术业专攻"，坚持数据赋能，坚持形式合法与商业实质的思辨管理，有效落实"四精"要求，为优化国际营商环境，促进贸易畅通和投资便利做出积极贡献。

他山之石，可以攻玉。本指引运用了诸多案例，以便以案镜鉴，使本指引更具可读性和指导性，其中大部分案例是南京国际税收管理的实践总结。特别要说明的是，本指引采用了《中国税务报》、互联网等媒体发表的部分案例、管理经验、文献资料、统计数据等成果，丰富了指引的内容，进一步增强了指引的全面性和可操作性。应该说，本指引集中了税务系统内外国际税收管理之智慧，在这里不再一一列明索引出处，统一表示感谢。国家税务总局南京市税务局国际税收管理处顾梅平、缪寿亮、宋雁、田青松、蔡秋萍、薛小妹、戎姝、林静、陈蕊蕤、解冰参与了指引的编写，并对指引进行了多角度的复核与审定。

鉴于本指引涉及的政策复杂、内容广泛，虽然我们已经尽了最大的努力，但书中不免存在遗漏和不足之处，敬请广大读者批评指正。

本指引编写组
2021 年 9 月

目　录

第一章　跨国(地区)纳税人居民身份认定的风险 ··· 001

第一节　适用不同税收管辖权的风险 ··· 001
一、税收管辖权的作用 ··· 001
二、国际通行税收管辖权的类型 ·· 002
三、我国对税收管辖权的选择 ··· 005
四、税收居民身份 ··· 006
五、所得来源地的认定 ··· 008
六、居民税收管辖权冲突的影响 ·· 010

第二节　法人居民身份认定风险 ··· 011
一、国际通行法人居民身份确认的标准 ·· 011
二、我国对法人居民身份的判断 ·· 014
三、法人居民身份确认冲突的解决方法 ·· 015
四、境外注册中资控股公司居民企业的认定 ·· 016

第三节　常设机构的判定风险 ·· 018
一、常设机构的特征 ·· 018
二、固定场所型常设机构的判定 ·· 020
三、劳务型常设机构的判定 ··· 024
四、承包工程型常设机构的判定 ·· 027
五、代理型常设机构的判定 ··· 030
六、非居民企业非准备性或辅助性活动的判定 ····································· 031

第四节　自然人居民身份的认定风险 ··· 033
一、国际通行的自然人居民身份确认的标准 ·· 033
二、我国对自然人居民身份确认的标准 ·· 035
三、有住所居民个人的认定及纳税义务 ·· 036
四、无住所个人的认定及纳税义务 ··· 037
五、自然人居民身份确认冲突的解决方法 ··· 044

第二章　外资企业跨境运营及管理风险 045
第一节　税收协定享受中的风险 045
　　一、税收协定的作用 045
　　二、可享受税收协定待遇的内容 046
　　三、享受税收协定待遇的程序 048
　　四、股息、利息和特许权使用费协定待遇的享受 049
　　五、营业利润、财产收益和国际运输对协定优惠待遇的享受 050
　　六、受益所有人的判定 055
　　七、错误享受协定待遇应承担的法律责任 062
第二节　非居民企业间接转让中国应税财产的风险 064
　　一、间接转让中国应税财产的内涵 064
　　二、纳税义务的确定 065
　　三、间接转让多个中国公司的收入分配及税款计算 067
　　四、不具有合理商业目的的判断 068
　　五、企业集团内财产转让具有合理商业目的情形的判断 071
　　六、安全港待遇 073
第三节　日常会税核算中的常见风险 075
　　一、会税差异的体现 075
　　二、会税对权责发生制的应用差异 078
　　三、会税对收付实现制的应用差异 079
　　四、合法性原则的应用 080
　　五、税法"另有规定"共存原则的应用 081
　　六、会税对实质重于形式的应用差异 085
　　七、国际税法与国内税法间冲突的处理 086
第四节　其他日常业务开展的风险 088
　　一、对外支付备案 088
　　二、集团跨境重组 090
　　三、以分配利润再投资递延纳税 093
　　四、预约定价安排 096

第三章　对外投资进入、运营和退出中的风险 101
第一节　投资准备阶段风险 101
　　一、国家对境外投资的管理要求 101
　　二、国家对境外投资的税收扶持政策 103
　　三、关注并用好投资目的国税收等政策 107

四、境外投资模式的选择 ··· 111
　　五、国际避税地的运用 ··· 112
第二节　投资进入阶段风险 ··· 116
　　一、境外投资实体(架构)法律形式的选择 ································· 116
　　二、境外多层架构的搭建 ··· 123
　　三、典型境外投资架构的功能 ··· 125
　　四、境外投资架构的税收风险 ··· 128
第三节　境外运营阶段风险 ··· 131
　　一、境外融资模式 ·· 132
　　二、境外供应链 ··· 135
　　三、境外投资利润及分回 ··· 138
　　四、境外所得税收抵免 ·· 139
　　五、典型企业境外经营面临的风险 ··· 146
第四节　境外投资退出风险 ··· 153
　　一、资产转让退出 ·· 154
　　二、股权转让退出 ·· 154
第五节　境外派遣的个人所得税风险 ·· 155
　　一、境外派遣人员的中国税收居民身份及纳税申报义务 ··············· 155
　　二、境外派遣人员的纳税申报 ··· 156
　　三、境外派遣人员所得税收抵免 ·· 157
　　四、境外派遣被认定为常设机构 ·· 159
　　五、境外社保负担 ·· 159

第四章　税务机关反避税的风险 ··· 160
第一节　转让定价反避税风险 ··· 160
　　一、关联关系的判定 ··· 161
　　二、关联申报和同期资料的准备 ·· 162
　　三、转让定价管理应考虑的因素 ·· 165
　　四、转让定价方法选择的比较 ··· 167
　　五、典型转让定价的调查 ··· 174
第二节　受控外国企业反避税风险 ··· 184
　　一、受控外国企业规则条件 ·· 184
　　二、受控外国企业的判定 ··· 185
　　三、受控外国企业利润的分配 ··· 186
第三节　一般反避税风险 ·· 188

一、一般反避税的启动 ·· 188
　　二、对滥用公司组织形式实施一般反避税 ·························· 190
　　三、对滥用税收协定实施一般反避税 ································ 195
　第四节　个人反避税风险 ·· 199
　　一、个人反避税的法律规定 ··· 199
　　二、引入转让定价规则 ··· 200
　　三、引入受控外国公司规则 ··· 201
　　四、个人一般反避税 ··· 203

第五章　国际税收协作带来的风险 ··· 205
　第一节　国际国内税务争议风险 ··· 205
　　一、税收筹划：避税与偷税的界限 ·································· 205
　　二、跨境经营产生税务争议的表现形式 ··························· 207
　　三、国家和跨国纳税人之间税务争议的法律救济 ·············· 208
　　四、国家间税务争议的国际协商 ···································· 212
　第二节　国际税收情报交换风险 ··· 216
　　一、《多边税收征管互助公约》及其影响 ························· 217
　　二、美国的 FATCA 及其影响 ·· 222
　　三、共同申报准则（CRS）及其影响 ······························· 224
　第三节　国际遵从确认计划和联合审计 ································ 232
　　一、国际遵从确认计划 ··· 232
　　二、联合审计 ·· 235
　第四节　"一带一路"税收征管合作机制 ································· 236
　　一、"一带一路"税收征管合作机制的目标和职能 ··············· 237
　　二、"一带一路"沿线国家税收争端的解决机制 ·················· 237
　第五节　数字经济挑战 ··· 238
　　一、数字经济给传统税收制度带来的挑战 ······················· 238
　　二、数字经济征税方案草案的主要内容 ··························· 240
　　三、数字经济征税方案对我国的影响 ······························ 243

参考文献 ·· 247

第一章

跨国（地区）纳税人居民身份认定的风险

随着经济全球化的发展，国际间的资金流动、贸易往来、人员交流等日益频繁。一项经济活动往往牵涉到不同国家（地区）、国家（地区）与跨国（地区）纳税人之间的经济利益，各国（地区）为了维护其自身的经济利益，必然要行使税收管辖权。因此，跨国（地区）纳税人在全球价值链的布局面临着的不可逾越的问题，就是你是哪一个国家（地区）的纳税人，在哪儿缴税，怎么缴税，缴多少税。这种情况下，如何依据税收管辖权原则确定真正的税收居民身份显得至关重要，处理不当，会陷入双重征税或双重不征税以及反避税的风险，这将直接影响到跨国（地区）纳税人的总体税务负担。

第一节 适用不同税收管辖权的风险

税收管辖权就是一种征税权，是国家主权在税收领域的重要体现，是国际法公认的国家权力。每个主权国家都有权根据各自国家的政治、经济状况和社会制度选择最适合本国权益的税收管辖权。各国同时行使两种不同的税收管辖权必然导致国际双重征税的扩大化，给跨国（地区）纳税人跨境投资经营带来无形的风险和困扰。

一、税收管辖权的作用

税收管辖权是一国政府行使征税权时所拥有的管理权力及其范围，即有权决定对什么人征税，征什么税和征多少税，也包括国家在对跨国所得进行征税方面所拥有的权力。税收管辖权确定了国家之间税收权益的划分，是国际税收管理的最核心、最根本的问题，由此产生了一系列国际税收问题。

1. 税收管辖权的作用

税收管辖权的具体作用体现为三方面：一是解决一个国家的征税权即征税主体和纳税主体问题。征税主体即征税人，是指在税收法律关系中行使税收征管权，依法进行税款征收行为的一方当事人，这里指各国税务管理当局。纳税主体是指根据税收管辖权及国内法规具有纳税义务的自然人和法人。二是解决纳税客体和纳税数量问题。纳税客体主要指对什么征税，包括收益、所得和财产等；纳税数量指征多少税。三是解决所得来源地的认定问题。

2. 税收管辖权体现的原则

税收管辖权体现了两个原则：一是独立自主原则。即一国政府有权根据自己的意志在不违背国际法和国际公约前提下选择最优的税收制度，即决定对哪些人征税、征哪些税以及征多少税。二是约束性原则。即一国的税务机关不得在另一国内实施税务行政行为，包括不得向住在外国境内的本国纳税人传送纳税通知书，不得为征税目的在外国境内收集税务情报，不得要求外国的居民和企业提供纳税资料等。但税收管辖权的独立自主原则并不意味着一国政府在行使这种权力时绝对不受任何的限制或约束，它要受到《国际法原则宣言》《维也纳外交关系公约》《维也纳领事关系公约》的限制或约束。如对享有外交豁免权的外交代表机构及其人员、国际组织及其人员一般免予征税，这就构成了对一国行使税收管辖权的一种限制。由于各国可以自由选择税收管辖权，要使税收管辖权完全统一起来，是办不到的，只有通过协调，才能逐步减少差别，以促进国际上税收利益分配格局的合理化。这就要通过制定国际税收规则来解决这一问题。

二、国际通行税收管辖权的类型

在国际法实践中，一般确认主权国家行使管辖权，主要有属人管辖权和属地管辖权两方面内容。税收管辖权受到国家政治权力所能达到范围的制约。一个主权国家的政治权力所能达到的范围，包括地域范围和人员范围。从地域范围看，一国可以对本国疆界内所属领土（包括领陆、领水和领空）的全部空间行使政治权力，超出其领土范围以外的，则不能行使政治权力。选择这种范围作为一国行使税收管辖权征税权力所遵循的指导思想原则的，称之为税收属地原则。从人员范围看，一个国家可以对与本国存在人身隶属关系的所有公民和居民行使政治权力，对不属于本国的公民和居民，则不能行使其政治权力。选择这种范围作为一国行使税收管辖权征税权力所遵循的指导思想原则的，称之为税收属人原则。一国对税收管辖权的选择，体现了不同的财权利益，反映了该国的经济地位和维护本国财权利益的态度，决定了关于税收处理的原则、方式和要求，和跨国纳税人的利益息息相关。

1. 单一选择收入来源地税收管辖权的影响

一个国家按照属地原则（也叫领土原则）确立的税收管辖权叫收入来源地税收管辖权，也叫地域税收管辖权，是指征税国基于征税对象与本国领土存在的某种地域上的联结因素而主张行使的征税权力。它依据纳税人的所得是否来源于本国境内，来确定其纳税义务，而不考虑其是否为本国公民或居民。这里的属地、地域、领土、境内，包括国家的领陆、领水、领空以及控制的领土。

收入来源地税收管辖权有明确的地域联结标志，即本国范围内的收益、所得和财产与征税国存在着渊源联系的地域联结标志，如不动产所在地，常设机构所在地，股息、利息、特许权使用费、租金等所得的发生地，债务人或支付人所在地等，在国际税法学上称为"所得来源地"或"所得来源国"。

单一选择收入来源地税收管辖权的国家(地区)的纳税人负有限纳税义务。具体纳税分为两种情况：一是对本国居民而言，只需就其本国范围内的收益、所得和财产纳税，即使在国外有收益、所得和财产，也没有纳税义务；二是对本国非居民而言，其对在该国领土范围内的收益、所得和财产，必须承担纳税义务。因此，行使属地原则的税收管辖权国家(地区)的纳税人只负有限纳税义务。这一方面说明了对于纳税人来源于本国的所得，不论是本国居民还是外国居民，都要受到该国的税收管辖，负有纳税义务；另一方面，对于纳税人(不管是否是本国居民)的境外收入则不实行税收管辖。也就是说，即使是本国公民或居民，如果在本国和本国以外的其他国家同时取得收入，该国只对来自本国的那部分收入征税，而对来自外国的那部分收入不实行税收管辖。

单一选择收入来源地税收管辖权的国家(地区)的纳税人只负有限纳税义务，其目的是给外国投资者提供一种对境外收益不征税的诱人条件，以吸引国际资本和先进技术输入本国，这是很多跨国(地区)纳税人在进行全球价值链布局时将顶层架构设计在这类国家(地区)的主要考量因素之一。但一个国家(地区)单一选择行使属地原则税收管辖权，将承担因对本国居民的境外收入不征税造成的税收损失，这实际上是以牺牲本国一部分财权利益为代价换取国外的投资和先进技术。同样在技术层面还会引起国家(地区)间对收入来源地确定的争议。这种单一选择实行收入来源地税收管辖的国家，在世界上并不多，只有极少数，往往是典型的资本输入国(地区)和技术引进国(地区)。典型的国家或地区有中国香港、阿根廷、巴拿马、哥斯达黎加、肯尼亚、马来西亚、乌拉圭、赞比亚等。

以中国香港为例，香港特区政府规定，不论是香港居民还是非香港居民，一律只就在香港范围内发生的收入征税，来自香港以外的收入则不征税。也就是说，如有关买卖在香港达成，所得利润须在香港课税；如有关买卖在香港以外的地方达成，所得利润无须在香港课税。即不论是企业的营业利润，还是个人的工薪所得，一律只就来源或发生于香港境内的收入课税，而且实行低税率。主要有四个方面：① 不分居民或非居民一律只就境内所得课征；② 股息和利息免征预提税；③ 特许权使用费只限于在香港使用的知识产权收入课征预提税；④ 实行低所得税税率，公司利得税率为 16.5%，个人薪俸税率为 15%。这在很多时候被用于避税目的，使得香港被很多国家(地区)和跨国(地区)纳税人认定为"避税天堂"。很多跨国(地区)公司在香港注册，而并不在香港内发生经营业务，从而既避免了在香港被征税收，也许还避免了其他国家(地区)的征税。

如新加坡实行以所得税为主的国家一级征税制度，行使不彻底的单一收入来源地税收管辖权，对来源于境外的所得，仅就其汇入新加坡的部分征税。就个人所得税来看，凡在新加坡居住或履行职务达 183 天的，即成为新加坡税收居民。税收居民应就其发生在或来源于新加坡的所得或汇入新加坡的国外所得缴纳所得税。就公司所得税来看，新加坡税法对居民公司、非居民公司、外国公司的分支机构一视同仁，非居民公司通常同居民公司享有同等权利。新加坡税法以中心管理机构所在地作为居民公司所在地的认定标准，而中心管理机构所在地的认定以董事会所在地为准。公司所得的范围包括营业所得、股息、利息、特许权使用费、技术服务和管理服务的收入、租金收入及其他所得。所得税税率为17%，来自特定国家的会计、咨询等服务性收入准许享受抵免。

2. 单一选择居民税收管辖权的影响

一个国家（地区）按照属人原则所确立的税收管辖权叫居民税收管辖权，即以纳税人的国籍、登记注册所在地或者住所、居所和管理机构所在地为标准，确定其税收管辖权。税收管辖权大体分为居民管辖权、公民管辖权，表现为居民管辖权。居民税收管辖权依据纳税人与本国政治法律的联系以及居住的联系，来确定其纳税义务，而不考虑其所得是否来源于本国领土疆域之内。

单一选择居民税收管辖权的国家（地区）对纳税人行使征税权的前提条件，是纳税人与征税国之间存在着以人身隶属关系为特征的法律事实。这些人身隶属关系的标志，就自然人来说，主要有住所（居所）和习惯居留地、国籍等；就法人来说，主要有公司的注册地、公司的实际管理和控制中心所在地以及公司的总机构所在地等。在国际税法学上称为"税收居所"。

单一选择居民税收管辖权的国家（地区）的纳税人负无限纳税义务。居民税收管辖权是征税国基于纳税人与征税国存在着居民身份关系的法律事实而主张行使的征税权。这种居民身份关系事实，是指征税国税法上规定的居民纳税人身份构成标准要件。符合税法规定的居民身份构成条件的人（包括自然人和企业法人），即属于该征税国税法意义上的居民纳税人，而这个纳税国也相应地称作该纳税人的居民国。凡不具备某个征税国税法规定的居民身份构成条件的人，则为该征税国税法意义上的非居民，而这个征税国相对于非居民而言则是他的非居民国。由于居民纳税人与居民国存在着居民身份这样的人身隶属关系，居民国政府基于主权的属人性，可以主张对居民纳税人来源于或存在于居民国境内和境外的各种所得或财产价值征收所得税或一般财产税。因此，属该国的公民和居民，都受该国税收管辖权管辖，对该国负有无限纳税义务。即纳税人不仅要就来源于或存在于居民国境内的所得和财产承担纳税义务，而且还要就来源于或存在于居民国境外的所得和财产向居民国履行有关所得税或财产税的纳税义务。这就是说，一个国家的征税范围可以跨越国境，只要是本国居民取得的所得，不论是境内所得还是境外所得，国家均享有征税的权力。即使居民在本国无所得，仅在其他国家取得所得，但只要是本国居民，本国政府就有权对其征税。

单一选择居民税收管辖权的国家（地区）的纳税人对该国负有全球纳税义务，这意味着收入来源国不能独占来自跨境纳税人的税收权益，税收权益应当在有关的收入来源国和居民国之间进行合理的分享。因此，单一行使居民税收管辖权的国家（地区）将承担本国非居民税收损失。目前世界上极少有国家（地区）单一选择这一税收管辖权。

公民税收管辖权是指国籍国对具有本国国籍的公民来源于世界范围内的全部收入以及存在于世界范围内的财产所行使的课税权力。行使公民税收管辖权的核心是纳税人公民身份的确定，由于公民资格与国籍等同，故各国均以国籍来区分公民与非公民。凡是本国公民,对其一切应税收益、所得或财产都要征税,而不论这些课税对象是来源于或存在于本国还是其他国家,典型国家如美国。

3. 选择双重税收管辖权的影响

税权是一个国家主权在税收领域的体现。对于两种基本的税收管辖权,世界各主权国家都可以根据本国的政治、经济和财政政策自行选择,也可以兼用。如果一个国家(地区)只是单一行使收入来源地税收管辖权,对本国居民来源于其他国家(地区)的所得或财产就无法征税,这样就会丧失本国的一部分财权利益。如果一个国家(地区)只是单一行使居民税收管辖权,对其他国家(地区)的居民来源于本国领土的所得或财产就不能征税,这样也会丧失本国的一部分财权利益。因此,目前世界上大多数国家(地区)都同时实行收入来源地税收管辖权和居民税收管辖权,即对本国居民行使居民税收管辖权,对其境内和境外的收益、所得和财产征税;又对本国非居民(外国居民)行使收入来源地税收管辖权,对其在该国(地区)境内取得的收益、所得和财产征税,这样,通过行使征税权来维护本国利益。

大多数国家(地区)兼用两种基本的税收管辖权的同时,一般都同意并遵循收入来源地管辖权优先的原则。但优先并不等于独占,优先是有限制的,收入来源国并不能对一切非居民的所得都从源课税,而只能对在其境内居住一定期限的自然人和非居民公司所属的常设机构征税。

同时行使居民税收管辖权和收入来源地税收管辖权的国家有中国、新加坡、马来西亚、泰国、阿富汗、日本、印度、印度尼西亚、巴基斯坦、菲律宾、奥地利、比利时、丹麦、挪威、瑞典、芬兰、瑞士、卢森堡、德国、希腊、意大利、西班牙、葡萄牙、英国、爱尔兰、摩纳哥、墨西哥、哥伦比亚、萨尔瓦多、孟加拉国、洪都拉斯、秘鲁、澳大利亚、新西兰、斐济、巴布亚新几内亚等。

有的国家同时行使居民税收管辖权、公民税收管辖权和收入来源地税收管辖权。这种情况主要发生在个别十分强调本国征税权的国家,其对个人所得除了实行居民税收管辖权和收入来源地税收管辖权外,还实行公民税收管辖权。美国、利比里亚就属于这类国家。如美国税法规定,美国公民即使长期居住在国外,不是美国的税收居民,也要就其一切所得向美国政府申报纳税。主要原因是这些居住在国外的美国公民也能享受到美国政府给他们带来的利益,因而他们也有义务向美国政府纳税。

三、我国对税收管辖权的选择

根据国际税收的实践,一国税法上的居民纳税人应就来源于该国境内外的全部所得向该国纳税,即承担无限纳税义务;而一国税法上的非居民纳税人仅就来源于该国境内的所得向该国纳税,即承担有限的纳税义务。因此,纳税人居民身份的确认,是影响各国居民税收管辖权行使的重要问题。我国现行企业和个人所得税法根据国际通行做法,从本国的实际情况出发,选择了收入来源地税收管辖权和居民税收管辖权相结合的双重管辖权标准,把居民纳税人分为居民企业和非居民企业、居民个人和非居民个人,并分别确定不同的纳税义务。

2019年1月1日我国正式实施的《中华人民共和国个人所得税法》(以下简称《个人所得税法》)税收管辖权的确定规则,体现在两方面:一是居民税收管辖权和居民个人身份的认定。居民税收管辖权确定规则主要体现在对居民纳税人身份的认定标准上。我国个人所得税关于居民个人身份的认定采用住所和居住时间两个标准,这也是世界上大多数国家的做法。新《个人所得税法》引入了"居民个人"的用语并对这一用语进行了定义。二是收入来源地税收管辖权和所得来源地的认定。收入来源地税收管辖权确定规则主要体现在对各种不同项目所得的来源地认定标准上。

企业所得税法对企业所得税纳税人进行了规定。企业所得税的纳税人,又称"纳税义务人",是指税收法律、行政法规规定的负有纳税义务的企业单位。企业纳税人范围的界定,直接体现一个国家行使税收管辖权的程度,它是企业所得税法的核心要素之一。《中华人民共和国企业所得税法》(以下简称《企业所得税法》)税收管辖权的确定规则,体现在本法第一条中,其明确规定,"在中华人民共和国境内,企业和其他取得收入的组织(以下统称企业)为企业所得税的纳税人,依照本法的规定缴纳企业所得税。个人独资企业、合伙企业不适用本法"。合伙企业、个人独资企业不属于税收居民实体。合伙企业以其合伙人、个人独资企业以其投资人为纳税义务人。但根据共同申报准则(CRS)要求,合伙企业作为税收透明体也属于应报送实体。

四、税收居民身份

跨国(地区)纳税人从事跨境投资经营涉及其最终税收居民身份的确定。在经济全球化的背景下,对同一项跨境经济活动中产生的所得应由哪个国家(地区)征税,涉及某国(地区)对税收居民身份的判定,与该国(地区)税收管辖权的行使、纳税人承担的纳税义务和享受的税收协定待遇等权益密切相关。在实践中,很多跨国(地区)纳税人判断不清。

1. 税收居民的待遇

税收居民不同于我们通常所熟知的居民概念。税收居民是指在一国居住(或具有一国国籍),依法享有民事权利和承担民事义务的,并受该国法律管辖的自然人或法人。居民或公民通常由于其与某一特定国家的人身依附关系而被认定在该主权国负有无限纳税义务。税法意义上的居民并非依据国籍标准来判定,税收居民身份的判定是按照各国国内法,基于其住所、居所、成立地、实际管理机构所在地或者其他类似的标准而进行的税法层面的税收身份界定。一旦被认定为一国(地区)的税收居民,就对该国(地区)负有无限纳税义务,即其全球所得要在该国(地区)纳税,享受该国(地区)政府对外签订的协定待遇,享受国(地区)内法律的所有税收优惠。

中国税收居民包括中国境内居民个人和中国境内居民企业,享受中国政府对外签署的税收协定(含与中国香港、澳门、台湾签署的税收安排或者协议)、航空协定税收条款、海运协定税收条款、汽车运输协定税收条款、互免国际运输收入税收协议或者换函待遇。我国的个人税收居民也分为两类情形：一类是在中国境内有住所的中国公民和外国侨民，但不包括虽具有中国国籍，却并未在中国大陆定居，而是侨居海外的华侨和居住在中国香港、澳门、台湾地区的同胞。其中，在中国境内有住所的个人，指因户籍、家庭、经济利益关系而在中国境内习惯性居住的个人。另一类是在中国境内居住，且在一个纳税年度内，一次离境不超过30天，或多次离境累计不超过90天的外国人、海外侨民以及我国香港、澳门、台湾同胞。

2. 中国税收居民身份证明

中国境内居民企业和居民个人在协定缔约国（地区）对方取得所得，根据中国和该缔约国（地区）税收协定的规定，需要享受优惠待遇的，根据缔约对方税务机关的要求，需要提供《中国税收居民身份证明》，这对于"走出去"的企业和个人至关重要。

《国家税务总局关于开具〈中国税收居民身份证明〉有关事项的公告》（国家税务总局公告2016年第40号）规定了开具的程序和要求。随着新《个人所得税法》的实施，《国家税务总局关于调整〈中国税收居民身份证明〉有关事项的公告》（国家税务总局公告2019年第17号）调整了开具《中国税收居民身份证明》的有关事项。

纳税人只要符合税法和税收协定相关的标准，并在与我国政府签订税收协定的缔约国（地区）发生相应应税行为，符合条件的企业和个人都可向主管其所得税的县级税务机关申请开具《中国税收居民身份证明》。但要注意的是，中国居民企业的境内外分支机构无资格申请开具，应由其中国总机构向总机构主管税务机构申请开具。合伙企业应当以其中国居民合伙人作为申请人，向中国居民合伙人主管税务机关申请。如果缔约对方税务主管当局对税收居民证明样式有特殊要求，纳税人应当按照国家税务总局2016年第40号公告的规定，提供书面说明及税收居民证明样式，主管税务机关可以按照规定予以办理。

目前税务机关开展"放管服"改革，在电子税务局即可申请开具税收居民证明。根据《国家税务总局关于调整〈中国税收居民身份证明〉有关事项的公告》（国家税务总局公告2019年第17号）的规定，申请人申请开具《中国税收居民身份证明》应当提交以下申请表和资料：

（1）《中国税收居民身份证明》申请表；

（2）与拟享受税收协定待遇收入有关的合同、协议、董事会或者股东会决议、相关支付凭证等证明资料；

（3）申请人为个人且在中国境内有住所的，提供因户籍、家庭、经济利益关系而在中国境内习惯性居住的证明材料，包括申请人身份信息、住所情况说明等资料；

（4）申请人为个人且在中国境内无住所，而一个纳税年度内在中国境内居住累计满183天的，提供在中国境内实际居住时间的证明材料，包括出入境信息等资料；

（5）境内、境外分支机构通过其总机构提出申请时，还需提供总分机构的登记注册情况；

(6) 合伙企业的中国居民合伙人作为申请人提出申请时,还需提供合伙企业登记注册情况。

五、所得来源地的认定

所得来源地是指纳税人取得所得的国家(地区)。所得来源地的认定,关系到征税国能否对取得所得的非居民主张行使基于属地原则的征税权,是征税国主张行使基于来源地税收管辖权的前提。非居民纳税人有来源于一国所得时,税务机关与非居民纳税人在该笔所得来源地有没有征税权以及与非居民纳税人哪些境外所得免税等方面会产生争议。

1. 应税所得的内涵及分类

应税所得是指纳税人(包括个人和法人)在一定时期内取得的收入扣除取得收入所需的成本、费用等之后的余额。从国际法规中的定义看,纳税人取得任何一项所得,都有它一定的内涵,应是有合法来源的所得,应是一定期限内取得的连续性所得,应是扣除为取得这些所得而发生的成本费用支出后的所得,应是取得货币或实物的所得,各种荣誉性、知识性及体能、心理上的收益,都不是应税所得。从取得所得的类型来看,所得一般分为经营所得、投资所得、劳务所得和财产所得。

2. 征税规则

按照国际通行的基本规则,各国(地区)对非居民在本国境内取得的所得,按照纳税人对本国经济的参与程度实行不同的征管方法。对在本国直接从事经济活动并由此取得所得的非居民纳税人,要按照与本国纳税人相同的征管办法及正规税率纳税。以自然人为例,当某一个外籍个人受其雇主派遣到我国境内从事业务活动,即便其所得由其雇主在境外支付,我国税法也认定该笔所得为来源于我国的所得。就法人而言,当一家外国居民公司通过分支机构在我国从事业务活动,对该分支机构取得的营业利润,我国税法认定为来源于我国的所得,而不论其总公司事实上并未设在我国境内。不在本国直接从事经济活动的非居民纳税人,仅对其在本国消极投资取得的股息、利息、特许权使用费所得以及出租本国境内财产取得的租金等所得,以预提所得税的方式纳税。

3. 所得来源地的确认标准

对所得来源地的判定,在某些情况下还难以找到统一的标准,通常仍由各国国内法规加以解释。由于各国所得税法基于本国贯彻实行某种政策目标的要求,对某些种类的所得,依据来源于境内和境外的不同而赋予不同的税收待遇,或者使用不同的税收规则,从而难免产生国际间的双重征税。当国家间已签订避免双重征税的协定,对某些所得项目的来源地做过定义性解释后,此时对所得来源地的认定,就以协定中的规定为判定标准,而不再以各相关国家的国内法为依据。在国际税收关系中,基于来源地税收管辖权优先征税的原则已得到众多国家(地区)的认可。由于经济活动比较复杂,不同性质的所得依照什么标准来确定其来源地,各国有不同的规定。

(1) 对经营所得来源地的认定。经营所得又称营业利润或营业所得,即纳税人在某个固定场所从事经营活动取得的纯收益。在各国税法和国家税收协定中,一般指包括生产、采购、服务等一系列经营业务在内的综合性经济活动的所得或利润。目前来源地国家(地区)并不是对非居民的任何来源于本国境内的所得都征税,而是对部分所得征税,普遍遵循常设机构原则。常设机构原则是指仅对非居民纳税人通过境内常设机构获取的营业利润实行征税的原则。

(2) 对投资所得来源地的认定。投资所得是指纳税人从事各种间接或消极投资活动而取得的各种收益,包括股息、利息、特许权使用费、租金等。股息所得是指因拥有股份、股权或基于其他非股权关系而分享利润的权利而取得的所得,又称红利。利息是因拥有各种债权而获得的收入。特许权使用费所得是指因提供专利、商标、专有技术、著作权等的使用权而取得的报酬。租金是指因转让财产的使用权而获得的收益。对于此类投资所得,各国一般采用从源头预提的方式征税,即征收预提所得税(简称"预提税")。我国《企业所得税法》规定的预提税税率为20%。当各种权利的提供者和使用者分别在不同国家(地区)时,对这类权利所得来源地的确定就会出现极大的分歧。为了避免重复征税,各国一般会遵循国际上通行的利益共享原则,通过双边协定的方式解决有关投资所得的征税权划分。我国与他国的双边协定依双方税收权益分享的原则,实施限制税率制,一般规定的预提税税率不超过10%。如我国与日本的税收协定就规定,对于发生在中国,支付给日本居民的股息、利息、特许权使用费,如果收款人是实际受益人,则可认为上述各项所得来源于中国,中国政府可以对这些所得征税,但所征税款不应超过各项所得总额的10%。股息一般以分配股息公司的居住地为来源国。利息所得来源地的认定有四个标准,包括以借款人的居住地或信贷资金的使用地为标准,以用于支付债务利息的所得的来源地为标准,以借款合同的签订地为标准,以贷款的担保物所在地为标准。特许权使用费所得来源地的认定有四个标准,包括以特许权的使用地为来源地,以特许权所有者的居住地为来源地,以特许权使用费支付者的居住地为来源地,以无形资产的开发地为来源地。租金所得来源地的认定有三个标准,产生租金的财产的使用地或所在地、财产租赁合同的签订地、租金支付者的居住地。

(3) 对劳务所得来源地的认定。个人非居民劳务所得包括个人独立劳务所得、非个人独立劳务所得和其他劳务所得。① 个人独立劳务所得是指个人从事独立性的一般的专业活动和其他独立的科学、文学、艺术、教育活动所取得的收入。如医生、律师、会计师、工程师等从事独立活动取得的所得。确定独立劳务所得来源地的方式一般采用"固定基地原则"和"183天规则"。固定基地是指个人从事专业性活动的场所,如诊所、事务所等;后者是指在境内停留的时间,即应以提供劳务的非居民某一会计年度在境内连续或累计停留达183天或在境内设有经营从事独立活动的固定基地为征税的前提条件。对独立的个人劳务所得,应仅由居民国行使征税权。但取得独立劳务所得的个人在来源国设有固定基地或者连续或累计停留超过183天者,则应由来源国征税。② 非个人独立劳务所得是指个人由于受雇而取得的工资、薪金和其他劳务报酬等取得的所得,即非居民受雇于他人的所得,一般由收入来源国一方从源征税。③ 对于其他劳务所得,跨国公司的董事或其他高级管理人员所取得的董事费或其他类似报酬所得,确定为来源于该董事会的公司所在国;跨国从事演出或表演的演员、艺术家和运动员,由演出活动所在国行使收入来源地税收管辖权。

(4) 对财产所得来源地的认定。财产所得包括不动产、有形动产所得和不动产、动产转让收益所得。非居民的财产所得是指非居民转让财产的所有权取得的所得。对于不动产的转让所得来源地的认定,各国税法都以不动产所在地为所得来源地,一般由财产所在国征税。对于转让从事国际运输活动的船舶和飞机的所得,一般由转让者所属的居民国单独征税。对于动产的转让所得,各国主张的标准不同,如对转让公司股份财产所得,有些国家以转让人居住地为其所得来源地,有些国家则以被转让股份财产的公司所在地为来源地,有些国家主张以转让行为发生地为其所得来源地。因此,动产转让所得收入依据双边税收协定来具体划分。

六、居民税收管辖权冲突的影响

由于各国国内税法规定的居民纳税人身份判定标准原则不一致,当一个纳税人跨越国境从事国际经济活动时,就可能因有关国家采取的居民标准不同而被两个及以上国家同时认定为居民纳税人。这种因有关国家采取的居民标准不同而导致的一个纳税人同时被两个或两个以上国家认定为居民纳税人的情形,就是所谓的居民税收管辖权冲突或双重居所冲突。比如:A 国行使单一居民税收管辖权,B 国行使单一来源地税收管辖权。A 国公司在 B 国设立的常设机构获得的营业收入,A 国依据居民税收管辖权、B 国依据来源地税收管辖权均可对此项营业收入享有征税权。再如 A 国公民获得 B 国公司从 B 国支付的劳务报酬,A 国依据居民税收管辖权、B 国依据来源地税收管辖权均可对此项营业收入享有征税权。

上述情况表明,国家间税收管辖权冲突是由各国税收管辖权的联结因素及其标准间的冲突引起的,表现为以下三种基本类型:居民税收管辖权和来源地税收管辖权之间的冲突,居民税收管辖权之间的冲突,来源地税收管辖权之间的冲突。

各国同时行使两种不同的税收管辖权必然导致国际双重征税的扩大化,给跨境投资经营带来无形的风险和困扰。国际双重征税使同一跨国纳税人的同一纳税客体在同一时期被两个或两个以上国家征税,承担两个或两个以上国家(地区)的无限纳税义务,造成该纳税人的税负过重,直接损害了跨国纳税人的经济利益,违背了国际经济贸易的公平税负原则。公平税负是国际经济贸易公平原则的重要内容,它要求每个国家根据纳税人的经济负担能力,使所有纳税人享受平等公正的税收待遇。而国际双重征税使仅有国内所得的纳税人和在国外取得所得的跨国纳税人受到了不同的税收待遇,严重挫伤了跨国纳税人对外投资的积极性,致使跨国投资人不愿继续对外投资,影响了国际资本、劳动力、技术的自由流动,加重了世界经济不平衡的状况。特别是需要引进资金和技术的发展中国家,对其造成的影响更大。对于发达国家来说,国际双重征税也会使其剩余资金难以向国外流动,以取得更大的利益。为此,发达国家和发展中国家都十分重视国际双重征税问题,并采取了一些措施加以解决。因此,跨国纳税人在进行价值链布局时应了解清楚投资目的国选择行使的是哪种类型的税收管辖权,与母国及相关国家之间是否存在税收管辖权冲突及其对纳税义务方面的影响,以便防范、转移或控制风险。

第二节　法人居民身份认定风险

各国根据国内税法对纳税人居民身份进行判定。各国税法的差异导致不同国家对纳税人居民身份采用不同的认定标准,而被两个或两个以上国家同时认定为是其法人居民纳税人,会使得跨国公司同时承担两个或两个以上国家的无限纳税义务,从而造成该纳税人的税负过重。为了消除重复征税问题,国际上对法人居民身份的确认有通行的标准。

一、国际通行法人居民身份确认的标准

国际税收上对法人居民身份的确认通常采用下列标准:

(1) 法人注册地标准。即按一国法律在该国注册成立的法人为该国的居民纳税人,而不管该法人的管理机构、经营活动是否在本国,也不管该法人的投资者或股东是否为本国人。采用这一标准的主要有美国、英国、日本、中国、法国等为代表。这个标准很容易确认法人的居民身份,但没有考虑法人的实际经济活动,也容易为纳税人避税提供条件。

(2) 法人实际管理和控制中心所在地标准。即以法人在本国是否有实际管理和控制中心,来判定其是否为居民身份。企业法人的实际管理和控制中心在哪国,就被认定为是哪个国家的居民纳税人。这里的实际管理和控制中心是指做出和形成法人的经营管理最重要决定和决策的地点。采用这一标准的主要有英国、德国、加拿大、法国、比利时、中国等为代表。

(3) 法人总机构所在地标准。即凡总机构设在哪一国,便被认定为哪一国的居民企业,从而要求其承担该国的无限纳税义务。这里总机构是指企业的总的管理和控制机构,是负责法人的重大经营决策以及全部经营活动和统一核算法人盈亏的管理机构。采用这一标准的主要有日本、法国、比利时为代表。如法国税法规定,凡总公司设在国内的为本国法人居民公司,总公司不在国内的为外国法人居民公司。

(4) 资本控制标准。法人的选举权和控制权如果被某国的居民股东所掌握,则这个法人即为该国的法人居民。采用这一标准的有澳大利亚等国。

上述标准各有利弊,许多国家(地区)只采用其中一种。法人注册地标准的划分标准明确,尺度简单,但忽视了现代经济生活中商业注册地往往与实际生产经营地相分离的实际状况。法人实际管理和控制中心所在地标准注重的是经济事实,但容易带来判定上的分歧。法人总机构所在地通常就是管理中心所在地,有时也会出现分设两国的情况。实行单一标准不利于维护国家的税收权益,为了防止跨国公司逃避居民管辖或为了扩大居

民管辖范围,有些国家(地区)又兼采两种或三种标准。因此,跨国公司在跨国投资经营选择公司注册地或设立管理机构所在地时,应了解清楚投资经营目的国对法人身份认定的要求,充分进行风险评估分析。

下面,简要介绍中国香港和新加坡、美国、澳大利亚的税法或相关条例中对法人居民身份的认定标准。

1. 中国香港税收居民身份认定规则(实体)

符合以下任一条件的实体视为中国香港税收居民:(a)(当实体为公司时)在中国香港境内注册成立的公司,或者于中国香港境外注册,但其主要管理或控制过程在中国香港境内进行的公司;(b)(当实体为非公司时)根据中国香港法律设立的实体,或者根据其他国家或地区的法律设立,但其主要管理或控制过程在中国香港境内进行的实体。

法律意义上所指的"主要管理或控制",没有要求管理和控制过程皆必须在中国香港发生。"管理"是指日常的业务和运营管理,或执行最高管理层做出的决策等。"控制"是指最高管理层对整体业务经营的控制,如制定核心经营策略、制定战略决策、制定融资决策、进行业绩评估等。

2. 新加坡税收居民身份认定规则(实体)

新加坡税收居民是指在新加坡境内经营且主要管理机构位于新加坡境内的公司或其他团体。"其他团体"指政治团体、高校、个人独资企业、互助会、联谊会等,不包括公司和合伙企业。总的来说,其他团体包括俱乐部、社团、管理公司、贸易协会、市镇理事会和其他非法人组织。

根据上述定义,公司和其他团体的税收居民身份根据其主要管理机构所在地确定。"主要管理机构"是指做出经营战略决策(如公司政策或发展战略等)的机构。主要管理机构所在地主要基于客观事实进行认定。通常来说,制定战略决策的董事会召开地点是关键的考虑因素。

个人独资企业、合伙企业实体视为税收上的透明体,不视为税收居民的实体。

3. 美国税收居民身份认定规则(实体)

(1) 公司

一般来说,依据美国联邦、各州或者哥伦比亚特区法律建立或组织的公司视为国内公司。一家公司不会因为管理机构所在地位于美国境内而被视为国内公司。但是,根据相关法律的特定条款(有些是可选的,有些是非自愿的),某些外国公司可视为国内公司。

国内公司无论是否为其他国家税收居民,都被视作美国税收居民。如果某公司既是美国税收居民,又是协定缔约方税收居民,即所谓"双重税收居民",那么可以根据税收协定来判定该公司是哪个辖区的税收居民。协定税收居民身份的认定不会对该公司的美国国内公司身份产生影响。

(2) 合伙企业

通常来说,依据美国联邦、各州或者哥伦比亚特区法律创立或组织的合伙企业,应视为国内合伙企业。除了在公开市场上交易的合伙企业以外,其他合伙企业都属于税收透明体。因此,合伙企业的税收居民身份与其取得的所得是否需要在美国缴税无关。

税收由合伙人负担,每个合伙人根据分配到的收入及其税收居民身份(例如非居民外籍个人、美国公民、外国公司或国内公司等)承担相应的纳税义务。同样,因为穿透体也是税收透明体,所以穿透体的税收居民身份与其取得的所得是否需要在美国缴税无关,税收由穿透体的所有者负担,在所有者所在州缴纳。

(3) 信托

美国《国内收入法典》规定了信托是否属于国内实体的具体情形,其主要取决于美国国内法院是否能够对该信托的管理行使主要监督权,还取决于有关该信托的所有重大决定是否由一个或多个美国人控制。

一家信托机构既有可能是税收透明体,也可能是应纳税实体,这主要是根据信托文件的条款来确定的。

个人独资企业、合伙企业实体应视为税收上的透明体,不应视为税收居民的实体。

4. 澳大利亚税收居民身份认定规则(实体)

不同类别的实体适用不同的税收居民规则。澳大利亚税务局发布了针对公司、合伙企业和信托的居民身份认定要求。

(1) 公司

根据澳大利亚税法中的定义,符合下列任一情况的公司应被认定为澳大利亚税收居民:(a) 在澳大利亚境内注册成立;(b) 注册地虽不在澳大利亚,但其在澳大利亚经营且主要管理机构在澳大利亚或控制公司投票权的股东是澳大利亚居民。

(2) 信托

根据澳大利亚的税收法律,信托一般被视为税收上的透明体而非独立纳税实体[在某些情况下,就信托取得的收入而言,信托受益人和(或)受托人被视作纳税实体]。

虽然有上述规定,但根据澳大利亚的税收法律,信托是一个"实体",规定了信托是否构成澳大利亚税收居民的判定规则,还明确了信托是否构成CRS项下的应报送主体。对于除单位信托之外的普通信托,澳大利亚税法规定了判定信托是否为澳大利亚税收居民的条件。符合下列条件之一的信托在当年度应被认定为澳大利亚税收居民:(a) 在一个纳税年度内的任何时间,信托的任一受托人是澳大利亚居民;(b) 在一个纳税年度内的任何时间,信托的主要管理及控制地在澳大利亚。对于单位信托,根据澳大利亚税法规定,如在一个纳税年度内的任何时间该单位信托符合下列两个条件,则其应在当年度被认定为澳大利亚税收居民:(a) 该信托有资产位于澳大利亚,或该信托的受托人在澳大利亚经营业务;(b) 该信托的主要管理及控制地位于澳大利亚,或超过50%的信托收入或财产受益权由澳大利亚居民持有。

(3) 合伙企业

根据澳大利亚税法,合伙企业一般被视为税收上的透明体。对于一般的合伙企业,澳大利亚并未就其税收居民身份的判定做出类似信托的特定规定。因此，就 CRS 报告目的而言，对于一般合伙企业，如果其实际管理机构位于澳大利亚，则应被视为澳大利亚税收居民（也是应报送实体）。

对于有限合伙企业，根据澳大利亚税法，如符合下列任一情况，应被视为企业和澳大利亚税收居民（也是应报送实体）：(a) 在澳大利亚设立；(b) 在澳大利亚经营或其主要管理及控制地在澳大利亚。

二、我国对法人居民身份的判断

1. 我国税法确定法人税收居民的标准

《企业所得税法》及《中华人民共和国企业所得税法实施条例》（以下简称《企业所得税法实施条例》）在法人居民身份判断标准上采用了注册地标准和实际管理机构所在地标准的双重标准。《企业所得税法实施条例》第四条规定，实际管理机构是指"对企业的生产经营、人员、账务、财产等实施实质性全面管理和控制的机构"。该条规定明确了公司的总机构与实际管理机构是不同层面上的两个概念。总机构是指法人组织结构的主体，实际管理机构是指法人的权力和决策中心。

我国的税法在明确了税收管辖权后还引入了居民和非居民的概念。《企业所得税法》第一章第二条规定"企业分为居民企业和非居民企业"。税法所称的居民企业，是指依法在中国境内成立，或者依照外国（地区）法律成立但实际管理机构在中国境内的企业。如对"境外注册中资控股"这种特殊类型的企业的判定。税法所称非居民企业，是指依照外国（地区）法律成立且实际管理机构不在中国境内，但在中国境内设立机构、场所的，或者在中国境内未设立机构、场所，但有来源于中国境内所得的企业。

2. 纳税方式

《企业所得税法》第三条首先规定了居民企业的征税方式，明确居民企业承担无限纳税义务，应当就其来源于中国境内、境外的所得缴纳企业所得税。规定了非居民企业承担有限纳税义务，一般只就其来源于我国境内的所得纳税。

针对非居民企业来源于中国境内的各种所得是否通过设在中国境内的某种机构、场所获得，分别适用两种不同的征税方式和课征税率征缴企业所得税。一是对非居民企业通过设在中国境内的某种机构、场所的活动实现的各种所得，以及发生在中国境外但与境内所设机构、场所有实际联系的所得，应当采用申报缴纳的方式，适用 25% 的比例税率，按净所得额以年计征企业所得税（具体见本章第三节"常设机构的判定风险"）。二是对非居民企业获得的来源于中国境内但与境内所设机构、场所没有实际联系的各种所得，以及在中国境内未设立机构、场所但取得了来源于中国境内的各种所得，原则上采用源泉扣缴的方式，适用 20% 的比例税率，按每次收入全额缴纳企业所得税即预提所得税。

3. 所得来源地的认定

《企业所得税法实施条例》第七条对企业所得税法第三条所称来源于中国境内、境外

的所得,明确了认定来源地的原则:

(1) 销售货物所得,按照交易活动发生地确定来源地;

(2) 提供劳务所得,按照劳务发生地确定来源地;

(3) 转让财产所得,不动产转让所得按照不动产所在地确定来源地,动产转让所得按照转让动产的企业或者机构、场所所在地确定来源地,权益性投资资产转让所得按照被投资企业所在地确定来源地;

(4) 股息、红利等权益性投资所得,按照分配所得的企业所在地确定来源地;

(5) 利息所得、租金所得、特许权使用费所得,按照负担、支付所得的企业或者机构、场所所在地确定来源地,或者按照负担、支付所得的个人的住所地确定来源地;

(6) 其他所得,由国务院财政、税务主管部门根据具体情况确定来源地。

案例:境内甲公司聘请境外的 A 企业为其在境外提供产品推广服务,因为推广业务发生在境外,所以境外 A 企业没有在中国缴纳企业所得税的义务,甲公司付 A 公司款项时不需要代扣代缴企业所得税。

三、法人居民身份确认冲突的解决方法

一家跨国公司在甲国注册成立,但在乙国被认定为存在实际管理机构,该公司有可能同时被甲、乙两国认定为本国的居民公司,这就发生了法人居民身份确定规则上的冲突。对于法人居民身份的冲突,要根据国际税收协定中关于双重居民身份协调处理的方法来重新判断并协商解决。目前《经济合作与发展组织关于对所得和财产避免双重征税的协定范本》(简称《OECD 协定范本》)和《联合国关于发达国家与发展中国家间避免双重征税的协定范本》(简称《UN 协定范本》)都以实际管理机构所在国为居民国,范本确定的冲突规则对缔约国之间签订税收协定起指导作用。

当前各国一般根据协定范本通过缔结的双边税收协定协调法人的双重居所冲突,一般情况下,由缔约双方在协定中事先确定一种解决冲突时应依据的标准,并按其确定法人为哪方的居民。我国与大多数国家(地区)签订的税收协定中都以实际管理机构所在地作为居民企业的判定标准,我国与日本的双边税收协定中则以总机构或者主要办事处所在国作为居民企业的判定标准。如果按照这个共同承认的标准,仍然不能解决法人的居民身份冲突,则由缔约国双方的税务主管当局协商确定具体法人的居民身份归属。

需要指出的是,由于子公司与分公司的法律地位不同,对其居民身份的判定也就有所不同。分公司是总公司的一部分,其居民身份与总公司的居民身份是一致的,应适用总公司居民国的协定;而子公司是一个独立的法人实体,应根据实际情况单独判断其居民身份,而不考虑其母公司的居民身份。

案例:Z 公司是一家在美国注册成立的中国公司,但它所有的经营活动都是通过设在中国的一家分公司完成的。Z 公司所有的员工,包括总裁和副总裁,都在中国工作。董事会由美国公民组成,并且召集开会的地点也只在美国。该公司在美国有一个银行账户,并

且根据美国法律,会计报表集中在美国归档。根据中美税收协定,Z公司是中国的居民公司还是非居民公司?

分析:Z公司是中国的税收居民公司。首先,法人居民身份的认定规则是看实际管理机构的所在地。Z公司的实际管理工作几乎全部在中国完成,因此,即使Z公司的董事会开会地点在美国,也应认定Z公司是中国的税收居民公司。其次,由于子公司与分公司的法律地位不同,对其居民身份的判定也就有所不同。分公司是总公司的一部分,其居民身份与总公司的居民身份是一致的,应适用总公司的居民国的税收协定。

此外,对于合伙企业的居民身份和税收协定适用问题,由于各国税法对合伙企业的身份认定差异较大,没有一种能为各国普遍接受的统一的法律规范,因而在对跨国合伙企业及其股东的征税问题上经常引起税收管辖权的冲突。如我国在2013年与法国再次谈签新的税收协定时,特别在第四条居民条款中明确了通过合伙企业等类似实体取得所得能否享受协定待遇的问题。

四、境外注册中资控股公司居民企业的认定

"走出去"企业的情况很复杂,有想把利润留在境外不在境内交税的,这类企业要受"受控外国企业"规则的制约;也有很多企业想把利润汇回境内的,如很多国企海外红筹上市时,形成了境内孙公司—境外子公司—境内母公司的架构,但境内孙公司向境外子公司股息分红时要交10%的预提所得税。为了鼓励企业走出去投资经营,我国出台了《国家税务总局关于境外注册中资控股企业依据实际管理机构标准认定为居民企业有关问题的通知》(国税发〔2009〕82号)、《国家税务总局关于依据实际管理机构标准实施居民企业认定有关问题的公告》(国家税务总局公告2014年第9号),上述文件规定:符合条件的境外公司会被认定为"境外中资控股企业",从而属于中国居民企业,而同为中国居民企业的母、子公司之间的股息分红是免税的,因为子公司用于分红的利润是税后利润,这样就省去了10%的税负。

上述文件对境外注册的中资公司的认定条件进行了明确,规定同时符合下述条件的境外壳公司,符合认定为"境外中资控股企业"的条件,企业可以向所在省税务机关主动申请进行认定:

(1) 从生产经营角度看,企业负责实施日常生产经营管理运作的高层管理人员及其高层管理部门履行职责的场所主要位于中国境内;

(2) 从财务角度看,企业的财务决策(如借款、放款、融资、财务风险管理等)和人事决策(如任命、解聘和薪酬等)由位于中国境内的机构或人员决定,或需要得到位于中国境内的机构或人员批准;

(3) 从资产角度看,企业的主要财产、会计账簿、公司印章、董事会和股东会议纪要档案等位于或存放于中国境内;

(4) 从人员角度看,企业1/2(含1/2)以上有投票权的董事或高层管理人员经常居住

于中国境内。

因此，中国境内的企业或企业集团作为主要控股投资者在中国境外设立境外中资企业，若同时符合生产经营管理场所，财务人事决策机构，主要财产、账簿档案存放，高管在中国境内四项规定条件的，应该判定其为实际管理机构在中国境内的居民企业。

境外注册中资企业被认定为"居民企业"或"非居民企业"有利有弊。中国企业在设计跨境投融资交易结构的过程中，对于境外注册中资企业被认定为"居民企业"或"非居民企业"应该在事前进行税务筹划，在合法合规的前提下使得相关税务成本最优化。

境外注册中资企业被认定为"居民企业"的好处主要是股息、红利免税。被认定为中国税收居民企业后，境外注册的中资企业取得的境内子公司支付的股息、红利等权益性投资收益，按照《企业所得税法》第二十六条和《企业所得税法实施条例》第八十三条的规定，属于符合条件的居民企业之间的股息、红利等权益性投资收益，为免税收入。境外注册的中资企业向境内母公司分配股息、红利时也可以享受免税。

境外注册中资企业被认定为"居民企业"的弊端也很明显，主要包括：① 被认定为中国税收居民企业后，境外注册的中资企业正常生产经营所得的税收负担会相应增加（如果没有生产经营活动，仅为投融资平台，则不会增加该项税负）。② 境外注册的中资企业若存在非中国税收居民的境外股东，则在境外注册的中资企业分配股息红利时，该境外股东须按10%或税收协定税率缴纳预提所得税。此外，在该境外股东转让境外注册中资企业股权时，转让所得属于来源于中国境内所得，须按照中国税法规定缴纳所得税。③ 境外注册中资企业可能被认定为双重居民身份。国税发〔2009〕82号第八条规定，境外中资企业被认定为中国居民企业后成为双重居民身份的，按照中国与相关国家（或地区）签署的税收协定（或安排）的规定执行。《国家税务总局关于印发〈境外注册中资控股居民企业所得税管理办法（试行）〉的公告》（国家税务总局公告2011年第45号）第二十八条规定（该条规定已废止），非境内注册居民企业同时被我国与其注册所在国家（地区）税务当局确认为税收居民的，应当按照双方签订的税收协定的有关规定确定其居民身份；如经确认为我国税收居民，可适用我国与其他国家（地区）签订的税收协定，并按照有关规定办理享受税收协定优惠待遇手续；需要证明其中国税收居民身份的，可向其主管税务机关申请开具《中国税收居民身份证明》，主管税务机关应在受理申请之日起10个工作日内办结。

案例：为满足集团拓展海外市场的需要，2005年6月，甲股份有限公司在香港投资成立了一家A公司，主要从事国际贸易工作。A公司负责实施日常生产经营管理的高层管理机构为董事会，有投票权成员5人，这些成员均在国内集团其他关联公司兼任管理人员，除1名高级管理人员外，剩余4名董事会成员履行职责的场所主要位于中国境内，并经常居住于中国境内。A公司的重大财务决策和人事决策均由董事会决定或批准。该公司的会计账簿、公司印章、董事会和股东会议纪要档案均存放于国内办公室，该场所系A公司租赁关联方房产。

A公司向税务部门提交了按实际管理机构认定为税收居民企业的申请，并提供了法律身份证明文件、企业主要财产、会计账簿、公司印章、董事会和股东会议纪要档案存放地说明，企业重大事项的董事会决议及会议记录，负责生产经营管理的高层管理机构履行职责的场所的地址证明等资料。经查证审核，税务机关认为A公司符合《国家税务总局关于境外注册中资控股企业依据实际管理机构标准认定为居民企业有关问题的通知》（国税发〔2009〕82号）第二条列举的四项条件，经省级税务部门批复同意作为实际管理机构在中国的居民企业，依照税收法律、法规的规定享受相应的税收待遇及承担相应的税收义务。

第三节　常设机构的判定风险

目前，跨国公司通过经济交往中各类交易的精心安排，实现国际避税的现象较为普遍。现实中很多跨国公司采用常设机构的形式进行跨境投资，如设立分公司、分店等分支机构，在总机构和境外常设机构之间划分或分配全部经营成果，如利用常设机构转让财产、转移利息、支持特许权使用费、转移管理费用，利用常设机构之间的劳务收费，利用常设机构亏损弥补和所在国之间的汇率变化等，这些已引起了各国政府的高度关注。各国税务主管当局运用税收协定中明确的利润归属原则，对常设机构实施了认定的常规管理，这给跨国公司的国际税收筹划和日常管理带来了制约和挑战。

一、常设机构的特征

在国际税收中，现行税法通常以非居民企业是否在该国设有常设机构作为对非居民企业经营所得是否征税的依据。所谓常设机构，是指一个企业进行全部或部分经营活动的固定营业场所。明确常设机构内涵的目的，是为了确定缔约国一方对另一方企业的征税权。各个国家签订的税收协定均对如何判定常设机构进行了详细规定。跨国公司对常设机构的理解应从"一个营业场所"和"三个基本特征"进行把握，以防范被认定为常设机构的风险。

1. 常设机构的内涵

《OECD税收协定范本注释》中将"营业场所"解释为：企业用于从事营业活动的任何房屋场地、设施和设备，而不管这些房屋场地、设施或设备是否完全用于这个目的。对"一个营业场所"的理解应从三方面进行把握：一是营业场所不要求有完整性，没有规模或范围上的限制，市场中的一个摊位、一幢大厦中的某个房间、一间生产车间中的某台设备都可以构成营业场所，且不论是企业自用或租用，也不论房屋、场地、设施或设备是否有一部分被用于其他活动；二是企业必须对此场所拥有支配能力；三是构成营业场所的必须是用于营业活动的重要的有形物体，轻便的、可携带的机器、设备、工具不构成营业场所。《企业所得税法实施条例》第五条规定，《企业所得税法》第二条第三款所称机构、场所，是指在中国境内从事生产经营活动的机构、场所。

这种常设机构可能由企业的某种固定的营业场所或设施构成，也可能由企业的某种特定的营业代理人的活动构成。常设机构的这种特定的物理存在，是缔约国另一方企业在缔约国一方境内从事实质性经营活动的客观标志，构成缔约国一方行使来源地税收管辖权优先征税的充足依据。

2. 常设机构的特征

各国的税务机关在判定常设机构时，通常依据营业场所的固定性、持续性和经营性三个特征来进行判定。

固定性是指营业场所要相对固定，包括缔约国一方企业在缔约国另一方为从事经营活动而经登记注册设立的办事处、分支机构等固定场所，也包括缔约国一方企业为提供服务而使用的办公室或其他类似的设施，如在某酒店长期租用的房间。对某些经常在相邻地点之间移动的营业活动，虽然营业场所看似不固定，但如果这种在一定区域内的移动是该营业活动的固有性质，一般可认定为存在单一固定场所。比如，某办事处根据需要在一个宾馆内租用不同的房间或租用不同的楼层，该宾馆可被视为营业场所；又如，某商人在同一个商场或集市内的不同地点设立摊位，该商场或集市也可构成该商人的营业场所。

持续性是指既要考虑设立营业场所的目的，又要考虑其实际存续的时间。如果某一营业场所基于短期使用目的而设立，那么就不构成常设机构，但若实际存在时间超出了临时性的范围，则可构成固定场所并可追溯性地构成常设机构。反之，一个以持久性为目的的营业场所如果发生特殊情况，比如投资失败提前清算，即使实际只存在了一段很短的时间，同样可以判定自其设立起就构成常设机构。

经营性是指只有经营性的营业场所才有可能构成常设机构，准备性、辅助性的营业场所不应视为常设机构。即，一方企业通过在另一方设立常设机构进行营业活动，将其全部或部分活动延伸到另一方，不包括其在常设机构之外的地方直接从事的活动。营业不仅仅包括生产经营活动，还包括非营利机构从事的业务活动，但该机构的准备性或辅助性活动除外。仅为了仓储、展览、采购及信息收集等目的而设立的具有准备性或辅助性的固定场所，不应被认定为常设机构。从事"准备性或辅助性"活动的场所通常具备以下特点：一是该场所不独立从事经营活动，并且其活动也不构成企业整体活动基本的或重要的组成部分；二是该场所进行上述列举的活动时，仅为本企业服务，不为其他企业服务；三是其职责限于事务性服务，且不起直接营利作用。

3. 常设机构的一般形式

根据常设机构的内涵及特征，常设机构的一般形式主要包括：管理场所、分支机构、办事处、工厂、作业场所，以及矿场、油井或气井、采石场或者其他开采自然资源的场所。其中，"管理场所"是指代表企业负有部分管理职责的办事处或事务所等场所，不同于总机构，也不同于作为居民企业判定标准的"实际管理机构"。"矿场、油井或气井、采石场或者其他开采自然资源的场所"是指经过投资，拥有开采经营权或与之相关的合同权益，并从事生产经营的场所。至于为勘探或开发上述矿产资源的承包工程作业，一般应根据作业持续的时间是否超过 6 个月来判断其是否构成常设机构。

根据《企业所得税法实施条例》第五条规定，机构、场所包括下列形式：（一）管理机构、营业机构、办事机构；（二）工厂、农场、开采自然资源的场所；（三）提供劳务的场所；（四）从事建筑、安装、装配、修理、勘探等工程作业的场所；（五）其他从事生产经营活动的机构、场所。非居民企业委托营业代理人在中国境内从事生产经营活动的，包括委托单位或者个人经常代其签订合同，或者储存、交付货物等，该营业代理人视为非居民企业在中国境内设立的机构、场所。

目前非居民企业在中国境内设立机构、场所开展生产经营活动，主要包括在境内设立外国企业分公司、设立常驻代表机构、承包工程作业和提供劳务，以及委托营业代理人从事生产经营活动等几种形式。

综上所述，常设机构与机构、场所两者的概念是有区别的，同时也是有联系的。构成常设机构的肯定存在相应的机构、场所，而有机构、场所的不一定构成常设机构。纳税人需要注意的是，常设机构的一般形式只是列举了在通常情况下构成常设机构的场所。这些列举并非是穷尽的，并不影响税务机关对其他场所按照常设机构的内涵及特征进行常设机构判定。

4. 利润归属原则

一个企业在外国设有常设机构，其利润应在该外国征税，但其利润应仅以属于该常设机构的为限，这就是利润归属原则。也即来源国仅对非居民纳税人通过设在来源国境内的常设机构的生产经营活动所取得的营业所得实行征税的原则。这一原则表明，非居民纳税人在来源国境内是否设有常设机构是来源国对非居民纳税人来自本国境内的营业所得是否进行征税的前提条件。

利润归属原则对居民国和来源国在跨国营业利润上的征税权益分配做了明确的划分，但对常设机构这一概念的内涵和外延的确定，由于直接影响到纳税人居民国和收入来源国税收利益的划分，因此各国间一向有争议，因此常常引发国际税收争议，给跨国企业的生产经营带来困扰。因为常设机构大都是发达国家设在发展中国家，所以发达国家多倾向于从严认定常设机构，发展中国家则多倾向于从宽认定常设机构。

在国际税收管理中，常设机构主要有四类：固定场所型、劳务型、承包工程型以及代理型。下面，主要基于南京税务机关对常设机构判定实例的分析，帮助纳税人对照自己所从事的业务及价值链的布局，了解并防范风险。同样，对于"走出去"企业来讲，由于在投资国的商业活动日益增多，与常设机构相关的风险尤其值得关注，以便采取措施来管控风险。

二、固定场所型常设机构的判定

固定场所型常设机构是指非居民企业在中国有一个相对固定的营业场所。通常情况下，该营业场所是实质存在的，同时是相对固定的，并且在时间上具有一定的持久性，企业全部或部分的营业活动是通过该营业场所进行的。这也是常设机构的基本定义。

案例1：A（中国）有限责任公司［以下简称A（中国）］为外商独资企业，投资方是B（亚太）控股有限公司。A（中国）是德国C集团在中国设立的表面活性剂生产和销售企业，主要承担原料采购、产品生产、销售及分销相关职能。德国C集团内日本D公司和中国香港E公司均隶属于表面活性剂产品业务单元。

2012年，A（中国）、日本D公司和中国香港E公司三方签订《人力资源支持服务合同》，约定由日本D公司派甲先生为A（中国）和中国香港C公司提供销售技术等服务。合同显示：甲先生受雇于日本D公司，担任日本D公司的总经理，同时兼任亚太区醇类和表面活性剂销售与市场营销经理一职。合同每年都重新签订，但内容基本没有变化。按照合同约定，A（中国）向日本D公司支付服务费，日本D公司一直按在我国构成常设机构缴纳非居民企业所得税。2012年至2016年，A（中国）累计对外支付金额795.06万元并缴纳了企业所得税56.63万元。

2017年，日本D公司委托A（中国）到主管税务机关办理享受协定待遇备案手续，提出日本D公司在中国不构成常设机构，要求退还已缴纳的企业所得税。企业提出不构成常设机构的理由是：

首先，日本D公司派遣甲先生为A（中国）提供的服务属于劳务性质。甲先生的主要工作内容是：召集销售会议、讨论市场推广、开发与维护客户、制定产品定价策略等，在销售过程中向客户介绍产品相关技术参数、进行操作演示等。

其次，根据甲先生的出入境记录，2012年至2016年每年来华天数分别为75天、78天、70天、71天、55天，连续或累计均未超过183天。依据中日双边税收协定第五条第五款"缔约国一方企业通过雇员或者其他人员在缔约国另一方提供的咨询劳务，除适用第七款规定的独立代理人以外，这些活动（为同一个项目或两个及两个以上相关联的项目）在任何12个月中连续或者累计超过6个月的，应认为在该缔约国另一方设有常设机构"以及《国家税务总局关于印发〈中华人民共和国政府和新加坡共和国政府关于对所得避免双重征税和防止偷漏税的协定〉及议定书条文解释的通知》（国税发〔2010〕75号）（以下简称"中新协定解释"）中"缔约国一方企业派其雇员或其雇佣的其他人员到缔约对方提供劳务，仅以任何12个月内这些人员为从事劳务活动在对方停留连续或累计超过183天的，构成常设机构"，日本D公司在中国不构成常设机构，无须在中国缴纳企业所得税。

主管税务机关在对企业的合同进行了详细地分析后，了解到以下情况：① 甲先生是日本D公司的员工，担任总经理，日本D公司按期支付甲先生报酬，并且承担他与日本公司经营活动相关的福利以及差旅费用。② 甲先生兼任亚太区醇类和表面活性剂销售与市场营销经理一职，并且代表日本D公司为A（中国）和中国香港E公司提供服务。③ 日本D公司归总甲先生的除担任日本公司总经理之外发生的总费用，加成5%之后，依据中国内地、中国香港和日本三家公司的年产量、业务量及甲先生的工作时间，在三家企业之间进行分配。④ 甲先生作为亚太区销售经理，定期会到中国召开销售会议、讨论市场推广、开发与维护客户，会议一般安排在南京和上海分公司的会议室召开。无论在南京还是在上海,甲先生开会时,A(中国)都为其在办公楼内安排会议室。2012年到2016年间,甲先生停留境内的时间,平均每年在70天左右。了解企业实际情形后,税务机关开展了常设机构测试。

1. 代理型常设机构测试

税收协定条款关于代理型常设机构的规定一般是这样的：当一个人(除适用中新税收协定第六款规定的独立地位代理人以外)在缔约国一方代表缔约国另一方的企业进行活动,有权以该企业的名义签订合同并经常行使这种权力,这个人为该企业进行的任何活动,应认为该企业在该缔约国一方设有常设机构。很明显,日本D公司不构成代理型常设机构。

2. 承包工程型常设机构测试

税收协定条款关于承包工程型常设机构的规定一般是这样的：建筑工地,建筑、装配或安装工程,或者与其有关的监督管理活动,但仅以该工地、工程或活动连续超过6个月为限。由于日本D公司业务不属于承包工程,因此排除承包工程型常设机构的可能性。

3. 劳务型常设机构测试

税收协定条款关于劳务型常设机构的规定一般是这样的：缔约国一方企业通过雇员或雇佣的其他人员在缔约国另一方提供劳务,包括咨询劳务,但仅以该性质的活动(为同一或相关联的项目)在任何12个月中连续或累计超过183天为限。由于日本D公司派员任何12个月来华天数连续或者累计都未达183天,因此也不构成劳务型常设机构。

4. 固定营业场所型常设机构测试

常设机构是企业进行全部或部分营业的固定营业场所。中新协定解释第五条对固定营业场所做了进一步明确：(1)该营业场所是实质存在的;(2)该营业场所是相对固定的,并且在时间上具有一定的持久性;(3)全部或部分的营业活动是通过该营业场所进行的。税务机关认为：亚太区销售经理在集团内部,特别是在亚洲区承担了很重要的职能,具有不可替代性。而甲先生作为亚太区销售经理为A(中国)提供销售服务,在会议室召开销售会议,该活动具有经常性、定期性的特点,地点在同一个大楼里不同的会议室,符合固定性的标准,同时可以认为甲先生在开会期间对A(中国)的会议室具有支配权。

在《OECD税收协定范本注释》中,关于常设机构定义的注释第六点指出,一国用于营业活动的营业场所存在时间少于6个月,一般不会构成常设机构。但是存在两个例外情形,其中之一是由于经营活动的需要具有重复发生性质的营业活动。在这种情况下,该场所每次被使用的时间和使用的次数应合并考虑(可能延续几年时间),简称为重复性劳务活动。因此,税务机关认为日本D公司提供的销售管理服务符合重复性劳务活动的特点,在我国构成固定营业场所常设机构,应缴纳非居民企业所得税,不符合享受协定待遇优惠的条件,不予退还已缴纳的企业所得税。

案例2：境内A医院成立于2017年,由B公司及C医院共同出资成立,B公司和C医院分别占股80%和20%。2018年10月,A医院与美国D公司签订了许可协议及医疗服务协议。医疗服务协议约定：D公司在一定范围内向A医院提供专门的合作管理团队，提供规划支持、IT系统规划和开发支持、设备规划和采购支持，指导、参与行政人员和关键员工招聘，指导运营计划制订，指导、支持JCI认证筹备，指导和支持医院构建最高标准的质量和安全系统，推动双方临床护理和临床研究合作，指导医院的行政人员和其他关键员工等服务，合同有效期为10年。

自合同签约至2019年3月，D公司先后4次派员赴宁，提供合约中约定的相关服务，累计入境人员15人，累计天数为16天。

经过对合同的案头审核与实地核实，税务机关判定D公司在华构成固定营业场所常设机构。企业对此表示质疑，理由如下：一是D公司在美国是一个非营利性组织，在美国也是免税的，因此不应该在中国承担纳税义务；二是D公司派来的人员并非是其雇员，而是其子公司的雇员，因此不能认定D公司在华构成常设机构；三是D公司派来的人员来华时间较短，任何12个月内连续或者累计达不到183天；四是D公司的在华活动属于准备性、辅助性的，因此也不构成常设机构。

主管税务机关与D公司对此问题进行沟通，在双方的沟通过程中，税务人员对其观点予以逐一解释：

第一，D公司在中国开展的全部或部分营业活动是在南京A医院的营业场所进行的。根据中新协定解释，"营业活动"含义不仅仅包括生产经营活动，还包括非营利机构从事的业务活动，但是不包括准备性或辅助性活动。

第二，按照企业的描述，D公司派遣了子公司的人员过来提供服务，虽然提供服务的人员不是D公司的雇员，但是他们作为D公司关联企业的雇员，是代表D公司来提供服务的，并且由D公司承担相应的责任和风险，因此应视同其雇员一样来判定D公司是否构成常设机构。

第三，D公司人员来华时间较短，如企业所说不构成劳务型常设机构，但是我们同时还需要判断D公司是否符合固定营业场所常设机构的标准。首先，D公司在A医院内部有一定的营业场所进行诊疗活动，该空间虽不是D公司拥有，但在其营业活动开展过程中可进行自主支配。其次，A医院内部的营业场所是相对固定的，D公司作为服务提供方，虽然不是一直在A医院从事营业活动，但是其活动具有周期性和重复性的特点，因此可以认为该企业在中国境内的医院（固定场所）内进行持续的相关营业活动，且该营业活动具备持久性；最后，通过实地查访与企业问询，D公司的服务是在A医院内的场所开展的。综上，D公司在华的营业活动符合固定性、持久性和营业性的标准。

第四，D公司在华活动也不属于准备性、辅助性的活动。因为D公司派员来华所提供的服务，不是公司内部的事务性服务，而是企业整体营业活动的重要组成部分，因此，不属于准备性、辅助性的活动。

同时中新协定解释第十五条第二款第三项规定："如果新加坡个人被派驻到新加坡企业设在中国的常设机构工作，或新加坡企业派其雇员及其雇佣的其他人员在中国已构成常设机构的承包工程或服务项目中工作,这些人员不论其在中国工作时间长短,也不论其工资薪金在何处支付,都应认为其在中国的常设机构工作期间的所得是由常设机构负担。"据此,D公司赴宁劳务人员在境内工作期间取得的所得均符合境内常设机构负担这一条,应按相关规定计征个人所得税。

基于对上述固定型常设机构的判定案例分析,跨国公司应注意以下几点:一是税务机关是依据《OECD税收协定范本注释》中营业场所的固定性、持续性和营业性的特征开展对固定型常设机构的判定,固定营业场所不能狭义地理解为地理上的某一个很小的点。如上述案例1中日本D公司派员来华提供服务期间,使用的是同一栋大楼里的不同办公室或者会议室,那么这栋大楼就可以作为来华提供服务的固定营业场所。二是税务机关采用逐一测试排除方法而不是传统的通过在境内提供劳务天数的简单思路来确定常设机构的类型。三是税务机关对常设机构进行税收管理的过程中,已经加强了对非独立个人劳务涉及的个人所得税的管理。

三、劳务型常设机构的判定

非居民企业派其雇员或其雇佣的其他人员到中国提供劳务,只有这些人员在任何12个月中连续或累计在中国提供劳务超过183天时该企业才构成劳务型常设机构。

案例1:境内A有限公司(以下简称"A公司")成立于2009年,投资方是香港B集团有限公司(以下简称"B公司"),主营基础化学原料类产品的研发、生产及销售。

法国C有限公司(以下简称"C公司")同为B公司的控股子公司,具备先进的生产技术,在A公司建厂过程中提供了大量的现场技术服务。

A公司自2010年起向境外支付巨额技术服务费,2010—2015年共向C公司支付技术服务费5 310.25万欧元,C公司自2013年起按照常设机构办理临时税务登记并缴纳非居民企业所得税,但2010—2012年期间发生的技术服务费未缴纳非居民企业所得税。企业认为不构成常设机构的理由是2010—2012年C公司未派遣员工到境内开展服务,其支付的费用均为发生在境外的劳务费用,因此未办理临时税务登记,也无须缴纳非居民企业所得税。

主管税务机关查阅了A公司与C公司签订的几份技术支付和服务协议,合同约定A公司向C公司支付的技术服务费根据成本加成5%计算,化工生产线的设计和指导完全在境外完成。同时在A公司的报销、差旅、聚餐等费用凭证中,发现从2010年开始,就有大批法国人在境内化工园进行项目的基础设计和详细设计、生产培训等,最多的时候有100多人,企业向C公司支付的技术服务费主要是来华人员的工资。因为在南京的时间长达几年,所以A公司还要负担法国技术人员的家庭费用、差旅费等。这些凭证有效证明了从2010年开始,C公司已经派员来华提供设计、生产培训劳务。

根据中新协定解释第五条第三款规定:"缔约国一方企业派其雇员或其雇佣的其他人员到缔约对方提供劳务,仅以任何12个月内这些人员为从事劳务活动在对方停留连续或累计超过183天的,构成常设机构。"C公司为中国境内项目提供劳务(包括咨询劳务),以该企业派其雇员为实施服务项目第一次抵达中国之日期起至完成并交付服务项目的日期止作为计算期间,计算相关人员在中国境内的停留天数。对劳务活动在任何12个月中连续或累计超过183天的规定,如果同一个项目历经数年,非居民企业只在某一个"12个月"期间派雇员来中国境内提供劳务超过183天,而在其他期间内派员到中国境内提供劳务未超过183天,仍应判定该企业在中国构成常设机构。常设机构是针对该企业在中国境内为整个项目提供的所有劳务而言,而不是针对某一个"12个月"期间内提供的劳务。所以,在整个项目的进行中,如果非居民企业于其中一个"12个月"期间在中国境内提供劳务超过183天,则应认为该企业在中国构成常设机构。

最终税务机关确定从2010年项目开始,C公司就派员来华提供了详细设计、生产培训劳务,构成了常设机构。A公司2010—2012年度共向C公司支付技术服务费1 873万欧元,补缴非居民所得税604.9万元及滞纳金。同时在确定C公司自2010年构成常设机构后,税务机关依据相关文件判定C公司13名技术人员共计取得2 123万欧元工资薪金收入,补扣2010—2014年度个人所得税3 100万元及滞纳金。

案例2:境内B有限公司(以下简称"B公司")是德国S集团与中国Y集团共同投资成立的一家化工企业,成立于2000年,主要从事石油化工产品的生产和销售。

德国S公司(以下简称"S公司")是德国S集团下属的一家位于德国的化学公司,该公司的经营范围主要分布在保健和营养品、涂料和染料、化学品、塑料和纤维、石油和天然气、其他业务等六大门类。

2009—2013年间,B公司与S公司签订了4份合同,具体情况如下:2009年,B公司与S公司签订了一份专家派遣服务合同。该合同是一份框架合同,根据合同约定,S公司将长期向B公司提供咨询、技术辅助和协助服务。具体的服务流程是,B公司在经营中产生服务需求后,通过ERP(企业资源规划)系统向S公司提交正式的服务请求,S公司收到具体服务请求后,根据服务的具体内容确定来华人员技术等级、数量、时间。服务请求的内容主要包含对设备使用的技术指导、维修、与生产相关的技术咨询等。S公司对不同等级的专家都确定了相应的劳务费用标准,根据派出的专家等级和服务的时间来收取服务费用。对于一些费用较大的项目,S公司还会和B公司签订一份具体的服务合同来规范服务内容。

2010年,B公司与S公司签订了二甲氨基乙酯境内工程设计服务合同,根据该合同,S公司向B公司提供二甲氨基乙酯境内工程的设计服务,并按实际发生成本加成一定的比例收取服务费。

2010年,B公司与S公司签订了醇胺联合装置境内工程设计服务合同,根据该合同,S公司向B公司提供醇胺联合装置境内工程的设计服务,并按实际发生成本加成一定的比例收取服务费。

2013年,B公司与S公司签订了SAP仓库管理模块服务合同,根据该合同,S公司向

B公司提供仓库管理模块技术服务,并按实际发生成本加成一定的比例收取服务费。

S公司将收取的境内服务费用按照核定利润率15%自行进行申报,缴纳企业所得税共计757万元。S公司收取的二甲氨基乙酯境内工程设计服务费、醇胺联合装置境内工程设计服务费、SAP仓库管理模块服务费,由于这三份合同的执行中S公司入境服务天数分别只有66天、79天、22天,故根据中德税收协定,S公司为B公司提供的上述三项服务不构成常设机构,可以享受协定待遇,免于缴纳企业所得税。

主管税务机关根据企业提供的享受协定待遇优惠备案申请资料,对S公司是否构成常设机构进行了判定:

根据中德税收协定中对劳务型常设机构的规定:缔约国一方企业通过雇员或雇佣的其他人员在缔约国另一方提供劳务,包括咨询劳务,但仅以该性质的活动(为同一或相关联的项目)在任何12个月中连续或累计超过183天为限。

同时根据中新协定解释的规定,同一企业从事的有商业相关性或连贯性的若干个项目应视为"同一项目或相关联的项目"。这里所说的"商业相关性或连贯性",须视具体情况而定,在判断若干个项目是否为关联项目时,应考虑下列因素:(1)这些项目是否被包含在同一个总合同里;(2)如果这些项目分属于不同的合同,这些合同是否与同一人或相关联的人所签订,前一项目的实施是否是后一项目实施的必要条件;(3)这些项目的性质是否相同;(4)这些项目是否由相同的人员实施等。

根据S公司提供的服务内容,税务人员做了如下分析:

(1) B公司与S公司签订的4份服务合同的性质、服务内容、服务方式都基本相同,服务费用的计算方法也一致,境内专家派遣服务的内容涵盖了其他3份具体合同的服务内容,其他3份合同是在境内专家派遣合同框架下签订的具体合同,被包含在同一个总合同里,属于同一项目。

(2) 这些项目都是与S公司所签订的。

(3) 这些项目的性质基本相同,都属于对生产工艺的设计服务。

(4) 这些服务项目由企业不同的人员提供。

综上所述,可以认为这几个项目为"同一项目或相关联的项目",B公司与S公司签订的4份服务合同应合并在同一个总合同下处理。由于S公司向B公司提供的境内专家派遣服务总合同符合常设机构的构成,因此,S公司向B公司提供的二甲氨基乙酯境内工程设计服务、醇胺联合装置境内工程设计服务、SAP仓库管理模块服务收取的费用也应当缴纳企业所得税。最终S公司补缴了2010年以来少缴的企业所得税789 095.23元,个人所得税53 433.11元,另外合计加收滞纳金312 632.49元。

通过对两个劳务型常设机构的判定分析,跨国公司应注意以下几点:一是税务机关对劳务型常设机构的判定标准。将任何12个月内停留连续或累计是否超过183天作为判定标准。二是依法合理地对合同拆分进行筹划。利用分拆合同达到规避常设机构的目的是跨国公司惯用的筹划方法,目前税务机关根据税基侵蚀和利润转移第七项行动计划加强了对合同的后续管理。三是正确理解"雇员或雇佣的其他人员"的内涵。"雇员或雇佣的其他人员"是指本企业的员工,或者该企业聘用的在其控制下按照其指示向缔约对方提供劳务的个人。四是准确把握劳务活动的定义。劳务活动是指从事工程、技术、管理、设计、培训、咨询等专业服务活动。例如:对工程作业项目的实施提供技术指导、协助、咨询等服务(不负责具体的施工和作业);对生产技术的使用和改革、经营管理的改进、项目可行性的分析以及设计方案的选择等提供的服务;在企业经营、管理等方面提供的专业服务等。

四、承包工程型常设机构的判定

非居民企业在中国的建筑工地,建筑、装配或安装工程,或者与其有关的监督管理活动,仅在此类工地、工程或活动持续时间在6个月以上时构成承包工程型常设机构。

案例1: A零部件有限公司是一家中外合资企业,主要生产不同种类及规格的零部件,以及销售自产产品并提供上述产品的售后维护服务。

主管税务机关发现该企业每个季度均向德国母公司支付服务费,备案的合同内容均为委托技术开发和技术服务,服务发生地完全在境外。通过现场走访,在生产现场发现有多名外籍技术人员出入,税务机关了解到,企业采购了一条新的生产线,由外籍技术人员进行设备运行测试和调整。该生产线采购自非关联的德国D公司,设备调试也由同一公司的人员提供。同时采购合同中未明确约定提供设备安装、装配等方面的费用。《非居民企业所得税核定征收管理办法》(国税发〔2010〕19号)第六条规定:"非居民企业与中国居民企业签订机器设备或货物销售合同,同时提供设备安装、装配、技术培训、指导、监督服务等劳务,其销售货物合同中未列明提供上述劳务服务收费金额,或者计价不合理的,主管税务机关可以根据实际情况,参照相同或相近业务的计价标准核定劳务收入。无参照标准的,以不低于销售货物合同总价款的10%为原则,确定非居民企业的劳务收入。"

通过对外籍人员来华人数、出入境记录(护照复印件)、公司人事管理记录等情况的调查取证,德国D公司派遣人员到中国提供服务时间超过6个月,最终税务机关判定德国D公司在我国构成常设机构,应就提供安装调试取得的收入在中国缴纳企业所得税。

该企业与德国D公司签订的设备采购合同总金额为7 760 688欧元,由于合同中未列明安装调试收费金额,税务机关按照合同总价款的10%确定德国D公司劳务收入为776 068欧元。同时由于德国D公司在我国未设置账簿,无法准确计算应纳税所得额,根据《非居民企业所得税核定征收管理办法》(国税发〔2010〕19号)第四条和第五条的规定,按收入总额核定应纳税所得额,核定利润率为15%,计算应缴纳非居民企业所得税22.69万元,并加收滞纳金。

税务机关还发现4份内容为设备维护和调试劳务以及培训服务的订单,总金额为114 014欧元。由于这些合同每一份的金额均未超过5万美元,因此企业并没有到税务机关办理对外付汇备案,直接通过银行向境外支付了费用。

由于这些合同中提供服务的主体与德国D公司不是同一家公司,税务机关无法把这5份合同判定为具有"商业相关性或连贯性"的合同,不能直接判定A公司的母公司构成我国的常设机构,因此需要对A公司的母公司是否构成常设机构进行重新调查取证。

通过对这4份合同执行过程中境外母公司派人安装调试情况的调查发现,因为是二手设备,安装调试金额都不大,所以每一份合同中派遣人员服务时间都未超过6个月,但是这4份合同都是与同一家公司签订的,合同的内容一致,并且都是由相同人员进行调试安装。根据中新协定解释中常设机构第三条第二款中的第3点规定,税务机关判定这4份合同是具有"商业相关性或连贯性"的合同,因此将4份合同中派遣人员到境内服务的时间进行累加,从而服务天数超过6个月。据此,该公司在我国构成常设机构,应就提供安装调试取得的收入在中国缴纳企业所得税。最终,企业补缴非居民企业所得税31 931.73元,增值税51 090.75元及滞纳金。

案例2:B建设有限公司,是由韩国A株式会社在中国设立的外商独资企业。经营范围是房屋建筑工程施工、机电设备安装、装修装饰工程施工、建筑防水工程施工,提供物业管理咨询、工程项目管理咨询和服务。

2017年12月,A株式会社与B建设有限公司签订承包工程类管理服务合同,合同期限从2017年8月1日到2019年2月28日,合同金额为1 344万元。A株式会社主要提供建筑工程的设计管理、订货管理、成本管理、工程管理、交接管理等工程管理服务,具体如下:

(1)对事业厂建费用的适当性进行检讨及提出咨询意见;

(2)对成本节省方案进行复核;

(3)对缴纳期内工程的管理方案进行复核及提出咨询意见;

(4)确认会议、报告的开办,决定事项的履行及措施;

(5)按照与甲方约定的管理程序对相关项目管理状况进行复核及提出咨询意见。

因合同约定的境内服务时间超过6个月,税务机关初步判定A株式会社构成我国的常设机构,因此为企业办理了临时纳税人税务登记,核定利润率为30%,按收入总额核定应纳税所得税,按季度自行申报税款。

2018年3月,A株式会社委托B建设有限公司到税务机关办理了享受税收协定待遇备案手续,要求税务机关退还相应的税款。企业理由:根据中韩税收协定中"缔约国一方企业派其雇员或其雇佣的其他人员到缔约对方提供劳务,仅以任何12个月内这些人员为从事劳务活动在对方停留连续或累计超过183天的,构成常设机构"这一条款,经统计该公司累计入境时间为157天,因此不构成中国的常设机构。

主管税务机关根据中新协定解释中常设机构条款对A株式会社提交的享受协定待遇的备案资料进行审核,发现以下问题:

第一,A株式会社判定其自身是否构成常设机构所用条款存在错误。A株式会社主要提供配套的关于建筑工程的设计管理、订货管理、成本管理、工程管理、交接管理等工程管理服务。很明显,该项目应属于"非居民纳税人在境内从事建筑、装配或安装工程有关的监督管理活动",应按照承包工程类型的条款进行常设机构判定。

第二,由于项目类型选择错误,因此企业自我判定依据时间同样是错误的。企业根据"缔约国一方企业派其雇员或其雇佣的其他人员到缔约对方提供劳务,仅以任何 12 个月内这些人员为从事劳务活动在对方停留连续或累计超过 183 天的,构成常设机构"这一条款来计算人员来华工作时间,得出不构成常设机构的结论。而承包工程是从实施合同(包括一切准备活动)开始之日起,至作业(包括试运行作业)全部结束交付使用之日止进行计算,凡活动时间持续 6 个月以上的,应判定该企业构成我国的常设机构。

企业认可了项目选择有误的事实,但在计算服务提供时间时,企业认为由于该工程项目时间较长,设备运输、安装、调试等都会占用一定时间,韩方人员不会一直在场提供监督管理服务,因此计算在华工作时间时会有间断,未达到持续 6 个月以上的标准。税务机关认为,由于合同中写明 A 株式会社提供的是设计管理、订货管理、成本管理、工程管理、交接管理等工程管理服务,虽然工程实施过程中有部分时间不需要提供管理服务的相关人员驻守在施工现场,但是根据中新协定解释中"对工地、工程或者与其有关的监督管理活动开始计算其连续日期以后,因故(如设备、材料未运到或季节气候等原因)中途停顿作业,但工程作业项目并未终止或结束,人员和设备物资等也未全部撤出,应持续计算其连续日期,不得扣除中间停顿作业的日期"的规定,这部分时间是不允许被扣除的,且承包工程类活动不存在"任何 12 个月"的限制,只要在整个工程作业项目终止或结束前,活动持续时间为 6 个月以上,即构成常设机构。该项目从 2017 年 8 月 1 日就开始实施,同时开展了监督管理活动,到企业来进行协定备案已超 6 个月。根据以上审核分析,税务机关认为 A 株式会社在中国进行的活动为"非居民纳税人在境内从事建筑、装配或安装工程有关的监督管理活动",且持续时间超过 6 个月,因此 A 株式会社构成我国常设机构。

通过对上述承包工程型常设机构的判定分析,跨国公司应注意以下几点:一是税务机关对承包工程型常设机构的判定标准。缔约对方的建筑工地,建筑、装备或安装工程,或者与其有关的监督管理活动,只有其持续时间在 6 个月以上,才构成承包工程型常设机构。二是正确理解"与其有关的监督管理活动"的内涵。"与其有关的监督管理活动"是指伴随建筑工地,建筑、装配或安装工程发生的监督管理活动,既包括在项目分包时,由分承包商进行作业,总承包商负责指挥监督的活动,也包括独立监理企业从事的监督管理活动。对由总承包商负责的监督管理活动,其时间的计算与整个工地、工程的持续时间一致;对由独立监理企业承包的监督管理活动,应视其为独立项目,并根据其负责监理的工地、工程或项目的持续时间进行活动时间的判定。三是准确计算总包的施工时间。如果企业将承包工程作业的一部分转包给其他企业,分包商在建筑工地施工的时间应算作总包商在建筑工程上的施工时间。如果分包商实施合同的日期在前,可自分包商开始实施合同之日起计算该企业承包工程作业的连续日期。同时,不影响分包商就其所承担的工程作业单独判定其是否构成常设机构。

五、代理型常设机构的判定

非居民企业通过代理人在我国进行活动,如果代理人有权并经常行使这种权力并以非居民企业的名义签订合同,则非居民企业构成我国的代理型常设机构。

案例:境内A公司是韩国B公司投资成立的外商独资企业,营业范围为:房屋建筑工程施工、化工石油设备管道安装,石化装置、机电和绿化工程项目的管理、咨询和服务。

2011年,境内C公司与境内A公司、韩国B公司签订工程承包合同,由韩国B公司为境内C公司提供工程施工、设备安装等服务,由A公司作为项目监督方,对韩国B公司的施工进行检查监督,同时为韩国B公司的员工办理来华就业签证、居留许可等手续,合同总金额为6 000万美元。因A公司并没有相应的专业技术人员,无法提供监督服务,因此A公司又与韩国B公司签订了人力资源合同,请韩国B公司派员来华提供工程项目监督服务。

2011年11月至今,A公司已向韩国B公司支付人民币12 512.1万元,由于韩国B公司派员来华从事工程项目的时间每年度均超过了6个月,税务机关判定其构成了承包工程型常设机构。因此,A公司按照15%的核定利润率,按收入总额核定应纳税所得额,代扣代缴非居民企业所得税。

同时,税务机关在判定过程中得知,因国内施工政策的特殊要求,韩国B公司无法直接承接境内工程项目,为此才投资设立了A公司。此外,在合同实际履行过程中,A公司也负责代表韩国B公司进行相应工程业务质量的监督和管理,A公司是否构成韩国B公司的"非独立代理人",税务机关对此情况开展了进一步核实。

企业认为,A公司虽然是韩国B公司在中国全资投资的子公司,目前只是与韩国B公司有业务往来,但是今后C公司项目结束后,可能会寻找其他的业务合作伙伴,开拓其他境内市场,不应该视同为韩国B公司的非独立代理人。

税务机关认为,境内A公司构成非独立代理人,理由如下:

(1) A公司除了签订承接C公司这一个项目外并没有承接其他任何项目,因此全部仅为韩国B公司提供服务,构成了"非独立"的条件。

(2) A公司以从事房屋建筑工程施工,化工石油设备管道安装,工程项目的管理、咨询和服务为主。在合同中均会注明韩国B公司在履行工作时所承担的责任,这些实质上对韩国B公司具有约束力。由于韩国B公司本身以承接大型工程项目施工为主要业务,A公司代为谈判签订的合同金额较高,税务机关认为应该构成"不是以企业名义签订合同,但其所签合同仍对企业具有约束力的情形"。

(3) A公司是由韩国B公司全资投资成立的,双方构成关联方。从实质上看,C公司之所以会选择A公司,原因是看中了韩国B公司的工程业务能力,才会同意与其子公司A公司进行签约。A公司之所以成立,也是为了满足我国相关法律法规的规定,双方具有紧密关联的业务活动。因此,虽然法律形式上A公司是一家独立的居民企业,但实质上就是韩国 B 公司的"非独立代理人"。

综合上述,税务机关认为境内 A 公司实质上构成韩国 B 公司在中国境内的"非独立代理人"的常设机构。根据中新协定解释规定,缔约国一方企业通过代理人在另一方进行活动,如果代理人有权并经常行使这种权力并以该企业的名义签订合同,则该企业在缔约国另一方构成常设机构。其活动使一方企业在另一方构成常设机构的代理人,通常称为"非独立代理人"。同时协定中也对"以该企业的名义签订合同"做了广义解释,包括不是以企业名义签订合同,但其所签合同仍对企业具有约束力的情形;所称"合同"是指与被代理企业经营活动本身相关的业务合同;对于"经常"一词并无精确统一的标准,要结合合同性质、企业的业务性质以及代理人相关活动的频率等进行综合判断等。

韩国 B 公司由于派员来华从事工程项目,构成承包工程型常设机构,缴纳了非居民企业所得税 449 万元。税基侵蚀和利润转移(BEPS)第七项行动计划发布的关于常设机构利润归属的指引中指出:对于"非独立代理人"的常设机构,出于管理的便利,税务机关可以选择仅对构成代理人的居民公司进行征税,该税额实质就是将居民公司和常设机构的纳税义务分别计算后再合并得出的。A 公司作为一家居民企业,将 C 公司支付的工程款的全部收入据实进行了企业所得税申报,共计缴纳了居民企业所得税 1 915 万元,可以认为该笔税款已经涵盖了代理人常设机构应该缴纳的部分税款。

通过对上述代理型常设机构的判定分析,跨国公司应注意以下几点:一是非独立代理人可以是个人,也可以是办事处、公司或其他任何形式的组织,不一定被企业正式授予代表权,也不一定是企业的雇员或部门。此外,非独立代理人不一定是代理活动所在国家的居民,也不一定在该国拥有营业场所。二是对"以该企业的名义签订合同"做广义理解,包括不是以企业名义签订合同,但其所签合同仍对企业具有约束力的情形。"签订"不仅指合同的签署行为本身,也包括代理人有权代表被代理企业参与合同谈判、商定合同条文等。三是"合同"是指与被代理企业经营活动本身相关的业务合同。如果代理人有权签订的是仅涉及企业内部事务的合同,比如,以企业名义聘用员工以协助代理人为企业工作等,则不能仅凭此认定其构成企业的常设机构。四是如果代理人在缔约国另一方的活动仅限于仓储、展览、采购及信息收集等"准备性、辅助性"范围,则不构成企业的非独立代理人(或常设机构)。五是区分独立代理人与非独立代理人。独立代理人不仅为某一个企业代理业务,而且还为其他企业提供代理服务。经纪人、中间商等一般佣金代理人均属于独立代理人。该代理人在法律上和经济上独立于被代理企业,或者独立代理人在代表企业进行活动时,一般按照常规进行自身业务活动,不从事其他经济上归属于被代理企业的活动,同时符合上述两个条件的,才属于独立代理人,即不构成被代理企业的常设机构。

六、非居民企业非准备性或辅助性活动的判定

根据税收协定,准备性或辅助性活动是指非居民企业在我国设立的固定场所中仅开展仓储、展览、采购及信息收集等活动。

案例：A纺织品国际贸易公司南京办事处成立于2000年，登记注册类型是外国企业常驻代表机构。经营范围为：纺织品贸易的咨询、联络、服务。企业纳税申报方式为：按经费支出换算收入核定应纳税所得额，核定利润率为15%。该办事处近几年申报经费支出均为零，因此未缴纳非居民企业所得税。

税务机关与企业首席代表及财务人员进行约谈，了解代表处的实际业务开展情况。经了解，该代表处的母公司为某纺织品国际贸易有限公司，主要从事成品服装贸易。因考虑原材料及生产成本等因素，母公司需要在中国境内寻找生产厂家，同时负责服装订单的生产及出口。为方便开展业务，母公司在南京设立了代表处，以便于协助生产厂家控制生产过程。该代表处日常工作人员6到7人，包括首席代表、财务人员和其他工作人员。日常工作职责为按总公司的要求跟进厂家的生产进度，以及对产品的质量进行监控和管理。代表处每年从总部取得约80万元左右的办公经费，主要用于支付代表处工作人员的工资薪金以及通信费、差旅费等费用。通过查阅账册，企业每年均有80万元左右的经费支出。税务机关对企业未按照规定要求进行所得税申报的行为，要求企业限期改正。

企业提出了诉求，认为虽然申报存在差错，但是南京代表处属于专门为母公司进行其他准备性或辅助性活动目的所设的固定营业场所，符合享受非居民税收协定待遇条件，应当免征企业所得税。企业提出要补办享受非居民税收协定待遇备案手续。

税务机关认为，中新协定解释第五条第四款规定，从事"准备性或辅助性"活动的场所通常具备以下特点：一是该场所不独立从事经营活动，且其活动也不构成企业整体活动基本的或重要的组成部分；二是该场所仅为本企业服务，不为其他企业服务；三是其职责限于事务性服务，且不起直接营利作用。

税务机关通过核查，发现以下两点：

（1）根据对代表处的经费支出明细表的核查，该代表处存在较大金额的差旅费支出，主要为工作人员往返生产厂家的差旅费。经过约谈，确认：①工作人员都具有一些服装生产的专业知识；②出差主要分为两种类型，一种是根据总部的要求寻找订单面料的供应商，另一种是根据总部的要求到生产厂家控制生产过程，对产品质量进行监督。

（2）该代表处的首席代表与总公司负责人为夫妻关系，总公司根据接受的境外订单寻找生产厂家，考虑到原材料的采购和制作加工的成本，总公司的大部分订单都在中国境内生产。因为首席代表与总公司负责人的特殊关系，实际上代表处在生产厂家的选择上有很大的建议权，最终的生产厂家基本都是代表处选定的。

综上所述，A纺织品国际贸易公司南京办事处日常所从事的活动构成了企业整体活动的重要组成部分，其职责不限于事务性服务，并且对整个企业起到了直接性的营利作用。因此税务机关认定该代表处的日常业务不属于专门为总公司进行其他准备性或辅助性活动目的所设的固定营业场所，不符合享受非居民税收协定待遇条件，应按规定缴纳企业所得税。最终企业补缴了近几年非居民企业所得税及滞纳金。

通过对上述非准备性或辅助性常设机构的判定分析，跨国公司应认识到，仅由于开展仓储、展览、采购及信息收集等准备性或辅助性活动的目的设立的固定场所,不应被认定为常设机构,这是协定中常设机构的例外条款。但判定非居民开展的活动是否符合"准备性或辅助性"条件时,不能仅从协定条款的字眼上去核对,还要重点查看从事活动的场所是否具备以下特点:一是该场所不独立从事经营活动,且其活动也不构成企业整体活动基本的或重要的组成部分;二是如果该场所不仅为总机构服务,而且还与他人有业务往来,或场所的业务性质与总机构的业务性质一致,且其业务为总机构业务的重要组成部分,则不能认为该场所的活动是准备性或辅助性的;三是该场所的职责限于事务性服务,且不起直接营利作用。

第四节 自然人居民身份的认定风险

与法人居民企业认定一样,自然人居民身份认定也是由各国国内税法规范的。因自然人居民身份涉及的情况较多,在实践中认定起来具有一定的复杂性,常常牵涉到居民与非居民、有住所居民与无住所居民、无住所居民与无住所非居民、境外关联方替境内关联方支付时怎样申报等方面的困扰和风险。

一、国际通行的自然人居民身份确认的标准

在各国税法实践中,关于自然人的居民身份的确认,国际上通行的标准主要有以下几种:

1. 住所标准

住所一般是指有长期居住意愿的住处,通常为配偶和家庭所在地。所谓住所标准,就是以自然人在征税国境内是否拥有住所这一法律事实,决定其居民或非居民纳税人身份。采用住所标准的国家主要有中国、日本、法国、德国和瑞士等国。由于住所具有永久性和固定性的特征,采用这种标准易于确定纳税人的居民身份。然而,住所并不一定代表一个人的真实活动场所,个人离开住所而长期或一段时期在外居住活动的现象时有发生,单纯依照住所标准确定个人的居民或非居民身份显然有一定的缺陷。因此,采用住所标准的各国往往同时兼用其他标准以弥补住所标准的不足。

2. 居所标准

居所一般是指一个人在某个时期内的经常性或习惯性居住场所,居所并不具有永久居住的性质。采用居所标准的国家主要有英国、德国、加拿大、澳大利亚等国。这些国家在税法上判断个人是否属于本国居民纳税人的标准之一,就是看个人在境内是否构成拥有居所的事实存在。居所标准能在更大程度上反映个人与其实际工作活动地之间的联系,这是它相对于住所标准而言显得更为合理的地方。但这种标准的缺陷在于一个人经常居住的场所,往往缺乏某种客观统一的识别标志,在有关国家税法上本身不是明确一致的概念,从而在实际适用中具有较大的弹性,容易引起纳税人与税务当局之间的争议。

3. 居住时间标准

由于居所标准在实际执行中的不确定性,现在越来越多的国家采用居住时间标准来确定个人的居民纳税人身份,即以一个人在征税国境内居留是否达到和超过一定期限,作为划分其为居民或非居民的标准,并不考虑个人在境内是否拥有财产或住所等因素。由于个人在一国境内的居留时间期限,可以通过出入境登记管理来具体掌握,因而这种标准显得具体明确,易于在实践中掌握执行。不过采用这种标准的各国,其税法上对居住期限的规定不一致。有些国家规定为半年(6 个月或 183 天),如英国、中国、印度和印度尼西亚等国;有些国家则规定为 1 年,如日本、巴西等。在居住和停留的时间计算方面,各国有不同的做法,表现为在连续或累计计算时间上有差别,在计算居住时间起止点上有差别,在计算停留天数方法上有差别。有些国家依据居住时间长短确定不同的纳税义务。

4. 国籍标准

少数国家采用国籍标准。国籍是一个人同某一特定国家的固定的法律联系。采用这一标准并不考虑纳税义务人与征税国之间是否存在着实际的经济利益联系。国籍标准现仅为美国、墨西哥等国采用。

5. 国际通行做法

确定个人居民身份的标准各有优缺点。目前,住所和居留时间相结合的标准,是国际上确定自然人居民身份的通常做法。

下文将简要介绍中国香港和新加坡、美国、澳大利亚税法对自然人居民身份的认定。

(1) 中国香港税收居民身份认定规则(个人)

符合以下任一条件的个人视为中国香港税收居民:通常居住在香港的个人;某纳税年度内在中国香港停留超过 180 天或连续 2 个纳税年度(其中一个是有关的纳税年度)内在香港停留超过 300 天的个人;如果个人在香港有自己或家人居住的永久性的居所,则该个人一般会被视为"通常居住于中国香港"。

(2) 新加坡税收居民身份认定规则(个人)

符合以下任一标准的个人视为新加坡税收居民:

① 定量标准:纳税年度的前一公历年内在新加坡境内居住超过 183 天;纳税年度的前一公历年内在新加坡境内工作(作为公司董事的情况除外)超过 183 天;

② 定性标准:个人在新加坡居住,合理的临时离境除外。

(3) 美国税收居民身份认定规则(个人)

一般来讲,根据美国《国内收入法典》,所有美国公民和美国居民都被视为美国税收居民。

对非美国公民(外籍个人)而言,需依据"绿卡标准"或"实际停留天数标准"来判定其是否为外籍个人税收居民。美国居民标准通常基于公历年度计算。

绿卡标准:根据美国移民法,如果外籍个人在一个公历年度内的任何时间里是美国合法的永久居民,则该个人即满足了绿卡标准。"合法的永久居民"是指由美国公民及移民服务局特许以移民身份居住在美国的个人。

实际停留天数标准：一个公历年度在美国停留达183天以上，或者一个公历年度在美国停留至少31天，且在本年及上溯2年的时间里在美国累计停留达183天，将被认定为居民外国人。上述3年时间里在美国累计停留天数计算方式为：当年停留天数乘1，加上一年停留天数乘1/3，再加前年停留天数乘1/6。

(4) 澳大利亚税收居民身份认定规则(个人)

一般情况下，判定个人是否为澳大利亚税收居民，应依据普通法和成文法并结合该人具体情况确定。例如，一个纳税年度内在澳大利亚居住时间超过一半的个人很可能构成澳大利亚税收居民。

① 普通法认定

澳大利亚税收居民是指在澳大利亚"居住"的个人。一般而言，居住概念需要考虑个人在相应纳税年度的整体情况，包括：(a) 停留在澳大利亚境内的意图或目的；(b) 家庭、经营活动和就业与澳大利亚的关联程度；(c) 个人资产所在地和维护情况；(d) 社会和生活安排。

② 成文法认定

如个人不满足普通法对于居住的认定，但符合澳大利亚税法陈述的以下三条成文法认定中的任意一条，仍应被认定为澳大利亚税收居民：(a) 其住所/永久性居住地位于澳大利亚的个人(永久性居住地不在澳大利亚境内的除外)；(b) 其在一个纳税年度内在澳大利亚境内实际停留时间超过一半的个人(习惯性住所不在澳大利亚境内的除外)；(c) 缴纳联邦政府公务员养老金的个人(包括其配偶及16岁以下的孩子)。

此外，还有一种个人为澳大利亚临时税收居民的情形，这种情况通常为个人持有澳大利亚临时居民签证，可以进入澳大利亚境内并在限定的时间内停留(例如一名跨国公司雇员经过人员调动被派遣到澳大利亚分公司工作3年)。该临时居民签证持有者在此期间负有特定的所得税、资本利得税和养老金的纳税义务。

从规定可见，澳大利亚居民纳税人一般是指在澳大利亚有固定住所的个人(其永久居住地在澳大利亚境外的除外)或一个纳税年度内在澳大利亚停留超过183天(其惯常居住地在澳大利亚境外，且无计划在澳大利亚定居的除外)的个人。

对于永久居住地、固定住所、惯常居住地的判定，需要考虑很多因素，包括但不限于个人的工作地点、家庭所在地、主要社会关系所在地等，须结合个人实际情况进行综合判断。由于澳大利亚以判例法体系为主，故还要根据之前的判案做出判定。

二、我国对自然人居民身份确认的标准

我国结合国际通行做法，以国内法为基础，采用了住所和居留时间相结合的自然人居民身份认定标准。

新《个人所得税法》第一条首次正式使用"居民纳税人"和"非居民纳税人"，并对纳税义务范围进行了不同的规定。新税法规定，在中国境内有住所，或者无住所而一个纳税年

度内在中国境内居住累计满183天的个人,为居民个人。居民个人从中国境内和境外取得的所得,依照《个人所得税法》规定缴纳个人所得税。在中国境内无住所又不居住,或者无住所而一个纳税年度内在中国境内居住累计不满183天的个人,为非居民个人。非居民个人从中国境内取得的所得,依照《个人所得税法》规定缴纳个人所得税。

自然人居民身份被认定为税收居民和非居民,决定了自然人的纳税义务及其范围、是否能享受税收协定待遇、金融账户涉税信息自动交换的范围。而税收居民又有不同类型,不同类型税收居民在纳税义务上又有差异。

三、有住所居民个人的认定及纳税义务

1. 税籍、国籍、户籍与居民个人的关系

跨境纳税人常常将税籍、国籍、户籍三者混同,这给自然人身份的认定带来了争议。税籍是指个人在税务上的"籍贯",即税收居民身份,一般指拥有当地的税务居民身份,须依法向当地税务机关缴税。国际税收协作的大背景决定了金融账户信息是否需要进行交换以及交换的方向。当个人"税籍"所在地与金融账户开设地不一致时,其信息将须与"税籍"所在地交换。如中国税收居民在境外开设的金融账户,每年都须从境外交换回账户信息。国籍是指一个人属于某一个国家的国民或公民的法律资格,是国家行使属人管辖权和外交保护权的法律依据。一个人拥有公民身份并不代表这个人就是这个国家的税收居民,或者说拥有税收居民身份并不代表他是该国公民。如美国绿卡持有人不是美国公民,但是拥有美国税收居民身份。户籍是指国家主管户政的机关制作的,用以记载和留存住户人口的基本信息的法律文书,也是每个公民的身份证明。例如在中国,通常有户籍会被认定为中国税收居民,但最终确定是否为中国税收居民,要看其个人是否拥有国内住所或在中国境内习惯性居住。

2. 有住所和习惯性居住的判定

《中华人民共和国个人所得税法实施条例》(以下简称《个人所得税法实施条例》)第二条对住所标准进行了明确界定。新《个人所得税法实施条例》规定,个人所得税法所称在中国境内有住所,是指因户籍、家庭、经济利益关系而在中国境内习惯性居住。根据《征收个人所得税若干问题的规定》,所谓习惯性居住,是判定纳税义务人是居民或非居民的一个法律意义上的标准,不是指实际居住或在某一个特定时期内的居住地。个人在一地完成工作任务、一项事物或滞留一段时间后,必然要返回该居住场所。如因学习、工作、探亲、旅游等而在中国境外居住的,在其原因消除之后,必须回到中国境内居住的个人,则中国即为该纳税人习惯性居住地。如其习惯性居住地不在境内,即使该境外个人在境内购买住房也不会被认定为境内有住所的个人。

《中华人民共和国民法典》总则也对住所的认定进行了明确,其第二十五条规定,自然人以户籍登记或其他有效身份登记记载的居所为住所;经常居所与住所不一致的,经常居所视为住所,即以经常居住地为准。

案例 1：有中国国籍和户籍的缪先生，同时持有美国绿卡，常年在美国居住（每年在美国居住超过 183 天）。那么美国就是缪先生的习惯性居住地，应认定其为美国税收居民。

案例 2：香港居民田先生没有中国国籍，因在境内经商，常年在中国境内习惯性居住。应认为其符合税法意义上的"在中国境内有住所"，认定田先生为有住所的税收居民。如果田先生因家人都是中国国籍且在中国境内居住，本人常年在中国境内习惯性居住，应认定为有住所的税收居民。

从上述两个例子可以看出，税收居民身份的认定，跟国籍甚至户籍都没有直接关系，即并非拥有中国国籍、户籍的公民就一定是中国税收居民。同样，没有中国国籍的外籍人士或港澳台人士，只要在中国境内习惯性居住，也会被认定为中国税法意义上的税收居民，就其全球范围内取得的所得，向中国承担无限纳税义务。

对于居住时间的规定，新税法采用国际通行的 183 天的时间标准。这个时间是指在一个纳税年度内而不能跨年度适用居住时间。

四、无住所个人的认定及纳税义务

在实践中，有些人误认为无住所个人就是非居民个人，其实不然，它们并不是相等的关系，而是包含和被包含的关系。无住所个人包括无住所居民个人和无住所非居民个人。两者在税收协定享受、因居住时间上的变化带来的纳税义务的调整等方面不同。

1. 无住所个人的分类及判定

一是有住所个人和无住所个人的区分。《关于非居民个人和无住所居民个人有关个人所得税政策的公告》（财政部 税务总局公告 2019 年第 35 号，简称"35 号公告"）将纳税人区分为有住所的个人和无住所的个人。不符合"有住所"这个判断条件的个人，统称为无住所个人。无住所个人根据一年内境内居住天数是否达到 183 天，进行第二次判断。不超过 183 天称之为无住所非居民个人。无住所非居民个人一旦居住满 183 天，就会"晋级"成为无住所居民个人。因此无住所个人包括无住所居民个人、无住所非居民个人。由于涉及纳税义务的差别，无住所非居民个人还包括无住所高管人员，具体涉及在中国境内没有住所的外籍人士、港澳台人士以及取得外国永久居留权而放弃中国境内住所的部分华裔。无住所居民和无住所非居民在中国税法中承担的纳税义务不同。

案例：戎小姐是新加坡居民，受聘到境内一家设计公司工作，属于税法上的无住所个人。2019 年 1 月 1 日至 12 月 31 日均居住在南京市，在此期间，6 月 9 日至 7 月 20 日回新加坡探亲，居住在内地的天数已满 183 天，则戎小姐属于无住所居民个人。

二是无住所个人居住时间确定。《关于在中国境内无住所的个人居住时间判定标准的公告》（财政部 税务总局公告 2019 年第 34 号，简称"34 号公告"）规定，无住所个人一个纳税年度内在中国境内累计居住天数，按照个人在中国境内累计停留的天数计算。在中国境内停留的当天满 24 小时的，计入中国境内居住天数；在中国境内停留的当天不足 24 小时的，不计入中国境内居住天数。

案例：陈先生为香港居民，在深圳工作，每周一一早上来深圳上班，周五晚上回香港。周一和周五当天停留都不足24小时，再加上周六、周日两天也不计入，这样每周可计入的天数仅为3天，按全年52周计算，陈先生全年在境内居住天数为156天，未超过183天。那么，陈先生不构成中国居民个人，其取得的全部境外所得，就可免缴个人所得税。

2. 无住所个人的纳税义务及税收优惠

一是无住所居民个人。《个人所得税法实施条例》第四条和34号公告规定，无住所个人一个纳税年度在中国境内累计居住满183天的，如果此前六年在中国境内每年累计居住天数都满183天而且没有任何一年单次离境超过30天，该纳税年度来源于中国境内、境外所得应当缴纳个人所得税；如果此前六年的任一年在中国境内累计居住天数不满183天或者单次离境超过30天，该纳税年度来源于中国境外且由境外单位或者个人支付的所得，免予缴纳个人所得税。所称"此前六年"，是指该纳税年度的前一年至前六年的连续六个年度，此前六年的起始年度自2019年（含）以后年度开始计算。这就意味着2018年（含）之前已经居住的年度一律清零，不计算在内。按此规定，2024年（含）前，所有无住所个人在中国境内居住年限都不满六年，其取得境外支付的境外所得都能享受免税优惠。此外，自2019年起任一年度如果有单次离境超过30天的情形，此前连续年限"清零"，重新计算。

案例：蔡小姐为香港居民，假设2013年1月1日来深圳工作，2026年8月30日回到香港工作，在此期间，除2025年2月1日至3月15日临时回香港处理公务外，其余时间一直停留在深圳。蔡小姐在境内居住累计满183天的年度，如果从2013年开始计算，实际上已经满六年，但是由于2018年及之前的年限一律"清零"，自2019年开始计算，因此，2019年至2024年期间，蔡小姐在境内居住累计满183天的连续年度不满六年，其取得的境外支付的境外所得，就可免缴个人所得税。

2025年，蔡小姐在境内居住满183天，且从2019年开始计算，她在境内居住累计满183天的连续年度已经满六年（2019年至2024年），且没有单次离境超过30天的情形，因此，2025年，蔡小姐应就在境内和境外取得的所得缴纳个人所得税。

2026年，由于蔡小姐2025年有单次离境超过30天的情形（2025年2月1日至3月15日），其在内地居住累计满183天的连续年限清零，重新计算，2026年当年蔡小姐取得的境外支付的境外所得，可以免缴个人所得税。

二是无住所非居民个人。35号公告规定，在一个纳税年度内，在境内累计居住不超过90天的非居民个人，仅就归属于境内工作期间并由境内雇主支付或者负担的工资薪金所得计算缴纳个人所得税。所称境内雇主包括雇佣员工的境内单位和个人以及境外单位或者个人在境内的机构、场所。凡境内雇主采取核定征收所得税或者无营业收入未征收所得税的，无住所个人为其工作取得工资薪金所得，不论是否在该境内雇主会计账簿中记载，均视为由该境内雇主支付或者负担。35号公告所称工资薪金所属工作期间的公历天数，是指无住所个人取得工资薪金所属工作期间按公历计算的天数。在一个纳税年度内，在境内累计居住超过90天但不满183天的非居民个人，取得归属于境内工作期间的工资薪金所得,均应当计算缴纳个人所得税;其取得归属于境外工作期间的工资薪金所得,不征收个人所得税。

三是无住所非居民高管人员。35号公告规定,在一个纳税年度内,在境内累计居住不超过90天的高管人员,其取得由境内雇主支付或者负担的工资薪金所得应当计算缴纳个人所得税;不是由境内雇主支付或者负担的工资薪金所得,不缴纳个人所得税。当月工资薪金收入额为当月境内支付或者负担的工资薪金收入额。在一个纳税年度内,在境内居住累计超过90天但不满183天的高管人员,其取得的工资薪金所得,除归属于境外工作期间且不是由境内雇主支付或者负担的部分外,应当计算缴纳个人所得税。

3. 无住所个人取得境内外所得来源地的判定

一是无住所个人(不含高管人员)取得境内外工资薪金所得的划分。《个人所得税法实施条例》第三条第(一)项规定,因任职、受雇、履约等在境内提供劳务取得的所得属于来源于境内的所得。无住所个人流动性强,可能在境内、境外同时担任职务,分别取得收入,应明确境内、境外工资薪金所得的划分问题。35号公告规定,个人取得归属于中国境内(以下简称境内)工作期间的工资薪金所得为来源于境内的工资薪金所得。境内工作期间按照个人在境内工作天数计算,境外工作天数按照当期公历天数减去当期境内工作天数计算。无住所个人在境内、境外单位同时担任职务或者仅在境外单位任职,且当期同时在境内、境外工作的,按照工资薪金所属境内、境外工作天数占当期公历天数的比例计算确定来源于境内、境外工资薪金所得的收入额。需要说明的是,境内工作天数与境内实际居住的天数并不是同一个概念。35号公告规定,境内工作天数包括其在境内的实际工作日以及境内工作期间在境内、境外享受的公休假、个人休假、接受培训的天数。无住所个人未在境外单位任职的,无论其是否在境外停留,都不计算境外工作天数。

二是无住所高管人员取得境内外报酬的划分。按照《个人所得税法实施条例》的规定,因任职、受雇、履约等在境内提供劳务取得的所得属于境内所得,但对担任董事、监事、高层管理职务的无住所个人(以下统称"高管人员"),其境内所得判定的规则与一般无住所雇员不同。高管人员参与公司决策和监督管理,工作地点流动性较大,不宜简单按照工作地点划分境内和境外所得。对此,35号公告规定,高管人员取得由境内居民企业支付或者负担的报酬,不论其是否在境内履行职务,均属于来源于境内的所得,应在境内缴税。对高管人员取得不是由境内居民企业支付或者负担的报酬,仍需按照任职、受雇、履约地点划分境内、境外所得。

三是无住所个人取得境内外数月奖金、股权激励所得的划分。数月奖金是指无住所个人一次取得归属于数月的奖金(包括全年奖金)、年终加薪、分红等工资薪金所得,不包括每月固定发放的奖金及一次性发放的数月工资。股权激励包括股票期权、股权期权、限制性股票、股票增值权、股权奖励以及其他因认购股票等有价证券而从雇主那里取得的折扣或补贴。数月奖金和股权激励属于工资薪金所得,无住所个人取得数月奖金、股权激励,均应按照工资薪金所得来源地判定规则划分境内和境外所得。35号公告针对数月奖金和股权激励的特殊情形,在工资薪金所得来源地判定规则的基础上,进一步细化规定:无住所个人在境内履职或者执行职务时收到的数月奖金或者股权激励所得,如果是归属于境外工作期间的所得,仍为来源于境外的工资薪金所得;无住所个人停止在境内履约或执行职务离境后收到归属于其在境内工作期间的数月奖金或者股权激励所得,仍为来源于境内的工资薪金所得;无住所个人一个月内从境内、境外单位取得多笔数月奖金或者股权激励所得,且数月奖金或者股权激励分别归属于不同期间的,应当按照每笔数月奖金或者股权激励的归属期间,分别计算每笔数月奖金或者股权激励的收入额,然后再加总计算当月境内的数月奖金或股权激励收入额。需要说明的是,高管人员取得的数月奖金、股权激励,按照高管人员工资薪金所得的规则,划分境内、境外所得。

案例: 宋小姐为无住所个人,2020年1月,宋小姐同时取得2019年第四季度(公历天数92天)奖金和全年奖金。假设宋小姐取得季度奖金20万元,对应的境内工作天数为46天;取得全年奖金50万元,对应的境内工作天数为73天。两笔奖金分别由境内公司、境外公司各支付一半。(不考虑税收协定因素)2020年度,宋小姐在中国境内居住天数不超过90天,为非居民个人,宋小姐仅就境内支付的所得,计算在境内应计税的收入。宋小姐当月取得的数月奖金在境内应计税的收入额为:

$$20 \times \frac{1}{2} \times \frac{46}{92} + 50 \times \frac{1}{2} \times \frac{73}{365} = 10(万元)$$

4. 无住所个人取得所得的税收计缴

根据所得来源地规则,无住所个人取得的工资薪金所得,可分为境内和境外工资薪金所得,在此基础上,根据支付地不同,境内工资薪金所得可进一步分为境内雇主支付或负担(以下称境内支付)和境外雇主支付或负担(以下称境外支付)所得;境外工资薪金所得也可分为境内支付和境外支付所得。综上,无住所个人工资薪金所得可以划分为境内支付的境内所得、境外支付的境内所得、境内支付的境外所得、境外支付的境外所得四个部分。无住所个人根据其在境内居住时间的长短,确定工资薪金所得纳税义务范围。

一是无住所非居民个人取得的所得。具体分为两种情形。情形一:非居民个人在境内居住累计不超过90天的,仅就归属于境内工作期间并由境内雇主支付或者负担的工资薪金所得计算缴纳个人所得税。情形二:非居民个人在境内居住时间累计超过90天不满183天的,其取得全部境内工作期间的工资薪金所得,均应当计算个人所得税;其归属于境外工作期间的工资薪金所得,不征收个人所得税。非居民个人当月取得的工资薪金所得减去税法规定的减除费用后的余额,为应纳税所得额,适用35号公告所附的按月换算后的综合所得税税率表计算应纳税额。

二是无住所居民个人取得的所得。在一个纳税年度内,在境内累计居住满183天的无住所个人"晋级"为无住所居民个人,其取得的工资薪金所得具体包括两种情形。情形一:无住所居民个人在境内居住累计满183天的连续年度不满六年的,符合《个人所得税实施条例》第四条规定中优惠条件的,境外支付的境外所得不计入在境内应计税的工资薪金收入额,免予缴税;全部境内所得(包括境内支付和境外支付)和境内支付的境外所得为境内应计税的工资薪金收入额。情形二:无住所居民个人在境内居住累计满183天的连续年度满六年后,不符合《个人所得税实施条例》第四条规定中优惠条件的,其从境内、境外取得的全部工资薪金所得均计入境内应计税的工资薪金收入额。

对于无住所个人一个月内取得多笔对应不同归属工作期间的工资薪金所得的,应当按照每笔工资薪金所得的归属期间,分别计算每笔工资薪金在境内应计税的收入额,再加总计算当月工资薪金收入额。税收协定另有规定的,可以按照税收协定的规定办理。

三是无住所非居民高管人员取得的所得。35号公告规定,高管人员取得境内支付或负担的工资薪金所得,不论其是否在境内履行职务,均属于来源于境内的所得。高管人员为居民个人的,其工资薪金在境内应计税的收入额的计算方法与其他无住所居民个人一致;高管人员为非居民个人的,取得由境内居民企业支付或负担的工资薪金所得,其在境内应计税的工资薪金收入额的计算方法,与其他非居民个人不同,具体包括两种情形。情形一:非居民高管人员一个纳税年度在境内居住时间累计不超过90天的,将境内支付全部所得都计入境内计税的工资薪金收入额,不是由境内雇主支付或负担的工资薪金所得,不缴纳个人所得税。情形二:非居民高管人员一个纳税年度在境内累计居住超过90天不满183天的,就其境内支付的全部所得以及境外支付的境内所得计入境内计税的工资薪金收入额。

四是无住所居民个人取得的综合所得。35号公告规定,无住所居民个人取得综合所得,年度终了后,应将年度工资薪金收入额、劳务报酬收入额、稿酬收入额、特许权使用费收入额汇总,计算缴纳个人所得税。需要办理汇算清缴的,依法办理汇算清缴。无住所居民个人在计算综合所得收入额时,可以享受专项附加扣除。其中,无住所居民个人为外籍个人的,2022年1月1日前计算工资薪金收入额时,可以选择享受住房补贴、子女教育费、语言训练费等八项津补贴优惠政策,也可以选择享受专项附加扣除政策,但二者不可同时享受。

五是非居民个人取得的数月奖金或股权激励。按照《个人所得税法》的规定,非居民个人取得的工资薪金所得,按月计算缴纳个人所得税。其取得的数月奖金或股权激励,如果也按月征税,可能存在税负畸高的问题,从公平合理的角度出发,应允许数月奖金和股权激励在一定期间内分摊计算纳税。考虑到非居民个人在一个年度内境内累计停留时间不超过183天,即最长约为6个月,因此,35号公告规定,非居民个人取得的数月奖金或股权激励,允许在6个月内分摊计算税额。这样既降低了税负,也简便易行。非居民个人取得数月奖金的,应按照35号公告的规定计算境内计税的工资薪金收入额,不与当月其他工资薪金收入合并,按6个月分摊,不减除费用,计算应纳税额时适用月度税率表。分摊计税的方法,每个非居民个人每一纳税年度只能使用一次。非居民个人取得股权激励的,应按照35号公告的规定计算境内计税的工资薪金收入额,不与当月其他工资薪金收入合并,按6个月分摊,不减除费用,计算应纳税额时适用月度税率表。非居民个人在一个纳税年度内取得多笔股权激励所得的,应当合并计算纳税。无住所居民个人取得全年一次性奖金或股权激励所得的,按照《财政部 税务总局关于个人所得税法修改后有关优惠政策衔接问题的通知》(财税〔2018〕164号)的有关规定执行。

案例： 解小姐为无住所个人,2020年在境内居住天数不满90天。2020年1月,解小姐取得境内支付的股权激励所得40万元,其中归属于境内工作期间的所得为12万元。2020年5月,取得境内支付的股权激励所得70万元,其中归属于境内工作期间的所得为18万元。计算解小姐在境内股权激励所得的纳税情况。(不考虑税收协定因素)

2020年1月,解小姐应纳税额为：

$$[(120\,000 \div 6) \times 20\% - 1\,410] \times 6 = 15\,540(元)$$

2020年5月,解小姐应纳税额为：

$$\{[(120\,000 + 180\,000) \div 6) \times 30\% - 4\,410\} \times 6 - 15\,540 = 48\,000(元)$$

5. 无住所个人适用税收协定

按照35号公告的精神,我国政府签订的避免双重征税协定(包括内地与香港、澳门签订的避免双重征税安排)居民条款规定为缔约对方税收居民的个人(以下称对方税收居民个人),即使其按照税法规定为中国税收居民,也可以按照税收协定及财政部、国家税务总局有关规定享受税收协定待遇,也可以选择不享受税收协定待遇计算纳税。主要优惠待遇包括：

一是享受境外受雇所得协定待遇。根据税收协定中受雇所得条款,对方税收居民个人在境外从事受雇活动取得的受雇所得,可不缴纳个人所得税,仅将境内所得计入境内计税的工资薪金收入额来计算缴纳个人所得税。

二是享受境内受雇所得协定待遇。根据税收协定中受雇所得条款,对方税收居民个人在税收协定规定的期间内,境内停留天数不超过183天的,在境内从事受雇活动取得受雇所得,不是由境内居民雇主支付或者代其支付的,也不是由雇主在境内常设机构负担的,可不缴纳个人所得税,只将境内支付的境内所得计入境内计税的工资薪金收入额来计算缴纳个人所得税。

三是享受独立个人劳务或者营业利润协定待遇。根据税收协定中独立个人劳务或者营业利润条款的规定,对方税收居民个人取得独立个人劳务所得或者营业利润,符合税收协定规定条件的,可不缴纳个人所得税。

四是享受董事费条款规定。对方税收居民为高管人员,取得的董事费、监事费、工资薪金及其他类似报酬,应优先适用税收协定董事费条款相关规定。如果对方税收居民不适用董事费条款,应按照税收协定中受雇所得(非独立个人劳务)、独立个人劳务或营业利润条款的规定处理。

五是享受特许权使用费或者技术服务费协定待遇。根据税收协定中特许权使用费条款或者技术服务费条款,对方税收居民个人取得特许权使用费或技术服务费,应按不超过税收协定规定的计税所得额和征税比例计算纳税。35号公告规定,无住所居民个人在根据税收协定的居民条款被判定为对方税收居民,并选择享受协定待遇时,可按照税收协定规定的计税所得额和征税比例单独计算应纳税额,不并入综合所得计算纳税。

6. 无住所个人的纳税申报

一是无住所个人预计境内居住时间。无住所个人在一个纳税年度内首次申报时,应当根据合同约定等情况预计一个纳税年度内境内居住天数以及在税收协定规定的期间内境内停留天数,按照预计情况计算缴纳税款。实际情况与预计情况不符的,分别按照以下规定处理:

(1) 无住所个人预先判定为非居民个人,因延长居住天数达到居民个人条件的,一个纳税年度内税款扣缴方法保持不变,年度终了后按照居民个人有关规定办理汇算清缴,但该个人在当年离境且预计年度内不再入境的,可以选择在离境之前办理汇算清缴。

(2) 无住所个人预先判定为居民个人,因缩短居住天数不能达到居民个人条件的,在不能达到居民个人条件之日起至年度终了15天内,应当向主管税务机关报告,按照非居民个人重新计算应纳税额,申报补缴税款,不加收税收滞纳金。需要退税的,按照规定办理。

(3) 无住所个人预计一个纳税年度境内居住天数累计不超过90天,但实际累计居住天数超过90天的,或者对方税收居民个人预计在税收协定规定的期间内境内停留天数不超过183天,但实际停留天数超过183天的,待达到90天或者183天的月度终了后15天内,应当向主管税务机关报告,就以前月份工资薪金所得重新计算应纳税款,并补缴税款,不加收税收滞纳金。

二是无住所个人境内雇主报告境外关联方支付工资薪金所得。无住所个人在境内任职、受雇取得的工资薪金所得,有的是由其境内雇主的境外关联方支付的。在此情况下,尽管境内雇主不是工资薪金的直接支付方,为便于纳税遵从,根据35号公告的有关规定,无住所个人可以选择在一个纳税年度内自行申报缴纳税款,或者委托境内雇主代为缴纳税款。对于无住所个人未委托境内雇主代为缴纳税款的,境内雇主负有报告义务,应当在相关所得支付当月终了后15日内向主管税务机关报告相关信息。无住所个人选择委托境内雇主代为缴纳税款的,境内雇主应当比照《个人所得税扣缴申报管理办法(试行)》(国家税务总局公告2018年第61号)第六条和第九条有关规定计算应纳税款,填写《个人所得税扣缴申报表》,并于相关所得支付当月终了后15日内向主管税务机关办理纳税申报。无住所个人选择自行申报缴纳税款的,应当比照《个人所得税扣缴申报管理办法(试行)》(国家税务总局公告2018年第61号)第九条有关规定计算应纳税款,填写《个人所得税自行纳税申报表(A表)》,并于取得相关所得当月终了后15日内向其境内雇主的主管税务机关办理自行纳税申报。

五、自然人居民身份确认冲突的解决方法

对于自然人居民身份冲突的协调，就目前而言，许多国家在缔结双边税收协定时，都采纳了《OECD协定范本》和《UN协定范本》建议的顺序冲突规则即加比规则。首先以该纳税人永久住所地为标准；如在缔约双方均有永久住所，则以主要经济利益在哪一国为准；如仍不能解决，则以习惯性住所为准；如在缔约国双方境内均有习惯性住所，则以国籍为准；如系双重国籍，则由缔约国双方协商解决。但也有不少国家缔结的双边征税协定未采用这一顺序冲突规范。上述两个范本提供了如下顺序的规范性条款：

一是永久性住所。一般而言，永久性住所是指某个人本身所拥有的配偶和家庭所在地，并有连续永久居住的愿望。当一个跨国纳税人同时符合两个国家税法关于居民身份的确定标准，从而成为两个国家的居民纳税人时，首先应认定跨国自然人属于拥有永久住所所在国的居民，由该国对其行使居民税收管辖权。

二是主要利益中心地。如果该跨国自然人在两个国家同时拥有永久性住所，则应认定他属于与本人和经济关系更密切的重要利益中心地所在国的居民，由该国对他行使居民税收管辖权，对其来自境内外的全部所得征税。所谓重要利益中心，一般应根据其家庭和社会关系、职业、政治和文化活动、财产所在地、经营活动所在地等加以综合判定。

三是习惯性住所。如果该跨国自然人的重要利益中心所在国无法确定，或者在其中任何一国都没有永久性住所，则应认定其属于有习惯性住所的所在国的居民。习惯性住所一般以该跨国自然人在哪一国居住的时间更长为判定依据。

四是国籍。如果该跨国自然人在两个国家都有或者都没有习惯性住所，就应认定其属于国籍所在国的居民，即他为哪国的公民，就是哪个国家的税收居民。

五是双方协商。如果该跨国自然人同时是两个国家的居民，或者都不是其中任何一国的居民，则应由缔约国双方主管当局协商解决其居民身份的归属问题，再判定由哪国对其行使居民税收管辖权。

案例：薛小姐在A国有住所，而且家人也在A国，可以判定其为A国的税收居民。同时，薛小姐2019年在中国停留220天，根据中国的《个人所得税法》，她也是我国的税收居民。于是，薛小姐具有了双重居民身份。在薛小姐购买中国的房产之前，根据税收协定的加比规则，可以初步判断，薛小姐是A国居民。但在薛小姐购买中国的房产之后，其在A国和中国可能都拥有了永久性住所。此时，如果薛小姐的家人仍居住在A国，应认为薛小姐仍是A国居民。但如果在此期间，薛小姐的家人离开A国，到第三国居住了一段时间，薛小姐在A国与中国的两处房产都具备构成永久性住所的条件，但又都不足以判断其居民身份，此时就要看其重要利益中心在哪国。一般而言，薛小姐在中国工作，其主要收入为从中国取得的工资薪金，那么可以认为，其重要利益中心在中国，从而判定其为中国的税收居民。

第二章

外资企业跨境运营及管理风险

党的十九届五中全会坚持开放、合作、共赢的方针,做出了构建国内国际双循环的新发展格局的决策。多年来,中国外商投资存量一直稳居世界前列。以2021年上半年为例,中国实际使用外资6 078.4亿元,同比增长28.7%,两年平均增长12.7%;企业数量快速增加,全国新设外资企业超过2.3万家,同比增长7.9%,累计设立超过106万家,贡献了近20%的税收。但随着外资企业的飞速发展,外商投资企业税收筹划风险管理缺失引发的各种问题逐渐显现,税收协定的享受、非居民间接股权转让、对外支付、优惠政策享受等中的涉税风险日益加剧,这都需要外资企业审慎考量,充分学习税法规定,合理安排企业的各项经营活动,达到减少企业税收负担和实现涉税零风险的目的。

第一节 税收协定享受中的风险

税收协定是现行国际税收规则的主要组成部分之一,是处理国与国之间税收关系的重要依据,也是保护本国税收公民的重要手段。税收协定从营业利润、股息、利息、特许权使用费和财产收益等方面划分了缔约双方的征税权,规定了可享受的协定待遇及其应达到的条件。这不仅可以有效帮助企业避免跨境双重征税,还可以享受比国内更优惠的税收待遇。但在实践中,跨境纳税人存在不合规享受协定待遇、滥用税收协定待遇等问题,不仅影响了纳税人的权益,而且产生了一系列涉税风险。

一、税收协定的作用

税收协定的产生至少与三个因素密切相关,一是国家间在投资、贸易、劳务、资金等方面的经济往来大量增加,二是所得税制度的确立,三是各国对所得进行税收管辖的法律规定。所谓国际税收协定是指两个或两个以上的主权国家为了协调相互之间的税收管辖关系和处理有关税务问题,本着对等原则,通过政府间谈判所签订的确定其国际税收分配关系的具有法律效力的书面协议或条约,也称为国际税收条约。如中国在2007年7月11日与新加坡签订的中新税收协定和议定书。截至2020年4月底,我国已对外正式签署了107个避免双重征税的协定,其中101个协定已生效,和香港、澳门两个特别行政区签署了税收安排,与我国台湾签署了税收协议,这些都有效降低了"走出去"和"引进来"企业和个人的税收负担。

税收协定主要是为了促进跨境经济、技术、人员的交流,开展划分管辖权、消除重复征税、消除歧视待遇税收的法律协调,通过信息交换、征税协助、争端解决、防止偷漏税等税收行政合作,避免税收因素对跨境经济交往形成障碍。税收协定通过降低所得来源国税率或提高征税门槛,来限制其按照境内税收法律征税的权力,同时规定居民国对境外已纳税所得给予税收抵免,进而实现避免双重征税的目的。通常税收协定通过缔结具体条款,主要解决下列问题：① 消除双重征税；② 稳定税收待遇；③ 适当降低税率,分享税收收入；④ 减少管理成本,合理归属利润；⑤ 防止偷漏税；⑥ 实行无差别待遇；⑦ 建立有效争端解决机制。

国际税收协定有两个范本。一是《经济合作与发展组织关于对所得和财产避免双重征税的协定范本》,即《OECD 协定范本》；二是以《联合国关于发达国家与发展中国家间避免双重征税的协定范本》,即《UN 协定范本》。两个范本的主要作用在于,为各国签订相互间的税收协定提供一个规范性样本,以保证各国签订双边或多边税收协定程序的规范化和内容的标准化,并为解决各国在税收协定谈判签订中遇到的一些技术性困难提供有效的帮助,为各国在处理税收协定谈判签订中出现的矛盾和问题提供协调意见和办法。两个范本在指导思想上都承认优先考虑收入来源管辖权原则,即从源课税原则,明确了征税权的划分与协定的适用范围,约定了常设机构的内涵,限定了预提税税率,主张平等互利的国籍无差别、常设机构无差别、支付扣除无差别、资本无差别的税收无差别待遇,避免国际间的偷税逃税行为。

二、可享受税收协定待遇的内容

常见的协定享受项目包括股息、利息、特许权使用费、营业利润、财产收益、国际运输和独立个人劳务。中国居民企业和个人开展对外投资、经营和提供劳务活动时,如果取得相应的收入且在投资东道国负有纳税义务,为适用我国与东道国签署的税收协定以减轻在东道国的税收负担,需要向当地税务部门提交其《中国税收居民身份证明》(一般简称为《税收居民证明》)。因此,取得居民国《税收居民证明》既是"走出去"企业和个人也是"引进来"企业和个人享受协定优惠待遇的前提。持有《税收居民证明》,企业和个人就可以在东道国申请不缴或少缴企业所得税或个人所得税。

1. 企业纳税人可享受的税收协定待遇

(1) 股息、利息、特许权使用费(设备租赁费)限制税率及其执行税收协定的股息、利息、特许权使用费(设备租赁费)条款,通常以设定限制税率的方式来限制东道国的征税权。限制税率一般比国内法的规定税率优惠,如内地与香港的税收安排设定利息和特许权使用费的限制税率为7%。

(2) 政府全资拥有金融机构利息免税。我国与大部分国家和地区签订的税收协定都规定,对中央银行或完全由政府拥有的金融机构贷款而支付的利息在东道国免税,部分协定还将由政府全资拥有的金融机构担保或保险的贷款也包括在内。有些税收协定中对可享受免税的金融机构进行了列名,我国列名的金融机构一般包括:中国人民银行、国家开发银行、中国进出口银行、中国农业发展银行、全国社会保障基金理事会、中国出口信用保险公司和中国投资有限责任公司。

(3) 常设机构构成。如果没有税收协定,根据各国国内法,通常而言,在东道国从事建筑、安装等活动,或者提供劳务,均应按照东道国国内法纳税。税收协定提高了东道国的征税门槛,规定上述活动只有在持续达到一定时间的情况下,才构成在东道国的常设机构,在东道国就其取得的所得才负有纳税义务。

(4) 国际运输。我国签订的大多数税收协定对国际运输所得采取居民国独占征税权原则和总机构或实际管理机构所在国独占征税权原则。即两国对从事国际运输的对方国家企业从本国取得的所得互免所得税。此外,部分税收协定还规定两国对从事国际运输的对方国家企业互免间接税。

除了税收协定以外,我国对外签订的航空运输协定、海运协定等国际运输协定,文化交流协议等政府间协议中也有免税条款。如果东道国的征税行为涉嫌违反上述政府间协议,可提请税务总局与对方主管当局协调。

2. 个人纳税人可享受的税收协定待遇

个人除可以享受税收协定股息、利息、特许权使用费等条款的待遇外,我国对外签署的税收协定都规定了仅针对个人的相关条款。

(1) 受雇所得

中国个人在税收协定缔约对方国家从事受雇活动取得所得,如果同时满足三个条件,可在受雇劳务活动的发生国(即来源国)免税。这三个条件为:在受雇劳务发生国连续或累计停留不超过 183 天;报酬不是由具有来源国居民身份的雇主或代表该雇主支付的;报酬不是由雇主设在来源国的常设机构或固定基地负担的。

(2) 独立个人劳务

中国个人在税收协定缔约对方国家由于从事专业性劳务或者其他独立性活动取得的所得,如果在任何 12 个月以内在劳务发生国停留连续或累计不超过 183 天而且在劳务发生国未设定经常使用的固定基地,则可以在劳务活动的发生国(即来源国)免税。

(3) 教师和研究人员

我国在部分税收协定谈判早期为了引进先进的文化和人才,促进两国间的教育、科学、文化交流,在税收协定中列入了专门的教师和研究人员条款,规定东道国对于符合一定条件的教师和研究人员在一定期限内(通常为 2 年或 3 年)给予免税待遇。

(4) 学生

目前出国留学的学生越来越多,我国签署的税收协定中的学生条款对留学生提供了一定保护,即免税待遇。通常这一免税会有三个条件(以中国与 A 国协定为例):

① 中国学生去 A 国之前应是中国的税收居民;

② 中国学生的免税所得应来源于 A 国以外;

③ 中国学生的免税所得应仅为维持其生活、教育或培训的费用。

3."走出去"企业和个人对协定的享受

中国居民企业和个人开展对外投资、经营和提供劳务活动时,如果取得相应的收入且在投资东道国负有纳税义务,只要向当地税务部门提交其《中国税收居民身份证明》,企业和个人就可以在东道国申请不缴或少缴企业所得税或个人所得税。这是享受待遇的前提。应注意的是,我国企业所得税法中专门设置了境外所得税收抵免规定,但是根据现行政策规定,可抵免的境外所得税税款不包括按照税收协定规定不应征收的境外所得税税款。

假设我国企业在俄罗斯投资持有俄罗斯企业股权,俄罗斯企业向我国企业分配 100 万元股息。根据俄罗斯国内税法规定,对支付给非居民企业的股息征收 15% 的预提所得税,但根据中俄税收协定,对于支付给我国税收居民企业的股息,俄罗斯税务当局征税的税款不应超过股息总额的 10%。即在俄罗斯至多缴纳 10 万元的所得税,这部分税款可以计入我国税收抵免的范围。但如果我国居民企业未在俄罗斯提出享受协定待遇,按照当地税法应缴纳 15 万元的所得税,那么多出协定规定的 5 万元税款是不能在中国抵免的。

4. 非歧视待遇

按照税收协定规定,我国企业或其常设机构在税收协定缔约对方国家的税收负担应当等同于该国相同情况的居民企业,不应当受到歧视性待遇。如果我国企业或其常设机构在缔约对方国家纳税的税率更高或条件更苛刻,可向税务机关提出相互协商申请,由国家税务总局与对方税务局相互协商解决。需要注意的是,给予居民的个人扣除或减免税等优惠待遇不属于该条款的范围。同样,税务机关对于非居民税收的管理,如征税方式,未按法规实施的,非居民企业可以运用协定中的非歧视待遇条款来维护自身权益。

5. 主要目的测试和利益限制条款

如果进行某些交易或安排的主要目的是为了获得更优惠的税收待遇,而在这些情况下获得该优惠待遇违背了协定相关规定的目标和目的,那么这些交易或安排不适用协定规定的任何减少或免除税收待遇。为了落实 BEPS 第六、第七和第二项行动计划——防止税收协定待遇的不当授予、防止人为规避常设机构和消除混合错配安排的影响,我国税收协定的签署和执行规则也发生了变化,其影响了未来税收实践,如部分税收协定中纳入了主要目的测试、利益限制等反滥用条款,修订了"受益所有人"规则,对常设机构条款的解释与 BEPS 行动计划保持一致等。

三、享受税收协定待遇的程序

根据《国家税务总局关于发布〈非居民纳税人享受协定待遇管理办法〉的公告》(国家税务总局公告 2019 年第 35 号)的规定,非居民纳税人享受协定待遇,采取"自行判断、申报享受、相关资料留存备查"的方式办理。对于非居民企业而言,面临的问题是要自行判断是否符合协定待遇条件,并自行留存相关资料备查,这无形中增加了企业的判断风险。

非居民纳税人自行申报的,自行判断符合享受协定待遇条件且需要享受协定待遇,应在申报时报送《非居民纳税人享受协定待遇信息报告表》,同时按照国家税务总局公告2019年第35号的规定归集和留存相关资料备查,并接受税务机关后续管理。

留存备查资料包括:

(1) 由协定缔约对方税务主管当局开具的证明非居民纳税人取得所得的当年度或上一年度税收居民身份的税收居民身份证明;享受税收协定国际运输条款或国际运输协定待遇的,可用能够证明符合协定规定身份的证明代替税收居民身份证明。

(2) 与取得相关所得有关的合同、协议、董事会或股东会决议、支付凭证等权属证明资料。

(3) 享受股息、利息、特许权使用费条款协定待遇的,应留存证明"受益所有人"身份的相关资料。

(4) 非居民纳税人认为能够证明其符合享受协定待遇条件的其他资料。

四、股息、利息和特许权使用费协定待遇的享受

股息、利息、特许权使用费收益属于消极经营所得。税收协定对股息、利息、特许权使用费规定的税率一般会低于东道国国内法的税率。东道国应当按照不高于协定约定的税率征税。

1. 股息

股息是指公司所做的利润分配。股息支付不仅包括每年股东会议所决定的利润分配,也包括其他货币或具有货币价值的收益分配,如红股、红利、清算收入以及变相利润分配。享受股息协定待遇一般要求非居民企业在取得股息前连续12个月以内任何时候,均至少达到支付股息公司的资本比例的25%以上。

案例:2020年6月南京A公司召开股东分红大会,向持股比例为50%的新加坡股东B公司分红1 000万元。新加坡B公司根据中新税收协定,自行判断符合享受股息协定优惠,填写了《非居民纳税人享受协定待遇信息报告表》,并准备了相关资料备查。南京A公司依据《非居民纳税人享受协定待遇信息报告表》,按照5%的税率进行了扣缴申报,扣缴B公司所得税50万元。

主管税务机关对B公司提交的备案资料进行了审核,B公司表格填报符合逻辑,税收居民身份证明有效,符合中新税收协定待遇中的股息条款条件。

2. 利息

利息是指因各种债权取得的所得。各种债权包括现金、货币形态的有价证券,以及政府公债、债券或者信用债券。

案例：香港 A 公司于 2020 年向境内 B 公司提供借款 5 000 万元，期限一年，利率为 3%，到期还本付息。2021 年借款到期后，B 公司一次性向 A 公司付款 5 150 万元。香港 A 公司根据内地和香港的税收安排（《内地与香港特别行政区关于对所得避免双重征税和防止偷漏税的安排》），自行判断符合享受利息协定优惠，填写了《非居民纳税人享受协定待遇信息报告表》，并准备了相关资料备查。境内 B 公司依据《非居民纳税人享受协定待遇信息报告表》，按照 7% 的税率进行了扣缴申报，扣缴 A 公司所得税 10.5 万元。

主管税务机关对 A 公司提交的备案资料进行了审核，A 公司表格填报符合逻辑，税收居民身份证明有效，符合内地和香港的税收安排中的利息条款条件。

3. 特许权使用费

特许权使用费是指使用或有权使用文学、艺术或科学著作，包括电影影片、无线电或电视广播使用的胶片、磁带的版权，任何计算机软件，专利，商标，设计或模型，图纸，秘密配方或秘密程序所支付的作为报酬的各种款项，也包括使用或有权使用工业、商业、科学设备或有关工业、商业、科学经验的情报所支付的作为报酬的各种款项。

案例：香港 A 出版公司授权南京 B 出版公司一项著作权，合同约定按照 B 公司销售收入的 5% 支付 A 公司特许权使用费。2021 年 B 公司向 A 公司支付特许权使用费 500 万元。香港 A 公司根据内地和香港的税收安排，自行判断符合享受特许权使用费协定优惠，填写了《非居民纳税人享受协定待遇信息报告表》，并准备了相关资料备查。境内 B 公司依据《非居民纳税人享受协定待遇信息报告表》，按照 7% 的税率进行了扣缴申报，扣缴 A 公司所得税 35 万元。

主管税务机关对 A 公司提交的备案资料进行了审核，A 公司表格填报符合逻辑，税收居民身份证明有效，符合内地和香港的税收安排中的特许权使用费条款条件。

五、营业利润、财产收益和国际运输对协定优惠待遇的享受

符合协定条件的常见的优惠待遇除了股息、利息、特许权使用费减免税外，还包括营业利润、财产收益、国际运输减免税。

1. 营业利润

营业利润属于积极经营所得，是最普通、最普遍的所得税征税对象。税收协定营业利润条款对从事跨国经营产生的利润如何在国家间划分征税权，做出了原则规定，即常设机构原则，并对常设机构的利润归属和计算做出了规范。《OECD 协定范本》第七条第一款规定："如果该企业通过设在该缔约国另一方的常设机构在该缔约国另一方进行营业，其利润可以在该缔约国另一方征税，但应仅以归属于该常设机构的利润为限。"也就是说，收入来源国对非居民企业的营业利润只能以归属于常设机构的利润为限进行征税。营业利润的获取应当与常设机构本身的经营活动有关，只有通过常设机构本身的经营活动取得的营业利润，来源国才能将其归属于常设机构，并据以征税。"走出去"企业在境外从事承包工程或提供劳务时，营业活动时间没有超过税收协定规定的天数或期限的（通常为任何

12个月中连续或累计超过183天),在境外不构成常设机构,那么它的营业利润就可以免予在境外国家(地区)缴纳所得税。

案例:2020年6月,境内A公司与境外B公司签订技术服务协议,由B公司派遣人员入境提供Bio-ACM装置离心机调试服务,服务费3.9万欧元。

2020年服务结束后,B公司自行申报就该笔所得享受中德税收协定待遇的营业利润条款,共计减免税款1.15万元。B公司按照规定向主管税务机关提交了《非居民纳税人享受协定待遇信息报告表》、2020年度德国税收居民身份证明、服务协议以及技术人员出入境证明。

主管税务机关对B公司提交的备案资料进行了审核,B公司表格填报符合逻辑,税收居民身份证明有效,境外人员入境时间共计25天,符合中德税收协定待遇中的营业利润条款条件。

2. 财产收益

财产收益一般是指财产法律权属关系发生变更产生的收益,包括出售或交换财产产生的收益,也包括部分转让、征用、出售权利等产生的收益。我国对外签订的税收协定中对财产收益处理做了规定,具体"财产收益"条款有关规定一览表如下(见表2.1):

表2.1 我国对外签订的税收协定中"财产收益"条款有关规定一览表

栏次	财产转让收益类别	来源国(地区)征税	居民国(地区)征税
1	转让主要财产为不动产的公司股份取得的收益	与下列国家(地区)的协定规定在主要财产为不动产的公司所在国(地区)征税: 日本、美国、法国、英国、比利时、德国、挪威、丹麦、新加坡、瑞典、新西兰、泰国、意大利、荷兰、捷克、波兰、巴基斯坦、塞浦路斯、西班牙、罗马尼亚、巴西、蒙古国、马耳他、卢森堡、俄罗斯、越南、乌克兰、牙买加、冰岛、乌兹别克斯坦、摩尔多瓦、克罗地亚、苏丹、老挝、埃及、南非、奥地利、土耳其、塞舌尔、马其顿、巴新、阿曼、巴林、吉尔吉斯斯坦、斯里兰卡、马来西亚、芬兰、加拿大、澳大利亚、保加利亚、印度、匈牙利、瑞士、韩国、毛里求斯、以色列、立陶宛、拉脱维亚、塞黑、爱沙尼亚、葡萄牙、爱尔兰、菲律宾、阿联酋、哈萨克斯坦、印尼、伊朗、阿尔巴尼亚、阿塞拜疆、墨西哥、摩洛哥、中国香港、中国澳门、阿尔及利亚、塔吉克斯坦、埃塞俄比亚、土库曼斯坦、赞比亚、乌干达、博茨瓦纳、厄瓜多尔	与下列国家的协定规定在转让者为居民的国家征税: 白俄罗斯*、斯洛文尼亚*、科威特*、亚美尼亚*、孟加拉国*、巴巴多斯*、古巴*、委内瑞拉*、突尼斯*、格鲁吉亚*、特多

(续表)

栏次	财产转让收益类别	来源国(地区)征税	居民国(地区)征税
2	转让1栏以外的其他公司股份取得的收益	与下列国家(地区)的协定规定在被转让股份的公司所在国(地区)征税(转让者参股至少25%)： 日本＊、美国、法国、英国＊、比利时、德国＊、挪威、丹麦＊、新加坡、瑞典、新西兰、泰国、意大利、荷兰＊、捷克、波兰、巴基斯坦、塞浦路斯、西班牙、罗马尼亚、巴西、蒙古国、马耳他、卢森堡、俄罗斯、越南、乌克兰、牙买加、冰岛、乌兹别克斯坦、摩尔多瓦、克罗地亚、苏丹、老挝、埃及、南非、奥地利(无25%限定)、土耳其、塞舌尔、马其顿、巴新、阿曼、巴林、吉尔吉斯斯坦、斯里兰卡、马来西亚、芬兰＊、加拿大、澳大利亚＊、保加利亚(未明确)、印度＊、匈牙利、毛里求斯、阿联酋(未明确)、墨西哥(无25%限定)、中国香港、中国澳门、捷克＊、叙利亚＊	与下列国家的协定规定在转让者为居民的国家征税： 瑞士＊、韩国＊、以色列＊、立陶宛＊、拉脱维亚＊、塞黑＊、爱沙尼亚＊、葡萄牙＊、爱尔兰＊、菲律宾＊、哈萨克斯坦＊、白俄罗斯＊、斯洛文尼亚＊、科威特＊、亚美尼亚＊、孟加拉国＊、巴巴多斯＊、古巴＊、委内瑞拉＊、突尼斯＊、格鲁吉亚＊、印尼＊、伊朗＊、阿尔巴尼亚＊、阿塞拜疆＊、特多＊、摩洛哥＊
3	转让"其他财产"取得的收益	与下列国家的协定规定在转让收益发生国征税： 日本、美国、英国、比利时、德国、马来西亚、挪威、丹麦、新加坡、芬兰、加拿大、瑞典、新西兰、泰国、意大利、荷兰、捷克、波兰、澳大利亚、保加利亚(未明确)、巴基斯坦、西班牙、罗马尼亚、奥地利、巴西(规定双方都有征税权)、匈牙利、印度、阿联酋(未明确)	与下列国家(地区)的协定规定在转让者为居民的国家(地区)征税： 科威特、瑞士、塞浦路斯、蒙古、马耳他、卢森堡、韩国、俄罗斯、毛里求斯、白俄罗斯、斯洛文尼亚、以色列、越南、土耳其、乌克兰、亚美尼亚、牙买加、冰岛、乌兹别克斯坦、塞黑、立陶宛、拉脱维亚、爱沙尼亚、葡萄牙、爱尔兰、菲律宾、苏丹、老挝、埃及、南非、摩尔多瓦、克罗地亚、孟加拉国、巴巴多斯、塞舌尔、马其顿、巴新、阿曼、巴林、吉尔吉斯斯坦、斯里兰卡、哈萨克斯坦、印尼、伊朗、阿尔巴尼亚、古巴、委内瑞拉、突尼斯、格鲁吉亚、阿塞拜疆、墨西哥、特多、摩洛哥、中国香港、中国澳门、阿尔及利亚、塔吉克斯坦、埃塞俄比亚、土库曼斯坦、捷克、赞比亚、叙利亚、乌干达、博茨瓦纳、厄瓜多尔、法国

注：＊号是指与这些国家的协定"财产收益"条款没有单列"对转让主要财产为不动产公司股份取得收益"或"对参股25%情况下转让公司股份取得收益"的税收处理规定，对这些协定涉及的有关股份转让收益按"其他财产收益"款项的规定确定征税权。

对企业来源于境外的财产转让产生的收益,税收协定规定,符合条件的可在境外享受所得免税待遇。

案例 1：H 公司是 2012 年成立的外商投资有限公司,主要提供母婴童商品零售、儿童游乐及服务。

M 公司是在毛里求斯注册成立的私人股份有限公司,2016 年 3 月 H 公司进行重组,M 公司成为股东之一,占股 15%。

2018 年 M 公司与北京 Z 公司签署股权转让协议,以每股 15 元的价格转让 5 000 万股给后者,转让价款共计 7.5 亿元,股权成本为 6 000 万元,转让收益共计 69 000 万元。

2018 年 3 月 M 公司针对该笔转让收益申请享受中毛税收协定待遇,同时办理了相关备案手续。

主管税务机关依据企业提交的备案资料进行了审核：

(1) 通过审阅 M 公司税收居民身份证明、注册登记信息、股权架构、部门构成及人员配置、2016—2018 年财务报表等,判定 M 公司是毛里求斯居民纳税人。

(2) 通过分析 H 公司 2016—2018 年审计报告、资产评估报告、资产构成清单等,发现 H 公司股份价值中位于中国的不动产的比例只有 15% 左右,远低于 50%。

(3) 通过分析 H 公司转让前后股东名册、2016 年 3 月重组协议及上市公司信息披露情况,M 公司在转让 H 公司股份前的 12 个月的任何时间内,直接或者间接参与拥有 H 公司的股份从未超过 H 公司资本的 25%。

综合以上分析,税务机关认为 M 公司符合《中华人民共和国政府和毛里求斯共和国政府关于对所得避免双重征税和防止偷漏税的协定议定书》中第十三条财产收益条件,可以享受税收待遇,就 M 公司从中国取得的财产收益 69 000 万元,中国没有征税权。

案例 2：A 电子(南京)有限公司成立于 2003 年,属于外商独资企业,股东为韩国 B 株式会社,成立于 2000 年。

2019 年 9 月,B 株式会社与南京 C 电气有限公司签署股权转让协议,将其持有的 A 电子(南京)有限公司 100% 的股权全部转让给南京 C 电气有限公司,合同约定转让价格为人民币 1 500 万元。

B 株式会社就该笔所得办理了享受协定待遇备案手续,申请按照中韩税收协定第十三条第五款的规定,即该笔所得应在韩国缴纳所得税,中国没有征税权。

企业提供了以下资料：股权转让协议书、韩国居民身份证明、资产评估报告、居民企业近三年财务报表、扣缴申报表、外商投资企业变更备案回执、外商投资企业批准证书、营业执照等。

主管税务机关依据企业提交的备案资料进行了审核：

(1) 通过审阅 B 株式会社的税收居民身份证明,判定该公司是韩国的税收居民。

(2) 通过分析 A 电子(南京)有限公司近三年的审计报告及资产评估报告,发现 A 电子(南京)有限公司股份价值中位于中国的不动产的比例为 14%,远低于 50%。

(3) B株式会社一直持有A电子(南京)有限公司100%的股份,符合中韩协定中的持股比例要求。

综合以上分析,税务机关认为B株式会社符合《中华人民共和国政府和大韩民国政府关于对所得避免双重征税和防止偷漏税的协定议定书》中第十三条财产收益条件,可以享受税收协定待遇,就B株式会社从中国取得的财产收益1 500万元,中国没有征税权。

3. 国际运输

从事国际运输业务取得的收入,是指企业以船舶或飞机经营客运或货运取得的收入,以及以程租、期租形式出租船舶或以湿租形式出租飞机(包括所有设备、人员及供应)取得的租赁收入。

案例:境内A公司成立于2004年,注册资本为5 000万元。该企业主要从事国内沿海及长江中下游普通货船运输、国际船舶运输(凭许可证经营)、国际船舶代理经营业务等。

2021年6月,A公司以光租形式从新加坡B公司租赁了两艘货船用于国际运输业务,A公司向B公司支付了220万元。B公司提供了新加坡税收身份证明及其他相关资料,按规定办理了享受税收协定待遇的备案手续。

主管税务机关依据企业提交的资料,确认B公司取得的收入是国际运输收入。《国家税务总局关于税收协定执行若干问题的公告》(国家税务总局公告2018年第11号)的第二条第四款规定:企业从事以光租形式出租船舶或以干租形式出租飞机,以及使用、保存或出租用于运输货物或商品的集装箱(包括拖车和运输集装箱的有关设备)等租赁业务取得的收入不属于国际运输收入,但根据中新税收协定第八条第四款,附属于国际运输业务的上述租赁业务收入应视同国际运输收入处理。"附属"是指与国际运输业务有关且服务于国际运输业务,属于支持和附带性质。

但是企业就其从事附属于国际运输业务的上述租赁业务取得的收入若要享受海运条款的协定待遇,还应满足以下三个条件:

(1) 企业工商登记及相关凭证资料能够证明企业主营业务为国际运输;

(2) 企业从事的附属业务是其在经营国际运输业务时,从事的对主营业务贡献较小但与主营业务联系非常紧密、不能作为一项单独业务或所得来源的活动;

(3) 在一个会计年度内,企业从事附属业务取得的收入占其国际运输业务总收入的比例原则上不超过10%。

税务机关通过查询境外网站获取了B公司的工商登记信息和2020年的财务报表。B公司的营业范围包含国际运输及相关业务,但是2020年度财务报表显示其总收入为1.5亿美元,其中船舶租赁收入高达8 000万美元。即附属业务收入占其国际运输业务总收入的比例已经达到了50%以上。因此B公司不符合享受税收协定待遇的条件,最终补缴了企业所得税22万元及滞纳金。

六、受益所有人的判定

国际税收协定中经常有受益所有人条款：当股息、利息、特许权使用费的接收人是受益所有人时，其可以依据双边税收协定享受缔约国给予的所得税优惠。《OECD协定范本》的第十条、第十一条和第十二条，有对该概念的阐述，目的是为了防止滥用税收协定，允许没有滥用税收协定目的的案件得以享受税收协定待遇，并提高其享受税收协定待遇的确定性。此外，由于各国借鉴税基侵蚀与利润转移（BEPS）第六项行动计划（防止税收协定待遇的不当授予）成果，提高了"受益所有人"判定标准的刚性，可对滥用协定风险较高的安排进行更加有效的防范。

1. 受益所有人的内涵

要了解受益所有人的概念，要先了解预提所得税优惠制度。受益所有人概念的出现，就是因为两个国家签订了税收协定，担心规定的那些预提所得税优惠制度被其他国家利用。预提所得税优惠制度的意思是B国的人在A国取得上述这些收入时，A国不拦截、不征收太重的税。预提所得税优惠制度可以理解为：一个人允许他人从自己身上赚更多的钱。每个国家都只把这种预提所得税优惠仅仅给予一些国家。为规范税收协定中股息、利息、特许权使用费条款中"受益所有人"概念的应用，国家税务总局先后下发《国家税务总局关于如何理解和认定税收协定中"受益所有人"的通知》（国税函〔2009〕601号，简称"601号文件"）、《国家税务总局关于认定税收协定中"受益所有人"的公告》（国家税务总局公告2012年第30号，简称"30号公告"）（601号文件和30号公告已作废），明确"受益所有人"的条件和判定标准。为加强税收协定执行工作，进一步完善"受益所有人"规则，《国家税务总局关于税收协定中"受益所有人"有关问题的公告》（国家税务总局公告2018年第9号，简称"9号公告"），对601号文件和30号公告部分规定进行了修订，同时延续了601号文件和30号公告的部分规定。9号公告第一条规定：受益所有人是指对所得或所得据以产生的权利或财产具有所有权和支配权的人。

2. "受益所有人"身份的判定

根据9号公告规定，判定需要享受税收协定待遇的缔约对方居民（以下简称"申请人"）"受益所有人"身份时，应根据9号公告第二条所列因素，结合具体案例的实际情况进行综合分析和判断，不应仅因为某项不利因素的存在，或者公告所述的"逃避或减少税收、转移或累积利润等目的"的不存在，而做出否定或肯定的判定。一般来说，下列因素不利于对申请人"受益所有人"身份的判定：

（1）申请人有义务在收到所得的12个月内将所得的50%以上支付给第三国（地区）居民，"有义务"包括约定义务和虽未约定义务但已形成支付事实的情形。

（2）申请人从事的经营活动不构成实质性经营活动。实质性经营活动包括具有实质性的制造、经销、管理等活动。申请人从事的经营活动是否具有实质性，应根据其实际履行的功能及承担的风险进行判定。申请人从事的具有实质性的投资控股管理活动,可以构成实质性经营活动;申请人从事不构成实质性经营活动的投资控股管理活动,同时从事其他经营活动的,如果其他经营活动不够显著,不构成实质性经营活动。

(3) 税率极低。缔约对方国家(地区)对有关所得不征税或免税,或征税但实际税率极低。

(4) 在利息据以产生和支付的贷款合同之外,存在债权人与第三人之间在数额、利率和签订时间等方面相近的其他贷款或存款合同。

(5) 在特许权使用费据以产生和支付的版权、专利、技术等使用权转让合同之外,存在申请人与第三人之间在有关版权、专利、技术等的使用权或所有权方面的转让合同。

根据不同所得类型,申请人可以提供但不限于以下相关资料:

(1) 股息:公司章程、公司财务报表、资金流向记录、董事会会议记录、董事会决议、人力和物力配备情况、相关费用支出、职能和风险承担情况等。

(2) 利息:贷款合同、公司章程、公司财务报表、资金流向记录、董事会会议记录、董事会决议、人力和物力配备情况、相关费用支出、职能和风险承担情况等。

(3) 特许权使用费:特许权使用合同或转让合同、专利注册证书、版权所属证明、公司章程、公司财务报表、资金流向记录、董事会会议记录、董事会决议、人力和物力配备情况、相关费用支出、职能和风险承担情况等。

3. "受益所有人"身份的判定原则

601号文件和30号公告提出了两条原则:第一个判断原则是实质重于形式,是指是否对相关的所得具有所有权、控制权和处分权等处分的权利,可基于这三个权利对企业是否为受益所有人做出判断。第二个判断原则是综合判断及分析,不因某一项不利因素的存在而做出否定的判断。这两条原则皆表明在非居民企业进行受益所有人申请时对于其是否具有受益所有人身份的认定需要做综合而全方位的判断。

案例1:A国公司想要在亚洲进行业务扩张,考虑B国法律制度、地域、语言、税制等方面的优势,在B国设立区域性投资控股公司。B国公司有超过50个员工,公司的主要功能是选择和收购IT领域的企业。行业研究、区域市场调研、投资项目评估、投资风险分析、被投资对象的选择、投资决策及投资后续管理等职能均由B国公司自己的团队而非A国公司履行。B国公司对收购的子公司行使积极的管理职能,不向A国公司分配利润,而是选择将利润再投资于收购活动以及对已收购公司的业务扩展。B国公司投资控股的子公司有60%在中国,40%在中国周边国家。经对该案例进行综合分析后,倾向于认为B国公司具有"受益所有人"身份。

案例2:境内A公司成立于2009年,注册资本1亿美元,为外商独资企业,股东为德国的X公司,成立于1968年,注册资本为50万欧元。X公司由设在德国的集团母公司M持有,M公司成立于1925年,是一家世界知名企业。相关股权结构如下:

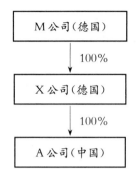

2017年5月，A公司做出董事会决议，向股东X公司分配股息1000万元，X公司办理备案手续，就该笔所得享受中德协定待遇按5%的税率缴税。

主管税务机关依据X公司提交的备案资料，对其"受益所有人"身份进行审核时，发现以下问题：

第一，人力和物力配备与其投资能力不匹配。X公司作为投资方，虽设有资本管理部、财务部、人事行政部等部门，但相关雇员均为集团母公司M的人员，雇佣合同都是与M公司签订，同时X公司办公场所亦是M公司提供的，且2016年度审计报告显示，X公司无其他固定资产。其注册资本也有限，仅为50万欧元。上述情况与对A公司投资1亿美元和取得的股息不相匹配。

第二，实质性经营活动不足。X公司仅有2名董事会成员，他们同时担任M公司高管，主要负责领导公司各项活动，制订计划，实行监督职能，但X公司无法提供作为投资方履行投资管理职能的相关资料。

第三，收入主要来自股息。根据X公司2016年度审计报告，来自附属公司股息红利收入占总收入的比重高达95%以上，可见其几乎没有其他经营活动。

第四，由于该公司是第一次进行股息分配，税务机关无法判断申请人是否有义务在规定的时间(12个月)内将所得的全部或绝大部分(60%以上)(9号公告已调整为50%)支付或派发给第三国(地区)居民。

综合以上分析，税务机关认为存在多项不利于X公司"受益所有人"身份判定的因素。经税企间多次沟通，企业接受了税务机关的观点，补缴税款50万元。

案例3：境内AB科技有限公司是由香港M投资有限公司和南京BC科技有限公司共同投资成立的外商投资企业，主要从事LCD面板、彩膜和液晶整机模组的制造并提供与产品和业务有关的服务。

2014年AB科技有限公司与中国银行(香港)有限公司以及中国农业银行股份有限公司香港分行(以下简称中银香港银团)在香港正式签订了5亿美元的境外贷款协议，贷款期限为8年，贷款利率采用浮动利率，为3个月LIBOR+270BP，同时合同约定需支付贷款金额1.5%的安排费、承诺费、代理费。2015年AB科技有限公司向中银香港银团支付利息1800万美元，承诺费、安排费、代理费共计750万美元。

AB科技有限公司就两家境外银行取得的1 800万美元利息,按照规定向主管税务机关提供了中国银行(香港)有限公司和中国农业银行股份有限公司香港分行的享受协定待遇的相关资料。

主管税务机关依据境内AB科技有限公司提交的备案资料,对其"受益所有人"身份进行审核时,发现以下问题:

(1) 中国农业银行股份有限公司香港分行没有提供有效的香港居民身份证明。经香港公司注册处网站查询,中国农业银行股份有限公司香港分行不具有独立法人资格,是中国农业银行股份有限公司在香港的分支机构,因此不能享受内地与香港的税收安排中关于利息的优惠。应按照《国家税务总局关于境内机构向我国银行的境外分行支付利息扣缴企业所得税有关问题的公告》(国家税务总局公告2015年第47号)的规定,境内机构向境外分行支付利息时,不代扣代缴企业所得税,由中国农业银行股份有限公司自行汇总纳税。

(2) 申请享受协定的金额存在问题。AB科技有限公司认为安排费、承诺费、代理费是中银香港银团提供服务、咨询的费用,属于境外劳务,不应征收企业所得税,因此只对支付的利息申请享受协定待遇。主管税务机关在对贷款合同进行研读后,确定合同中伴随贷款业务发生的承诺费、安排费、代理费属于利息性质的费用,应视同利息征税。

最终境内AB科技有限公司对支付给中国银行(香港)有限公司的利息、承诺费、安排费和代理费,按照7%的税率代扣代缴企业所得税,而对支付给中国农业银行股份有限公司香港分行的利息、承诺费、安排费和代理费不再代扣代缴企业所得税。

4. 间接认定"受益所有人"身份的两种情形

9号公告第三条规定申请人从中国取得的所得为股息时,申请人虽不符合"受益所有人"条件,但直接或间接持有申请人100%股份的人符合"受益所有人"条件,并且属于以下两种情形之一的,应认为申请人具有"受益所有人"身份:

(1) 控股股东有申请人所在居民国(地区)居民身份。也就是说符合"受益所有人"条件的直接或间接100%控股股东,是申请人所属居民国(地区)居民。

(2) 控股股东没有申请人所在居民国(地区)居民身份,但是有可以享受同等或更为优惠的居民身份。也就是说,直接或间接100%控股股东虽然不是申请人所属居民国(地区)居民,但是直接或间接控股股东,如果从中国取得股息,根据中国与其所属居民国(地区)签署的税收协定,其可享受的协定待遇,与申请人可享受的协定待遇相同或更优惠。

本条要求的持股比例应当在取得股息前连续12个月以内任何时候均达到规定比例,一般要求持股比例在25%以上。

案例:企业基本情况见本节"3.'受益所有人'身份的判定原则"中的案例2,2018年6月A公司再次向X公司分配股息3亿元。X公司提交了有关备案资料,其中包括股东M公司的公司章程、人员配备情况、办公场所情况、2017年度审计报告和税收居民身份证明等资料。税务机关对企业提交的资料进行了认真审核和深入分析,认为M公司符合"受益所有人"条件,理由如下:

第一,M 公司为德国税收居民。2018 年 1 月,M 公司取得了德国税务机关出具的税收居民身份证明,证明 M 公司 2017 年度是德国的税收居民,可见 M 公司与 X 公司 2017 年度同为德国税收居民。

第二,根据 2017 年度审计报告中的股东持股情况说明,M 公司持有 X 公司 100%的股份。

第三,根据公司章程,M 公司无义务亦无约定在收到所得的 12 个月内将所得的 50%以上支付给第三国(地区)居民。

第四,M 公司从事的经营活动构成实质性经营活动。M 公司是一家历史悠久的世界知名制造型企业,生产 6 000 余种产品。2017 年度审计报告显示 M 公司拥有固定资产 14 亿元,主营业务收入 25 亿元,管理费用 1.6 亿元。同时从公司章程来看,M 公司对于所得有完全的控制权,风险承担和职能划分明确。

通过案头分析发现,M 公司自 X 公司成立之日起持股一直为 100%,符合持股比例在取得股息前连续 12 个月以内任何时候均达到规定比例的条件;且 M 公司、X 公司设立时间均比较久远,2009 年投资 A 公司后很少分配股息,此次是第二次分配,在税收方面无转移利润的意图。

因此,税务机关认为根据 9 号公告,M 公司符合"受益所有人"条件,X 公司与 M 公司同属德国税收居民,且 M 公司直接持有 X 公司 100%的股份,可以认为 X 公司具有"受益所有人"身份,可享受中德税收协定中股息条款待遇。最终 X 公司按 5%税率缴纳企业所得税 1 500 万元。

综合上述四个案例的分析,发现税务机关通过综合各种因素对"受益所有人"进行甄别与判定。当然,在判定"受益所有人"之前,首先要审核居民身份,主要是核查居民身份证明所在国和注册地、实际管理机构所在地、总机构所在地国别是否一致。其次,实际经营管理活动也是"受益所有人"判定的关键因素之一。如果公司虽在缔约国成立注册,是缔约国的居民,但其不从事实际经营管理活动,则往往不具备"受益所有人"身份,即使能够取得税务当局出具的税收居民身份证明也不能够享受税收协定待遇。

5. 直接认定"受益所有人"身份的安全港规则

安全港规则是指有助于保护公民不受不利税收法律行为影响的法规和法律。9 号公告直接明确了我国申请人"受益所有人"身份判定的安全港条款,包括四种类型。9 号公告第四条规定,下列申请人从中国取得的所得为股息时,可不根据本公告第二条规定的因素进行综合分析,直接判定申请人具有"受益所有人"身份:

(1) 缔约对方政府;
(2) 缔约对方居民且在缔约对方上市的公司;
(3) 缔约对方居民个人;
(4) 申请人被第(1)至(3)项中的一人或多人直接或间接持有 100%股份,且间接持有股份情形下的中间层为中国居民或缔约对方居民。

本条要求的持股比例应当在取得股息前连续12个月以内任何时候均达到规定比例，一般要求持股比例在25%以上。

案例： AB建设有限公司成立于2004年，是外商独资企业，主要从事建筑工程施工总承包等业务。股东为韩国AB建设株式会社，是韩国交易所上市公司。相关股权结构如下：

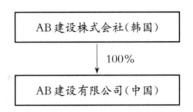

2020年4月，AB建设有限公司做出董事会决议，向股东AB建设株式会社分配股息1.7亿元，AB建设株式会社就该笔所得自行享受中韩协定待遇，按5%的税率缴纳企业所得税。

主管税务机关开展后续管理工作时，AB建设株式会社提交了以下备案资料：《非居民纳税人享受协定待遇信息报告表》，AB建设株式会社2020年度韩国税收居民身份证明，股权架构图，AB建设株式会社上市情况网站截图，AB建设株式会社享受税收协定待遇的情况说明，AB建设有限公司的利润表、申报表以及董事会决议。

税务机关对其"受益所有人"身份进行审核：

第一，企业提交了AB建设株式会社在韩国上市的网站截图，税务机关查询韩国上市公司网站进行了核实，确认AB建设株式会社是韩国的上市公司。

第二，企业提交了AB建设株式会社的韩国居民身份证明。税务机关根据"受益所有人"安全港规则：直接判定AB建设株式会社具有"受益所有人"身份。

税务机关认为该公司符合享受中韩税收协定股息条款待遇。

6. 投资控股管理活动中"受益所有人"身份的判定

投资控股管理活动中"受益所有人"身份判定首先要对该活动是否为实质性经营活动进行甄别，这是"受益所有人"身份判定中的难点。日常实践中我们经常会遇到中国香港母公司只从事投资控股管理活动，并且只投资成立了一家中国子公司的情况，那么其从事的投资控股管理活动是否是实质性经营活动？香港公司是否符合"受益所有人"身份？

9号公告第二条第(二)款："申请人从事的经营活动不构成实质性经营活动。实质性经营活动包括具有实质性的制造、经销、管理等活动。申请人从事的经营活动是否具有实质性应根据其实际履行的功能及承担的风险进行判定。申请人从事的具有实质性的投资控股管理活动，可以构成实质性经营活动；申请人从事不构成实质性经营活动的投资控股管理活动，同时从事其他经营活动的，如果其他经营活动不够显著，不构成实质性经营活动。"

分析申请人是否从事实质性经营活动，通常应关注：申请人是否拥有与其履行的功能相匹配的资产和人员配置；对于所得或所得据以产生的财产或权利，申请人是否承担相应风险等。9号公告明确："申请人从事的具有实质性的投资控股管理活动，可以构成实质性经营活动。"投资控股管理活动作为管理活动的一种,可以构成实质性经营活动,但需要符合一定条件,即实际履行的功能及承担的风险足以证实其活动具有实质性。一般而言,申请人需要从事投资前期研究、评估分析、投资决策、投资实施以及投资后续管理等活动。

案例1:A国公司通过设立在B国的子公司在中国进行投资,B国公司拟就其从中国取得的股息所得享受税收协定待遇。B国公司声称其从事投资控股管理活动并有5名雇员,但经核实,B国公司并未开展行业研究、市场分析等,未履行投资控股管理等功能,其声称的5名雇员实际与A国公司签订合同并履行A国公司的职能;其收到的股息暂无投资计划,在账户中闲置;中国公司的外方董事不是由其直接股东B国公司派出,而是由A国公司直接派出;中国公司的章程称该公司的招聘、培训、融资、财务等责任由B国公司承担,但B国公司并无承担上述责任的人员,经核实上述责任实际由A国公司在北京的办事处承担;B国公司对中国公司和从中国公司取得的股息不承担相应风险。该案例中B国公司虽声称从事投资控股管理活动,但实际履行的功能及承担的风险有限,不足以证实其活动具有实质性。

案例2:A国公司在B国设立公司作为亚洲区域总部,B国公司除投资中国公司外,还投资日本、韩国、新加坡、越南等十余个国家的近50家公司。虽然中国境内的市场调研、行业研究等部分功能由设在中国的投资公司承担,但评估分析、投资决策以及亚洲区域内各公司之间的资金统筹调配等功能由B国公司承担,应认为B国公司承担的区域总部功能具有一定实质性。虽然相关功能表面上由B国公司承担,但B国公司仅有8名员工,不足以承担相关功能,实际由A国公司承担或由A国公司团队提供支撑,应认为B国公司从事的活动不具有实质性。

案例3:A国公司计划投资中国公司,但自有资金仅占所需资金的70%,故选择在金融业较为发达、资本较为充足、融资较为便利的B国设立公司作为融资平台,从符合9号公告第四条所列安全港条件的B国的非关联公司募集完成所需资金的30%后,由B国公司投资中国公司并取得股息。该案例中B国公司作为融资平台,履行了一定功能,承担了一定风险,并且所需资金的30%从B国融入,与B国有一定联系,应认为B国公司承担的融资功能具有一定实质性。

案例4:境内C公司成立于2001年,注册资本3 000万美元,是外商独资企业,股东为中国香港P公司,成立于2 000年。S集团是P公司的母公司,持股比例为100%。相关股权结构如下:

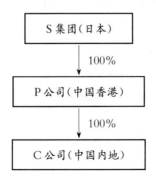

2018年3月,C公司做出董事会决议,向P公司分配股息16 500万元,申请享受《内地和香港特别行政区关于对所得避免双重征税和防止偷漏税的安排》中股息的税收协定待遇,按5%的税率缴纳企业所得税。同时企业提供了以下资料:① 2017年度香港居民身份证明;② 公司章程;③ 审计报告;④ 股权架构图、企业内部组织架构情况;⑤ 人员构成情况以及雇员在香港申报缴纳薪俸税材料;⑥ 相关董事会决议、投资调研报告、服务合同等证明资料;⑦ 企业符合税收协定的情况说明。

主管税务机关依据P公司提交的备案资料,对其"受益所有人"身份进行分析:

第一,P公司对其财产和收益具有充分的获取、持有和处置权利。公司章程规定,P公司的董事会对股息的分派具有决定权,董事会还可以行使公司的权利取得借款,提供担保、抵押,以及发行债券及其他证券等。

从股息流向来看,未发现P公司在取得所得12个月内以股息或股息以外的其他形式对外支付的事实。同时,P公司作为亚太地区及大洋洲区域总部,管理的投资资产众多,取得的股息所得大部分用于经营以及对投资项目的管理,无支付给第三国(地区)居民的必要。

第二,P公司作为亚太地区及大洋洲区域总部,除投资中国内地外,还在新加坡、越南、泰国等地投资设立了子公司,同时提供仓储、物流、人力资源与行政、财务会计等服务。

从公司章程和财务报告来看,P公司作为投资方有权直接参与投资决策,决定子公司的经营方针和投资计划。同时,P公司对亚太地区及大洋洲区域内的成员公司在借贷及资金统筹调配方面拥有重要的决策权及审批权,同时承担相应风险。

从投资管理的相关资料来看,P公司在投资决策方面履行了一定的职责,企业提供的投资调研报告、出资证明等资料显示,2010—2018年间,P公司通过前期研究、反复评估分析、投资决策、投资实施以及投资后续管理等活动,先后在越南、印度尼西亚等地投资筹建了多个工厂。

从人员构成来看,P公司共有7名日籍董事会成员,包括1名执行董事常驻中国香港,主要负责公司日常经营管理相关事务;6名非执行董事,分别为亚太地区各国家(地区)负责人。P公司共有120名雇员,均为中国香港居民,并都正式签订了雇佣合同。从组织架构来看,P公司设置了办公室、人力资源部、战略规划部、投资管理部、信息科技部、法律合规部等部门,其中35人在投资管理部,具体负责投资管理业务。2017年员工成本折合人民币48 500万元,人员配置与P公司承担的职能相匹配。

从审计报告来看,截至2017年,P公司的资产总额达20亿元,净资产达8.8亿元,说明其拥有与其履行的功能相匹配的资产。

综合以上分析,税务机关认为P公司符合"受益所有人"条件,可以享受内地和香港税收安排股息条款待遇,按5%的税率缴纳预提所得税825万元。

七、错误享受协定待遇应承担的法律责任

2015年8月27日,《国家税务总局关于发布〈非居民纳税人享受税收协定待遇管理办法〉的公告》(国家税务总局公告 2015 年第 60 号),非居民享受税收协定待遇"审批"改"备案",非居民享受税收协定待遇适用的种类,涵盖了避免双重征税的综合税收协定,以及国际运输专项协定;协定适用的所得范围,涵盖了非居民来源于我国境内可享受免除或减轻所得税纳税义务的各类所得。2019 年 10 月 14 日,《国家税务总局关于发布〈非居民纳税人享受协定待遇管理办法〉的公告》(国家税务总局公告 2019 年第 35 号),针对非居民税收协定待遇享受的程序将"备案"改为"备查",正式落实国务院"放管服"要求中的"放得开"。非居民应正确把握协定待遇的政策,根据各类所得的不同,准备好备查的证明资料,自我判断是否享受协定待遇,准备好资料证明留待税务机关的后续管理检查,并对《非居民纳税人享受协定待遇信息报告表》中的填报信息和留存备查资料的真实性、准确性、合法性承担法律责任。

但在出现了错误享受协定待遇的情况下,如何追究非居民纳税人的责任？在存在扣缴义务的情况下,非居民纳税人的责任和扣缴义务人责任如何分担？

国家税务总局 2019 年第 35 号公告明确了能否享受协定优惠待遇的判定责任在非居民纳税人自己,而非扣缴义务人。自行判断下,按照《中华人民共和国税收征收管理法》(以下简称《税收征收管理法》)、《企业所得税法》以及《个人所得税法》的规定,非居民纳税人可能承担的法律责任主要如下：

(1) 如果非居民纳税人提供虚假的税收居民身份证明或其他享受协定优惠待遇的资料,骗取协定优惠待遇的,应该按偷税处理。

(2) 非居民纳税人不符合享受协定待遇条件而享受了协定待遇且未缴或少缴税款的,除因扣缴义务人未按国家税务总局 2019 年第 35 号公告第六条规定扣缴申报外,视为非居民纳税人未按照规定申报缴纳税款,主管税务机关依法追缴税款并追究非居民纳税人延迟纳税的责任。在扣缴情况下,税款延迟缴纳期限自扣缴申报享受协定待遇之日起计算。

(3) 非居民纳税人未依法缴纳税款的,主管税务机关可以从该非居民纳税人在中国境内其他收入项目的支付人应付的款项中,追缴该非居民纳税人的应纳税款。

自行判断备查下,根据《税收征收管理法》和国家税务总局 2019 年第 35 号公告的规定,扣缴义务人应承担责任如下：

(1) 如果扣缴义务人按照国家税务总局 2019 年第 35 号公告第六条规定向税务机关办理了扣缴申报,比如纳税人提供了《非居民纳税人享受协定待遇信息报告表》,就按纳税人判定的协定待遇帮其扣税。若纳税人没有提供,就按法定税率帮其扣缴税款。同时,后期税务机关在开展后续管理时,非居民纳税人应积极配合,提供资料,此时如果非居民纳税人判定错误或提供虚假资料,扣缴义务人不承担任何法律责任。

(2) 如果扣缴义务人有法定扣缴义务,但没有履行法定扣缴义务,由税务机关向纳税人追缴税款,对扣缴义务人处应扣未扣、应收未收税款百分之五十以上三倍以下的罚款。

(3) 如果扣缴义务人按规定履行了扣缴申报,但是在后期税务机关进行后续管理时,不配合，拒不提供资料，可以按《税收征收管理法》第六十二条处理：由税务机关责令限期改正，可以处二千元以下的罚款；情节严重的，可以处二千元以上一万元以下的罚款。

第二节 非居民企业间接转让中国应税财产的风险

为规范和加强对非居民企业间接转让中国居民企业股权等财产的企业所得税的管理，国家税务总局发布了《国家税务总局关于加强非居民企业股权转让所得企业所得税管理的通知》（国税函〔2009〕698号，以下简称"698号文"）（全文已废止）。为了进一步明确"698号文"中股权转让问题的配套执行程序，明确企业集团内部间接转让中国应税财产交易是否可以适用安全港规则等纳税人关心的问题，明确与间接股权转让问题有类似性质的间接转让不动产、机构场所财产问题，国家税务总局发布了《国家税务总局关于非居民企业间接转让财产企业所得税若干问题的公告》（国家税务总局公告2015年第7号，以下简称"7号公告"）（该公告部分条款已废止）。非居民企业应充分认识到7号公告的出台，标志着中国税务机关对反避税的管理，进入到了一个新的阶段。非居民企业如果转让持有中国境内财产的境外企业的股权，即使被转让的境外企业不在英属维尔京群岛、开曼群岛等国际公认的避税天堂，也有可能被认定为间接转让中国应税财产，应承担中国企业所得税的纳税义务。同时，7号公告也设定了一些安全港条款，可以避免被认为是间接转让中国应税财产，非居民企业在安排交易时应筹划并运用好。

一、间接转让中国应税财产的内涵

跨国公司通过中间控股公司搭建跨境投资架构已经成为跨国企业在全球投资的普遍现象，这种模式不但可以有效隔离风险、规避监管、实现分业经营、满足境外上市的要求，还便于投资退出。随着我国跨境投资交易体量越来越大，非居民企业间接转让中国应税财产的情况时有发生，各地税务机关也越来越重视非居民企业间接转让中国应税财产案件。

间接转让中国应税财产，是指非居民企业通过转让直接或间接持有中国应税财产的境外企业（不含境外注册的中国居民企业，以下称境外企业）股权及其他类似权益（以下称股权），产生与直接转让中国应税财产相同或相近实质结果的交易，包括非居民企业重组引起境外企业股东发生变化的情形。这里所述的中国应税财产包括中国境内所设机构、场所财产，中国境内不动产和中国居民企业的权益性投资资产。上述转让行为通过实施不具有合理商业目的的安排，间接转让中国居民企业股权等财产，规避企业所得税纳税义务的，应按照《企业所得税法》第四十七条"企业实施其他不具有合理商业目的的安排而减少其应纳税收入或者所得额的，税务机关有权按照合理方法调整"的规定，重新定性该间接转让交易，确认为直接转让中国居民企业股权等财产，进行税务处理。

由于股权架构、交易安排、税收筹划的复杂性，非居民间接股权转让纳税义务需要综合经济实质、税收负担、商业价值等因素进行判断,对征纳双方都具有挑战性,是国际税收征管的难点。

最典型的间接股权转让架构如图 2.1:

境外 A 公司持有境外 C 公司的股权,C 公司持有境内 D 公司的股权。为将 D 公司转让给 B 公司,同时规避在中国缴纳企业所得税,A 公司采取在境外将 C 公司转让给 B 公司的方式,最终实现转让 D 公司的目的。在这一架构下,C 公司并非是一个真正具有经济实质的公司,在整个股权

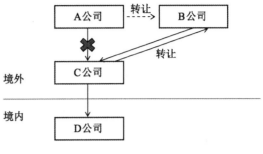

图 2.1 间接股权转让架构图

架构中的作用有限,其存在的主要作用是避税。因此,对于这种股权转让,尽管转让的并非中国企业的股权,但是因其最终目的是转让中国境内 D 公司的股权,所以构成了间接转让中国应税财产。如果 A 公司发生重组,导致 C 公司股东发生变化,不再是 A 公司,也可能被认为是间接转让中国应税财产。

二、纳税义务的确定

1. 未主动报告信息的风险

根据 7 号公告第九条的规定,间接转让中国应税财产的交易双方及被间接转让股权的中国居民企业可以向主管税务机关报告股权转让事项,并提交以下资料:① 股权转让合同或协议(为外文文本的需同时附送中文译本,下同);② 股权转让前后的企业股权架构图;③ 境外企业及直接或间接持有中国应税财产的下属企业上两个年度财务、会计报表;④ 间接转让不应被判定为在中国缴纳企业所得税的间接转让中国应税财产的理由。

上述资料的提供并非强制性的,但是主动报告信息和未主动报告信息的税务后果是不一样的。股权转让方自签订境外企业股权转让合同或协议之日起 30 日内提供资料或申报缴纳税款的,按税款所属纳税年度中国人民银行公布的与补税期间同期的人民币贷款基准利率计算利息;未按规定提供资料或申报缴纳税款的,按基准利率加 5 个百分点计算利息。由于中国税务机关与其他国家(地区)有很便捷的情报交换渠道,企业如果不向税务机关提交资料,很有可能导致更大的损失。因此,如果按照 7 号公告的规定,可能被认定为间接转让中国应税财产的,应及时将有关资料报送中国主管税务机关。

2. 纳税义务时间

间接股权转让纳税义务发生时间,7 号公告第十五条规定:纳税义务发生之日是指股权转让合同或协议生效,且境外企业完成股权变更之日。实践中有观点认为纳税义务发生之日是税务机关判定构成间接股权转让之日,这种观点是错误的。

3. 扣缴义务责任

7 号公告第八条规定了扣缴义务人的责任,并明确了未履行扣缴义务应承担的法律责

任。7号公告规定,间接转让不动产所得或间接转让股权所得应缴纳企业所得税的,依照有关法律规定或者合同约定对股权转让方直接负有支付相关款项义务的单位或者个人为扣缴义务人。扣缴义务人未扣缴或未足额扣缴应纳税款的,股权转让方应自纳税义务发生之日起7日内向主管税务机关申报缴纳税款,并提供与计算股权转让收益和税款相关的资料。扣缴义务人未扣缴,且股权转让方未缴纳应纳税款的,主管税务机关可以按照《税收征收管理法》及其实施细则中的相关规定追究扣缴义务人责任;但扣缴义务人已在签订股权转让合同或协议之日起30日内按本公告第九条规定提交资料的,可以减轻或免除责任。

4. 纳税地点的确定

被间接转让股权的中国居民企业所在地,涉及两个以上且不在同一省(市、自治区)的中国居民企业股权的,纳税人可选择向其中一个居民企业所在地的主管税务机关报送资料,避免多地重复报告负担,且由该主管税务机关与其他省(市、自治区)税务机关协商是否征税并报总局,经确定征税的,境外投资方按照属地管辖的原则,应分别到中国居民企业所在地主管税务机关缴纳税款。

5. 中国应税财产的确定

如果被转让境外企业股权价值来源包括中国应税财产因素和非中国应税财产因素,则需按照合理方法将转让境外企业股权所得划分为归属于中国应税财产所得和归属于非中国应税财产所得,纳税人只需就归属于中国应税财产所得申报缴纳企业所得税。仍以本节"一、间接转让中国应税财产的内涵"中的例子为例,境外A公司转让境外C公司股权,但是C公司可能既持有境内D公司股权,也持有境外其他公司股权,那么A公司转让C公司股权的所得中,既有与境内D公司匹配的部分,也有与境外其他公司匹配的部分,不能将A公司转让境外C公司股权的全部所得,都看成是转让境内D公司股权所得。因此,需要根据不同情况,合理划分。

一是间接转让中国境内所设机构、场所财产所得。外国企业在中国境内所设机构、场所财产所得,应作为与所设机构、场所有实际联系的所得,按照《企业所得税法》第三条规定,作为自己的所得,由机构、场所缴纳企业所得税。假定境外A公司转让境外C公司股权总所得为100万元,中国应税财产的所得对应为80万元,C公司在中国境内有一个机构,100万元中与该机构有关的所得是20万元,则应由该机构将20万元的所得部分,作为自己的所得,缴纳企业所得税。

二是间接转让不动产所得。对归属于中国境内不动产的所得,应作为来源于中国境内的不动产转让所得,按照《企业所得税法》第三条的规定,在中国缴纳企业所得税。假定境外A公司转让境外C公司股权总所得中,有10万元与C公司在境内的一处不动产有关,则这10万元的所得部分,应在中国缴纳企业所得税。

三是间接转让股权所得。对归属于中国居民企业的权益性投资资产所得,应作为来源于中国境内的权益性投资资产的转让所得,按照《企业所得税法》第三条的规定,在中国缴纳企业所得税。假定境外A公司转让境外C公司股权总所得中,有50万元与C公司持有境内 D 公司的股权有关,则这 50 万元的所得部分,应按股权转让所得在中国缴纳企业所得税。

下面,我们通过一个案例,说明按照中国税法的规定,具体如何确定归属于中国应税财产的所得。

案例:一家设立在开曼群岛的境外企业(不属于境外注册的中国居民企业)持有中国应税财产和非中国应税财产,非居民企业转让开曼群岛企业股权所得为 100 万元,假定其中归属于中国应税财产的所得为 80 万元,归属于非中国应税财产所得为 20 万元,在这种情况下,纳税人只就归属于中国应税财产的 80 万元部分按规定缴税;假设其中归属于中国应税财产的所得为 120 万元,归属于非中国应税财产的所得为 -20 万元,那么即便转让开曼企业股权所得为 100 万元,仍需就归属于中国应税财产的 120 万元按规定缴税。

三、间接转让多个中国公司的收入分配及税款计算

如果非居民企业间接转让我国境内应税财产,而且同时涉及多家国内的居民企业,那就需要对转让收入进行划分,并分别计算相应的税款。对于收入划分的原则,目前可以借鉴的是好又多间接股权转让的案例,该案例采用了注册资本、净资产、营业收入三个指标综合计算划分的比例。当然,实际工作中,具体怎么划分转让收入,还需要依据实际情况进行具体的分析和判断,寻找一个合适的划分依据。

案例:美国沃尔玛公司通过设立在英属维尔京群岛的 Mmvi China Investment Co. Ltd 公司(以下简称 MMVI 公司)收购同样设立在英属维尔京群岛的 Bounteous Holding Company Limited 公司(以下简称 BHCL 公司),实现对中国境内 65 家好又多公司的间接收购。第一步收购 35% 股权的交易于 2007 年完成,第二步收购 65% 股权的交易于 2012 年 6 月 15 日完成。

根据《国家税务总局关于沃尔玛收购好又多股权事项的批复》(税总函〔2013〕82 号),第二步股权转让交易符合间接股权转让的相关条件,BHCL 公司负有中国《企业所得税法》规定的纳税义务。

(1) 股权转让收入

以 BHCL 公司在第二步交易中获得的 1.005 亿美元,以及 MMVI 公司放弃的 3.76 亿美元贷款追索权,合计 4.765 亿美元作为 BHCL 公司转让中国境内 65 家好又多公司 65% 股权的整体转让收入。

(2) 股权转让收入分配

BHCL 公司应分别到各中国居民企业所在地主管税务机关缴纳税款,因此,需要将 4.765 亿美元整体转让收入在 65 家好又多法人公司间进行合理分配。

收入分配具体方案如下:综合各家好又多公司 2012 年 5 月 31 日实际出资额、2011 年末净资产和 2011 年全年营业收入这三项指标进行分配,每项指标的权重为 1/3。其中,按 2012 年 5 月 31 日实际出资额进行分配时,初始投资为美元的,采用交易当日,即 2012 年 6 月 15 日的外汇中间价换算为人民币;按 2011 年末净资产进行分配时,净资产为负数

的,视同净资产为零。

（3）股权转让成本

各家好又多公司的股权转让成本,为其2012年5月31日实际出资额与股权转让比例（65%）的乘积。

（4）应纳税所得额

各家好又多公司的股权转让所得为股权转让收入减去股权转让成本。其中,初始投资为美元的公司,以美元股权转让收入减去美元股权转让成本计算美元股权转让所得,再按照企业缴税当日国家公布的人民币汇率中间价折合成人民币;初始投资为人民币的公司,按照企业交易当日国家公布的人民币汇率中间价,将美元股权转让收入折合成人民币,再减去人民币股权转让成本计算股权转让所得。目前非居民企业取得财产转让所得的外汇换算,按照《国家税务总局关于非居民企业所得税源泉扣缴有关问题的公告》（国家税务总局公告2017年第37号）的第五条执行。

（5）适用税率

按照《企业所得税法》和《企业所得税法实施条例》的有关规定,BHCL公司应就以上股权转让所得按照10%的税率缴纳企业所得税。

由于国家税务总局并没有明确分配收入的方法,因此好又多案例中的按出资额、净资产和营业收入三项指标来分配应归属于境内各被转让公司的股权转让收入的做法,实践中已成为全国各地税务机关一般采用的方法。但是由于某些特殊行业如房地产业,受项目影响导致营业收入在年度间产生较大波动,如果只考虑一年的营业收入存在不合理性,因此实践中可以采用两项指标或者其他指标,甚至可以调整每项指标权重,只要是分配的方法能更合理地体现出企业的实际价值,均是可行的。

四、不具有合理商业目的的判断

7号公告的第四条规定：间接转让中国应税财产相关的整体安排同时符合以下情形的,无须按公告第三条进行分析和判断,应直接认定为不具有合理商业目的。具体涉及四条标准,主要是针对避税嫌疑较为明显的交易类型,常称为"黑名单"标准,即同时满足四项不利因素的交易,应被重新定性为"直接转让交易",在中国负有企业所得税纳税义务。这不仅为税务机关判断提供了指导依据,也为纳税人安排间接转让财产交易提供了评价规则,降低了涉税风险。判断因素主要包括境外企业的股权价值、资产构成和收入来源,境外企业架构的经济实质,实际所得税税负差异。

（1）境外企业股权75%以上的价值直接或间接来自中国应税财产。例如,境外A企业转让其持有的境外B企业10%的股权,转让价款为100万美元,而B企业直接和间接持有中国应税财产的价值为800万美元,则10%股权对应的中国应税财产的价值为80万美元,占所转让股权价值的80%,此项股权转让行为符合上述"不具有合理商业目的"的认定标准。

（2）间接转让中国应税财产交易发生前一年内任一时点,境外企业资产总额（不含现金)的90%以上直接或间接由在中国境内的投资构成,或间接转让中国应税财产交易发生前一年内,境外企业取得收入的90%以上直接或间接来源于中国境内。对于这项标准的认定,税务机关可以认为只要在转让发生前一年内,境外企业的价值基本来自境内的资产和收入,即可认为境外企业是为了规避转让境内财产发生企业所得税义务而设立的"导管公司"。

(3) 境外企业及直接或间接持有中国应税财产的下属企业虽在所在国家(地区)登记注册,以满足法律所要求的组织形式,但实际履行的功能及承担的风险有限,不足以证实其具有经济实质。对于这项标准的认定,如果境外公司注册在根本不适合开展具体经济活动的国家(地区),例如注册在典型的避税地,该公司在其所属的集团中除了直接和间接持有公司股权、资产外,不承担其他功能或风险,或承担的功能和风险非常有限或次要,境外公司的内部治理结构异常简单,缺少相应的管理岗位或人员,税务机关往往会做出该公司不具有经济实质的判断。

(4) 间接转让中国应税财产交易在境外应缴所得税税负低于直接转让中国应税财产交易在中国的可能税负。对于这项标准的认定,税务机关通过税负比较分析境外应缴税情况判断是否存在跨国税收利益。

案例: HJ公司、SJ公司和FX公司均是在英属维尔京群岛注册的公司,AA公司是一家在新加坡注册的公司,FF公司是一家在中国香港注册的公司。S1、S2、S3公司均是在开曼群岛设立的公司,S4是一家在中国香港设立的公司。江苏MM医药科技有限公司主要从事医药技术的研究开发、转让其研究开发成果,并提供相应的技术服务。

2019年HJ公司、SJ公司和FX公司与FF公司分别签订股权转让协议,将它们持有的S1公司的股权部分转让,转让价格分别为4.8亿元、10.9亿元和3.6亿元。

转让交易前后的股权架构图如下。

转让前:

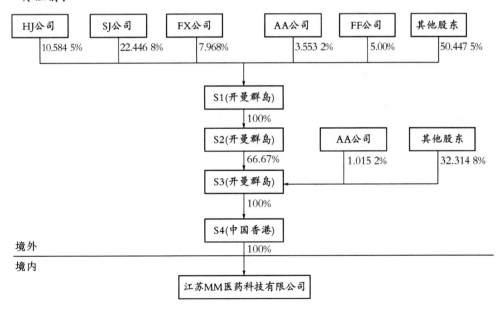

转让后：

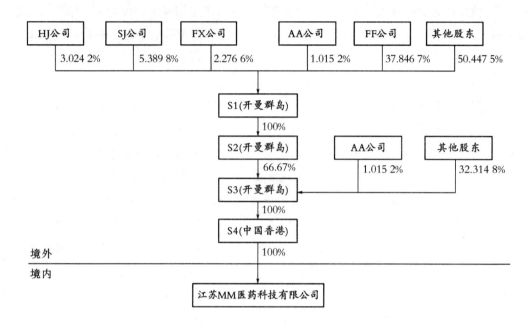

税务机关根据企业提供的资料，结合 2015 年 7 号公告第四条的规定，认定该笔间接股权转让交易同时符合以下四个条件：

(1) 境外企业股权 75% 以上价值为直接或间接来自中国的应税财产。

三家企业提供的中间层财务报表中无成本，只有零星管理费用，中间层企业实为导管公司，并无实质经营活动，境外企业股权价值 100% 来源于中国境内。

(2) 间接转让中国应税财产交易发生前一年内任一时点，境外企业资产总额（不含现金）的 90% 以上直接或间接由在中国境内的投资构成，或间接转让中国应税财产交易发生前一年内，境外企业取得收入的 90% 以上直接或间接来源于中国境内。

本次间接股权转让发生前的 12 个月内任一时点，境外企业长期股权投资没有发生变化，境外企业取得的收入 100% 来源于中国境内。

(3) 境外企业及直接或间接持有中国应税财产的下属企业虽在所在国家（地区）登记注册，以满足法律所要求的组织形式，但实际履行的功能及承担的风险有限，不足以证实其具有经济实质。

根据企业提供的中间层财务报表，企业无积极经营所得，无固定经营场所，无人员长期驻扎办公，因此并不具备经济实质。

(4) 间接转让中国应税财产交易在境外应缴所得税税负低于在直接转让中国应税财产交易在中国的可能税负。

中间层企业注册于开曼群岛和中国香港等低税地，实际税负低于在中国内地可能负担的税负。

税务机关根据企业提供的股权转让合同及股权转让合同的中文译本,HJ 公司、SJ 公司、FX 公司、S1 公司、S2 公司、S3 公司和 S4 公司 2017 年及 2018 年度财务报表,股权转让前后的企业股权架构图,有关间接转让中国应税财产交易整体安排的决策,用以确定境外股权转让价款的资产评估报告及其他作价依据以及间接转让中国应税财产交易在境外应纳所得税情况,认为应重新定性该笔间接转让交易,确认该笔交易为直接转让中国居民企业股权,应在中国缴纳企业所得税。

最终 HJ 公司、SJ 公司、FX 公司分别缴纳非居民企业所得税 1 800 万元、6 300 万元和 1 700 万元。

五、企业集团内财产转让具有合理商业目的情形的判断

判断合理商业目的,应整体考虑与间接转让中国应税财产交易相关的所有安排,结合实际情况综合分析相关因素。2015 年 7 号公告的第六条规定:间接转让中国应税财产同时符合以下条件的,应认定为具有合理商业目的:

(1) 交易双方的股权关系具有下列情形之一:

① 股权转让方直接或间接拥有股权受让方 80% 以上的股权。

② 股权受让方直接或间接拥有股权转让方 80% 以上的股权。

③ 股权转让方和股权受让方被同一方直接或间接拥有 80% 以上的股权。

境外企业股权 50% 以上(不含 50%)价值直接或间接来自中国境内不动产的,本条第(1)项第①②③目的持股比例应为 100%。

该条明确了持股关系要符合标准,要求交易双方具有上述三种持股关系之一,且持股比例达到 80% 以上。对于第 3 种情形,如果转让方和受让方被多个股东(相同多方)直接或间接拥有 80% 以上的股权,就不符合标准。上述间接拥有的股权按照持股链中各企业的持股比例计算。

(2) 本次间接转让交易后可能再次发生的间接转让交易相比在未发生本次间接转让交易情况下的相同或类似间接转让交易,其中国所得税负担不会减少。该条标准旨在将以获取更有利的税收利益为目的的重组交易安排排除在安全港待遇之外。

(3) 股权受让方全部以本企业或与其具有控股关系的企业的股权(不含上市企业股权)支付股权交易对价。该条标准跟直接转让股权适用特殊性税务处理的要求是一致的,其主要目的是为了确保权益的连续性。

案例:2019 年,KH 集团进行全球架构重组,重组涉及多个国家(地区)的多个子公司,同时有多个重组步骤。

集团架构重组中涉及间接转让中国公司股权的交易共有 8 个步骤,皆在 2019 年 12 月 24 日完成,具体如下:

(1) HDC 向其 100% 控股的 FD LLC 公司转让新加坡 FD 100% 的股权,FD LLC 以本企业的股权支付交易对价;

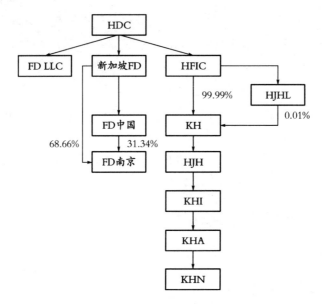

重组前股权架构图

（2）HDC向其100%持有的子公司HFIC转让FD LLC 100%的股权，HFIC以本企业的股权支付交易对价；

（3）HFIC向其持有99.99%股权的子公司KH转让FD LLC 99.99%的股权，KH以本企业的股权支付交易对价，HFIC向其持有100%股权的子公司HJHL转让FD LLC 0.01%的股权，HJHL以本企业的股权支付交易对价；

（4）HJHL向其持有0.01%股权的子公司KH转让FD LLC 0.01%的股权，KH以本企业的股权支付交易对价；

（5）KH向其持有100%股权的子公司HJH转让FD LLC 100%的股权，HJH以本企业的股权支付交易对价；

（6）HJH向其持有100%股权的子公司KHI转让FD LLC 100%的股权，KHI以本企业的股权支付交易对价；

（7）KHI向其持有100%股权的子公司KHA转让FD LLC 100%的股权，KHA以本企业的股权支付交易对价；

（8）KHA向其持有100%股权的子公司KHN转让FD LLC 100%的股权，KHN以本企业的股权支付交易对价。

合理商业目的分析：

（1）通过分析重组方案以及股权架构图，股权转让方与股权受让方被同一方直接或间接拥有80%以上的股权。

（2）在本次集团架构重组完成后，KH集团将继续持有并运营FD中国以及FD南京，没有再次发生间接转让交易的安排。而且FD中国的直接股东未发生变化，仍为新加坡FD。因此，不存在导致中国所得税负担减少的情况。

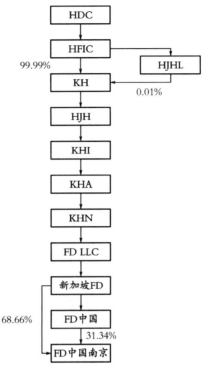

(注：该股权架构图中仅列示与间接转让中国公司股权相关公司，其他集团内公司并未在图中列示。)

重组后股权架构图

(3) 同时 KH 集团架构重组中涉及间接转让中国公司股权的交易全部以股权受让方自身股权作为交易对价。

KH 集团架构重组的重点是对美国以外的子公司进行股权架构优化，以促进相关子公司的未来资源整合和资源的合理运用，同时提高相关子公司的运营效率。另外，在全球架构重组完成后，将有助于集团资金的全球有效部署以及使集团资本结构与战略、运营以及资金需求保持一致。

因此税务机关根据 7 号公告的第六条规定，认定该笔股权转让交易具有合理的商业目的，不能确认为直接转让中国居民企业股权。

六、安全港待遇

纳税人应知晓，为防止一般反避税规则的过度使用，避免对企业正常商业安排和内部资源优化配置等正常需求造成不必要的干扰，7 号公告还提供了安全港待遇，即通常所称的"白名单"标准，符合"白名单"标准的间接转让交易可以直接认定为具有合理商业目的。根据 2015 年 7 号公告的第五条规定，与间接转让中国应税财产相关的整体安排符合以下情形之一的，不应按照《企业所得税法》第四十七条的规定，重新定性该间接转让交易，应

确认为直接转让中国居民企业股权等财产:

（1）上市公司安全港，即非居民企业在公开市场买入并卖出同一上市境外企业股权取得间接转让中国应税财产所得。该条标准明确直接或间接转让股权均不属于转让中国境内应税财产，非居民企业涉及的在公开市场买卖中国居民企业的上市股份的所得在我国免征企业所得税，这是一种政策支持。

（2）税收协定安全港，即在非居民企业直接持有并转让中国应税财产的情况下，按照可适用的税收协定或安排的规定，该项财产转让所得在中国可以免予缴纳企业所得税。该条标准对税收协定的适用有实质的要求，包括直接转让、有税收协定适用条款和税收协定免于缴纳企业所得税。

案例：基本情况见本节"四、不具有合理商业目的"中的案例及架构图。AA 公司与 FF 公司签署了股份转让协议，AA 公司将其持有的 S1 公司的部分股权转让给 FF 公司，转让价为人民币 1.6 亿元。

AA 公司向税务机关提交了新加坡税收居民身份证明及相关材料，证明其转让前 12 个月内所持有的中国居民公司的股份不超过其资本的 25%，且中国居民公司股份价值的 50% 以上并非直接或间接由位于中国的不动产构成，故本次交易可以适用中新税收协定，不应在中国缴纳企业所得税。

税务机关在审核企业提交的资料后，判定在重新定性该笔间接股权转让后，该公司确实可以适用中新税收协定中财产收益规定，该笔财产转让所得在中国可以免予缴纳企业所得税，因此最终做出该笔间接股权转让符合 7 号公告第五条的规定，即无须对 AA 公司间接转让进行重新定性，无须在我国缴纳企业所得税。

如果一项间接转让交易既不符合"不具有合理商业目的"的 4 种情形，也不符合"具有合理商业目的"安全港待遇的 3 种情形，则应根据 7 号公告提供的 7 项考量因素，其中包括"不具有合理商业目的"的 4 项不利因素，以及以下 3 项辅助判断因素（外加一项其他相关因素），综合评估间接转让是否具有合理商业目的，即通常所称的"灰名单"标准。这里跨国纳税人要注意"灰名单"标准的 4 项不利因素与"黑名单"标准的 4 项不利因素标准虽然基本一致，但对"股权价值构成"和"资产及收入构成"主要来源于境内的判断标准，分别由 75% 和 90%，调整为 50%。

（1）境外企业股东、业务模式及相关组织架构的存续时间。主要从时间间隔上考量间接转让交易及相关安排的筹划痕迹，如在较短的时间内搭建了中间层公司并完成间接转让，就非常不利于合理商业目的的判断。

（2）股权转让方间接投资、间接转让中国应税财产交易与直接投资、直接转让中国应税财产交易的可替代性。主要从市场准入、交易审查、交易合规性和交易目标等多种商业和非商业因素，综合判断间接交易是否存在合理商业实质。

（3）间接转让中国应税财产所得在中国可适用的税收协定或安排情况。主要考虑交易适用的税收协定（安排）的影响。

第三节 日常会税核算中的常见风险

国际税收的本质就是跨国(地区)企业在全球价值链布局中实现的利润在不同国家不同实体之间的分配问题。跨国(地区)企业除利用所在国家(地区)的不同税制安排、税收水平以及税收优惠等进行跨国界的逃税和避税活动外,还经常利用其他法律法规尤其是财会法规进行筹划,以追求利润最大化、税收最小化。就中国引进来的外资企业来讲,外资企业会计核算与内资企业会计核算是一样的,都要执行会计准则。在税法遵从上,除了税收优惠上的较小差别外,都执行税务部门负责征管的 16 个税种、60 个非税险种和 5 个社保险种的国内法律法规。会计目标与税法目标的分离,导致会税二者之间在相互联系的基础上又产生显著的差异。特别是跨国公司的内部业务流程、全球价值链的布局、国际税收筹划等独有的特性,使得外资企业既面临着内外资企业会税日常核算中的共性风险,也面临着外资企业会税日常核算中的个性风险。

一、会税差异的体现

会税差异是指税收规定和会计处理上的不一致而导致的税收差异,实质上反映的是国家利益与企业利益之间的经济博弈关系。由于会计核算是税收征纳的必要基础和条件,会计准则、会计制度与税法之间必定会产生并长期存在着一系列的差异。

1. 会税差异处理的原则

会税差异主要是由于税收规定和会计处理上的不一致造成的。对会计与税法差异的处理应坚持统一性与独立性相结合的原则,具体包括两个方面:一是以财务会计核算为基础原则,即统一性原则。财政部、国家税务总局联合印发的《关于执行〈企业会计制度〉和相关会计准则有关问题解答(三)》,首先明确了对会税差异进行处理的原则:企业在会计核算时,应当按照会计制度及相关准则的规定对各项会计要素进行确认、计量、记录和报告,会计制度及相关准则规定的确认、计量标准与税法不一致的,不得调整会计账簿记录和会计报表相关项目的金额。企业在计算当期应缴所得税时,应在按照会计制度及相关准则计算的利润总额(即"利润表"中的"利润总额")的基础上,加上(或减去)会计制度及相关准则与税法规定就某项收益、费用或损失确认和计量等的差异后,调整为应纳税所得额,并据以计算当期应缴所得税。二是税法导向原则,即独立性原则。只有会计处理和税务处理保持各自的独立性,才能保证会计信息的真实性和应纳税额的准确性。《税收征收管理法》第二十条规定:"纳税人、扣缴义务人的财务、会计制度或者财务、会计处理办法与国务院或者国务院财政、税务主管部门有关税收的规定抵触的,依照国务院或者国务院财政、税务主管部门有关税收的规定计算应纳税款、代扣代缴和代收代缴税款。"《企业所得税法》第二十一条规定:"在计算应纳税所得额时,企业财务、会计处理办法与税收法律、行政法规的规定不一致的,应当依照税收法律、行政法规的规定计算。"因此,根据这几个原则的规定,在进行会计核算时,所有企业都必须严格执行会计制度(企业会计制度、会计准则等)的相关要求,进行会计要素的确认、记录、计量和报告。在完成纳税义务时,必须按照税法的规定计算税额,及时申报缴纳。

案例:A公司为一家精密仪器生产和销售的大型外资企业。A公司与B公司签订了一项精密仪器的销售合同,合同约定A公司向B公司销售一批精密仪器,售价为780万元。A公司承诺,该批仪器售出后1年内,如出现非意外事件造成的故障或质量问题,A公司免费负责维修(含零部件的更换),同时A公司还向B公司提供一项延保服务,即在法定保修期1年之外,延长保修期3年。该批精密仪器和延保服务的单独标价分别为700万元和80万元。该批精密仪器的成本为500万元。A公司根据以往经验估计在法定保修期(1年)内将发生保修费用20万元。合同签订当日,A公司将该批仪器交付B公司,同时B公司向A公司支付780万元价款。

会计处理方面,假定不考虑相关税费及货币时间价值因素,A公司收到货款时,将延保服务的80万元收费确认为合同负债,并在延保期间,根据延保服务进度确认收入。公司预计在保修期内发生的保修费用20万元,计入了"销售费用——产品质量保证",同时计入了"预计负债"。

税务处理方面,《企业所得税法》第八条规定,企业实际发生的与取得收入有关的、合理的支出,包括成本、费用、税金、损失和其他支出,准予在计算应纳税所得额时扣除,强调实际发生、相关性和合理性三个关键点。本例中,精密仪器销售、延保服务收入确认方面税务与会计处理一致。但是,税收政策不允许企业扣除按照历史经验与数据预提保修费用,只有在费用实际发生时才准予扣除,故会税处理不一致,形成了暂时性差异。

2. 会税差异的具体体现

按照是否导致所得税费用与应纳所得税税额产生差异,分为暂时性差异和永久性差异。

1)永久性差异的具体体现

因税法规定与会计准则规定在收入和费用确认的范围和标准不一致造成的差异叫永久性差异。这种差异一旦发生,即永久存在。基于税收政策、社会政策及经济政策的考虑,有些会计报表上的收入或费用,在税法上不属于收入或费用;而有些财务报表上不属于收入的项目,在税法上却属于应税收入。具体体现在以下方面:

(1)有些项目的收入,会计上列为收入,但税法上却不作为应纳税所得额

会计上列为收入,税法上不作为应纳税所得额的有:企业收到的符合条件的财政性资金、直接减免的增值税和即征即退、先征后退、先征后返的各种税收(不包括企业按规定取得的出口退税款);"投资收益"项目中国库券的利息收入,企业从国内其他单位分回的已纳税利润。

但下列财政资金性质的收入属于征税范畴:残疾人增值税退税;地方政府补助给企

业的各类补贴("营业外收入"),包括互联网平台、科技创新、高新技术等的财政补贴,技改投入、实现税收等的财政奖励,招商引资企业税收返还、废旧物资开票返还等补偿性质的政府补助,贷款贴息等。

(2) 会计上不进行收入确认,但税收上视同销售或直接作为收入

企业外购商品代替职工福利,或者将商品用于对外赠送,属于应纳税收益,会计上因为没有经济利益流入,不进行收入确认;企业所得税则因为权属关系发生改变,视同销售。

外购商品用于职工奖励或福利,会计上不进行收入确认;增值税不计算销项、不抵扣进项;企业所得税作为收入,一年内按原价、一年以上按市价、成本按购进处理。

自产商品用于对外赠送:会计上不进行收入确认,增值税和企业所得税均视同销售处理。

"买一赠一":会计上对于经营范围内赠品按公允价值分摊记账,经营范围外赠品作为销售费用;增值税和企业所得税均按公允价值分摊,视同销售处理。

(3) 不可扣除的费用或损失

有些支出在会计上应列为费用或损失,但税法上不予认定,因而使应税利润比会计利润高,计算应税利润时,应将这些项目金额加到利润总额中。这些项目主要有以下两种情况:

一是范围不同,即会计上作为费用或损失的项目,在税法上不作为扣除项目处理。通常会计上做营业外支出处理,但税法上不允许扣减应税利润。范围不同的项目主要有:违法经营的罚款和被没收财物的损失,各项税收的滞纳金和罚款,各种非救济公益性捐赠和赞助支出。

二是标准不同,即有些在会计上作为费用或损失的项目,税法上可作为扣除项目,但规定了计税开支的标准限额,超限额部分在会计上仍列为费用或损失,但税法上不允许抵扣应税利润。标准不同的项目主要有:利息支出、工资性支出、"三项经费"、公益捐赠、救济性捐赠、业务招待费、佣金和手续费。

(4) 非会计收入而税法规定作为收入征税

有些项目,在会计上并非收入,但税法上则作为收入征税。例如,企业销售时,因误开发票作废,但由于冲转发票存根未予保留,税法上仍视为销售收入征税;销售退回与折让,未取得合法凭证,税法上也不予认定,仍按销售收入征税;企业与关联企业以不合理定价手段减少应纳税所得额,税务部门进行纳税调整。

2) 暂时性差异的具体体现

由于税收法规与会计准则确认时间或计税基础不同而产生的差异叫暂时性差异。其不仅影响当期的应税收益,而且影响以后各期的应纳税额。具体体现在以下方面:

(1) 资产的账面价值大于其计税基础

资产的账面价值大于其计税基础,该项资产未来期间产生的经济利益不能全部在税前抵扣,两者之间的差额需要缴税,产生应纳税暂时性差异。例如,一项无形资产账面价值

为200万元,计税基础如果为150万元,两者之间的差额会造成未来期间应纳税所得额和应缴所得税的增加。在其产生当期,在符合确认条件的情况下,应确认相关的递延所得税负债。

（2）负债的账面价值小于其计税基础

负债的账面价值小于其计税基础,则意味着该项负债在未来期间可以税前抵扣的金额为负数,即应在未来期间应纳税所得额的基础上调增,增加应纳税所得额和应缴所得税金额。产生应纳税所得额暂时性差异,应确认相关的递延所得税资产。具体包括：企业计提的各项减值准备,会计与税法关于折旧、摊销方法和年限规定不一致导致的差异,预计负债,按税法规定应当确认收入但会计尚不能确认的收入,超过当年扣除限额但可结转以后年度扣除的职工教育经费、广告费和业务宣传费、公益性捐赠支出,预计可在未来弥补的亏损。

二、会税对权责发生制的应用差异

2006年的《企业会计准则》,将权责发生制上升为会计基础,作为企业会计确认、记录、计量和报告的计量基础,贯穿于整个企业会计准则体系执行的总过程。该原则是会计核算中确定本期收益和费用的方法。即凡属本期的收入,不论款项是否收到,均作为本期收入处理；不属于本期的收入,即使是本期收到的款项,也只作为预收款项处理,而不作为本期收入。凡属本期的费用,不论款项是否支出,均作为本期费用处理；不属于本期的费用,即使在本期支出,也不能列入本期费用,如折旧。为了贯彻权责发生制,会计制度中还专门设立了"预提费用""待摊费用"和"递延费用"科目,专门核算某些本期发生但尚未支出的费用和本期已支出但尚未发生的费用。

《企业所得税法实施条例》第九条明确规定,企业应纳税所得额的计算,以权责发生制为原则,属于当期的收入和费用,不论款项是否收付,均作为当期的收入和费用；不属于当期的收入和费用,即使款项已经在当期收付,也均不作为当期的收入和费用。但《企业所得税法实施条例》规定了例外条款即"本条例和国务院财政、税务主管部门另有规定的除外",也就是通常所说的"另有规定规则"。这在税前扣除办法确定的几个原则中充分体现了出来,是会税贯彻运用权责发生制原则产生差异的原因,后面将做具体分析。正确理解税法规定的权责发生制原则,应从其包含的配比原则和区分收益性支出与资本性支出的原则出发去认识。配比原则,是指企业在计算应纳税所得额时,收入与其成本、费用应当相互配比,同一会计期间内的各项收入和与其相关的成本、费用,应当在该会计期间内确认。具体来讲,企业所得税的配比原则包括两层含义：首先是因果配比,即将收入与其对应的成本、费用相配比。其次是时间配比,即将一定时期的收入与同时期的为取得该收入而支出的相对应的成本、费用与损失相配比。纳税人发生的费用应当在其应配比的当期申报扣除,纳税人某一纳税年度应申报的扣除费用不得提前或滞后申报扣除。对收入逾期未申报的,应以偷税论处,并加收滞纳金；已发生的成本、费用与损失当期未扣除的,原则上一般不允许在以后的纳税年度补扣。如《国家税务总局关于企业所得税应纳税所得额若干税务处理问题的公告》(国家税务总局公告2012年第15号)第六条规定,根据《税收征收管理法》的有关规定,对企业发现以前年度实际发生的、按照税收规定应在企业所得税前扣除而未扣除或者少扣除的支出,企业做出专项申报及说明后,准予追补至该项目发生年度计算扣除,但追补确认期限不得超过5年。区分收益性支出与资本性支出的原则,是指企业在计算应纳税所得额时,应当合理划分收益性支出与资本性支出的界限,凡支出的效益仅涉及一个纳税年度的,应当作为收益性支出,允许在支出发生的当年在税前扣除;凡支出的效益涉及两个或两个以上纳税年度的,应当作为资本性支出,不允许当年直接在税前扣除,应通过折旧等项目逐年在税前进行摊销。

权责发生制是会计计量的基础要求,和企业所得税法规定是完全一致的,即尽可能地减少企业所得税与会计计量的差异。在企业所得税方面,与权责发生制相对应的还有税前扣除办法中明确的真实性、合理性、相关性、确定性和合法性等原则,这些都是《企业所得税法实施条例》第九条所讲的"另有规定"。也就是说,企业所得税的计税原则,一般以权责发生制为基础,也有其他原则共存。这导致了会税计量上的差异,如会计奉行稳健原则和不完全的历史成本原则,会将提取的各项减值准备等计入管理费用进行期间配比,而税法坚持税前扣除的真实性原则和历史成本原则,对其做纳税调整;会计核算中跨国公司需将直接费用、间接费用、期间费用在不同产品或项目、不同部门(公司)、不同地区之间进行合理分类、归集和分配,而税法中的配比原则,还要同时遵守税前扣除的相关性原则,即纳税人可扣除的费用从性质和根源上必须与取得应税收入相关,如税法认定赞助支出、担保支出等与应税收入无关,规定不得在税前扣除。

三、会税对收付实现制的应用差异

与权责发生制相对应的会计基础是收付实现制。所谓收付实现制,是指以款项是否收付作为确认本期收入和费用的标准。凡在本期收到的款项,不论其是否属于本期,均作为本期的收入。凡在本期支出的款项,不论其是否属于本期,均作为本期的费用。收付实现制核算程序比较简单,适用于商品经济发展初期业务简单、信用不发达的情况。会计准则明确规定企业应当以权责发生制为基础进行会计处理,但实务中会计在一些特殊情形下会适用收付实现制,如编制现金流量表、处理小额预付费用等。

新税法明确规定使用权责发生制原则,没有明确规定使用收付实现制原则,但由于会税目的的差异,为了维护国家利益,在日常会税业务处理过程中,有些收入及费用发生的确认形式与权责发生制原则发生了背离,从某种意义上说,更接近于收付实现制。收付实现制原则在现行的税法及有关政策实施中具体有以下应用:

(1) 在收入的确认与计量方面,包括:股息、红利等权益性投资收益的确认计量,利息收入、租金收入、特许权使用费收入的确认与计量,捐赠收入的确认与计量,分期收款销售方式下销售收入的确认与计量。

(2) 在费用扣除的确认与摊销方面,包括:工资薪金支出的确认扣除,职工福利费、教育经费的确认扣除,工会经费的确认扣除,各项资产减值准备、风险准备等准备金支出的确认扣除。

从上可见,我国税法在确定应税收入和税前扣除金额时,适度应用了收付实现制原则。其原因是从税收征管角度来看,收付实现制更为简便、直观,它有利于国家税款的计缴。这在我国如此,在其他国家也是如此。如美国国内税收法采用以下四种会计方法:

① 收付实现制;

② 权责发生制;

③ 法令允许的其他方法;

④ 所得税允许的上述三种方法的结合。

四、合法性原则的应用

合法性原则要求企业在进行业务开展、会税核算或税收筹划时必须遵守国家的各项法律法规。一是开展日常业务、进行会计核算时不能违背国家的财务会计法规和其他经济法规。二是进行税收核算时不能违反税法及相关政策的规定,特别是在进行企业所得税税前扣除核算时做到支出项目合法和税前扣除凭证合法。三是税收筹划只能在税法许可的范围内进行,必须依法对各种纳税方案进行选择,并随着国家法律法规的调整进行修正,而不能逃避税收负担,否则会陷入偷逃税的泥沼,或面临反避税的调查。

1. 支出项目合法

《企业所得税法》第八条规定:"企业实际发生的与取得收入有关的、合理的支出,包括成本、费用、税金、损失和其他支出,准予在计算应纳税所得额时扣除。"支出项目合法性是指税前扣除的任何支出项目必须符合国家法律法规允许或非禁止的范围。无论支出是否实际发生或合理与否,如果是非法支出,则不符合税法的有关规定,即使财务会计法规或制度规定可以作为费用列支,也不得在企业所得税前扣除。

根据《企业所得税法》第十条规定,在计算应纳税所得额时,下列支出不得扣除:

(1) 向投资者支付的股息、红利等权益性投资收益款项;

(2) 企业所得税税款;

(3) 税收滞纳金;

(4) 罚金、罚款和被没收财物的损失;

(5) 本法第九条规定以外的捐赠支出;

(6) 赞助支出;

(7) 未经核定的准备金支出;

(8) 与取得收入无关的其他支出。

2. 税前扣除凭证合法

取得合法有效凭证是税前扣除相关成本费用的必要条件。当前虚开发票案件频发,给企业带来了经济损失、名誉影响和诉讼困扰。很多跨国(地区)企业在对外支付、享受境外已纳税款抵免等情形时不能真实、完整、准确地提供有关文件证明。其重要原因之一是企业对税前扣除凭证的合法要素把握不清晰。税前扣除凭证反映的货物（或者劳务服务、信息）、资金、票据流向应当相吻合，并与交易合同、协议约定内容一致。关联方交易要特别注意第三方的证据。在税收执法中一般倾向于将合法有效凭证仅限定为发票。国家税务总局于2018年6月6日制定了《企业所得税税前扣除凭证管理办法》，统一了税前扣除凭证的执行口径，明确了内部凭证与外部凭证的定义以及不合规发票与不合规外部凭证的界定等，特别是对一直存在一定争议的虚开、填写不规范的发票的适用问题进行了明确，大大增强了企业正确使用发票的水平。

但执行《企业所得税税前扣除凭证管理办法》应与《企业所得税法》及其实施条例、《增值税发票开具指南》的有关规定相衔接，尤其要关注增值税发票开具时间、税前扣除金额及时间、未按规定取得税前扣除凭证的税务处理、分割单扣除制度、内部凭证扣除的要求等各项具体操作规定。

五、税法"另有规定"共存原则的应用

《企业所得税法》及其实施条例规定，应纳税所得额的计算，以权责发生制为原则，但《企业所得税法实施条例》规定了例外条款："本条例和国务院财政、税务主管部门另有规定的除外。"企业所得税应纳税所得额的计算应遵循的"另有规定"规则，具体包括真实性原则、相关性原则、合理性原则，同受益期原则、权责发生制原则，一同构成企业所得税税前扣除的五项原则。这对于跨国（地区）企业对外费用的支付、分摊总部费用、应对税务部门的反避税调查具有重要意义。下面着重介绍给企业核算带来风险的三个原则。

1. 真实性原则

真实性原则是税前扣除的首要原则，要求企业未实际发生的支出不允许税前扣除。扣除凭证反映的是企业发生的各项支出，应当确属已经实际发生。要求支出是真实发生的，证明支出发生的凭据是真实有效的。这一原则在《国家税务总局关于企业所得税若干问题的公告》（国家税务总局公告2011年第34号）第六条中也得到了验证，即"企业当年度实际发生的相关成本、费用，由于各种原因未能及时取得该成本、费用的有效凭证，企业在预缴季度所得税时，可暂按账面发生金额进行核算；但在汇算清缴时，应补充提供该成本、费用的有效凭证"。换言之，如果在汇缴结束时，尚未提供有效凭证以证明支出是真实发生的，企业应在汇缴年度调增应纳税所得额。

案例1：一企业向另一企业拆借资金，约定2015年12月31日前应付利息为1 000万元，后企业未实际支出，企业仍按照权责发生制原则计入财务费用，在2015年企业所得税汇缴中予以申报扣除。税务机关以该支出未实际发生为由，要求企业调增企业所得税。

分析：《企业所得税法实施条例》第三十八条明确规定："企业在生产经营活动中发生的下列利息支出，准予扣除……"请注意，这里明确的是"利息支出"。所谓支出，是要有实际支出动作的，也就是这笔利息要实实在在付出后才能谈税前扣除的合理性、相关性等其

他问题。所以,利息如果没有实际支出,就不能税前扣除。

在真实性原则中派生出的确定性原则,包括收入计量上的确定和费用计量上的确定。关于收入计量上的确定,《国家税务总局关于确认企业所得税收入若干问题的通知》(国税函〔2008〕875号)对企业销售商品确认收入明确了四个条件,与企业会计准则的规定相比,少了一条,即相关的经济利益很可能流入企业。会计上基于谨慎性原则和实质重于形式原则,通过以往和买方的交易经验、政府相关政策以及其他方面获取的信息做出职业判断,以此确认经济利益是否有较大可能流入企业。而税法上对计税收入的确认,相对而言形式重于实质,重索款凭证、重合同、重结算手续、重货物移动,这就给企业所得税管理带来不确定性和合规风险。

扣除凭证反映的支出的金额必须是确定的,或有支出不得在税前扣除,企业的预提费用、预计负债等不得在税前扣除。当然,对于坏账准备以及各类减值准备,企业所得税在与会计博弈后妥协,允许在一定年度内按照一定标准进行计提扣除,这也是对权责发生制的回归。这也就是各项支出的支付时间可由企业决定,但必须是已经实际发生能够可靠地计量而不是估计、可能的支出。从《企业所得税法实施条例》也可以看到,很多条款中都规定了相关税前扣除要"支出""支付""缴纳"和"拨缴"等。因此,在《企业所得税法》上,只有少数列举的项目可以预提扣除,其他扣除一律要真实发生的。

案例2:某港资房地产开发企业对已交付使用的房屋进行维修,发生了维修费用500万元。假设该支出已经真实发生,因该房屋尚在与施工方签订合同的保修期内,且该开发企业与施工企业就维修费用由谁承担问题正在打官司。也就是说,该笔500万元的维修费用是否最终由开发企业承担未完全确定,税务机关以该费用为"未决费用"为由,调增该笔支出纳税。这其实是企业所得税确定性原则的要求。这种确定,最主要是金额的确定。如果司法审判发现部分费用不属于合同保修范围,法院判决开发企业承担部分费用,则该部分费用可在税前扣除。

但企业应当关注的是,税法从总体上虽不赞同纳税人进行估计,以避免税法执行中带有不确定成分,但当税法需要在权责发生制与收付实现制之间进行选择时,如果对国家税收利益有利,哪怕运用起来要在很大程度上借助于纳税人或税收征管人员的主观估计和判断,对于选用哪一个原则税法也不会有过多顾虑。如《企业所得税法实施条例》规定:建筑、安装、装配工程和提供劳务,持续时间超过一年,可以按完工进度或完成的工作量确定收入的实现。这里的"完工进度或完成的工作量"显然要靠会计估计来确定。

2. 相关性原则

相关即彼此关联。《企业所得税法》第八条规定,企业实际发生的与取得收入有关的支出准予扣除。《企业所得税法实施条例》第二十七条规定:"企业所得税法第八条所称有关的支出,是指与取得收入直接相关的支出。"不具有相关性的支出不得税前扣除,如《企业所得税法》第十一条第(五)项明确,与经营活动无关的固定资产,不得计算折旧扣除。

如何进行相关性的具体判断?按照《中华人民共和国企业所得税法实施条例释义及

适用指南》以及《国家税务总局关于印发〈新企业所得税法精神宣传提纲〉的通知》(国税函〔2008〕159号)第十二条的规定,一般从支出发生的根源和性质方面分析判断,而不是看费用支出的结果。所谓"与取得收入直接相关的支出",是指企业所实际发生的能直接带来经济利益的流入或者可预期经济利益流入的支出。如企业经理因个人原因发生的法律诉讼,虽然经理摆脱法律纠纷有利于全身心投入企业的经营管理,可能确实对企业有好处,但这些诉讼费用本质上属于经理的个人支出,不允许作为企业支出。同时,相关性要求为不征税收入所形成的支出不得扣除提供了依据。由于不征税收入是企业非营利性活动取得的收入,不属于企业所得税的应税收入,与企业的应税收入没有关联,如对软件企业的不征税收入处理。同样,与企业取得收入没有关联的支出也不得税前扣除,如企业不得税前扣除离退休职工的补充养老保险,企业不得承担属于个人购买商业保险、证券、股权、收藏品等的支出,不得税前扣除老板以个人名义及爱好购买艺术品的支出等。这些项目就不具有相关性,与取得收入不直接相关。但对企业取得的各项免税收入所对应的各项成本费用,除另有规定者外,可以在计算企业应纳税所得额时扣除,如企业购买国债取得的收入是免税收入,其对应发生的费用可以在税前扣除。因此,应从企业实际发生的与取得收入有关的支出之间是否存在某种依存关系(不是因果关系)及其相关程度去进行判断。

与取得收入有关的支出一般包括两种情形:一是这类税前扣除的支出,能给企业带来现实、实际的经济利益流入的支出,如生产性企业为生产产品而购买储存的原材料,服务性企业收取服务费用而雇佣员工为客户提供服务,或者储存购买的提供服务过程中消耗的材料等支出,就属于能给企业带来现实、实际的经济利益流入的支出,属于"与取得收入直接相关的支出"。二是这类允许税前扣除的支出,应该是能给企业带来可预期经济利益流入的支出。虽然企业的这类支出,并不直接或者即时地表现为相应现实、实际经济利益的流入,但是根据社会一般经验或者判断,如果这种支出所对应的收益是可预期的,那么这类支出也就属于"与取得收入直接相关的支出"。如广告费的支出,虽然这些支出并不能即时地带来企业经济利益的流入,但是根据社会上一般理性人的理解,这类广告将提高企业及其产品或者服务的知名度,提高其在消费者中的认同度等,进而推动消费者购买它们的产品或者服务,提升或者加大企业的获利空间,故其也应属于"与取得收入直接相关的支出"。如税前扣除的业务招待费的支付范围包括因生产经营需要而宴请或工作餐的开支,赠送纪念品的开支,景点参观费及其他费用开支,业务人员出差路费开支。但礼品、礼金、回扣、个人消费等支出不在此范围内,不能在税前扣除。

当然,关于《企业所得税法》的相关性原则,如果单纯地看《企业所得税法》及其实施条例,落实到具体业务,有的地方税务机关对相关业务的相关性直接做出了判定,企业应该遵从。但从税法的操作性看,"相关性"的标准答案是没有的,有的难以做出分析判断,这在跨国(地区)企业对外支付等能否税前扣除方面尤为突出,需要税企沟通,取得主管税务机关的理解,消除分歧和争议。

判定 1：对退休人员职工费用税前扣除的规定

《国家税务总局办公厅关于强化部分总局定点联系企业共性税收风险问题整改工作的通知》（税总办函〔2014〕652号）第一条规定：离退休人员的工资、福利等与取得收入不直接相关的支出的税前扣除问题按照《中华人民共和国企业所得税法》（以下简称《企业所得税法》）第八条及《中华人民共和国企业所得税法实施条例》第二十七条的规定，与企业取得收入不直接相关的离退休人员工资、福利费等支出，不得在企业所得税前扣除。

地方规定，如《河北省国家税务局关于企业所得税若干政策问题的公告》（河北省国家税务局公告2014年第5号）第八条规定：企业为已纳入社会统筹的离退休人员发放的过节费、生活补贴、报刊费、医疗费等支出税前扣除问题根据税法第十条规定，企业与取得收入无关的其他支出不得税前扣除。企业为已纳入社会统筹的离退休人员发放的过节费、生活补贴、报刊费、医疗费等支出，属于与生产经营无关的支出，不允许税前扣除。

判定 2：关于购置古董、字画的支出

《北京市地方税务局关于明确企业所得税有关业务政策问题的通知》（京地税企〔2005〕542号）第三条规定：纳税人为了提升企业形象，购置古玩、字画以及其他艺术品的支出，不得在购买年度企业所得税税前扣除，而在处置该项资产的年度企业所得税税前扣除。

3. 合理性原则

合理性原则在我国企业所得税立法中的应用，是为了防止企业利用不合理的费用支出调节利润水平，规避国家税收，以及对全面加强我国的反避税工作而提出的原则要求。《企业所得税法实施条例》第二十七条明确，合理支出是指符合生产经营活动常规，应当计入当期损益或者有关资产成本的必要和正常的支出。支出的合理性原则是企业所得税税前扣除的一项基本原则，是建立在税前扣除真实性和合法性原则基础上的要求。

如何进行"合理支出"的具体判断？合理性的具体判断主要看支出项目的计算和分配方法是否符合一般经营常规和会计惯例。如企业发生的业务招待费和广告费与所成交的业务额或者业务的利润水平是否吻合，工资水平与社会整体或者同行业工资水平是否差异过大，跨国企业围绕无形资产对外支付的特许权使用费是否过高等。首先，允许扣除的支出应当是符合企业生产经营活动常规的支出。对于判断企业的特定行为是否符合生产经营活动常规，需要借助社会经验，根据企业的性质、规模、业务范围、活动目的以及可预期效果等多种因素，加以综合考虑与判断。如企业根据其工作性质和特点，要求员工工作时统一着装所发生的工作服饰制作费用。《国家税务总局关于企业所得税若干问题的公告》（国家税务总局公告2011年第34号）规定：作为企业合理的支出给予税前扣除。其次，企业发生的合理支出，限于应当计入当期损益或者有关资产成本的必要与正常的支出。计入当期损益或者有关资产的成本，指的是企业所发生的支出在扣除阶段方面的要求。必要和正常的支出，是符合生产经营活动常规的必然要求和内在之意，也就是企业所发生的支出，是企业生产经营活动所不可缺少的支出，是企业为了获取某种经济利益的流

入所不得不付出的代价,而且这种代价是符合一般社会常理的,符合企业经济活动的一般规律或者情况的支出。如劳动保护支出税前扣除。劳动保护支出,是指确因工作需要为雇员配备或提供工作服、手套、安全保护用品、防暑降温用品等所发生的支出。可以参照《劳动保护用品监督管理规定》确认劳动保护支出范围。如一加工制造企业为全体员工每人发放一套运动服,这个运动服装就不是出于工作需要,是带有一定福利性质的支出,不属于劳动保护支出,不能按劳动保护支出据实扣除。

税法为了增强"合理支出"的可执行性,对一部分重要的和特别支出项目包括工资、公益性捐赠、职工福利费、工会经费、职工教育经费、业务招待费、广告费和业务宣传费、补充养老保险费、补充医疗保险费等明确了合理性标准。税法为了反避税的需要,同样对合理经营需要、合理商业目的的分析判定,也做了相关的规范,这将在后面章节中专门作介绍。如对非居民企业境外母子公司之间费用的分配合理性的判断。非居民企业所得税的管理,尤其是境外母子公司之间费用的分配同样需遵守合理性原则。《企业所得税法实施条例》第五十条规定:"非居民企业在中国境内设立的机构、场所,就其中国境外总机构发生的与该机构、场所生产经营有关的费用,能够提供总机构出具的费用汇集范围、定额、分配依据和方法等证明文件,并合理分摊的,准予扣除。"

六、会税对实质重于形式的应用差异

"实质重于形式"是一个国际通行的基本会计准则,其内涵是企业应当按照交易或事项的经济实质和经济现实进行会计核算,而不是仅仅根据它们的法律形式。《企业会计制度》第十一条第(二)款规定:企业应当按照交易或事项的经济实质进行会计核算,而不应当仅仅按照它们的法律形式作为会计核算的依据。这是"实质重于形式"在《企业会计制度》中的体现。实质重于形式的典型运用有融资租赁、售后回购、售后回租、关联关系确定、合并报表的编制等。

《企业所得税法》第二十一条规定:"在计算应纳税所得额时,企业财务、会计处理办法与税收法律、行政法规的规定不一致的,应当依照税收法律、行政法规的规定计算。"言下之意,在没有税收法律、行政法规特殊规定的情况下,应该适用企业财务、会计处理办法。《国家税务总局关于发布〈中华人民共和国企业所得税年度纳税申报表(A类,2014年版)〉的公告》(国家税务总局公告 2014 年第 63 号,目前已废止)规定:"企业在计算应纳税所得额及应纳所得税时,企业财务、会计处理办法与税法规定不一致的,应当按照税法规定计算。企业所得税法规定不明确的,在没有明确规定之前,暂按企业财务、会计规定计算。"以上规定说明,对经济活动的税法评价,一般应参照财务、会计处理办法。会计活动以经济实质为原则。自从"实质重于形式"原则正式成为会计基本原则后,便由会计领域渗透到税收领域。

跨国公司为达成一项商业目的,可供选择的交易形式常有两个或两个以上,其中一个是常规的被大家所普遍采用的达成该种商业目的所采取的交易形式,其他的交易形式可能是纳税人自己发明创造的非常规交易形式。常规交易形式的税负可能会重于非常规交

易形式,纳税人趋利避害选择非常规交易形式,以期减轻纳税义务。出现这种情况,如果非常规交易形式在一定的幅度内,税务机构是允许纳税人按采取的法律形式(非常规交易形式)进行税务处理的。但税务机构如果认为纳税人采取的交易形式是激进税收筹划,构成法律滥用,即认为纳税人进行的交易或安排虽符合税法条文的字面含义,但不符合税法的价值目标时,可以依据实质重于形式原则,不允许纳税人享受非常规交易形式对应的税法结果,而是要求纳税人承受其实际上并没有采取的常规交易形式所对应的税法结果。

税法总体上并不采用实质重于形式的原则,该原则仅适用于企业所得税的应税收入确认、减免税优惠政策管理、跨境业务税收处理、计税基础确认等少数方面。除此以外,其他税种以及企业所得税的成本、费用、税金、损失等的扣除等,税法均没有规定遵循"实质重于形式"原则。具体表现为:

(1) 对企业所得税应税收入的确认方面,《国家税务总局关于确认企业所得税收入若干问题的通知》(国税函〔2008〕875号)规定:"除企业所得税法及实施条例另有规定外,企业销售收入的确认,必须遵循权责发生制原则和实质重于形式原则"。

(2) 对融资租入的固定资产处理的应用。《国家税务总局关于融资性售后回租业务中承租方出售资产行为有关税收问题的公告》(国家税务总局公告2010年第13号)规定:"根据现行企业所得税法及有关收入确定规定,融资性售后回租业务中,承租人出售资产的行为,不确认为销售收入,对融资性租赁的资产,仍按承租人出售前原账面价值作为计税基础计提折旧。租赁期间,承租人支付的属于融资利息的部分,作为企业财务费用在税前扣除。"按照实质重于形式原则,融资性售后回租业务中承租方出售资产时,资产所有权以及与资产所有权有关的全部报酬和风险并未完全转移。

(3) 在跨境业务税收处理中的应用。如依据实际管理机构将注册在境外的企业判定为我国居民企业,需根据企业的实际情况,根据实质重于形式的原则进行判定。

法律具有确定性,以便当事人预测自己行为的法律后果。经济实质原则的适用对税收法定原则有一定冲击,存在滥用"实质重于形式"原则,侵犯纳税人合法权益,或以"实质重于形式"为名损害税法刚性现象。但这种冲击的后果并不是非此即彼,两者统一于税收法治。在税收征管中,实质重于形式原则通常由税务局主张适用,纳税人一般情况下主张按交易的法律形式进行税务处理,但在个别情况下纳税人也会积极要求主张适用,出现这种情况是因为按交易的经济实质课税对纳税人更为有利,如对对赌协议的处理。因此,纳税人应当做好与税务机关的沟通工作。

七、国际税法与国内税法间冲突的处理

国际税法是指若干国家参与制定或者国际公认的调整国家之间因跨国纳税人的所得而产生的国际税收分配关系的法律规范的总称,是国内税法的对称。其客体主要是跨国纳税人的跨国所得,有时还包括跨国纳税人在居民国外的财产和遗产。目前国际税法包括:税收协定、《多边税收征管互助公约》、CRS(共同申报准则)、BEPS(税基侵蚀和利润转移)

十五项行动计划最终成果等。而国内税法是一个国家在税收领域主权的体现,反映了一个国家的税收管辖权。主要涉及《税收征收管理法》《个人所得税法》及其实施条例、《企业所得税法》,以及其他相关法律法规。在实际贯彻的过程中,国际法与国内法之间常常产生冲突。

处理国际税法与国内税法的冲突应坚持两个原则。一是国际税法优于国内税法原则。所谓国际税法优于国内税法原则是指一国政府与他国政府签订的双边或多边税收协定等,经本国最高权力机关确认后,即具有高于国内所有税法的效力。这是各国普遍承认并在有关税法中予以明确的税法适用原则,我国也不例外。这一原则在税法中的适用,是协调国家之间的税收管辖权重叠,减少重复课税,避免国际税法与国内税法的冲突所必需的。基于"条约应当信守"这一国际法基本原则,国内立法一般都遵守这一原则。《企业所得税法》第五十八条规定:"中华人民共和国政府同外国政府订立的有关税收的协定与本法有不同规定的,依照协定的规定办理。"《税收征收管理法》和《个人所得税法》中都有对税收协定优先原则的明确规定。二是"孰优"原则。所谓"孰优"原则是指我国国内税法的部分规定比国际税法更优惠,因而在具体处理国际税法和国内税法的关系问题时,如果国内税法的规定比税收协定更优惠,则优先适用国内税法,其目的是为了更好地吸引外资、促进技术和人员的交流。

案例:2019年8月2日,某房地产开发商A与新加坡某知名建筑设计事务所B签订了《工程设计合同》,双方约定合同总额为200万元。同时约定B事务所派遣新加坡籍员工短期到境内出差,进行实地考察及项目汇报等作业,其他作业均在新加坡完成。企业按照规定在税务机关办理了合同备案相关手续,同时境内、外劳务按照20%和80%的比例进行了划分,对取得的境内所得按照核定利润率20%申报了企业所得税,代扣代缴企业所得税2万元,增值税12万元。2019年12月23日合同执行完毕,2019年12月25日该企业委托事务所到主管税务机关办理享受协定待遇备案手续,并申请退还已缴纳的企业所得税。

《企业所得税法》规定非居民企业有来源于中国的所得应缴纳企业所得税,劳务所得的来源地为劳务发生地。该合同为设计合同,属于劳务并且不是完全发生在境外,如果企业能够划分境内、外劳务,应就境内发生部分缴纳企业所得税,不能区分的话应该就全部所得缴纳企业所得税。因此企业按照此规定缴纳了相关税收。

而根据《中华人民共和国政府和新加坡共和国政府关于对所得避免双重征税和防止偷漏税的协定》规定:"缔约国一方企业派其雇员或其雇佣的其他人员到缔约对方提供劳务,仅以任何十二个月内这些人员为从事劳务活动在对方停留连续或累计超过183天的,构成常设机构。"当B事务所构成我国的常设机构时,其从我国取得的收入,中国才有征税权,反之,没有征税权。

税务机关根据企业提交的合同执行情况说明及相关附件资料,证实了该项目有3个外籍人员到境内从事了相关经营活动,根据护照出入境记录,累计入境天数为15天。通过资料分析,税务机关认可了企业境内、外劳务划分比例较为合理。根据企业提交的享受协定待遇备案资料,B事务所符合享受税收协定待遇的条件,因此主管税务机关退还了企业缴纳的企业所得税 2 万元。

第四节　其他日常业务开展的风险

前面我们重点介绍了外资企业在跨境经营和日常管理中享受协定待遇、非居民间接转让中国应税财产、会税核算等的风险，但外资企业的日常业务很多，在对外支付、集团重组、用已分配利润再投资、预约定价安排等方面也存在着涉税问题。

一、对外支付备案

对外支付税务备案是常见的国际税收业务，一笔不起眼的对外支付，也可能潜藏着跨境税务风险。税务机关单凭备案信息中简单的陈述，很难判定企业支付背后的真实性和受益性。从纳税人的对外支付备案审核的情况看，交易资料不真实、适用政策不准确、享受协定待遇不合规等情况客观存在。因此，对对外支付备案业务的合同等资料数据的审核已成为国际税务管理的日常抓手，也成为税务部门开展风险管理和反避税的切入点。

1. 办理备案的情形

境内机构和个人向境外单笔支付等值 5 万美元以上（不含等值 5 万美元）下列外汇资金，除无须办理备案的情形外，均应向主管税务机关进行税务备案，对同一笔合同需要多次对外支付的，仅需在首次付汇前办理税务备案：

（1）境外机构或个人从境内获得的包括运输、旅游、通信、建筑安装及劳务承包、保险服务、金融服务、计算机和信息服务、专有权利使用和特许、体育文化和娱乐服务、其他商业服务、政府服务等服务贸易收入；

（2）境外个人在境内的工作报酬，境外机构或个人从境内获得的股息、红利、利润、直接债务利息、担保费以及非资本转移的捐赠、赔偿、税收、偶然性所得等收益和经常转移收入；

（3）境外机构或个人从境内获得的融资租赁租金、不动产的转让收入、股权转让所得以及外国投资者其他合法所得。

但下列情形无须备案：

（1）境内机构在境外发生的差旅、会议、商品展销等各项费用；

（2）境内机构在境外代表机构的办公经费，以及境内机构在境外承包工程的工程款；

（3）境内机构发生在境外的进出口贸易佣金、保险费、赔偿款；

（4）进口贸易项下境外机构获得的国际运输费用；

（5）保险项下保费、保险金等相关费用；

（6）从事运输或远洋渔业的境内机构在境外发生的修理、油料、港杂等各项费用；

（7）境内旅行社从事出境旅游业务的团费以及代订、代办的住宿、交通等相关费用；

（8）亚洲开发银行和世界银行集团下属的国际金融公司从我国取得的所得或收入，包括投资合营企业分得的利润和转让股份所得、在华财产（含房产）出租或转让收入以及贷款给我国境内机构取得的利息；

（9）外国政府和国际金融组织向我国提供的外国政府（转）贷款[含外国政府混合（转）贷款]和国际金融组织贷款项下的利息，本项所称国际金融组织是指国际货币基金组织、世界银行集团、国际开发协会、国际农业发展基金组织、欧洲投资银行等；

（10）外汇指定银行或财务公司自身对外融资如境外借款、境外同业拆借、海外代付以及其他债务等项下的利息；

（11）我国省级以上国家机关对外无偿捐赠援助资金；

（12）境内证券公司或登记结算公司向境外机构或境外个人支付其依法获得的股息、红利、利息收入及有价证券卖出所得收益；

（13）境内个人境外留学、旅游、探亲等因私用汇；

（14）境内机构和个人办理服务贸易、收益和经常转移项下退汇；

（15）外国投资者以境内直接投资合法所得在境内再投资；

（16）财政预算内机关、事业单位、社会团体非贸易非经营性付汇业务；

（17）国家规定的其他情形。

非贸易非经营性付汇业务是指驻外机构用汇、出国用汇、留学生用汇、外国专家用汇、国际组织会费用汇、救助与捐赠用汇、对外宣传用汇、股金与基金用汇、援外用汇、境外朝觐用汇及部门预算中确定的其他用汇项目。

2. 对外支付的真实性和合理性风险

跨国企业对外关联支付利息、特许费、劳务费等历来是跨境税源转移、税基侵蚀的重要途径，也是各国反避税立法关注的焦点之一。以 BEPS 15 项行动计划为代表的 G20 国际税改建议，向避税地、低税地作无经济实质的支付，以及错配性税收安排的对外支付，税务机关可以对其做出调整。

合同是对外支付的主要依据，同时合同也是双方签订的具有法律效力的文书，是双方意愿的表现，任何一方虚构、隐瞒事实，都将影响到合同的真实性。在合同审核中，税务机关尤其关注合同的真实性，相关费用的支付必须以技术或者劳务的真实提供为前提。合同也是两个平等主体间的协议，双方应按照独立交易原则确定价格，交易中双方应分别取得合理的报酬或成果，同时该项成果应在未来可以为企业带来一定的经济利益。税务机关在审核关联方之间签订的合同中，重点审核境内居民企业在合同履行过程中的受益性、对外支付的合理性，关联企业间的交易应符合独立交易原则。

案例：L 有限公司与境外关联方 LH 投资有限公司（注册地：英属维尔京群岛）签订了《非专利技术特许使用费》合同，整个合同只有两页纸。内容包括：① LH 投资有限公司向 L 有限公司提供产品的模具开发、冲压、焊装及车用钣金件的技术、技能；② 执行期限为 2011 年到 2016 年；③ 支付标准为产品销售收入的 2%。税务机关初步判断英属维尔京群岛的 LH 公司不可能有任何专利技术，也不可能有人员提供服务。经实地检查发现在整个合同执行期间，LH 投资有限公司未向 L 有限公司提供过任何技术资料，也没有技术人员提供过服务。实际是中国台湾母公司有三名管理人员在L有限公司提供过管理服务,其费用是付给他们的,因此税务机关对企业在2011至2016年向英属维尔京群岛的LH投资有限公司支付的技术提成费进行纳税调增,共计调增应纳税所得380万元,补缴企业所得税66万元,并加收滞纳金。

二、集团跨境重组

企业跨境重组,是指企业在日常经营活动以外发生的涉及中国境内与境外(包括港澳台地区)之间的法律结构或经济结构重大改变的交易,包括企业法律形式改变、债务重组、股权收购、资产收购、合并、分立等。跨国公司跨境重组外资企业股权,导致外资企业股权发生转让的,将涉及中国《企业所得税法》的适用与规制。如何依据国际税收协议避免双重征税?当外资企业股权转让触发中国企业所得税法纳税义务时,如何合规适用特殊性税务处理获得递延纳税?这些都成为跨国公司跨境重组外资企业股权时应认真考虑、事先规划的重要税务问题。

根据《财政部、国家税务总局关于企业重组业务企业所得税处理若干问题的通知》(财税〔2009〕59号,简称"59号文件")及《国家税务总局关于非居民企业股权转让适用特殊性税务处理有关问题的公告》(国家税务总局公告2013年第72号,简称"72号公告")的相关规定,跨境重组的税务处理分为一般性税务处理和特殊性税务处理。

(一)一般性税务处理

跨境集团重组的一般性税务处理又称应税处理。企业在跨境重组过程中如果不符合特殊性税务处理的条件,就要按照一般性税务处理即应税处理履行纳税义务。

一般性税务处理的原则,以公允价值确认取得资产/股权的计税基础。交易发生时,确认应税所得/损失。如果非居民企业股权转让价格高于股权成本,应就增值部分按照10%的税率缴纳企业所得税。

案例: AA(开曼群岛)公司注册于中国台湾,为实现在台湾整体上市,决定对其子公司AB(萨摩亚)公司进行股权重组。2019年8月签订股权转让协议,AB(萨摩亚)公司向其100%直接控股的中国香港AC公司转让其拥有的中国内地GG公司100%的股权,转让价格为1 000万元。中国内地GG公司的注册资本为1 000万元。

主管税务机关根据企业提交的股权转让相关资料,审核判定该笔股权转让不符合特殊性税务处理条件,应按一般性税务处理。理由如下:虽然企业股权转让的目的是实现整体上市,具有合理的商业目的,但是该笔交易中股权支付为现金支付,不符合财税〔2009〕59号文件中股权支付金额不低于交易支付总额的85%的规定。同时股权转让价格也与境内GG公司的资产状况不相符。

最终企业出具了GG公司的股权评估报告,评估报告显示GG公司股权价值为12 350万元,最终AB(萨摩亚)公司申报缴纳股权转让所得税款1 135万元。

(二)特殊性税务处理

与一般性税务处理相比,特殊性税务处理最大的特点在于被转让资产计税基础不变,因此在交易中不体现应纳税所得,"免予"缴纳企业所得税。但这不等于真正的"豁免缴纳",在收购方未来再次转让该项资产时,税前扣除额仍需依照被转让资产原有计税基础确定(而非前次支付的收购成本),前次"豁免"的企业所得税在后面的交易中一次性体现,企业所得税总额没变,发生改变的只是纳税时间和税务主体,因此特殊性税务重组也可叫作递延纳税重组。通过递延纳税提高重组交易的经济效益,在激活资产增值潜能后再收回政府让渡的税收。如果企业符合特殊性重组条件并选择特殊性税务处理,当事各方应向主管税务机关提交书面备案资料,证明其符合特殊性重组的条件。

1. 特殊性税务重组的条件

根据 59 号文件第五条和 72 号公告的规定,企业重组同时符合下列条件的,适用特殊性税务处理规定:① 具有合理的商业目的,且不以减少、免除或者推迟缴纳税款为主要目的;② 被收购、合并或分立部分的股权比例不低于 50%;③ 企业重组后的连续 12 个月内不改变重组资产原来的实质性经营活动;④ 重组交易中股权支付金额不低于其交易支付总额的 85%的比例。⑤ 企业重组中取得股权支付的原主要股东,在重组后连续 12 个月内,不得转让所取得的股权。⑥ 非居民企业向其 100%直接控股的另一非居民企业转让其拥有的居民企业股权,没有因此造成以后该项股权转让所得预提税负担变化,且转让方非居民企业向主管税务机关书面承诺在 3 年(含 3 年)内不转让其拥有受让方非居民企业的股权;或者非居民企业向与其具有 100%直接控股关系的居民企业转让其拥有的另一居民企业股权;或者居民企业以其拥有的资产或股权向其 100%直接控股的非居民企业进行投资;或者财政部、国家税务总局核准的其他情形。

上述条件是税务机关判定跨境集团重组能否选择特殊税务重组的依据,缺一不可。从列举的条件来看,特殊性税务处理条件的核心在于经济实质,主要涉及以下三个判定。首先是合理商业目的的判定。主要看集团内部业务剥离重组,是否是为了实现集团内部业务专业化等业务价值链科学布局的目的。如果一个交易除了规避或减少税收的目的之外,不存在重大的、实质性的商业目的,将不得适用特殊税务重组。其次是权益连续性的判定。主要看两点,一是支付的对价中股权支付的部分是否达到了交易额 85%的占比,其目的主要是确保转让资产的企业或股东通过持有受让企业资产的股权,继续保持对有关资产的控制;二是重组后取得的股权是否在连续的 12 个月中转让了,其目的是进一步约束重组的经济实质和合理的商业目的性。最后是经营连续性的判定。主要看重组后连续的 12 个月中是否改变了原有的实质性经营活动,其目的也是进一步约束重组的经济实质和合理的商业目的性。纳税人尤其要注意的是,在重组过程中要按照政策的规定,收集各类有利于选择特殊性税务重组的证明材料,以备查。

非居民企业转让选择特殊重组的条件要求极为严格,跨境重组选择特殊性税务处理一般较难适用 59 号文件。

案例:A 集团是一家德国公司,2003 年在南京设立了全资子公司 B,经营范围为高效节能制药机械制造。A 集团于 2008 年在德国设立全资子公司 C,主要从事设计以及生产药品制造特殊设备。为优化集团内部的业务管理,划分不同类型的业务生产线,提高经营效率,A集团决定将境内子公司B转让给其德国子公司C,完成公司的全球战略布局。

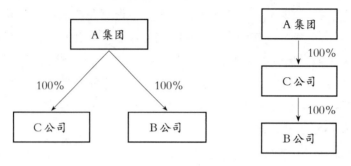

股权转让前后股权架构图

企业按照规定向税务机关提供了以下资料:①《非居民企业股权转让适用特殊性税务处理备案表》;② 股权转让业务总体情况说明及承诺函;③ 股权转让业务合同或协议;④ 企业股权变更事项证明资料;⑤ B公司历年的未分配利润资料。

主管税务机关审核了企业备案的资料,认定本次股权转让同时符合以下条件,因此符合文件规定的特殊性重组条件,适用特殊性税务处理。

条件一:具有合理的商业目的,且不以减少、免除或者推迟缴纳税款为主要目的。

该公司本次股权转让主要从自身实际商业需要出发,优化集团内部的业务管理,划分不同类型的业务生产线,提高经营效率,以完成公司的全球战略布局,而不是以减少、免除或推迟缴纳税款为主要目的。

条件二:企业购买的股权不低于被收购企业全部股权的50%。

C公司取得B公司100%的股权,股权比例符合法规要求。

条件三:企业重组后的连续12个月内不改变重组资产原来的实质性经营活动。

该公司出具承诺函,承诺重组结束后,B公司将持续从事高效节能制药机械的制造和压片机、金属加工机械及零部件的设计、研发、生产和修理修配,直接控股方的改变不会影响其实质性经营活动。

条件四:收购企业在该股权收购发生时的股权支付金额不低于其交易支付总额的85%。

C公司是A集团100%控股的子公司,C公司以增发股份作为收购B公司的对价,是一次"以股换股"的行为,其中不含非股权支付的部分,股权支付比例也满足法规规定。

条件五:企业重组中取得股权支付的原主要股东,在重组后连续12个月内,不得转让所取得的股权。

A集团已提交关于在上述规定期限内不转让C公司股权的承诺函。

条件六:非居民企业向其100%直接控股的另一非居民企业转让其拥有的居民企业股权,没有因此造成以后该项股权转让所得预提税负担变化,且转让方非居民企业向主管税务机关书面承诺在3年(含3年)内不转让其拥有受让方非居民企业的股权。

A集团是一家德国居民企业,C公司也是德国居民企业,就B公司的股权转让所得,均适用10%的预提税税率,符合上述税收负担无变化的要求。此外,A集团作为重组中取得股权支付的原主要股东,在C公司取得B公司的股权后,承诺未来36个月不会转让C公司的股权。

2. 备案要求

非居民企业股权转让选择特殊性税务处理的,应于股权转让合同或协议生效且完成工商变更登记手续30日内进行备案。如果非居民企业股权转让适用特殊性税务处理未进行备案,税务机关可以为企业补办理备案手续。

非居民企业向其100%直接控股的另一非居民企业转让其拥有的居民企业股权,由转让方向被转让企业所在地所得税主管税务机关备案;非居民企业向与其具有100%直接控股关系的居民企业转让其拥有的另一居民企业股权,由受让方向其所在地所得税主管税务机关备案。

非居民企业选择适用特殊性税务处理,应收集并准备好下列材料以备查:①《非居民企业股权转让适用特殊性税务处理备案表》;②股权转让业务总体情况说明,应包括股权转让的商业目的、证明股权转让符合特殊性税务处理条件、股权转让前后的公司股权架构图等资料;③股权转让业务合同或协议(外文文本的同时附送中文译本);④工商等相关部门核准企业股权变更事项证明资料;⑤截至股权转让时,被转让企业历年的未分配利润资料;⑥税务机关要求的其他材料。

3. 特殊税务重组中需要关注的风险

(1) 未分配利润的税务处理

转让方和受让方不在同一国家(地区)的,若被转让企业股权转让前的未分配利润在转让后分配给受让方,不享受受让方所在国家(地区)与中国签订的税收协定(含税收安排)的股息减税优惠待遇。例如:某美国企业将其100%控股的中国内地居民企业的股权转让给其100%控股的某中国香港企业并按特殊性重组进行了税务处理,中国内地居民企业在被转让后分配其转让前的未分配利润给中国香港企业的,不能享受内地与香港税收安排中对股息所得减按5%的优惠税率待遇。

(2) 多步骤重组的税务处理

企业在重组发生后连续12个月内分步对其资产、股权进行交易,应根据实质重于形式原则将上述交易作为一项企业重组交易进行处理。

三、以分配利润再投资递延纳税

为了打造好以国内大循环为主、国内国际双循环相互促进的新发展格局,结合《中华人民共和国外商投资法》的总体要求,国家在完善有关税收优惠政策的基础上,进一步激活市场主体活力,助力稳住外资基本盘,推动我国产业链、供应链的稳定性和安全性,增强产业发展的韧性。其中包含了境外投资者以从中国境内居民企业分配的利润,直接投资于非禁止外商投资的项目和领域,暂不征收预提所得税的优惠政策。境外投资者以分配利润直接投资暂不征收预提所得税政策,是指对境外投资者从中国境内居民企业分配的利润,用于境内直接投资,凡符合规定条件的,暂不征收预提所得税。这个政策常被简称为"再投资递延纳税""再投资暂不征税"等。

1. 应满足的条件

按照国际惯例,我国现行企业所得税法对非居民企业取得来源于中国境内的股息、红利等权益性投资收益,减按10%的税率或按税收协定优惠税率征收预提所得税。为进一步鼓励境外投资者持续扩大在华投资,提高我国吸引外资的竞争力,2018年9月29日财政部、国家税务总局、国家发展和改革委员会、商务部四部门联合发布了《关于扩大境外投资者以分配利润直接投资暂不征收预提所得税政策适用范围的通知》(财税〔2018〕102号);2018年10月29日发布的《国家税务总局关于境外投资者以分配利润直接投资暂不征收预提所得税政策适用范围有关问题的公告》(国家税务总局公告2018年第53号)。这两个文件对境外投资者暂不征收预提所得税的条件、享受优惠的程序和责任、后续管理、部门协调机制、不再符合政策条件的税务处理、特殊事项和执行时间做了具体规定。

从递延纳税政策适用的纳税人看,该政策适用于在中国境内未设立机构、场所,或者虽设立机构、场所但取得的所得与其所设机构、场所没有实际联系的非居民企业(也称为"境外投资者")。

境外投资者享受递延纳税政策需要同时满足以下4个条件:

(1) 符合非禁止外商投资的项目和领域,商务部每两年会更新《外商投资产业指导目录》。

(2) 直接投资行为须符合政策规定。境外投资者以分得利润进行的直接投资,具体包括:新增或转增中国境内居民企业实收资本或者资本公积;在中国境内投资新建居民企业;从非关联方收购中国境内居民企业股权。

须注意的是,上述权益性投资不包括新增、转增、收购上市公司股份(符合条件的战略投资除外)。"新增或转增中国境内居民企业实收资本或者资本公积",包括境外投资者以分得的利润用于补缴其在境内居民企业已经认缴的注册资本。

(3) 分配的利润须为已实现的权益性投资收益,即利润属于中国境内居民企业向投资者实际分配已经实现的留存收益。

(4) 再投资的资金(资产)不得中间周转。包括利润以现金形式支付的,相关款项从利润分配企业的账户直接转入被投资企业或股权转让方账户,在直接投资前不得用境内外其他账户周转;利润以实物、有价证券等非现金形式支付的,相关资产所有权直接从利润分配企业转入被投资企业或股权转让方,在直接投资前不得由其他企业、个人代为持有或临时持有。

2. 办理时限及应提交资料

利润分配企业应在实际支付利润之日起 7 日内,向主管税务机关提交以下资料:

(1) 由利润分配企业填写的《中华人民共和国扣缴企业所得税报告表》;

(2) 由境外投资者提交并经利润分配企业补填信息后的《非居民企业递延缴纳预提所得税信息报告表》。

3. 享受递延纳税政策的几种情形

(1) 停止享受递延纳税政策的情形。境外投资者通过股权转让、回购、清算等方式实际收回享受暂不征收预提所得税政策待遇的直接投资,在实际收取相应款项后 7 日内,按规定程序向税务部门申报补缴递延的税款。

(2) 发生特殊性重组的情形。境外投资者享受暂不征收预提所得税政策待遇后,被投资企业发生重组符合特殊性重组条件,并实际按照特殊性重组进行税务处理的,可继续享受暂不征收预提所得税政策待遇,无须补缴递延的税款。

(3) 境外投资者补缴递延税款,享受税收协定待遇的情形。境外投资者可以按照有关规定享受税收协定待遇,但是仅可适用相关利润支付时有效的税收协定,不能享受补缴递延税款时的税收协定待遇。后续税收协定另有规定的,按后续税收协定执行。

(4) 追补享受递延纳税政策的情形。境外投资者按照规定可以享受暂不征收预提所得税政策但未实际享受的,可在实际缴纳相关税款之日起 3 年内申请追补享受该政策,退还已缴纳的税款。

4. 利润分配企业及境外投资者需要注意的法律责任

对于境外投资者来说,在按照规定提出享受暂不征税政策时,应当填写《非居民企业递延缴纳预提所得税信息报告表》,并提交给利润分配企业。

境外投资者在追补享受暂不征税政策时,境外投资者应向利润分配企业主管税务机关提交《非居民企业递延缴纳预提所得税信息报告表》以及相关合同、支付凭证等办理退税的其他资料。境外投资者通过股权转让、回购、清算等方式实际收回享受暂不征收预提所得税政策待遇的直接投资,按规定需要补缴税款时,应当填写《中华人民共和国扣缴企业所得税报告表》,并提交给利润分配企业主管税务机关。

境外投资者已享受递延纳税政策,经税务部门后续管理核实不符合规定条件的,除属于利润分配企业责任外,视为境外投资者未按照规定申报缴纳企业所得税,依法追究延迟纳税责任,税款延迟缴纳期限自相关利润支付之日起计算。

对于利润分配企业来说,须审核境外投资者提交的资料信息,并确认:① 境外投资者填报的信息完整,没有缺项;② 利润实际支付过程与境外投资者填报的信息吻合;③ 境外投资者填报的信息中涉及利润分配企业的内容真实、准确。利润分配企业未按照规定审核确认境外投资者提交的资料信息,致使不应享受暂不征税政策的境外投资者实际享受了暂不征税政策的,利润分配企业主管税务机关依照有关规定追究利润分配企业应扣未扣税款的责任,并依法向境外投资者追缴应当缴纳的税款。

案例1：境内A房地产开发有限公司注册成立于2013年。投资方为境内B投资有限公司，占比65%，香港C有限公司，占比35%。企业的经营范围为房地产开发、经营，房屋租赁，企业咨询等业务。A有限公司于2019年8月做出利润分配决定，其中C有限公司分得利润5亿元。C有限公司决定将分得的5亿元在中国境内投资新建居民企业。2019年12月在江苏盐城注册成立了D公司，D公司注册资本5亿元人民币，主营房地产开发、房地产中介服务、物业管理服务等。A公司向主管税务机关办理了递延纳税手续，递延纳税5 000万元。

案例2：案例1中D公司在2021年5月办理清算手续，C有限公司于5月20日实际收到享受暂不征税的直接投资。C有限公司应在5月26日前（7日内），向A有限公司所在地主管税务机关申报补缴递延的5 000万元税款。如果C有限公司符合内地与香港的税收安排中"受益所有人"相关条件，可以按照5%的税率，补缴税款2 500万元。

四、预约定价安排

预约定价安排（Advanced Pricing Agreement，APA）是企业与税务机关就其未来3~5年关联交易的定价原则和计算方法达成的契约，是提高关联交易税收确定性的税制设计。

根据《中华人民共和国企业所得税法》及其实施条例、《中华人民共和国税收征收管理法》及其实施细则以及《国家税务总局关于完善预约定价安排管理有关事项的公告》（国家税务总局公告2016年第64号，简称"64号公告"）的有关规定，企业可以与税务机关就其未来年度关联交易的定价原则和计算方法达成预约定价安排。但从实践情况看，预约定价安排在谈签阶段、执行阶段对于企业来说还是有风险的，应引起关注。

1. 一般预约定价安排程序

预约定价安排的谈签与执行须经过预备会谈、谈签意向、分析评估、正式申请、协商签署和监控执行6个阶段。预约定价安排包括单边、双边和多边3种类型。

（1）预备会谈

企业申请单边预约定价安排的，应当向主管税务机关书面提出预备会谈申请，提交《预约定价安排预备会谈申请书》。主管税务机关组织与企业开展预备会谈。预备会谈期间，企业应当按照税务机关的要求补充资料。

企业申请双边或者多边预约定价安排的，应当同时向国家税务总局和主管税务机关书面提出预备会谈申请，提交《预约定价安排预备会谈申请书》。国家税务总局统一组织与企业开展预备会谈。

预备会谈期间，企业应当就以下内容做出简要说明：预约定价安排的适用年度；预约定价安排涉及的关联方及关联交易；企业及其所属企业集团的组织结构和管理架构；企业最近3至5个年度生产经营情况、同期资料等；预约定价安排涉及各关联方功能和风险的说明，包括功能和风险划分所依据的机构、人员、费用、资产等；市场情况的说明，包括行业发展趋势和竞争环境等；是否存在成本节约、市场溢价等地域特殊优势；预约定价安排是否追溯适用以前年度;其他需要说明的情况。

企业申请双边或者多边预约定价安排的,说明内容还应当包括:向税收协定缔约对方税务主管当局提出预约定价安排申请的情况;预约定价安排涉及的关联方最近 3 至 5 个年度生产经营情况及关联交易情况;是否涉及国际重复征税及其说明。

(2) 谈签意向

税务机关和企业在预备会谈期间达成一致意见的,主管税务机关向企业送达同意其提交谈签意向的《税务事项通知书》。企业收到《税务事项通知书》后向税务机关提出谈签意向,并附送双边或者多边预约定价安排申请草案。

单边预约定价安排申请草案应当包括以下内容:预约定价安排的适用年度;预约定价安排涉及的关联方及关联交易;企业及其所属企业集团的组织结构和管理架构;企业最近 3 至 5 个年度生产经营情况、财务会计报告、审计报告、同期资料等;预约定价安排涉及各关联方功能和风险的说明,包括功能和风险划分所依据的机构、人员、费用、资产等;预约定价安排使用的定价原则和计算方法,以及支持这一定价原则和计算方法的功能风险分析、可比性分析和假设条件等;价值链或者供应链分析,以及对成本节约、市场溢价等地域特殊优势的考虑;市场情况的说明,包括行业发展趋势和竞争环境等;预约定价安排适用期间的年度经营规模、经营效益预测以及经营规划等;预约定价安排是否追溯适用以前年度;对预约定价安排有影响的境内、外行业相关法律、法规;其他需要说明的情况。

双边或者多边预约定价安排申请草案还应当包括:向税收协定缔约对方税务主管当局提出预约定价安排申请的情况;预约定价安排涉及的关联方最近 3 至 5 个年度生产经营情况及关联交易情况;是否涉及国际重复征税及其说明。

有下列情形之一的,税务机关可以拒绝企业提交谈签意向:税务机关已经对企业实施特别纳税调整立案调查或者其他涉税案件调查,且尚未结案的;未按照有关规定填报年度关联业务往来报告表;未按照有关规定准备、保存和提供同期资料;预备会谈阶段税务机关和企业无法达成一致意见。

(3) 分析评估

企业提交谈签意向后,税务机关应当分析预约定价安排申请草案内容,评估其是否符合独立交易原则。根据分析评估的具体情况可以要求企业补充提供有关资料。

税务机关可以从以下方面进行分析评估:功能和风险状况;可比交易信息;关联交易数据;定价原则和计算方法;价值链分析和贡献分析;交易价格或者利润水平;假设条件。

分析评估阶段,税务机关可以与企业就预约定价安排申请草案进行讨论。税务机关可以进行功能和风险实地访谈。税务机关认为预约定价安排申请草案不符合独立交易原则的,企业应当与税务机关协商,并进行调整。

(4) 正式申请

税务机关认为预约定价安排申请草案符合独立交易原则的,主管税务机关向企业送达同意其提交正式申请的《税务事项通知书》,企业收到通知后,可以向税务机关提交《预约定价安排正式申请书》，并附送预约定价安排正式申请报告。

企业申请单边预约定价安排的，应当向主管税务机关提交上述资料。企业申请双边或者多边预约定价安排的，应当同时向国家税务总局和主管税务机关提交上述资料，并按照有关规定提交启动特别纳税调整相互协商程序的申请。

有下列情形之一的，税务机关可以拒绝企业提交正式申请：预约定价安排申请草案拟采用的定价原则和计算方法不合理，且企业拒绝协商调整；企业拒不提供有关资料或者提供的资料不符合税务机关要求，且不按时补正或者更正；企业拒不配合税务机关进行功能和风险实地访谈；其他不适合谈签预约定价安排的情况。

(5) 协商签署

税务机关应当在分析评估的基础上形成协商方案，并据此开展协商工作。主管税务机关与企业开展单边预约定价安排协商，协商达成一致的，拟定单边预约定价安排文本；国家税务总局与税收协定缔约对方税务主管当局开展双边或者多边预约定价安排协商，协商达成一致的，拟定双边或者多边预约定价安排文本。

预约定价安排文本可以包括以下内容：企业及其关联方名称、地址等基本信息；预约定价安排涉及的关联交易及适用年度；预约定价安排选用的定价原则和计算方法，以及可比价格或者可比利润水平等；与转让定价方法运用和计算基础相关的术语定义；假设条件及假设条件变动通知义务；企业年度报告义务；预约定价安排的效力；预约定价安排的续签；预约定价安排的生效、修订和终止；争议的解决；文件资料等信息的保密义务；单边预约定价安排的信息交换；附则。

主管税务机关与企业就单边预约定价安排文本达成一致后，双方的法定代表人或者法定代表人授权的代表签署单边预约定价安排。国家税务总局与税收协定缔约对方税务主管当局就双边或者多边预约定价安排文本达成一致后，双方或者多方税务主管当局授权的代表签署双边或者多边预约定价安排。

(6) 监控执行

税务机关应当监控预约定价安排的执行情况。预约定价安排执行期间，企业应当完整保存与预约定价安排有关的文件和资料，包括账簿和有关记录等，不得丢失、销毁和转移。企业应当在纳税年度终了后6个月内，向主管税务机关报送执行预约定价安排情况的纸质版和电子版年度报告，主管税务机关将电子版年度报告报送国家税务总局；涉及双边或者多边预约定价安排的，企业应当向主管税务机关报送执行预约定价安排情况的纸质版和电子版年度报告，同时将电子版年度报告报送国家税务总局。年度报告应当说明报告期内企业经营情况以及执行预约定价安排的情况。需要修订、终止预约定价安排，或者有未解决问题或预计将要发生问题的，应当做出说明。

预约定价安排执行期间，企业发生影响预约定价安排的实质性变化，应当在发生变化之日起30日内书面报告主管税务机关，详细说明该变化对执行预约定价安排的影响，并附送相关资料。由于非主观原因而无法按期报告的，可以延期报告，但延长期限不得超过30日。

主管税务机关应当在收到企业书面报告后,分析企业实质性变化情况,根据实质性变化对预约定价安排的影响程度,修订或者终止预约定价安排。签署的预约定价安排终止执行的,主管税务机关可以和企业按照64号公告规定的程序和要求,重新谈签预约定价安排。

预约定价安排执行期满后自动失效。企业申请续签的,应当在预约定价安排执行期满之日前90日内向税务机关提出续签申请,并提供执行现行预约定价安排情况的报告,现行预约定价安排所述事实和经营环境是否发生实质性变化的说明材料以及续签预约定价安排年度的预测情况等相关资料。

预约定价安排采用四分位法确定价格或者利润水平,在预约定价安排执行期间,如果企业当年实际经营结果在四分位区间之外,税务机关可以将实际经营结果调整到四分位区间中位值。预约定价安排执行期满,企业各年度经营结果的加权平均值低于区间中位值,且未调整至中位值的,税务机关不再受理续签申请。

案例:L公司是韩国L集团控股的一家外商投资企业,主要从事电池产品的生产和销售及偏光板的加工生产业务。随着L公司业务的不断发展,企业对税收确定性和经营环境稳定性的需求不断增加,因此申请与税务机关就未来年度关联交易的定价原则和计算方法达成预约定价安排。

L公司申请双边预约定价安排,同时向国家税务总局和主管税务机关提出预备会谈申请,并提交了《预约定价安排预备会谈申请书》。通过预备会谈、谈签意向、分析评估三个阶段,税务机关通过功能和风险实地访谈,认为预约定价安排申请草案符合独立交易原则,向企业送达同意其提交正式申请的《税务事项通知书》,进入正式申请阶段。

税企双方经过进一步协商,确定了预约定价安排适用期间,并就相关业务的销售产品、采购原材料、接受服务、支付特许权使用费、采购固定资产等的交易范围,转让定价方法,目标区间,补偿调整方案等达成一致意见。国家税务总局于2020年8月与韩国税务主管当局正式签订了关于L公司与韩国L集团的《双边预约定价安排》,由主管税务机关监控预约定价安排的执行情况。《双边预约定价安排》的签订,降低了税企双方的征纳成本,提高了税收的确定性,营造了更加稳定透明、可预期的税收营商环境。

2. 单边预约定价安排适用简易程序

预约定价安排是特别纳税调整六项措施中,纳税人获取税收确定性的主要政策工具。为深化税务领域"放管服"改革,优化营商环境,促进税企合作,提高对跨境投资者的个性化服务水平和税收确定性,《国家税务总局关于单边预约定价安排适用简易程序有关事项的公告》(以下简称《公告》)于2021年9月1日正式生效,进一步提升了单边预约定价安排的谈签效率。

根据《公告》第三条,符合下列条件之一的企业,可以申请适用简易程序:已向主管税务机关提供拟提交申请所属年度前3个纳税年度的、符合《国家税务总局关于完善关联申报和同期资料管理有关事项的公告》(国家税务总局公告2016年第42号)规定的同期资料;自企业提交申请之日所属纳税年度前 10 个年度内,曾执行预约定价安排,且执行结果符合安排要求的;自企业提交申请之日所属纳税年度前 10 个年度内,曾受到税务机关特别纳税调查调整且结案的。

从程序上看,《公告》将单边预约定价安排程序简化为申请评估、协商签署和监控执行 3 个阶段,具体为:首先,由于税务机关在企业申请适用简易程序前,对企业的关联交易、经营环境和功能风险情况有一定的了解,简易程序免去了预备会谈的阶段。其次,《公告》将一般预约定价安排程序中的谈签意向、分析评估和正式申请 3 个阶段,合并为 1 个阶段,即申请评估阶段。企业向税务机关提出申请后,税务机关应当在收到企业申请之日起 90 日内开展分析评估和功能风险实地访谈,并向企业送达《税务事项通知书》。如受理企业的申请,即为接受了企业的正式申请;如不受理,则告知企业不予受理的理由。再次,《公告》对协商签署阶段也提出了具体时间要求。要求税务机关应当于向企业送达受理申请的《税务事项通知书》之日起 6 个月内与企业协商完毕(即就单边预约定价安排的文本内容达成一致);无法达成一致的,则终止简易程序。最后,在监控执行阶段,与一般预约定价安排程序基本保持一致。

有申请意向的企业应当向主管税务机关提交《单边预约定价安排简易程序申请书》并附送申请报告,申请报告包括以下内容:单边预约定价安排涉及的关联方及关联交易;单边预约定价安排的适用年度;单边预约定价安排是否追溯适用以前年度;企业及其所属企业集团的组织结构和管理架构;企业最近 3 至 5 个纳税年度生产经营情况、财务会计报告、审计报告、同期资料等;单边预约定价安排涉及各关联方功能和风险的说明,包括功能和风险划分所依据的机构、人员、费用、资产等;单边预约定价安排使用的定价原则和计算方法,以及支持这一定价原则和计算方法的功能风险分析、可比性分析和假设条件等;价值链或者供应链分析,以及对成本节约、市场溢价等地域特殊优势的考虑;市场情况的说明,包括行业发展趋势和竞争环境等;单边预约定价安排适用期间的年度经营规模、经营效益预测以及经营规划等;对单边预约定价安排有影响的境内、外行业相关法律、法规;符合本公告第三条的有关情况;其他需要说明的情况。

如果有下列情形之一,税务机关不予受理企业提交的申请:税务机关已经对企业实施特别纳税调整立案调查或者其他涉税案件调查,且尚未结案;未按照有关规定填报年度关联业务往来报告表,且不按时更正;未按照有关规定准备、保存和提供同期资料;未按照本公告要求提供相关资料或者提供的资料不符合税务机关要求,且不按时补正或者更正;企业拒不配合税务机关进行功能和风险实地访谈。

此外,对于同时涉及两个或者两个以上省、自治区、直辖市和计划单列市税务机关的单边预约定价安排,暂不适用简易程序。

第三章

对外投资进入、运营和退出中的风险

"一带一路"倡议是中国倡导的"新型全球化"模式的核心,是提升双循环新格局发展质量的重要支撑。随着共建"一带一路"倡议的不断推进,我国纳税人"走出去"步伐明显加快,对外投资规模和质量日益提升。截至2020年4月底,我国已对外正式签署107个避免双重征税协定,其中101个协定已生效,和香港、澳门两个特别行政区签署了税收安排,与台湾省签署了税收协议。但从纳税人"走出去"开展境外投资经营的实践看,世界各国跨境税源管理日趋严厉,跨境税务问题日益成为国内"走出去"企业和个人亟须应对的现实挑战。

第一节 投资准备阶段风险

境外投资指投资主体通过投入货币、有价证券、实物、知识产权或技术、股权、债权等资产和权益或提供担保,获得境外所有权、经营管理权及其他相关权益的活动。但企业在投资的准备阶段,若对投资环境、政局突变、贸易壁垒、税收协定、税收政策等了解不充分,缺乏科学的可行性研究,导致项目落地后税收等问题不断,不仅会使投资经营处于被动状态,而且会直接产生经济损失。

一、国家对境外投资的管理要求

境外投资的投资主体,包括两大类:一类是中国境内的各类法人,受中国内地法律的管辖约束,另一类是由国内投资主体控股的境外企业或机构,境内机构通过这些境外企业或机构对境外进行投资。这些境外企业或机构不属于中国内地的法人机构,不受内地相关法律的制约,但境内机构通过这些境外机构向境外进行投资时,仍然需要按照国内有关企业投资项目核准的政策规定,履行相应的核准手续。与国际惯例相同,在国内具有投资资格的自然人也可在境外投资。

为部署加强对境外投资的宏观指导,引导和规范境外投资方向,推动境外投资持续合理有序健康发展,国家发展改革委、商务部、人民银行、外交部发布了《关于进一步引导和规范境外投资方向的指导意见》(以下简称《意见》)。《意见》指出,要以供给侧结构性改革为主线,以"一带一路"建设为统领,进一步引导和规范企业境外投资方向,促进企业合理有序开展境外投资活动,防范和应对境外投资风险,推动境外投资持续健康发展,实现与投资目的国互利共赢、共同发展。具体内容包括鼓励、限制、禁止三类:

1. 鼓励开展的境外投资

支持境内有能力、有条件的企业积极稳妥开展境外投资活动,推进"一带一路"建设,深化国际产能合作,带动国内优势产能、优质装备、适用技术输出,提升技术研发和生产制造能力,推动相关产业提质升级,包括:

(1) 重点推进有利于"一带一路"建设和周边基础设施互联互通的基础设施境外投资;

(2) 稳步开展带动优势产能、优质装备和技术标准输出的境外投资;

(3) 加强与境外高新技术企业和先进制造业企业的投资合作,鼓励在境外设立研发中心;

(4) 在审慎评估经济效益的基础上稳妥参与境外油气、矿产等能源资源勘探和开发;

(5) 着力扩大农业对外合作,开展农林牧副渔等领域互利共赢的投资合作;

(6) 有序推进商贸、文化、物流等服务领域境外投资,支持符合条件的金融机构在境外建立分支机构和服务网络,依法合规开展业务。

2. 限制开展的境外投资

限制境内企业开展与国家和平发展外交方针、互利共赢开放战略以及宏观调控政策不符的境外投资,包括:

(1) 赴与我国未建交、发生战乱或者我国缔结的双、多边条约或协议规定需要限制的敏感国家和地区开展境外投资;

(2) 房地产、酒店、影城、娱乐业、体育俱乐部等境外投资;

(3) 在境外设立无具体实业项目的股权投资基金或投资平台;

(4) 使用不符合投资目的国技术标准要求的落后生产设备开展境外投资;

(5) 不符合投资目的国环保、能耗、安全标准的境外投资。

其中,前三类须经有权限的境外投资主管部门核准。

3. 禁止开展的境外投资

禁止境内企业参与危害或可能危害国家利益和国家安全等的境外投资,包括:

(1) 涉及未经国家批准的军事工业核心技术和产品输出的境外投资;

(2) 运用我国禁止出口的技术、工艺、产品的境外投资;

(3) 赌博业、色情业等境外投资;

(4) 我国缔结或参加的国际条约规定禁止的境外投资;

(5) 其他危害或可能危害国家利益和国家安全的境外投资。

4. 加强境外投资分类指导

国家分类施策,对三类项目分别进行规范。一是引导支持鼓励类项目,在政策资金、贷款贴息、保费补助、项目用汇、出入境管理等方面给予重点支持、优先保障。二是审慎参与限制类项目。对于限制类项目,财政性资金不得支持,未获得有权限的境外投资主管部门核准的限制类项目,资金不得汇出。三是严格管控禁止类项目。对于禁止类项目,境外投资主管部门不得备案、转报禁止类项目。财政性资金不得支持,金融监管部门应督促银行、担保、保险等机构排查禁止类项目,坚决杜绝禁止类项目资金汇出。

二、国家对境外投资的税收扶持政策

"一带一路"建设中,我国颁布了一系列促进跨境资本流动、鼓励企业科技自主创新、扩大税收协定网络覆盖面等税收优惠政策。企业可利用的税收优惠的税种主要包括增值税、企业所得税和关税。

1. 出口货物、劳务退(免)税政策

按照我国现行税收政策,对出口企业或其他单位出口货物(对外援助、对外承包、境外投资等视同出口货物行为)、对外提供加工修理修配劳务,实行免征和退还增值税政策。上述出口货物,如果属于消费税应税消费品,免征消费税;如果属于购进出口的货物,退还前一环节对其已征的消费税。

(1) 生产企业出口货物退(免)税政策。生产企业出口自产货物和视同自产货物及对外提供加工修理修配劳务,以及列明生产企业出口非自产货物,免征增值税,相应的进项税额抵减应纳增值税额(不包括适用增值税即征即退、先征后退政策的应纳增值税额),未抵减完的部分予以退还。

(2) 外贸企业或其他单位出口货物退(免)税政策。外贸企业或其他单位出口货物、提供劳务,免征增值税,相应的进项税额予以退还。如果出口的货物属于购进的消费税应税消费品,同时退还前一环节对其已征的消费税。

(3) 对外援助的出口货物退(免)税政策。企业对外援助的出口货物,实行增值税退(免)税政策。属于自产的消费税应税消费品,适用免征消费税政策;属于购进的消费税应税消费品,退还前一环节对其已征的消费税。

(4) 对外承包的出口货物退(免)税政策。企业对外承包的出口货物,实行增值税退(免)税政策。属于自产的消费税应税消费品,适用免征消费税政策;属于购进的消费税应税消费品,退还前一环节对其已征的消费税。

(5) 境外投资的出口货物退(免)税政策。企业境外投资的出口货物,实行增值税退(免)税政策。属于自产的消费税应税消费品,适用免征消费税政策;属于购进的消费税应税消费品,退还前一环节对其已征的消费税。

(6) 融资租赁出口退(免)税政策。《财政部 国家税务总局关于明确金融 房地产开发 教育辅助服务等增值税政策的通知》(财税〔2016〕140号)第十七条:自2017年1月1日起,生产企业销售自产的海洋工程结构物,或者融资租赁企业及其设立的项目子公司、金融租赁公司及其设立的项目子公司购买并以融资租赁方式出租的国内生产企业生产的海洋工程结构物,应按规定缴纳增值税,不再适用《财政部 国家税务总局关于出口货物劳务增值税和消费税政策的通知》(财税〔2012〕39号)或者《财政部国家税务总局关于在全国开展融资租赁货物出口退税政策试点的通知》(财税〔2014〕62号)规定的增值税出口退税政策,但购买方或者承租方为按实物征收增值税的中外合作油(气)田开采企业的除外。2017年1月1日前签订的海洋工程结构物销售合同或者融资租赁合同,在合同到期前,可继续按现行相关出口退税政策执行。

(7)调整增值税出口退税率政策。2019年4月1日起,原适用16%税率且出口退税率为16%的出口货物劳务,出口退税率调整为13%;原适用10%税率且出口退税率为10%的出口货物、跨境应税行为,出口退税率调整为9%。

2. 跨境应税行为零税率或免税政策

大力发展服务贸易,是扩大开放、拓展发展空间的重要着力点。为适应经济新常态,促进服务贸易快速发展,我国全面实施营业税改征增值税,对若干项跨境应税行为实行增值税零税率或免税,鼓励扩大服务出口,增强服务出口能力,培育"中国服务"的国际竞争力。

(1)跨境应税行为适用增值税零税率。境内单位提供国际运输服务、航天运输服务以及向境外单位提供的完全在境外消费的研发服务、合同能源管理服务、设计服务、广播影视节目(作品)的制作和发行服务、软件服务、电路设计及测试服务、信息系统服务、业务流程管理服务、离岸服务外包业务、转让技术以及财政部和国家税务总局规定的其他服务,适用增值税零税率政策。完全在境外消费指的是:服务的实际接受方在境外,且与境内的货物和不动产无关;无形资产完全在境外使用,且与境内的货物和不动产无关;财政部和国家税务总局规定的其他情形。

(2)工程项目在境外的建筑、工程类服务免征增值税。包括工程项目在境外的建筑服务免征增值税;工程项目在境外的工程监理服务免征增值税;工程、矿产资源在境外的工程勘察、勘探服务免征增值税。

(3)提供跨境会展、仓储、有形动产租赁、播映、文化体育、教育医疗、旅游等服务免征增值税。境内的单位和个人销售的下列服务和无形资产免征增值税:会议展览地点在境外的会议展览服务;存储地点在境外的仓储服务;标的物在境外使用的有形动产租赁服务;境外提供的广播影视节目(作品)的播映服务;境外提供的文化体育服务、教育医疗服务、旅游服务。

(4)为出口货物提供邮政服务、收派服务、保险服务免征增值税。境内的单位和个人为出口货物提供的邮政服务、收派服务、保险服务免征增值税。

(5)向境外单位提供的完全在境外消费的特定服务和无形资产免征增值税。向境外单位提供的完全在境外消费的下列服务和无形资产免征增值税:电信服务、知识产权服务、物流辅助服务(仓储服务、收派服务除外)、鉴证咨询服务、专业技术服务、商务辅助服务、广告投放地在境外的广告服务、无形资产。

(6)提供跨境金融服务免征增值税。为境外单位之间的货币资金融通及其他金融业务提供的直接收费金融服务,且该服务与境内的货物、无形资产和不动产无关,免征增值税。境内保险公司向境外保险公司提供的完全在境外消费的再保险服务,免征增值税。

(7) 特定情况下国际运输服务免征增值税。提供以下情形的国际运输服务,免征增值税:以无运输工具承运方式提供的国际运输服务;以水路运输方式提供国际运输服务但未取得《国际船舶运输经营许可证》的;以公路运输方式提供国际运输服务但未取得《道路运输经营许可证》或者《国际汽车运输行车许可证》,或者《道路运输经营许可证》的经营范围未包括"国际运输"的;以航空运输方式提供国际运输服务但未取得《公共航空运输企业经营许可证》,或者其经营范围未包括"国际航空客货邮运输业务"的;以航空运输方式提供国际运输服务但未持有《通用航空经营许可证》,或者其经营范围未包括"公务飞行"的;符合零税率政策但适用简易计税方法或声明放弃适用零税率选择免税的。

(8) 境外机构投资境内债券市场取得的利息的免税政策。自 2018 年 11 月 7 日起至 2021 年 11 月 6 日止,对境外机构投资境内债券市场取得的债券利息收入暂免征收企业所得税和增值税。

3. 所得税优惠政策

(1) 企业所得税优惠政策事项办理。为优化税收环境,有效落实企业所得税各项优惠政策,国家税务总局修订了新的企业所得税优惠事项办理办法。"走出去"企业向境外转让技术、通过沪港通投资持有 H 股享受所得税优惠及委托境外研究开发费用税前加计扣除等优惠政策,适用新的企业所得税优惠事项办理办法规定。所谓优惠事项是指《企业所得税法》规定的优惠事项,以及国务院和民族自治地方根据企业所得税法授权制定的企业所得税优惠事项,包括免税收入、减计收入、加计扣除、加速折旧、所得减免、抵扣应纳税所得额、降低税率、税额抵免等。企业享受优惠事项采取"自行判别、申报享受、相关资料留存备查"的办理方式。留存备查资料是指与企业享受优惠事项有关的合同、协议、凭证、证书、文件、账册、说明等资料。企业享受优惠事项的,应当在完成年度汇算清缴后,将留存备查资料归集齐全并整理完成,以备税务机关核查。留存备查资料应从企业享受优惠事项当年的企业所得税汇算清缴期结束次日起保留 10 年。设有非法人分支机构的居民企业以及实行汇总纳税的非居民企业机构、场所享受优惠事项的,由居民企业的总机构以及汇总纳税的主要机构、场所负责统一归集并留存相关资料备查。

(2) 通过沪港通或深港通投资 H 股税收优惠。为鼓励境内企业通过沪港通或深港通投资 H 股,内地居民企业持有 H 股取得的股息红利所得,符合条件的,可免征企业所得税。内地居民个人投资者通过深港通投资香港联交所上市股票取得的转让差价所得,在规定时间范围内,暂免征收个人所得税。

(3) 创新企业 CDR(境内发行存托凭证)税收优惠政策(个人所得税)。自试点开始之日起,对个人投资者转让创新企业 CDR 取得的差价所得,3 年(36 个月,下同)内暂免征收个人所得税。对个人投资者持有创新企业 CDR 取得的股息红利所得,3 年内实施股息红利差别化个人所得税政策,由创新企业在其境内的存托机构代扣代缴税款,并向存托机构所在地税务机关办理全员全额明细申报。对于个人投资者取得的股息红利在境外已缴纳的税款,可按照《个人所得税法》以及双边税收协定(安排)的相关规定予以抵免。

(4) 创新企业 CDR 税收优惠政策(企业所得税)。对企业投资者转让创新企业 CDR 取得的差价所得和持有创新企业 CDR 取得的股息红利所得,按转让股票差价所得和持有股票的股息红利所得政策规定征免企业所得税。对公募证券投资基金(封闭式证券投资基金、开放式证券投资基金)转让创新企业 CDR 取得的差价所得和持有创新企业 CDR 取得的股息红利所得,按公募证券投资基金税收政策规定暂不征收企业所得税。对合格境外机构投资者(QFII)、人民币合格境外机构投资者(RQFII)转让创新企业 CDR 取得的差价所得和持有创新企业 CDR 取得的股息红利所得,视同转让或持有据以发行创新企业 CDR 的基础股票取得的权益性资产转让所得和股息红利所得征免企业所得税。

(5) 居民企业向境外转让技术的企业所得税政策优惠。《企业所得税法》第二十七条第(四)项规定,符合条件的技术转让所得免征、减征企业所得税,是指一个纳税年度内,居民企业技术转让所得不超过 500 万元的部分,免征企业所得税;超过 500 万元的部分,减半征收企业所得税。需要说明的是,居民企业从直接或间接持有股权之和达到 100% 的关联方取得的技术转让所得,不享受技术转让减免企业所得税优惠政策。

(6) 企业委托境外研究开发费用税前加计扣除政策。委托境外进行研发活动应签订技术开发合同,并由委托方到科技行政主管部门进行登记。相关事项按技术合同认定登记管理办法及技术合同认定规则执行。按《企业所得税优惠政策事项办理办法》的规定办理有关手续,并留存资料备查。委托境外进行研发活动不包括境外个人进行的研发活动。

(7) 高新技术企业境外所得享受优惠税率。为支持科技创新,鼓励国内高新技术企业"走出去",公平税负,增强高新技术企业的国际竞争力,自 2010 年 1 月 1 日起,符合规定的高新技术企业取得的境外所得可以按照 15% 的优惠税率缴纳企业所得税。在计算境外抵免限额时,可按照 15% 的优惠税率计算境内外应纳税总额。这一政策适用条件就是以境内、境外全部生产经营活动有关的研究开发费用总额、总收入、销售收入总额、高新技术产品(服务)收入等指标申请并经认定为高新技术企业。

(8) 非境内注册居民企业的税收优惠政策。非境内注册居民企业即境外中资企业从中国境内其他居民企业取得的股息、红利等权益性投资收益,按照《企业所得税法》第二十六条和《企业所得税法实施条例》第八十三条的规定,作为其免税收入。非境内注册居民企业的投资者从该居民企业分得的股息、红利等权益性投资收益,根据《企业所得税法实施条例》第七条第(四)款的规定,属于来源于中国境内的所得,应当征收企业所得税;该权益性投资收益中符合《企业所得税法》第二十六条和《企业所得税法实施条例》第八十三条规定的部分,可作为收益人的免税收入。境外中资企业居民身份的认定,采用企业自行判定提请税务机关认定和税务机关调查发现予以认定两种形式。所谓符合条件的股息、红利等权益性投资收益,是指非境内注册居民企业直接投资于境内其他居民企业取得的股息、红利或非境内注册居民企业的投资者从该居民企业分得的股息、红利等权益性投资收益,不包括连续持有该非境内注册居民企业公开发行并上市流通的股票不足 12 个月取得的投资收益。

(9) 跨境资产重组特殊性税务处理。为鼓励企业境外上市融资及跨境并购重组,居民企业以其拥有的资产或股权向其100%直接控股的非居民企业进行投资,其资产或股权转让收益如选择特殊性税务处理,可以在10个纳税年度内平均计入各年度应纳税所得额。

(10) 企业所得税抵免政策。为了避免"走出去"的企业跨境重复缴税,我国《企业所得税法》规定,居民企业取得的境外所得已在境外缴纳的所得税税额,可以从其当期应纳企业所得税额中抵免,抵免限额为该项所得依照本法规定计算的应纳税额,超过抵免限额的部分,可以在以后5个年度内,用每年度抵免限额抵免当年应抵税额后的余额进行抵补。财政部、国家税务总局于2017年联合印发了《财政部 税务总局关于完善企业境外所得税收抵免政策问题的通知》(财税〔2017〕84号),从两个方面对境外所得税收抵免政策进行了完善:一是在原来单一的分国不分项抵免方法基础上增加综合抵免法,并赋予企业自行选择的权利;二是将境外股息间接抵免的层级由三层调整到五层。

(11) 个人所得税抵免政策。《关于境外所得有关个人所得税政策的公告》(财政部 税务总局公告2020年第3号)规定:居民个人在一个纳税年度内来源于中国境外的所得,依照所得来源国家(地区)税收法律规定在中国境外已缴纳的所得税税额允许在抵免限额内从其该纳税年度应纳税额中抵免。

4. 税收协定

关于对所得和财产避免双重征税和防止偷漏税的协定(以下称:税收协定),是两个或两个以上主权国家(或税收管辖区),为协调相互之间的税收管辖关系和处理有关税务问题,通过谈判缔结的书面协议。"走出去"企业和个人要关注税收协定的内容,以便用好协定优惠,降低"走出去"纳税人在东道国的税负,有效消除双重征税,提高税收确定性和通过相互协商机制妥善解决涉税争议等。截至2021年4月,我国已与111个国家(地区)签订了税收协定(安排、协议)。截至2020年4月底,我国已对外正式签署107个避免双重征税协定,其中101个协定已生效,和香港、澳门两个特别行政区签署了税收安排,与台湾省签署了税收协议。

三、关注并用好投资目的国税收等政策

税收直接关系到企业最终的投资回报率。"一带一路"沿线各国税制、税收优惠以及与我国签订的双边税收协定等方面存在较大差异,由于税收环境差异常常引发税收风险,因此涉税风险作为"走出去"企业面临的重要问题已经越来越突出。因此,良好的税收环境成为企业设计海外投资架构、保障境外投资收益的重要考量。考察税收环境是否良好主要有三个指标:一是享受东道国税收优惠是否受阻或不充分;二是东道国的税制是否稳定、征管是否有序,是否能够有效控制税务风险;三是是否能够用好税收协定,以尽可能低的税务成本将境外利润汇回本国。国家税务总局发布的"国别(地区)投资税收指南",主要围绕境外投资目的地整体营商环境、主体税种、征管制度、双边税收协定(协议或安排)

等方面的内容,进行了较为详细的介绍,可以帮助"走出去"企业了解投资国税收优惠情况和主要税务风险。

1. 了解并尽可能运用好东道国的优惠政策

企业投资前首先应对投资国的税收环境进行全面了解,以充分享受优惠政策,规避可能存在的税务合规以及多缴纳税款的风险。目前,各国对外国直接投资大都持开放态度,为了吸引外资,出台了一系列税收优惠政策。"一带一路"沿线国家对于重点扶持的行业和地区,都给予了不同程度的税收优惠。中国企业在跨境投资经营的过程中,应选择最有利的法律形式,从税收角度考量投资目的国重点扶持的行业和地区,充分利用东道国提供的地区和行业税收优惠,争取实现在东道国实际税负的最小化。从企业投资的实际情况看,境外投资要关注以下三种税收优惠方式,以便资金能安全地"走出去"。

(1) 直接优惠

直接优惠,简便易行,具有确定性。包括税收减免、优惠税率、再投资退税等,是一种事后的利益让渡,主要针对企业的经营结果减免税。优惠方式简便易行,具有确定性,应是我国"走出去"企业首先应该关注的优惠事项。

如中国已成为赞比亚最主要的外资来源地之一。赞比亚企业所得税的法定税率为35%,对一些特殊行业或营业额达到一定金额的企业实行特殊税率。比如,农业所得减按10%的税率征税;化肥有机化工制造企业与非传统产品出口的所得减按15%的税率征税;持有大规模开采许可证,开采普通金属的大型矿产公司,其支付的股息、红利适用零税率等。在增值税方面,赞比亚也有明确的减免税优惠:图书和报纸、医疗设备和药品、面包和小麦等适用零税率;医疗保健服务、教育服务、供水及污水处理服务、不动产转让、基础食品、农业用品等项目免征增值税;在赞比亚组团旅游实行增值税零税率;非居民游客购物实行增值税退税政策等。

处于"海上丝绸之路"欧洲一端的克罗地亚,拥有不断完善的外商投资优惠政策。为增强投资吸引力,克罗地亚2012年颁布的《投资促进与改善投资环境法》规定了企业所得税减免优惠政策,即投资100万欧元以下,创造5个新的就业岗位的,10年内减免50%的所得税;投资100万~300万欧元,创造10个新的就业岗位的,10年内减免75%的所得税;投资300万欧元以上,创造15个新的就业岗位的,10年内减免100%的所得税。

(2) 间接优惠

间接优惠,方式灵活,注重引导性。以较健全的企业会计制度为基础,侧重于税前优惠,主要通过对企业征税税基的调整,激励纳税人调整生产、经营活动以符合政府的政策目标。优惠方式主要包括税收扣除、加速折旧、准备金制度、税收抵免、盈亏相抵和延期纳税等,可以有效引导企业的投资或经营行为使其符合政府的政策目标,鼓励企业从长远角度制订投资或经营计划。

如卢森堡推行了一系列间接税收优惠政策。其中,在特殊折旧方面,对于安置残疾人员的,以及致力于环保、节能、减排的企业,允许给予特殊折旧免税额,特殊折旧免税额不得超过投资成本的80%。折旧发生时点可选择在投资当年或以后4年中的任意一年,也可选择在上述年限中平均摊销。在税收抵免方面,卢森堡实行全球投资税收优惠政策:在卢森堡境内的本国和外国投资,均可同等享受欧盟和卢森堡政府双重鼓励政策。卢森堡的税法规定了两种类型的资产投资赋税优惠:一种是提供了相当于在一个纳税年度内开展补充收购投资活动价值13%的税收抵免;另一种是居民企业在全球投资额中不超过15万欧元的部分,允许享受投资活动价值8%的税收抵免,超过15万欧元的部分允许按2%抵免。

(3) 特定优惠

特定优惠是目的特殊的凸显区域性、行业性的税收优惠政策,通常是国家某项发展战略的配套措施之一。税收已成为国家引导资金流向、促进产业结构调整优化的一把"利器"。如阿根廷,为了增强外资吸引力,设立了海关特区和自由贸易区两类免税贸易区,并给予许多优惠政策。如老挝,根据《老挝投资促进法》的规定,得到政府许可的投资人,在老挝境内优先发展的领域或区域投资时可享受税收优惠。优惠区域分三类:投资贫困地区、社会经济基础设施投资较少的偏远地区的,免除10年的利润税,鼓励类行业可额外享受5年利润税免除的待遇;投资社会经济基础设施投资较多的地区的,免除4年的利润税,鼓励类行业可额外享受3年利润税免除的待遇;投资经济特区的,以具体政策及磋商结果为准。

但在实际运营阶段,由于投资者事先未充分了解投资国税收优惠的申请条件、审批机关、流程和所需时间等信息,未注意办理享受优惠政策的申请程序,未能在法律允许的时限内尽早提出申请,以为审批时限留出空间,从而错失享受优惠待遇的机会。如巴基斯坦是中国在南亚最大的投资目的国,其对各税种都制定了税收优惠政策,但不少投资"巴铁"的中国企业并未全面享受到税收优惠。以所得税为例,一般而言,境外投资者应关注投资项目取得的所得是否能免除、免除期限及方式等;境外工程承包商应关注预扣缴税款能否豁免以及如何豁免等。实践中,不少投资"巴铁"的中国企业由于预扣缴所得税申请豁免的周期长,主动放弃了在该国享受优惠待遇的申请;有的企业仅关注税法遵从,忽视了申请享受优惠政策程序的必要性,应享受的税收优惠政策未得到落实。

案例:中国A公司到X国投资建设一个管道项目,投资当年项目产生管理费用共2 000万元,根据X国税法的规定,母公司转给子公司的项目管理费用不超过合同总额的3%,若A公司直接转给项目子公司,则税前成本扣除金额为60万元。若A公司对X国的税法比较熟悉,则该管道项目不仅适用当地优惠政策,而且可通过签订专利技术使用费合同将费用改变性质,实现税前全额扣除。

2. 关注东道国的税收法规的变化

为保持经济持续发展,东道国的税收政策、法规等会出现相应的调整和更新。尤其是正处于经济变革时期的国家,税收政策的变化更为频繁。税收政策更新速度快,信息传输渠道不够畅通,造成纳税人难以及时准确地掌握当期规定,或对新出台的政策理解出现偏差，或未能及时跟进调整涉税业务，使企业的纳税行为由合法转变为不合法，从而带来税务风险。因此，境外投资经营要密切关注东道国相关税收法规的变动，以最大限度地降低税法变化带来的风险，让"走出去"的资金得到安全使用。如柬埔寨，其税收制度形成的时间比较短，税种比较多，其法律法规经常发生变化，且内容不严谨，对于法律法规的解释也可能出现不同。这种情况在非洲很多国家常常出现。

3. 重视东道国对转让定价的管理要求

境外投资经营通常会与关联公司在货物、劳务、特许权使用费、技术转让、股权等方面发生关联交易，一旦不符合独立交易原则，就容易被东道国税务机关列入关联业务调查范围，从而引发特别纳税调整调查的风险。因此，企业要充分了解东道国对转让定价的审查和调整范围，在重大跨境关联交易发生前就相关事项咨询东道国税务机关，甚至就常规经营活动开展预约定价，以降低相应风险。在需要调整转让定价时，也应当与我国税务机关及时沟通，以有效运用双边磋商等途径维护权益，避免双重征税。关联公司间的交易均应事先签订并保留书面合同，对费用支付事项、支付标准和分摊原则做出明确约定，以便在受到转让定价调查时提供充分的"事前"证据。

4. 研判投资经营目的国的政治社会形势

税收因素是企业境外投资经营须考量的主要因素之一。除税收因素外，企业境外投资应开展尽调和筹划，进行可行性科学分析研判，还要研判下列风险点。

(1) 政局稳定。对境外投资企业而言，政治风险是影响最大的一种风险，一旦发生，企业所遭受的损失将不可估量。政局稳定风险包括东道国国家领导人变动、政权更迭、国家政治干预、政策变动等，特别是发生非宪法程序政权更迭。海外投资很大一部分集中在发展中国家，但发展中国家政局不稳，极易发生非宪法程序政权更迭，造成难以想象的巨大损失，如在利比亚的投资。另外还有国家干预，在中国企业境外投资经营领域，以美国为代表的西方国家经常以国家安全为由干预中国企业正常的投资商业行为。凤凰网发布的2017年"全球十大高政治、安全风险国家"为菲律宾、阿富汗、伊拉克、叙利亚、巴基斯坦、索马里、刚果（金）、苏丹、尼日利亚及委内瑞拉。

(2) 社会治安。企业境外投资发展，必定会面临相关社会治安风险，而良好的社会治安造就良好的投资发展环境，因此需要东道国有一个安全良好的社会治安环境。一般来说，社会治安风险指东道国境内尚未构成内乱、暴动的社会治安动乱、罢工等事件，以及抢劫、绑架等暴力犯罪事件给我国驻外企业及其员工造成的风险与财产或人身损失。

(3) 恐怖主义。恐怖主义风险是海外中资企业可能面临的一大不可抗力因素。随着中国企业近几年在海外拓展业务脚步的加快，中国"走出去"的企业虽然取得了巨大经济效益，特别是在西亚、非洲等地区，但这些地区不仅局势动荡，同时还面临着恐怖主义的巨大威胁，给中国跨国企业带来巨大的经济损失和人员伤亡，如非洲地区、巴基斯坦的"中巴经济走廊"等。

(4) 文化风险。文化风险包括宗教、风俗、风土人情等，不同国家、不同地区在这些方面存在巨大差异所带来的风险。而这些也是影响驻外企业生产和发展的重要因素。

（5）项目施工风险。项目施工风险包括其承建项目遭停、遭抗议罢工、遭袭击破坏等风险。承建的项目经常会因环境污染、支付薪资低等问题而遭到当地人士的抗议和破坏。

（6）金融法律法规。国家宏观经济的调整、金融危机、货币升值贬值，这些都关系到境外中资企业的生存命脉。经营阶段的法律风险包括环境保护、劳工、公司治理、知识产权、税务、合约管理、法律文化冲突、国有化征用等多方面的风险。这些都是境外投资经营可能面临的问题和风险，一旦发生，可能会给企业造成巨大损失。

四、境外投资模式的选择

企业"走出去"只是第一步，在境外把企业做大做强，并把境外所得汇回国内才是投资的最终目的。中国企业可以通过合法的渠道实现境外利润的汇回，并通过合规的税务安排，降低境外投资收益汇回过程中的税务成本以及项目的整体税务成本，提高投资的回报率。境外所得汇回国内的方式主要有股息、利息、特许权使用费和服务费等。企业在选取境外所得汇回方式时，应对各种方式的税负情况进行准确计算，还应考虑双边税收协定中预提所得税税率的相关规定。这就需要企业在境外投资时筹划设计投资模式。

从跨国公司对外价值链布局看，设立离岸公司，搭建离岸架构，是境外投资比较有效和成熟的模式。该模式具有方便投资融资和注册，公司管理简便，公司注册资料及文件高度保密，资产能得到有效保护，没有营业范围限制，方便国际贸易，对投资人、股东、董事没有限制，可提升企业国际形象等优势，在现行国际税收规则下，还能合法避税。

在实践中，我国很多"走出去"企业搭建离岸架构的做法是，结合运用双边税收协定，选择设立中间层公司，间接持有投资国的目标公司。在间接投资的方式下，被投资企业分配的股息可以暂时保留在中间控股公司，在"合理商业目的"的前提下，中国母公司可以在中间控股公司的层面上，将该股息再用于其他境外项目的投资，这在一定程度上具有实现资金高效利用、递延中国税纳税义务的效果。利润汇回中国母公司时，也可通过中间控股层减免预提所得税，这在一定程度上降低了境外利润汇回中国产生的总体税负，帮助企业尽可能节约税务成本。在充分利用税收协定，尽量减少或免除股息、利息和资本利得汇回过程中的税负的同时，须注意税收协定中有关常设机构、受益所有人和反滥用税收协定的规定，考虑母国受控于外国企业规则的限制，确保关联方之间支付的金额符合独立交易原则等，避免税务风险。

案例：中国内地企业 B 公司投资了泰国 D 公司，在中国香港构建了控股平台 C 公司，中国香港与中国内地及泰国均签订了双边税收协定。根据泰国和中国香港的税收协定规定，中国香港公司 C 收到泰国公司 D 的股息，按照 10% 的税率在泰国缴纳预提所得税；取得的利息，根据不同情况适用 10% 或 15% 的税率。根据中国香港的税收政策，从泰国公司 D 取得的股息收入、利息收入在中国香港均免税。中国香港公司 C 在向中国母公司 B 汇出股息时,按照中国内地和中国香港签订的税收安排,只需缴纳5%的预提所得税;如果股息不汇回中国,暂不需要缴纳预提所得税。

五、国际避税地的运用

所谓避税地是指一国或地区政府为了吸引外国资本流入,繁荣本国(地区)的经济,弥补自身的资本不足和改善国际收支状况,或引进外国先进技术,提高本国(地区)的技术水平,或吸引国际民间投资,在本国(地区)或本国(地区)一定区域范围内,允许并鼓励外国政府和民间在此投资及从事各种经济贸易活动。投资者和从事经营活动的企业享受不纳税或少纳税的优惠待遇。这种区域被称为避税地。它的存在是跨国纳税人得以进行国际避税活动的重要前提条件。但 CRS 的推进,各国对 BEPS2.0 成果的落实,特别是正在推进的设立全球最低企业税的改革举措,将给现行国际税收规则带来巨大冲击,国际避税地的作用将大大削弱。在这里,还是介绍一下现行国际税收规则下企业境外投资经营对避税地运用的得失和风险。

1. 世界主要避税地

现行国际税收规则下国际避税地具备以下特征:

(1)无税或相对低税率,通常不课征个人所得税、公司所得税、资本利得税、遗产税、继承税、赠予税等直接税,或者不课征某些直接税,或者课征的直接税的税率远低于国际一般税负水平,或者向非居民提供特殊的税收优惠。

(2)政治和社会稳定。

(3)交通和通信便利。

(4)银行保密制度严格。

(5)有稳定的货币和灵活的兑换管制。

(6)提升和推广避税地成为离岸金融中心。

(7)税收条约的存在与运用。

(8)宽松的政策法规。配套实行有利于发展自由贸易的海关条例、银行管理条例、自由外汇市场机制等。

表3.1列举了世界主要避税地:

表3.1 世界主要避税地

国家或地区	对所得和财产完全不征税	对财产和所得征收较低税率的税收	仅对来源于本国(地区)的所得征税	境外所得税率低于境内所得税率
巴哈马	√			
百慕大群岛	√			
开曼群岛	√			
瓦努阿图	√			

(续表)

国家或地区	对所得和财产完全不征税	对财产和所得征收较低税率的税收	仅对来源于本国（地区）的所得征收	境外所得税率低于境内所得税率
巴巴多斯	√			
哥斯达黎加	√			
瑙鲁	√			
汤加	√			
格林纳达		√		
安提瓜		√		
瑞士		√		
奥地利		√		
英属维尔京群岛		√		
圣文森群岛			√	
新加坡			√	
直布罗陀			√	
马恩岛			√	
利比里亚			√	
巴拿马			√	
荷兰				√
海峡群岛				√
希腊				√
塞浦路斯				√
爱尔兰				√
卢森堡				√

2. 国际避税地的分类

国际避税地可以分为以下几种类型：

第一类，纯国际避税地，一般没有个人和公司所得税、财产税、遗产税和赠予税，这类纯避税地主要包括巴哈马、百慕大群岛、开曼群岛、瑙鲁、瓦努阿图、汤加等。

第二类，征收所得税但税率较低的国家和地区。这类避税地包括瑞士、爱尔兰、海峡群岛、英属维尔京群岛等。

第三类，只行使地域管辖权的国家和地区，他们只征收某些税率较低的直接税，或提供大量税收优惠以及对境外所得完全免税，从而在一定条件下也能为跨国公司的国际避税提供方便。许多拉美国家属于这类避税地，如巴拿马、利比里亚、哥斯达黎加等。中国香港也属于这类避税地。

第四类，对国内一般公司征收正常的所得税，但对某些种类的特定公司提供特殊税收优惠的国家和地区。这类避税地包括卢森堡、塞浦路斯等，也包括上面第二类避税地中的瑞士、列支敦士登等。

第五类，与其他国家签订有大量税收协定的国家。根据国际税收协定，缔约国双方要分别向对方国家的居民提供一定的税收优惠，主要是预提所得税方面的税收优惠。

英属维尔京群岛（简称BVI）：没有资本利得税、财产转让税、遗产税，也没有销售税或增值税。居民个人或公司缴纳所得税，不动产所得者缴纳不动产税，关税税率为5%～20%。按管理控制地判定是否为本地居民公司，缴纳15%的所得税。对外国税款给予单边减免，当境外所得在外国免税时，则在岛缴纳1%的所得税。英属维尔京群岛为离岸商业行为设有特别免税区。非居民公司应就汇入所得或来源于当地除利息外的所得纳税。国际商业公司无须缴纳任何公司税、预提税和印花税，但不能享受双边税收协定的利益，每年必须缴纳固定的营业执照费，注册资本高于5万美元的，1 000美元/年，注册资本低于5万美元的，300美元/年。中资企业在BVI注册的有中国联通、新浪、网易、百度、燕京啤酒、海尔集团、申华控股、科龙电器、三九医药、用友软件、深圳高速公路股份有限公司、江苏春兰、上海贝岭、TCL、福州大通等。

开曼群岛，被誉为"上帝在加勒比海地区撒下的一大片珍珠"，政局稳定，没有外汇管制和货币管制，不征收所得税和资本利得税，只征收印花税、进口关税。开曼群岛是受欢迎的互惠基金投资地，可在美国和中国香港交易所上市。注册离岸公司（税务豁免20年保证）政策：可注册一人有限责任公司；公司最终权益持有人需要披露；每年要召开1次董事局会议，需要提交年报。法律要求：标准授权资本50 000美元；必须委任最少1名董事和最少1名股东；董事资料必须披露；注册地必须在开曼群岛（可以是邮政信箱），且必须有注册办事处或代表处，注册后不许迁移注册地，必须在本地召开会议。以百度、新浪、搜狐、网易为代表的门户类网站，以盛大、巨人、第九城市、灵通、网龙为代表的网络游戏网站，以阿里巴巴、慧聪、环球资源、九城数码为代表的电子商务网站，都在开曼群岛注册了公司。

百慕大群岛：没有所得税、资本利得税、增值税、消费税或财富税。开征的税种很少，主要有印花税、财产税、进口关税、工资税。豁免公司（不必按公司法至少有60%的股份由百慕大当地居民持有）不受当地外汇管制，且不缴纳工薪税，但是豁免公司在经营上受到一定限制。百慕大群岛正在考虑征收一种低税率的所得税。中国在纽约交易所挂牌的第一支股票"华晨汽车"注册在百慕大。香港红筹股、昆仑能源、中国电子、中国林大都注册在百慕大群岛。百慕大群岛没有与任何国家或地区签订任何双重税务条约。

卢森堡：位于英、法、德经济体中心位置的离岸港，不仅是进入欧洲的门户，更是进行全球投资的最佳地之一。超五星的声誉，完善的金融体系，丰富而有弹性的双边税务协定使注册卢森堡公司成为高端客户海外投资运作的首选。我国煤炭、新能源、航空航天等很多领域的私营企业和国有企业在欧洲投资时，都注册了卢森堡公司，采用了"香港—卢森堡—欧洲"间接投资模式。2008年9月,中国长沙中联重科并购意大利CIFA公司所使用的正是"香港—卢森堡"模式。香港—卢森堡公司:版税及利润税税率为0%,股息及资本利得税税率为0%(视情况而定)。卢森堡—欧洲公司:股息税税率为0%;适用欧盟指令。卢森堡—非欧洲公司:适用DTT协议,广泛税务网络等。

荷兰:减免双重征税、成熟的税务裁决实务、参股豁免、对支出利息和特许权使用费不征预提税。与100个国家缔结税收协定,对丹麦、芬兰、爱尔兰、意大利、挪威、瑞典、英国、美国的股息预提税为零。对汇出境外的公司利润,比照股息享受低税或免税。对居民公司股息和资本利得征35%的所得税,符合条件的公司中外资部分的股息和资本利得按所占比例全额免征公司税。具有欧盟成员国身份享受欧盟法令、欧盟共同税收制度法令(股息零预提税)、关联公司间利息和特许权使用费法令(零预提税)及欧洲并购法令。资本捐赠及股本扩大免征资本税;自主开发无形资产的专利收入,享受低所得税税率。为鼓励更多的企业进驻荷兰,荷兰方允许进口时延期缴纳增值税,并提供降低实际税率、雇员薪资所得税30%免税等优惠政策。

3. 注册国际避税地及其挑战

企业在境外投资,大多会选择借道低税率的中间控股公司间接向投资目的地国或地区进行投资,这其中既有优化整体税负的考量,如通过税收协定来分配税后利润,把税前利润拨往低税收管辖权地区,使行政人员的报酬税负最小化,也有诸如信息保密、融资或上市便利、方便对不同国家或地区的投资分别管理等方面的需要。

控股公司是指为了控制而非投资的目的拥有其他一个或若干个公司大部分股票或证券的公司。其主要作用有:通过持有多数股份控制工业或商业公司,起投资基金的作用;以发放浮动债券所获得的资金为本集团内的公司提供资金来源;收取股息、利息等消极所得。这种控股公司是为了减少税负或减少对这些所得或资本所得项目的课税,实际上也是为使用税收协定创造条件。除控股公司外,其他的还有中转销售公司、投资公司、航运公司、金融公司等形式。从功能上看,目前境外投资的企业选择注册避税地的情形包括以下几种:

(1) 以红筹上市为主的有开曼群岛、百慕大群岛等;

(2) 以家族信托为主的有新西兰、中国香港、马耳他、泽西岛等;

(3) 以股权交易重组、税务规划、三角贸易为主的有BVI、萨摩亚、塞舌尔等;

(4) 以单船公司注册为主的有巴拿马、圣文森特、毛里求斯等;

(5) 以品牌运作、国际投资、海外融资等为主的有中国香港、英国、新加坡等。

随着国际征管合作尤其是CRS的进一步推进,纯避税地不再是严格意义上的"避税天堂",企业在境外国际避税地注册的情形发生了变化。目前中国已与巴哈马、英属维尔京群岛、马恩岛、根西、泽西岛、百慕大群岛、阿根廷、开曼群岛、圣马力诺、列支敦士登等10个国际避税地签署了税收情报交换协定。因此,对于采用中间控股架构投资的"走出去"企业而言,必须谨慎防范潜在的被中国或其他国家的税务机关实施反避税调查的调整风险。

案例1：希腊的跨国公司在美国设立了一子公司,该子公司若支付给母公司股息,要向美国缴纳30%的预提税。为了减轻税负,该子公司就在荷兰建立了一家对其拥有控股权的公司。由于美、荷之间签有双边互惠协定,该子公司再向荷兰控股公司支付股息时只需按5%的税率缴纳美国预提税,荷兰则不对该控股公司收取的股息征税。这个控股公司就是基地公司。

案例2：假设在甲国设有母公司M,在乙国设有子公司N1,在丙国设有子公司N2,N1或丁国的非关联公司K的产品运送给N2对外销售。母公司M的税务筹划是:在一避税地组建基地公司N3,这是一个只存在于账面上的公司。于是,先由N1和K向N3以真实价格出售产品,然后由N3以高价出售给N2,N2以原销售价格销售。中间的差价由于存在于避税地的基地公司N3的账上,税收会极少,且又减少了N2的利润,达到税务筹划的目的。这个建立在避税地的基地公司N3实际就是一个中转销售公司。

第二节　投资进入阶段风险

企业在实施海外市场和投资多元化发展战略的过程中,可有效利用海外投资架构,将投资风险最大限度地通过系统化方法进行规避和分散,最终实现企业的多元化发展战略。对于高净值人士而言,有效利用海外投资架构,可实现个人财富的保值增值,确保财富安全。投资者在境外投资经营的过程中试图通过设计投资架构达到减轻税负的目的,与此同时,无论是美国、日本等发达国家,还是中国、印度等新兴经济体国家,都采取了严厉的反避税措施。因此,此种背景下,境外投资架构的设计就必须更加全面地考虑中国所得税税法、受控外国公司规则、中转国税法、反避税等税务风险问题。

一、境外投资实体(架构)法律形式的选择

1. 境外多层架构设置应考量的税务因素

搭建架构,是为了从集团整体层面实现税务筹划,其主要节省的税种是所得税。对于"走出去"企业而言,减轻税收负担的基本方式有三种:最小化外国税、递延母国税、充分利用税收抵免。控股架构设计在税务筹划中尤为重要,是税务筹划的第一站,并且与后期的境外利润汇回有密不可分的联系。其主要针对两种所得来降低适用税率,一是股息红利所得,二是资本利得。筹划时要考虑两方面因素,一是投资主体目的国之间是否有国际税收协定,二是投资受益国公司所得税政策。

根据新的境外所得税收抵免政策规定,中国"走出去"企业可以将投资层级扩展到五层,以获得更大的税收安排空间。"走出去"企业在设计其全球投资结构(层级)时,税务是重要的考量因素,主要包括税收协定、境外税收抵免、受控外国公司规定、资本弱化、转让定价和反避税等方面。

一是对税收协定的考量。为解决国际双重征税问题和调整两国间税收利益分配,世

界各国普遍采用缔结双边税收协定这一有效途径。为了避免国际双重征税,缔约国双方都要做出相应的让步,从而达成缔约国双方居民都享有优惠的条约,而且这种优惠只有缔约国双方的居民有资格享受,而第三国居民则不能享受。如果第三国与其中一个国家也签订了税收协定并规定了相关优惠政策,若第三国居民要想享受另外一个国家的税收优惠政策,则必须首先在其中一个国家设立一个居民公司,由该居民公司从事相关业务就可以享受双边税收协定所规定的优惠政策。通常对股息、利息、特许权使用费和资本利得给予优惠的预提税税率,如协定优惠税率通常为0~7%,而没有协定的预提税税率为10%~25%。企业需要注意的是,协定优惠的适用对象是有条件的,即"受益所有人"是受限制的。比如,要求享受协定的公司的参股比例(如20%以上)、持股的时间(如12个月以上),享受协定的公司要有实质性业务,不能只是注册一个壳公司,以防止第三国居民滥用税收协定。当我们拟投资的目的地国与中国之间未签署税收协定,或者已签署税收协定但有关条款并未提供最为理想的国际税收环境时,我们通常可以在考虑境外投资的商业目的和运营要求的前提下,在中国和投资目的地国(地区)之间设立一个或多个中间控股公司,通过这些中间控股公司所在国家(地区)签署的有关税收协定,使境外投资架构从降低整体税负的角度达到最优化。至于在哪个国家或地区设立中间控股公司,需要结合税收协定的具体条款和企业境外投资的实际需要,综合考虑股利分配的规模、处置投资的方式、融资计划的安排,甚至还可能涉及特许权使用费的具体计算等。详细考虑这些因素,并分析投资目的地国(地区)和中国分别与各可能的中间控股公司所在国家或地区之间签署的税收协定,就可以得出中间控股公司的确切所在。

二是对受控外国公司规定的考量。我国相关税法规定,我国居民企业或者由我国居民控制的设立在实际税负明显偏低(低于12.5%)的国家(地区)的企业,并非由于合理的经营需要而对利润不做分配或者减少分配的,我国税务机关可对此利润视同分配,并予以征税。

三是对资本弱化和转让定价的考量。"走出去"企业还要考虑相关国家资本弱化和转让定价方面的规定,防范由此所产生的税务风险。资本弱化是针对企业关联方债务与资本金的比例做出的规定,即企业的关联方债务超过税法规定债资比的部分产生的利息费用,不能在企业所得税前抵扣,以防止企业通过过度负债,以利息费用税前抵扣来避税。转让定价管理,是指各国税务机关针对企业与其关联方之间的业务往来是否符合独立交易原则,进行审核评估和调查调整。

四是对反避税的考量。企业需关注税基侵蚀和利润转移(BEPS)行动计划、多边公约和共同申报准则(CRS)。一些激进的全球投资框架设计和相关的税收筹划,将面临更加严峻的国际税收征管、反避税调查及纳税调整。

五是对非税务因素的考量。"走出去"企业在设计和搭建全球投资架构时,需要考虑的非税务因素主要包括行业准入、主体的法律形式、外汇管制及汇兑风险、设立及随后管理成本、融资渠道、知识产权的保护、劳动法规及劳动争议解决等。一般来说,"走出去"企业集团比较理想的全球投资架构,应兼顾税负较低且符合商业运作的需求,既要保障全球的实际税负较低,同时又要保障在全球各地业务能够正常运转和发展。

2. 代表处的设立

考虑到对目标国市场需求不是很了解,稳妥起见,作为"走出去"的第一步,不少中国企业在境外开拓市场阶段或项目投标前期,首先会选择在东道国(项目所在国)设立代表处"打前站"。待时机成熟,再考虑成立公司经营。实践中,为防范与代表处"最为亲密"的常设机构的风险,中国企业需重点考量税务合规和遵从事项,对代表处进行严格管理,以降低相关的税务风险。

首先要弄清东道国对代表处的功能规定。境外设立的代表处,主要功能是收集市场信息、联系潜在客户、与当地政府进行公关等。相对于设立子公司、分公司,这种法律形式要求较少、程序简单、成立快。目前,大多数国家对代表处的经营范围有严格的限制,如不能开展进出口贸易、不能在当地签约销售、不能实施工程建设等。

其次要弄清代表处享受东道国免税的条件。代表处是否构成东道国的税收居民,关系到代表处是否应该承担纳税义务,是企业需要首先关注的问题。一般来讲,大部分国家间的双边税收协定,均参照了OECD和联合国的税收协定范本,"准备性和辅助性的场所不列为常设机构",即不构成东道国的税收居民,不征收企业所得税。鉴于代表处开展的活动,仅对母公司的收入和利润起到较小的辅助作用,且营业范围有限,仅包括仓储、样品展示、潜在客户信息收集等,因而大部分代表处根据协定可享受免税待遇,但需要事先获得当地税收机构的确认或批复手续。缔约国一方企业在另一方仅由于仓储、展览、采购及信息收集等活动的目的设立的具有准备性或辅助性的固定场所,不被认定为常设机构,应从以下三方面把握:一是该场所不独立从事经营活动,并且其活动也不构成企业整体活动基本或重要组成部分;二是该场所进行上述列举活动时,仅为本企业服务,不为其他企业服务;三是其职责限于事务性服务,且不起直接盈利作用。也有一些国家对代表处征收流转税和企业所得税。如将代表处的房租、办公费用、人员费用、交通费用等汇总起来,通过成本加成率进行核定征收,适用的成本加成率和征税率较低,通常为1%~5%。

最后要防范代表处常见的涉税风险。一是超越了登记的营业范围。如代表处与总部的业务性质完全相同;设立的代表处不仅为本企业服务,也为其他企业服务。二是对当地税务遵从要求不够了解,产生不遵从的风险。最常见的就是企业误认为代表处没有收入、没有利润,就没有申报纳税的义务。在代表处很少配备财税专业人员,而业务人员又忽视财税问题,从而忽视了有些国家的核定征税的实际操作,忽略了当地一些强制的税务申报和财务报表报送的要求。如一些国家,代表处即使获得免税待遇,仍然需要申报和缴纳个人所得税、车辆使用税以及相关地方附加。从纳税义务看,即使代表处不缴纳所得税和流转税,有些国家也要求代表处每个季度或在年终进行纳税申报,年终进行财务审计和税务汇总申报,如违反,将遭受被罚款和课滞纳金的处理,并留下不良的税务信用记录。因此,为了防范风险,一旦企业在当地的运营规模超出了辅助性活动的范围,就要考虑将代表处升级为独立的公司,以东道国居民企业的身份开展运营,这样的税收效率更高。子公司一旦成立,母公司应尽快注销代表处,消除代表处与子公司并存的税务遵从风险隐患。

案例1:中国某企业的代表处的市场负责人急于在当地开展业务,同时想当然地简化了操作程序,代表中国总部和当地客户进行合同签约,并在当地进行宣传。当地税务机关认定该代表处具有实质性的营销功能,不能享受已给予的免税待遇,并根据签约合同补税和罚款。

案例2:中国某公司在某国租了一个临时仓库,为参加当地产品会展和演示存储产品。该代表处按双边税收协定,事先获得了当地税务机关的免税批复。在展会结束后,当地的展会负责人为了节省费用,没有按照要求将展品运送回国,而是在当地进行了推广(减价)销售,因而在当地产生了销售行为。为此,当地税收机构对其进行了补税和罚款的处理。

3. 直接投资(控股)与间接投资(控股)的选择

控股架构选择主要分为以直接控股方式进行境外投资和间接控股方式进行境外投资。境外直接投资是指境内机构经境外直接投资主管部门核准,通过设立(独资、合资、合作)、并购、参股等方式在境外设立或取得既有企业或项目所有权、控制权又有经营管理权等权益的行为,是现代资本国际化的主要形式之一。境外间接投资是指境内机构在第三国或地区组建一个或几个中间控股公司,通过中间控股公司来新设企业或并购投资东道国公司的投资行为。不同形式的投资方式会对投资项目的现金流、整体税负和回报率产生重大影响。

在进入阶段,融资是企业首先面对的问题。直接投资,母公司按照市场公允价格收取利息,在偿还利息时东道国要对其征收预提所得税;间接投资,相对灵活,母公司通过第三国或地区的中间控股公司向境外公司借款,可以在一定程度上降低税负,提供资金运作的灵活性。

在运营阶段,对外投资的利润多来源于股息及股权转让所得,汇回股息是境外投资运营中经常遇到的问题。直接投资,利润汇回中国母公司,通常面临三种税收。一是在东道国缴纳税前利润企业所得税;二是境外子公司将税后利润以股息形式返还母公司,需缴纳预提所得税,如两国已签协定,可以部分进行抵扣;三是股息从境外返还中国后,母公司需缴纳企业所得税。间接投资,因为第三国或地区税收制度比较宽松,或我国与第三国、第三国与东道国有比较优惠的税收政策,这样可以降低预提所得税税率,减轻企业集团整体税负。如中国企业—中国香港公司—东南亚公司设计模式。内地企业先在香港设立一家中间控股公司,投资目的国是东南亚公司。东南亚公司只需缴纳税前利润企业所得税,股息返还时由于香港采用属地征税,即对港外的所得免征所得税,对分配给境外的投资者的股息不征预提所得税,没有流转税收,且香港与内地签订了非常优惠的税收安排,通过香港公司向大陆公司分配股息可以使用优惠税率。

在退出环节,当外国投资者转让股权时,部分国家会对该股权转让所得(尤其持有矿山、采矿权等不动产)征收预提所得税。直接投资,未来境外私募融资、公开上市及退出,往往需要直接将被投企业的股权转让给第三方,可能引发东道国针对资本利得的预提所得税税负。间接投资,将中间控股公司设在与东道国有优惠税收协定的国家或地区,不仅可以降低股息分配的预提所得税税率,而且未来重组(如私募融资或公开上市)或退出,不必由中国企业直接转让被投资企业的股权,而是可以由中国企业向海外投资者转让中间控股公司的股权,以达到实际转让被投资企业股权的目的,从而有可能避免东道国针对股权转让的资本利得征收预提所得税。

通过对两种方式的优缺点的比较分析(如表3.2),目前,境外投资大多选择采取间接投资(控股)方式。采取间接投资(控股)方式分配股息时,利用协定来降低股息分配税负需考虑下列因素:

(1)目标公司向中间持股公司分配股息的预提所得税;

(2)中间持股公司收到股息时在所在国的税负;

(3)中间持股公司对外分配时的预提所得税。

投资退出考虑资本利得时,既要考虑投资及运营期间的税收成本,也要考虑退出或转让时的税收成本。采用间接投资,可将中间持股公司设在与目标国(地区)有优惠税率的国家(地区),在重组或退出时,通过转让中间持股公司股权的方式,避免直接转让产生的资本利得税。

表3.2 直接投资和间接投资方式优缺点一览表

方式	方法	优缺点
直接控股方式	直接在投资国(地区)进行投资活动	一般情况下直接投资合规成本较低,较易利用国家(地区)间的税收协定,但是其境外所得必须当年汇回,税收成本较高
间接控股方式	在国际避税地等税率较低的国家(地区)设立中间控股公司	将所得暂时保留在中间控股公司而不汇回国内,在具备合理商业目的的前提下,达到递延纳税的目的,但是容易面临因受控外国公司(CFC)认定而受到反避税的处罚

案例:中国母公司A到意大利投资目标公司B。投资退出时按照意大利税法规定要缴纳27.5%的资本利得税。为了降低退出税负,中国通过设在荷兰的子公司C来投资意大利企业。未来由荷兰子公司C转让意大利公司股权实现投资退出。意大利对资本利得实行参股免税机制,对欧共体内的国家资本利得的95%免税,即只征收1.375%的资本利得税。而荷兰本国也实行参股免税机制,不对资本利得征税。假设荷兰将获得的资本利得全部作为股息分配给中国母公司,根据协定,需缴纳10%的预提所得税。

4. 子公司与分公司的选择

《中华人民共和国公司法》中的子公司是指一定比例以上的股份被另一公司持有,其股权可能是100%,但不得低于50%;或通过协议方式受到另一公司实际控制的公司。子公司和母公司相对应。分公司是指在业务、资金、人事等方面受总公司管辖而不具有法人资格的分支机构。分公司和总公司相对应。

从子公司的税收待遇看,子公司是东道国的居民,必须就其来源于全球的所得向东道国缴纳公司所得税。作为独立法人实体,能享受到东道国给予法人的税收优惠。母公司的居民国对于子公司的利润没有税收管辖权,但作为股东会取得投资所得,即股息。子公司的税后利润以股息形式汇回母公司时,东道国会对股息征收预提所得税。其经营范围通常包括货物进出口、当地货物销售和服务以及项目施工等。居民国对母公司收到的股息还原计入应纳税所得额征收企业所得税,但对在东道国已纳税款可以限额抵免。

从分公司的税收待遇看,分公司不是东道国的独立法人实体,属于中国企业在当地的一个"常设机构"。可以直接享受中国与东道国(地区)签订的双边税收协定优惠待遇,无须开具《中国税收居民身份证明》,无须在境外税务机关举证,手续简单,是境外投资设立分公司最抢眼的优点。当境外分公司将利润汇回境内时,可以享受较低的协定优惠预提所得税税率(1.5%～10%),仅需缴纳一道预提所得税。分公司在工作签证和个人所得税上有更多优惠待遇。一般来说,分公司的工作人员往往是中国总公司外派的高级管理人员和技术人员,比较容易获得当地的工作签证和配额。

通过设立子公司与分公司的税收待遇的比较分析,两者税收待遇有区别,如表3.3:

表3.3 子公司和分公司税收待遇一览表

区别	分公司	子公司
在东道国(地区)承担的纳税义务不同	在东道国(地区)不具有独立法人资格,利润在东道国(地区)按照有关法规定缴纳境外企业所得税	子公司与母公司属于不同的法律主体,按照东道国(地区)税法规定承担在东道国(地区)的所有纳税义务
境内抵免方式不同	分公司利润汇回境内并计入总公司利润总额计算应缴纳税额,对于境外已经缴纳的税款直接抵免	子公司在将税后股息、红利汇回母公司时满足以下条件可间接抵免:一是持股比例在20%以上股份的外国企业;二是抵免层级最多为五层

案例1:中国一家制药公司生产一项有专利权登记的药品,在市场上独一无二,没有竞争对手。该公司打算向国外开拓业务。有如下方案可供选择:

(1)根据海外市场的销售情况,不设立生产场所和销售机构,只通过外国的代理商推销产品;

(2)产品制造仍然在该国,在国外只设立销售营业部;

(3)在国外设立从生产到销售的子公司。

试从该公司的税负水平角度分析哪种方案好。

分析:方案一:由于国外没有机构,企业税全部集中在中国境内缴纳,境外不缴所得税。

方案二:该公司在外国设有常设机构,常设机构的利润要在来源地缴纳税款,此时,在境外只缴纳一部分所得税。

方案三：由于子公司是一个独立的法人实体，故子公司来源于境内外的一切所得，要在子公司所在国缴纳税款，那么，对于母公司而言，子公司要在境外缴纳全部税款。

接下来，必须比较一下中国与投资国的税负水平的高低，才能确定在国外设立机构好还是不设立机构好，是设立子公司好还是设立分支机构好。

从跨国公司跨国投资情况看，一般在经营初期设立分公司或常设机构，等到正常化后，再改造为子公司。因为生产经营初期发生亏损的可能性大，运营分公司或常设机构进行经营活动，可以动用亏损冲抵总公司的利润。等到盈利后，再改造为子公司。

从我国企业"走出去"的情况看，大多数子公司都能重视东道国的税务遵从要求，一旦设立子公司，要高度关注以下事项的处理：

（1）同一税号下的不同项目要做好"切割"。在同一个税号下，集团企业在该国可能有很多并行的不同项目。参建单位不同，项目形态各异，给集团企业协调财税管理、统一申报纳税带来了很大的挑战。当不同性质的项目先期完工后，企业应向当地税务机关主动提出申请，开展阶段性税务审计或清税工作，以保障与并行的或后续的项目在税务风险上有所分隔，也便于厘清各项目的税务遵从状态。需要注意的是，根据一些国家的税收征管规定，在同一个子公司和同一个税号下，允许就不同项目申请多个子税号，并分别预缴税款；年终或子公司汇算清缴时，将不同子税号汇总到子公司层面的税号下，统一计算并缴纳税款。这样既便于各项目参建单位进行独立核算和日常税务管理，又避免了各项目并行、交叉带来的税务遵从困难，进而降低被税务检查的风险。

案例2：某集团公司在X国设立了一个子公司，申请了一个税号。该集团公司在该国并行开展了公路项目和房建项目，由其下属两个公司分别参建。公路项目先期完工，但公路项目公司没有及时清税，全部人员撤回了国。此后不久，当地税务机关依据税号，找到正在建造的房建项目公司，要求查补公路项目的历史欠税。房建项目公司的财务人员没有公路项目的历史财务资料，也不了解公路项目的历史纳税情况，且联系原公路项目公司的相关人员非常困难，无法应对当地税务机关的质询和检查，严重影响了正常的房建经营，最终还被当地税务机关罚款并课以滞纳金。

（2）与跨境财务共享中心做好沟通协调。我国企业的境外子公司，还应严格遵守向当地税务机关提交转让定价国别报告。特别是在欧美国家，转让定价国别报告中的各项具体约定必须逐项落实，保持一致。有的集团公司在欧洲片区设有专门的财务共享中心，但是设立在各个国家的子公司要依照当地税法在当地申报纳税。因此，财务共享中心与各子公司之间的沟通和协调至关重要。特别是当财务共享中心进行统一财务处理时，各子公司必须考虑提交给当地税务机关的转让定价国别报告的约定，不一致的财务处理要做适当的会税差异调整，避免遭受当地税务机关纳税调整的风险。

案例3：一家大型中资集团企业在欧洲某国设立了子公司，主要负责当地的销售和售后服务。从当地的转让定价国别报告约定来看，该子公司属于有限责任的分销商，每年需要保证稳定但较低的利润率，并按此申报和缴纳企业所得税，而不应到年底出现财务数据的亏损或暴利。该集团企业的地区财务共享中心设在另一个国家,由于双方财务人员协调不到位,财务共享中心将总部和地区的部分共同费用,直接按统一标准分摊给该子公司。该子公司往年都保持着稳定且较低的利润率水平,由于这一大额费用分摊,年终变成了亏损,由此引起了当地税务机关的关注。该子公司被认定为操纵利润、申报不实,没有遵从转让定价国别报告的约定,最终被调整纳税并罚款。

(3) 尽可能履行与当地政府达成的约定。一些中资集团公司在某个特定国家(地区)申请到了比较特殊的税收优惠,往往是通过特殊的条件承诺,才与当地政府和税务机关达成预先的税收优惠批复。这种与当地政府达成的预先税收优惠批复,实际上是有强制约束力的。当地子公司的相关人员,特别是高层管理者,要高度重视对约定的遵守,不能想当然地认为获得了税收优惠批复,就可以自然享受税收优惠,更不能为了获取最优税收优惠而人为操作、突击达标,应防范失信导致的严重后果。否则,不仅无法享受税收优惠,而且会影响公司的形象和声誉,进而给公司在该国(地区)的继续经营和发展造成不利影响。

二、境外多层架构的搭建

为了满足"境外重组""规避非关税贸易壁垒""风险管理"及"融资平台"等方面的需求,企业在境外投资时,其搭建的架构中大多包含了多层股权架构,且涉及不同国家和地区。投资方通过适用不同国家(地区)的税收制度差异以及国家(地区)之间的税收协定,以实现本不应享有的税收优惠。如 S 公司境外投资设计的五层架构(图 3.1):

查看 S 公司设计的 5 层架构图,其境外共有 5 家公司,这 5 家公司可以分为 3 层:顶层架构(BVI 公司 + 中国 HK 公司)、中间层架构(卢森堡公司)、底层架构(2 家德国公司)。

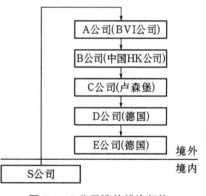

图 3.1 S 公司境外投资架构

1. 顶层机构注册地的选择

顶层机构即投资平台,在一个全球实际税负较低的投资框架中,顶层机构通常选择设立在避税港,或者设立在低税国,如 S 公司选择 BVI 和中国 HK 两个避税港。

实际操作中,中国"走出去"的民营企业,以及在美国上市的"中概股",大多选择在开曼群岛注册,将其作为全球投资架构的最顶层;绝大多数"走出去"的央企、国企,选择在中国香港注册,将其作为全球投资架构的最顶层。

"走出去"企业选择避税港作为顶层机构注册地,要注意反避税监管。目前,很多国家(地区)积极落实 BEPS 2.0 成果,对纯粹的避税地出台了强有力的反避税监管和限制措施。因此,"走出去"企业应避免采用过激的全球税务投资框架设计和筹划,不能追求极端的避税目的,直接将顶层的避税港与有实际业务的公司相关联。从"走出去"企业成功的操作来看,一般会选择在顶层下,再加上一些有税但税率相对较低、法制宽松但规范的国家和地区,而不是纯粹地叠加避税港。

2. 中间层投资地的选择

"走出去"企业在设计中间控股公司架构(第三层~第四层)时,一般选择税制比较规范透明(不是明显的低税国)的国家和地区,如 S 公司选择的卢森堡,税收协定较多、协定优惠税率较低且对受益人限制较少的国家,同时要关注该国有关控股公司经营的实体化规定、最低财税申报要求和披露制度、公司设立和日常遵从维护成本、中介服务水平和成本等。根据以往境外投资的经验,荷兰、卢森堡、比利时、爱尔兰和瑞士常被中国居民选定为境外投资的中间层投资国,中国居民看中的就是这些国家规范的市场环境和较优惠的税收待遇。荷兰的情况在避税地的运用章节已做了介绍。同样是欧盟成员国的比利时,也可得益于各种欧盟指令;其与 100 多个国家和地区签有双边税收协定,企业可享有优惠的协定税率;比利时的投资公司从其子公司获得的股利、利息、资本利得享有免税优惠待遇。比利时还有其独特的税收优惠制度,如专利收益税收扣减制度,企业自主研发活动越多,企业税负就越低;又如虚拟利息抵扣制度,比利时居民和非居民企业从其应纳税所得额中,可扣除一项基于股东权益(净资产)计算出的虚拟利息,从而降低企业所得税实际负担。此外,荷兰、比利时和卢森堡具有欧洲陆运和空运的比较优势,容易满足企业运营上的实体化要求;而瑞士和爱尔兰在金融方面有特殊的税收优惠。鉴于上述税收因素和商业因素的比较优势,大多数中国"走出去"企业选择上述国家作为中间层投资国。

3. 底层投资注册地的选择

"走出去"企业在选择底层投资国时(第四层~第五层),如 S 公司选择的德国,大部分选择有实质业务运作的国家和地区,如项目所在国和地区。根据我国税制,企业取得的已在境外缴纳的所得税税额可进行抵免,按 S 公司设计的 5 层架构,抵免层级为 5 层,并且有分国抵免法和综合抵免法可以选择。但项目所在地对开户资料有一定的要求,企业开户时应关注东道国对所提供资料的要求。

在新的 5 层间接抵免税收规定下,随着"走出去"企业在境外业务的拓展和多元化,企业可以考虑增加多个并行的多层投资架构,特别是将性质不同的行业、业务,分别以不同的层级进行分割,并行开展,这样既可以享受上述多层投资框架的税收优惠,又可以最大限度地分散税务风险。

除了上述的多层架构外,现在不少企业还会在境外多层架构中嵌套信托计划。

4. 中国母公司注册地的选择

2020 年 6 月,《海南自由贸易港建设总体方案》发布;2020 年 8 月 24 日,海南公布了中英文《2020 海南自由贸易港投资指南》,为全球投资者提供一站式服务。随后财政部与国家税务总局出台了相关的特别税收优惠政策,其中对注册在海南自由贸易港并实质性运营的鼓励类产业企业,减按 15% 的优惠税率征收企业所得税,给予高端和紧缺人才个人所得税实际税负超过15%的部分直接免征,对货物贸易采取零关税,下一步海南全岛封关运作时会把增值税等多个税费简并为销售税,对其境外投资所得也参照欧盟"参与免税"的通行做法,即境外所得汇回免征企业所得税。这实质上是改变了以往中国内地对境外所得的征税原则和方法,即从属人原则的抵免法,改为了属地原则的免税法,这是一个非常大的突破。为了进一步助力海南自由贸易港做大贸易流量,2021年4月23日,商务部、海关总署、市场监管总局等20个部门联合发布了《关于推进海南自由贸易港贸易自由化便利化若干措施的通知》,聚焦货物贸易自由便利和服务贸易自由便利两大方面,明确了28项政策措施。

为了不使海南自贸区成为世界新的避税地或中国内地的避税"洼地",国家特别规定了产业导向和实体化的要求。鼓励类产业企业,是指以海南自由贸易港鼓励类产业目录中规定的产业项目为主营业务,且其主营业务收入占企业收入总额60%以上的企业。海南自由贸易港鼓励类产业目录包括《产业结构调整指导目录(2019年本)》《鼓励外商投资产业目录(2019年版)》和海南自由贸易港新增鼓励类产业目录。所称实质性运营,是指企业的实际管理机构设在海南自由贸易港,并对企业生产经营、人员、账务、财产等实施实质性全面管理和控制。不符合实质性运营的企业,不得享受优惠。

对于设立的旅游业、现代服务业、高新技术产业企业新增境外直接投资取得的所得免税也有限定条件,即:从境外新设分支机构取得的营业利润;从持股比例要超过20%(含)境外子公司分回的,与新增境外直接投资相对应的股息所得;被投资国(地区)的企业所得税法定税率不低于5%。目前在海南自由贸易港获得境外所得有以下四种方式:

(1) 在境外投资新设分支机构;

(2) 在境外投资新设企业;

(3) 对已设立的境外企业增资扩股;

(4) 收购境外企业股权。

在满足上述限定条件下,中国"走出去"企业可以考虑将中国的对境外投资的母公司设立在海南自由贸易港,以便享受中国最优的税收优惠待遇,或者在海南自由贸易港设立子公司、分公司。这里要注意的是,对总机构设在海南自由贸易港的符合条件的企业,仅就其设在海南自由贸易港的总机构和分支机构的所得,适用15%的税率;对总机构设在海南自由贸易港以外的企业,仅就其设在海南自由贸易港内的符合条件的分支机构的所得,适用15%的税率。

三、典型境外投资架构的功能

中国居民在境外投资过程中,常常有以下几种典型的离岸架构设计,每个类型架构都有各自的特点和利弊。

1. 单一型离岸架构

这是最简单的离岸架构。优势在于能够隐藏投资者的信息,有效规避各种壁垒,将风险降到最低,并达到投资目的。因此,很多"走出去"的中国居民,利用离岸信息保密、结构安全、身份自由等独有特点,合理规划了境外投资融资项目,规避了政治壁垒,达到了投资目的。

案例：A、B拟在英国投资,但因其主营业务涉及敏感事项,该国政府设定了严格的审查标准,在投资过程中遭受到政府阻挠。之后,A、B各以50%股份合资在BVI设立了离岸公司C,并以C为投资主体在中国香港融资,从而顺利进入该国市场,投资成功。

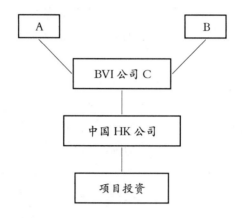

2. 复合型离岸架构

不少"走出去"中国居民基于规避和分散风险的目的,给不同的投资项目分别配备离岸平台,从而避免暴露整个投资过程中的投资结构,同时规避和分散投资的商业风险。

案例：甲、乙、丙是三位国内高净值人士,欲共同投资设立一家中国香港公司,来投资海外的三个项目,三位投资者最初设想的投资结构见下图。可以说最初的投资结构是存在隐患的。首先,投资者甲、乙、丙三人的信息完全得不到保护;其次,香港公司具备信息完全透明的特征,这使得在之后的投资过程中所有项目的投资结构暴露无遗;最后,香港公司同时持有三个海外项目,这在风险防范和分散上存在很大隐患。

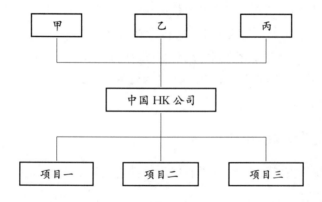

如何避免上述风险问题？三人通过税收筹划,将三人境外投资结构进行了合理优化,通过离岸架构给不同投资项目分别配备离岸平台。基本结构如下图：

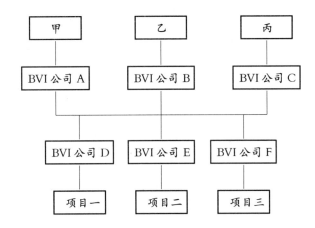

首先,由甲、乙、丙三人各自持有一家BVI公司,分别为A、B、C,从而确保投资者信息的不透明性。三人的信息被完全保密,不仅保证了原始投资信息的安全,而且将原本属于甲、乙、丙三人的共同投资行为从投资人信息上进行分离和隐藏,获得了投资者非关联化的效果。其次,A、B、C三家BVI公司共同持有一家BVI公司D,D公司投资海外项目一;A、B、C三家BVI公司共同持有一家BVI公司E,E公司投资海外项目二;A、B、C三家BVI公司共同持有一家BVI公司F,F公司投资海外项目三。由于D、E、F都是BVI公司,故其不透明性保证了投资方的信息安全。最后,D、E、F三间BVI公司分别持有三个境外项目,达到了风险分散的目的。

3. 信托型离岸架构

很多中国居民投资者在搭建其境外离岸架构的投资平台时,会着重考虑投资目的地国以及投资母国的税法风险,结合税收协定优惠、转让定价安排、无形资产调配等,在充分具有合理商业目的和经济实质的基础上打造经济利益与税收利益一致化的离岸架构,从而规避税法风险,节约跨国税务成本。

案例: 中国集团企业A拟投资境外甲国,目的在于获取当地廉价劳动力和利用先进技术开发当地原材料,并拥有充分强势定价权限。最初的投资结构见下图左图。

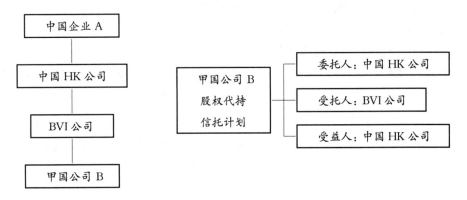

由于直接投资结构过于简单,对投资者的信息没有任何保护,极大限制了A企业的定

价权及境内外利润的安排,降低了资金和利润的灵活性,并且为以后退出甲国埋下了沉重的跨国税收负担。因此,A企业在充分尽调和可行性研究分析的基础上,对境外投资架构重新进行了规划和设计。实施方案优化结果见上图右图。

首先,A企业在香港设立投资平台中国HK公司,并将资金注入。其次,HK公司在BVI设立BVI信托公司,并把资金置入BVI公司信托计划中,信托受益人设定为HK公司。最后,BVI公司运用信托计划中的资金在甲国设立B公司,承担目标原材料的生产功能。

A企业将离岸平台与信托计划有效结合了起来,除了前述优势外,还有以下优点:

(1) 能充分发挥投资企业的定价优势。目标原材料在甲国属买方市场,HK公司购进生产原材料时可以自由实施定价安排,并且把境内企业与HK公司的采购定价相分离,避免了境内税务对价格和收入的监管。境内企业A可以与HK公司共同向甲国公司B采购原材料,从而增强价格的合理性。

(2) 能隐蔽关联投资及交易信息。在境内A企业与甲国B公司之间置入两层离岸公司以及一份股权代持信托计划,有效隐蔽了境内A企业与甲国B公司之间的投资关系,使得它们之间的交易和安排更为自由和灵活。

(3) 能降低投资退出时的跨国税务成本。在离岸架构中置入股权代持信托计划,既可以隐蔽A、B之间的投资关系,又可以简化并隐蔽退出时的资本运作,避免跨国税务成本。当境内A企业要退出甲国时,不必直接转让B公司的股权,而是由BVI公司、HK公司以及拟受让方共同修订原有的股权代持信托计划,将委托人和受益人更改为拟受让方后,HK公司再将BVI的股权在香港转让给拟受让方,从而实现在甲国的投资退出。BVI公司和HK公司的上述资本运作只需缴纳少量的税收即可完成。

四、境外投资架构的税收风险

中国居民在境外投资经营过程中试图通过设计投资架构达到降低税负的目的。但从中国"走出去"企业架构的搭建、当前世界各国高度关注反避税的境况看,存在离岸架构搭建前未充分筹划、架构重组税负增多、面临受控外国公司调查等问题。因此,投资架构的设计就必须更加全面地考虑税务风险问题。

1. 中国《企业所得税法》的约束

从事境外投资的中国母公司属于中国税收居民,需就全球收入,包括境外投资取得的股息和资本利得,缴纳25%的企业所得税。根据中国《企业所得税法》关于境外所得税抵免的规定,中国企业取得的境外的股息、红利等权益性投资收益以及股权转让所得,在境外实际缴纳的所得税可以在一定限额内,只允许5层外国企业抵扣,超过的则不予以扣减,且扣减金额不得超过在中国的应纳税额,同时,还规定了层级持股比例的限制。

因此,在直接投资方式下,中国企业从境外被投资企业那儿取得的股息收入,需要在当年计入中国企业的应纳税所得额,缴纳企业所得税;如果未来中国企业退出该投资,则需要在转让被投资企业股权的当年,就资本利得缴纳中国企业所得税。同时,该股息和资本利得在境外缴纳的所得税,可以在一定限额内抵免中国企业所得税。由于中国的企业所得税税率较高,因此,从整体税负以及纳税时间上来看,采用直接投资的方式会产生比较重的税务负担。在间接投资的方式下,未来被投资企业分配的股息,可以暂时保留在海外低税率国家或地区的中间控股公司,暂时不分配到中国母公司,并且如果在"合理商业目的"的前提下,中国母公司可以在中间控股公司的层面上,将该股息再用于其他境外项目的投资,从而在一定程度上达到资金高效利用、递延中国税纳税义务的效果。在投资东道国所得税税率低于中国企业所得税税率的情况下,上述方法可以有效改善集团现金流,降低整体税负。

需要注意的是,中国企业还应证明,其投资设立的境外公司的实际管理控制机构在中国境外,从而减少境外公司构成中国居民企业的风险。例如,中国企业应向境外公司派驻人员进行管理,将其高层管理中心设在中国境外;在境外制定关键性决策和相关董事会决议;公司签章、会计记录及账簿也应在中国境外保管;担任外国公司董事和高层管理人员的人士,还应避免其成为中国税收居民。

另外,境外投资架构的设计,还需要注意新企业所得税法中"一般反避税条款"的规定:"企业实施其他不具有合理商业目的的安排而减少其应纳税收入或者所得额的,税务机关有权按照合理方法调整。"若控制公司出现滥用税收优惠,滥用税收协定,滥用组织结构,与避税地公司有频繁业务往来以及不具有合理商业目的的其他商业安排的情形,很可能成为一般反避税的调查对象。中国企业在行使投资控股的职能之外,可考虑从事一些实际的经营管理活动,以使控股公司具有实质的商业目的。

2. "受控外国公司"风险

中国居民企业在跨国经营过程中往往通过关联企业间的关联交易将利润的一部分转移给设在避税地的受控外国公司,并利用居民国推迟课税的有关规定将利润长期滞留在境外,不汇回国内或要求境外子公司对利润不做相应的分配,从而规避居民国实际上应缴纳的企业所得税。

中国《企业所得税法》对"受控外国公司"做出了规定。根据《企业所得税法》的有关规定,由居民企业,或者由居民企业和中国居民控制的设立在实际税负明显低于12.5%的国家(地区)的企业,并非由于合理的经营需要而对利润不做分配或者减少分配的,上述利润中应归属于该居民企业的部分,应当计入该居民企业的当期收入,缴纳企业所得税。

3. 中转国税收优惠风险

如前所述,如果将一家中间控股公司设立在与最终投资国存在优惠税收协定条款的国家和地区,那么将会降低股息红利与股权投资所得在最终投资国的税负。但是,我们需要考虑这个中间控股公司收到的股息或者股权转让所得、未来汇出股息以及未来母公司转让该中间控股公司的股权,是否需要再缴纳所得税或预提税。也就是企业需要注意,协定优惠的适用对象是有条件的,即"受益所有人"是受限制的。比如,要求享受协定的公司要有实质性业务,不能只是注册一个壳公司,以防止第三国居民滥用税收协定。

4. 外汇与商业运作风险

在设计境外投资架构时,中国居民还需要考虑外汇管理方面的限制、未来重组和上市的灵活性、间接投资架构的设立与维持成本等方面的因素。

在境外资金运作方面,根据中国外汇管理的有关规定,境内投资者转让境外投资企业的股份,应当向外汇管理部门提交股份转让报告书,并且需要将所得外汇收益调回境内。但是,对于在间接投资架构下,中间控股公司转让被投资企业(或下一层中间控股公司)取得的股权转让所得(外汇收益),是否也必须向中国外汇管理部门报告并调回境内,则没有明确规定。因此,考虑到外汇管理的因素,间接投资方式比直接投资方式在境外资金运作上更具有灵活性。

在税负方面,从未来重组和上市的角度来看,在直接投资的方式下,如果中国企业有多个境外投资项目均纳入上市范围,则需要在未来进行大规模的整合与架构重组,在此过程中可能会产生股权转让的相关税负。而通过间接投资方式,在中间控股公司的层面上进行重组,可以在一定程度上减少或避免相关税负,为重组和上市提供便利。

在设立和维持成本方面,设立和维持成本也是境外投资架构设计需要重点考虑的一个方面,值得关注的问题包括中间控股公司所在国对当地董事人数和公司注册资本的要求、设立费用和时间、公司建成后是否需要进行年度审计以及中间控股公司所在地的国际声誉,如是否属于经济合作与发展组织的"避税港黑名单"。

5. 反避税风险

为提高税收的透明度和确定性,监督滥用税收协定行为,2015年经济合作与发展组织发布了税基侵蚀和利润转移(BEPS)行动计划,并得到G20成员的背书。目前,已发展到BEPS2.0,且提出了"利润要在经济活动地和价值创造地分配"的总原则,完善了税收协定规则和转让定价规则。各国积极落实并应用这些成果,目前只有多边约定对于中间层控股公司架构,还按照"实质重于形式"原则认定居民企业的"受益所有人"身份,即,享受税收协定待遇的缔约对方居民企业是否是真正的"受益所有人"。

近年来,中国税务机关与时俱进,参照国际反避税惯例(如BEPS),强调价值创造地或者经济活动发生地原则,利用税收情报互换和银行间纳税信息共享(即CRS),甚至运用大数据管理,对税收协定滥用的管理更加严格,对境外所得反避税的操作也更加成熟。中国"走出去"企业在境外设立的没有实质性业务的"空壳注册公司",没有合理商业目的"导管公司",或将境外所得频繁转移到第三国,或设计间接股权转让以专门避税,或长期将利润滞留在境外等,这些避税操作将面临中国反避税规定和税务风险。

案例：

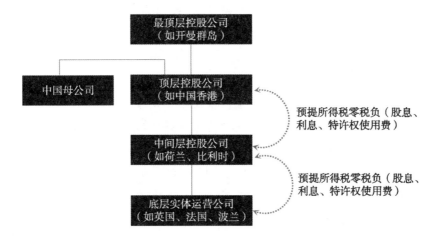

分析：（1）底层实体运营公司从底层的被投资国或项目所在国（如英国、法国、波兰），向其上层参股公司（中间层投资国，如荷兰、比利时）支付并汇回股息、利息、特许权使用费时，因荷兰、比利时与大部分被投资国签订了双边税收协定，其可以依据双边税收协定享受优惠的预提税税率（一般是0～5%）。与此对应，中间层国家从底层的被投资国家收到汇回的股息、利息、特许权使用费时，荷兰、比利时可以依据欧盟相关税收法令，享受相应的参股所得免税待遇，即豁免收到的股息、利息、特许权使用费的预提税。

（2）中间层控股公司由中间层投资国，向其顶层控股公司（如中国香港公司）支付并汇回股息、利息、特许权使用费时，可以依据荷兰、比利时与中国香港的税收协定，也可以依据其本国的相关所得税规定，享受预提税的优惠税率。与此对应，中国香港因为行使单一的地域税收管辖权，对离岸所得（股息、利息、特许权使用费）不征税。

（3）顶层控股公司向中国母公司支付并汇回股息、利息、特许权使用费时，可以依据《内地和香港特别行政区关于对所得避免双重征税和防止偷漏税的安排》，享受预提税的优惠税率（股息的优惠税率为5%，利息的优惠税率为7%，特许权使用费的优惠税率为7%）。需要注意的是，中国香港公司若不对中国内地的母公司支付并汇回股息、利息、特许权使用费，其中国母公司依照相关所得税法规，对香港公司留存利润不纳税。也就是说，香港公司可以享受递延纳税的待遇。

如果顶层控股公司向最顶层控股公司（通常注册在避税港，如开曼群岛）支付并汇回股息、利息、特许权使用费，因开曼群岛是避税港，对收到的离岸所得（股息、利息、特许权使用费）不征税。

第三节 境外运营阶段风险

中国居民境外投资运营脱离了熟悉的境内税务环境，进入到陌生的税务环境，税务风险具有复杂性。由于不熟悉东道国的税法、征管要求,不了解国际税收规则的变化,在企业合规、常设机构、跨境关联交易等方面引发争议,或面临来自中国及投资所在国的双重转让定价调查调整的风险。

一、境外融资模式

在境外投资设立企业举借外债的管理政策比内资企业宽松,外资企业可以在批准的投资总额和注册资本差额内允许自由举债。为了方便从境外融资,很多中国居民通过各种方式如并购实现外资化。国家对境外融资给予政策支持。国家发展改革委、财政部2018年5月发布了《关于完善市场约束机制严格防范外债风险和地方债务风险的通知》,中国人民银行发布了《关于全口径跨境融资宏观审慎管理有关事宜的通知》(银发〔2017〕9号)等。从中国居民境外融资的情形看,不同的融资模式产生的税收结果差异较大。

1. 融资架构的设计

直接融资方式下,中国母公司直接向海外被投资企业提供借款,按照关联交易转让定价的独立交易原则,中国母公司应当按照市场公允利率,就该笔借款向海外被投资企业收取利息。但是,投资东道国通常会对跨境的利息支付征收预提所得税。如果两国没有签订税收协定,或者签订的税收协定没有将就利息支付的预提所得税税率限制在一个较低的水平,则该借款利息就可能须在投资东道国缴纳较高的预提所得税。另外,根据中国的税法,中国母公司收到利息,须缴纳6%的增值税和25%的企业所得税,就该利息在境外缴纳的预提所得税可在一定限额内抵免中国企业所得税。因此,直接融资方式涉及的境内外税负较高,通常不是境外企业融资的首选架构。

间接融资方式下,假设某中国公司投资设立的美国子公司出于经营需要,计划向其中国母公司或香港关联公司借入一笔款项。根据美国税法的规定,通常情况下,美国公司向国外支付的借款利息须缴纳30%的预提所得税(例如向中国香港支付利息)。根据中美税收协定,如果该利息是直接支付给中国的公司,预提所得税税率可降低到10%。但是,如果该中国公司在荷兰、瑞士等地投资设立的子公司专门为美国子公司提供融资,则根据美国和荷兰、瑞士等地的税收协定,美国子公司支付给荷兰、瑞士公司的利息,在一定条件下可以抵免美国预提所得税。通过上述的融资架构设计,该笔利息收入的美国预提所得税税负从10%降低到0。尽管荷兰、瑞士公司要获得该利息收入,可能仍须缴纳一定的当地所得税,并且中国公司在最终取得该利息收入(例如荷兰、瑞士公司将该利息收入以股息的形式汇回中国)时,可能也须按25%的税率补缴中国企业所得税,但在该笔收入汇回中国之前,可以用来满足其他项目的资金需求,因此在一定程度上降低或递延了整体税负。如果采用间接融资方式,即中国母公司通过第三地的子公司,间接向境外被投资企业提供借款,可在一定程度上降低税负,提高资金运作的灵活性。

融资架构的效果还受其他因素影响。一是投资东道国的税务规定。除了投资东道国的利息税前扣除、利息预提所得税以及相关税收协定的税率限制,在选择第三地的融资公司进行间接借款时,还须注意投资东道国是否将"背靠背贷款"排除在税收协定适用范围之外。所谓"背靠背贷款",是指最终提供贷款的公司先借款给第三地的融资公司,再由该融资公司转贷给东道国的被投资企业,以利用第三地与东道国签订的税收协定所提供的低税率优惠,降低因利息收入支付的预提所得税。二是融资公司所在国的税务规定。融资公司取得的利息收入,通常须在当地缴纳所得税,而该利息收入以股息或利息的形式,从融资公司所在地汇出至中国母公司时,还可能须缴纳当地预提所得税。因此,在选择融资公司的设立地点时,需要考虑当地的所得税、预提税以及是否与中国签订优惠税收协定,尽量减少间接融资架构下的税务成本。三是母公司所在国的税收规定。中国母公司取得境外被投资企业或融资公司汇回的利息和股息时,通常须按照中国的所得税税率缴纳所得税。不过,该利息和股息收入在境外实际缴纳的所得税,在一定条件下可以获得抵免。鉴于中国税负较重,可考虑将利息收入尽可能保留在海外低税负的融资公司,用于其他海外项目,充分利用货币的时间价值,以递延母公司的相关税负。

2. 融资方式的确定

境外被投资企业的融资方式,通常包括股权融资和债权融资两种。在选择融资方式时,企业须考虑投资东道国对资本弱化、亏损弥补年限、利息费用资本化等方面的规定,对两种融资方式的税务成本进行综合平衡。

资本弱化是指企业采取债务方式出资而减少股权出资,债务利息可以在税前扣除,而股利分红不能在税前扣除,进而减少应纳税所得额。投资东道国通常会对资本弱化进行规定,对公司的股权融资和债权融资比例进行限制,如规定企业从其关联方接受的债权性投资与权益性投资的比例,在超过规定标准时发生的利息支出,不得在计算应纳税所得额时扣除等。

案例1:中国A公司在美国设有一家子公司B,注册资本为1 000万美元,假设2019年该子公司的利润为100万美元。美国最新企业所得税税率为21%,适用的债务资本与权益资本的比例为1.5∶1,同时利润汇回境内母公司时须缴纳10%的预提所得税。

方案一:1 000万美元注册资本全部来源于B公司的股权筹资。100万美元利润需要全额纳税。

方案二:1 000万美元注册资本中600万美元来源于债权筹资,400万美元来源于股权融资,债权利息支出60万美元。

两个方案税后收益计算及比较见下表:

股权融资和债权融资税后收益一览表

筹资方式	1 000万美元股权	600万美元债券+400万美元股权
息税前利润/万美元	100	100
利息支出/万美元	0	60

(续表)

筹资方式	1 000万美元股权	600万美元债券+400万美元股权
应纳税所得额/万美元	100	40
应纳所得税(21%)/万美元	21	8.4
净利润/万美元	79	31.6
预提所得税(10%)/万美元	7.9	3.16
B公司收益/万美元	71.1	88.44
实际税负率/%	28.9	11.56

通过两种筹资方案税后收益的比较,方案二的实际税负率11.56%远低于全部股权投资条件下28.9%的税负率,债券投资的节税效果明显。但是案例假设的债资比例达到最大,利息扣除远高于应纳税所得额的50%,可能违背美国的收益剥离规则中企业利息支出大于当年利息扣除额度的利息不予扣除的规定。

利息费用能否资本化也与融资方式的选择密切相关。若筹建阶段的利息费用能够资本化,即该利息费用能够在以后年度逐年摊销,则前期费用将有所降低,也能减少亏损无法用以后年度利润弥补的风险。反之,若前期利息费用不能资本化而只能在当期税前扣除,则容易导致相关的亏损在规定年限内无法完全弥补,从而导致企业整体税负上升。

东道国对亏损弥补的规定,对境外投资运营的管理影响较大。从亏损弥补年限来看,境外被投资企业在运营初期往往会产生一定的亏损,而投资东道国允许用以后年度的盈利来弥补亏损时,可能有一定的年数限制,如中国是五年。因此,若运营初期采用较大比例债权的融资,则可能存在利息费用无法在规定年限内抵免应税所得的风险。

案例2:甲国税法规定的亏损弥补年限为五年,中国居民在甲国投资的Y项目公司自设立之日起前六年每年均亏损100万元,同时每年利息支出100万元,从第七年开始盈利,当年应纳税所得额为800万元。由于已经超过了五年的亏损弥补年限,因此第一年的亏损无法用第七年的盈利弥补。这种情况下,第一年应尽量使用股权融资,避免债权融资,否则相应的利息支出无法在税前扣除。

3. 融资定价

中国居民在东道国项目的投资初期,公司可能进行各项固定资产投资,采购大量的机器设备,此时正是企业需要大量资金的阶段。随着项目建设的完成和收入的产生,投入的资本会逐渐减少,企业开支相应缩减,资金需求量也会逐年降低。为提高资金的利用率,公司可根据自身的发展战略、近期的业务量、未来的投资、经营现金流等,进行综合预测,通过对债股比例进行适当的安排,使股权融资与债权融资的金额与投资、经营现金流匹配。

将融资与供应链结合起来进行安排。供应链管理的各个环节可能存在不同的业务安排,有效地将融资金额与供应链管理相结合,能够缓解短期的资金紧张问题。例如,针对东道国公司投资初期支出大、收入小的情况,可考虑以融资租赁或经营租赁的方式租入而非购买设备。又比如,在关联方负责分销产品的情况下,当东道国公司投资初期缺乏资金时,可以将产品预售给关联方,从而提前取得流动资金,缓冲现金压力。若东道国公司现金充裕,则可以将产品赊销给关联方,以平衡双方的资金需求。

考虑转让定价风险进行融资安排。母公司或关联企业向境外被投资企业提供借款,还须综合货币、期限、付款条件、合同条款、风险承担、经济环境等诸多要素,合理确定利率水平,以避免融资安排引起的关联交易转让定价的风险。

案例:中国A民营企业集团为维持设立初期面临亏损的甲国子公司B企业的运营,将5 000万元的营运资金以借款名义直接汇入B企业账户,且双方公司未做利息收取和扣除的账务处理,导致B公司受到当地税务机关调查,当地税务机关将该笔收入列为B企业的营业利润,直接对其征收企业所得税。

上述案例反映出A企业的账务处理留下了隐患,存在以下转让定价安排风险:一是商业实质无法得到有效证明。双方均未对该笔交易进行账务处理,无法反映经济实质,并且A企业按照借款合同应收未收利息,减少了国内应税所得。二是关联交易形式缺乏合规性。借款合同双方责任界定不明确,利息支付方式不符合法律常规,可能被当地税务机关界定为资本注入。三是存在抵消交易的嫌疑。甲国税务机关可能会认为该笔资金属于企业内部交易的补偿金额,应按照独立交易原则进行税款征收。

二、境外供应链

供应链是商业运作模式中的核心,由材料提供、生产制造、物流仓储、分销等环节构成,包含了从供应商到最终用户的全部职能。采用税务效率较高的供应链管理模式,可以降低境外投资项目所负担的境外及中国所得税、增值税、关税等税负,优化税务管理和风险控制,改善项目的现金流状况,提高净现值和回报率。但是,跨国交易的供应链管理模式,通常涉及多个国家的税务规定以及国际税收协定,因此需要特别慎重考虑,需要以全球视野对其商业运作模式进行整体优化,从而在减低税负的同时,降低潜在的税务风险。

转让定价是跨国供应链管理税务筹划的核心问题。供应链管理相关的转让定价问题更多关注不同管辖权下的利润分配。而关联企业之间的利润分配主要取决于关联企业在集团内部承担的职能和风险。中国企业应充分考虑集团内各企业的税负状况,并对其在集团供应链中的职能和风险进行合理安排,以实现全球经营模式的优化以及合法节税的目的。但应当注意防范转让定价的风险,特别是最近国际上各个国家竞相遵从的反税基侵蚀和利润转移(BEPS)措施带来的风险,因此应尽可能使关联企业之间的利润分配符合独立交易的原则,使企业所获得的利润与其所承担的职能、风险以及拥有的资产相匹配。

1. 采购流程的设计

设计一个合理有效的材料采购流程,可以节约所得税、增值税和关税成本,是采用供应链管理模式的考虑要点之一。由于行业的差异和投资区域的不同,如何选择最优的材料采购方式,除了考虑所得税税率差异,还需要综合考虑多种因素,例如与材料供应商已有的业务安排、各相关国家或地区的海关进出口规定等问题,尤其要考虑通过海外关联公司转售,是否会对项目所在地的进口关税和增值税产生影响,同时要预防所在国税务机关对转让定价的反避税调查。

案例:中国A公司在非洲某国从事基础设施建设,需要从中国和其他国家采购大量水泥、钢筋等工程材料。中国A公司和非洲项目公司B采用了常见的"直接采购"方式,分别与境内外供应商签订合同,购买建设所需材料,A公司再将境内购买的材料转售给B。由于在"直接采购"方式下,材料采购环节的增值额会留在税率较高的A公司和B公司,导致该部分利润的整体税负高。中国A公司改为采用"通过境外关联公司采购再转售"的方式,即A公司在税率较低的中国香港设立境外关联公司C,将其作为全球采购平台,负责集团的所有材料采购,并承担相关的价格波动、质量等风险,由C从供应商处采购材料之后,按照合理的较高价格转售给B,将一定利润留在税率较低的境外关联公司。

2. 设备购销租赁的设计

对大型投资项目来说,机器设备等固定资产,将在很大程度上影响长期盈利状况和税务负担。因此,设计税务效率较高的机器设备提供方式,也是供应链优化的一个重要方面。

如采用购销方式,可以参考上例中材料供应的筹划方法,由集团内的一家低税负境外关联公司作为机器设备的国际采购平台,从而将合理利润保留在这家低税负的境外公司。

案例:承上例,中国A公司需要向非洲项目公司B提供生产所需的机器设备。比较常见的是"购销方式",即A公司将自产的机器设备直接销售给B,或者A公司向境内供应商购买机器设备,再转售给B。在这种方式下,A公司出口设备可能享受中国的出口退税等税收优惠,同时B公司可以将该机器设备计入其固定资产,并在税前计提折旧。但是,机器设备提供环节的增值额将留存在A公司,这部分利润需要缴纳较高的中国所得税。

从境外的基础设施建设项目的实践看,大型机器设备使用时间往往不超过五年时间,因此采用"租赁方式"更为常见,即由中国公司或境外关联公司向中国境内外供货商购买机器设备,再出租给非洲项目公司。在这种方式下,需要考虑非洲项目东道国对汇出租金征收的预提税税负,中国或境外关联公司所在地与非洲项目东道国签订的税收协定对租金预提税的限制税率、中国或境外关联公司所在地对租金收入征收的所得税税负,以及租赁设备能否在非洲项目东道国免征进口关税及增值税等问题。若能将低税负且与项目东道国拥有优惠税收协定条款的境外关联公司作为全球的机器设备租赁平台,则可将此环节的利润合理保留在境外关联公司,从而降低整体税负。

3. 技术许可的设计

中国企业在境外投资、跨国工程和国际贸易中,往往也伴随着一定的技术许可和技术服务,包括直接许可和间接许可两种方式。采用不同的许可方式,产生的税务结果是不同的。我们先通过案例看看分别采用直接许可方式和间接许可方式产生的税务结果。

案例1：承上例，中国 A 公司将其持有的技术"直接许可"给非洲项目公司 B 使用，收取特许权使用费。项目东道国对项目公司 B 支付的特许权使用费征收了预提所得税，中国 A 公司收到特许权使用费后要缴纳企业所得税。如果 A 公司派人到非洲项目公司 B 提供一定的技术支持服务，还有可能在项目东道国构成常设机构，需要在当地缴纳企业所得税。

案例2：承上例，中国 A 公司将技术转让给所得税税率较低的中国香港关联公司 C，按成本加成一定比例利润的方式收取合理的技术转让费，然后由 C 向 B 提供技术许可及技术支持服务，收取合理的费用，即通过"将技术转让给境外关联公司，然后许可项目公司使用"的方式，将技术许可环节的利润保留在低税负的境外关联公司。

目前，大多数境外投资的中国居民在技术许可环节采用间接许可的方式。由于涉及不同国家（地区）的税收安排、税收协定的签订等情况，采用间接许可方式还要考虑以下问题：① 东道国对汇出特许权使用费的预提所得税税负；② 中国或境外关联公司所在地与东道国签订的协定中关于特许权使用费预提税的限制税率；③ 中国或境外关联公司所在地对特许权使用费收入征收的所得税税负；④ 技术转让收入在中国的所得税税负和优惠；⑤ 境外关联公司所在地对技术等无形资产的摊销规定；⑥ 中国或境外关联公司所在地与东道国签订的关于常设机构的规定等；⑦ 交易金额是否合理。

在提供技术许可和技术服务时，中国居民要特别关注无偿向境外输出无形资产侵蚀境内企业利润的风险。企业向境外子公司或关联企业提供商标、专有技术和客户清单等无形资产时，没有收取相关使用费，可能会带来国内税务部门反避税调查的风险。

案例3：中国某高新技术企业 A 公司在境外投资设立生产性公司 B，A 公司向 B 公司转让专有技术使用权用于 B 公司的产品生产，但是未按照独立交易原则收取特许权使用费。被国内税务部门调查后，B 公司按照独立交易原则向境内母公司 A 支付了特许权使用费，A 公司相应申报补缴了企业所得税及滞纳金。

4. 研发、设计与施工劳务的设计

境外投资项目建设过程中，经常需要中国公司提供图纸设计等服务，同时中国公司还会派劳务人员到东道国进行项目工程施工。

如果采用直接方式派遣设计人员赴东道国现场工作，除了要缴纳中国所得税，还可能会在项目东道国构成常设机构，须缴纳当地所得税。如果向东道国项目直接提供施工劳务，东道国可能会对施工环节的利润征收所得税，中国企业也可能承担所得税的纳税义务。

如果采用间接方式由境外关联公司提供设计和施工劳务，即由低税负的境外关联公司提供设计服务，尽可能减少设计人员赴项目现场工作，同时将劳务人员的合同转给低税负的境外关联公司，由该公司派劳务人员到东道国项目现场施工，则可将相应的设计和施工劳务的利润保留在低税负的境外公司。但采用间接方式要综合考虑以下问题：① 中国或境外关联公司所在地对设计和施工劳务收入征收的所得税税负;② 中国或境外关联公司所在地与东道国签订的协定中关于常设机构的规定等;③ 设计人员是否转移到低税负的境外关联公司工作,施工人员合同关系能否转到境外关联公司,项目东道国对劳务提供方的资质要求等。

境外投资要特别关注提供关联研发服务但未体现相应收益或回报的风险。跨国集团以其避税地子公司的名义实施研发项目,然后将研发项目发包给境内关联公司进行开发,并通过较低的成本加成率确定研发服务回报。提供研发服务的企业在使用该技术时,仍向子公司支付特许权使用费。税务机关将评估境内研发活动是否获得合理回报,对不符合独立交易原则的安排做出纳税调整。

案例:某跨国集团在我国境内设立子公司 A 从事生产及研发活动。2017 年跨国集团在英属维尔京群岛设立子公司 B,B 公司成立后便与 A 签订研发协议。协议规定研发所有权归 B 公司,A 公司使用该成果必须按市场行情支付特许权使用费。税务机关认为,A 公司之前的研发已经形成一定成果,后续研发在人员等方面未发生实质改变,不能仅通过简单的合同签署就改变 A 公司对研发成果的所有权,A 公司对外支付特许权费用不适当。

三、境外投资利润及分回

追逐利润是企业境外投资的最大目的。当企业在境外投资获得所得,如何对所得进行处理是企业不可逾越的问题。不同的处理方式会产生不同的税务结果。

1. 将利润保留在境外

纳税人在境外投资的所得必须汇回本国才需要向本国缴纳企业所得税,如果留在投资国,则不需要向本国缴纳企业所得税。因此,纳税人可以在允许限度内将利润留在境外,从而避免或推迟向本国缴纳企业所得税。而纳税人在纳税延迟期间,则可以合理占用本应及时交纳的税款并加以使用,从而使纳税人从中获得较多的利润,达到降低税率的目的。尤其是,当企业需要继续在境外进行投资时,更不需要将利润汇回本国,可以将企业的利润直接投资于新的企业,以此减轻税收负担。当然,这种纳税筹划方法应当保持在一定的限度内,超过一定的限度将被税务机关进行纳税调整。

2. 利用境外公司转换所得来源地

不动产转让所得一般都要在不动产所在地纳税,但利用在境外设立公司如设立中国香港公司来持有不动产,就可以将不动产转让所得转化为股权转让所得,而股权转让所得根据被转让公司所在地来确定来源地,且公司的设立地点是可以选择的,由此就可以将境内不动产转让所得转化为境外所得。

当然,我国与缔约国签订的税收协定中,对于不动产公司股份的转让,仍然规定的是在不动产所在国征税的原则。因此,要想将不动产转让所得转化为股权转让所得,需要考虑税收协定的限制。

3. 将利润汇回国内

中国居民企业将境外利润汇回国内,主要有以下四种方式:股息、利息、特许权使用费和财产转让所得。其中,以股息、利息最为常见。股息主要指境外子公司汇回中国的股息、红利,也就是境外子公司缴纳当地企业所得税之后,将税后利润分配给母公司的股息。中国居民企业收到股息后,还原为税前所得,计算应缴纳中国企业所得税,并依据限额进行补缴或结转。另外,在汇回股息时,需要考虑被投资国对于预提税的征收比例,若两国之间签订了税收协定,则可以大幅度降低该预提税税率。因此,前期如果充分规划了控股架构,后期利润汇回时可以节省大部分股息预提税。企业将利润汇回应对以下税务问题进行考量,以达到税收最小化,主要包括:① 充分利用税收协定尽量减少或免除股息、利息和资本利得汇回过程中的税负;② 递延母国对境外收入的税收;③ 准确判断特许权使用费和服务费的性质,并分别比较不同支付名目下的税务影响;④ 确保关联方之间支付的金额符合独立交易的原则等。

四、境外所得税收抵免

"走出去"企业对境外所得税收抵免非常关心。由于境外税收抵免制度具有一定复杂性,故在税款抵免计算、税收饶让抵免、税收协定待遇享受、境外完税凭证准备等方面常常会产生差错,甚至相应税款无法抵免,这些都是"走出去"企业税收遵从中的重点和难点。

1. 税收抵免的政策规定

根据《中华人民共和国企业所得税法》及其实施条例、《财政部 国家税务总局关于企业境外所得税收抵免有关问题的通知》(财税〔2009〕125 号)、《国家税务总局关于发布〈企业境外所得税收抵免操作指南〉的公告》(国家税务总局公告 2010 年第 1 号)(部分废止)和《财政部 税务总局关于完善企业境外所得税收抵免政策问题的通知》(财税〔2017〕84 号)的有关规定,居民企业来源于中国境外的应税所得已在境外缴纳的所得税税额,可以从其当期应纳税额中抵免,抵免限额为该项所得依照《中华人民共和国企业所得税法》规定计算的应纳税额。超过抵免限额的部分,可以在以后 5 个年度内,用每年度的抵免限额抵免当年应抵税额后的余额进行抵补。居民企业从其直接或者间接控制的外国企业分得的来源于中国境外的股息、红利等权益性投资收益,外国企业在境外实际缴纳的所得税税额中属于该项所得负担的部分,可以作为该居民企业的可抵免境外所得税税额,在《中华人民共和国企业所得税法》第二十三条规定的抵免限额内抵免。这些规定赋予企业下列权利,包括:

(1)赋予纳税人选择权,对境外投资所得可自行选择综合抵免法或分国抵免法,但一经选择,5 年内不得改变。选择综合抵免法,对同时在多个国家(地区)投资的企业可以统一计算抵免限额,有利于平衡境外不同国家(地区)间的税负,增加企业可抵免税额,有效降低企业境外所得总体税收负担。同时,综合抵免依然遵守限额抵免原则,不会侵蚀所得税税基。

(2)采用不同于以前年度的抵免方法计算可抵免境外所得税税额和抵免限额时,企业此前在各国抵免法下还有尚未抵免完的余额,可在税法规定5年结转期的剩余年限内,按照综合抵免法计算的抵免限额继续结转抵免。

(3)扩大境外所得税收抵免层级,将抵免层级由三层扩大至五层,以更好地鼓励中国企业"走出去"获取境外资源、市场、技术等关键要素。

下面,我们通过一个案例说明采用"分国(地区)不分项"与"综合抵免"法计算抵免限额的差异。

案例: 居民企业A设立在国内,在甲国设立有分支机构B和子公司C,在乙国设有分支机构D。2017年居民企业A境内实现当年度应纳税所得额300万元,设在甲国的分支机构B当年度实现应纳税所得额200万元,在甲国缴纳企业所得税20万元,子公司C当年度分配给居民企业A股息100万元,该股息实际负担所得税10万元。设在乙国的分支机构D,当年度应纳税所得额为200万元,在乙国缴纳企业所得税60万元,以前年度结转抵免额为15万元,且尚在结转抵免5年有效期内。两种抵免方法对比:

境内外应纳税所得额:300 + 200 + 100 + 200 = 800(万元)

境内外应纳税总额:(300 + 200 + 100 + 200)× 25% = 200(万元)

两种抵免方法计算对比表

计算项目	分国不分项		综合抵免
	甲国	乙国	境外(甲国+乙国)
可抵免境外所得税税额	20 + 10 = 30(万元)	本年60万元,若抵免后仍有限额,则以前年度结转15万元可用	当年度可抵免税额(30 + 60)+ 以前年度结转税额(15,90小于限额,启用以前年度结转)= 105(万元)
境外应纳税所得额	200 + 100 = 300(万元)	200万元	300 + 200 = 500(万元)
应纳税所得额占比	300÷800 = 37.5%	200÷800 = 25%	500÷800 = 62.5%
可抵免限额	200×37.5% = 75(万元)	200×25% = 50(万元)	200×62.5% = 125(万元)
实际可抵免额	孰小值(30万元,75万元)= 30万元	孰小值(60万元,50万元)= 50万元	孰小值(105万元,125万元)= 105万元
合计抵免额	30 + 50 = 80(万元)		105万元

注意,分国不分项方法中,居民企业A在甲国取得了营业利润、股息红利两种性质的所得,抵免限额合并计算即可。居民企业A在乙国2017年度尚未抵免的税额10万元,以前年度结转抵免的税额15万元,结转以后年度用乙国的可抵免境外所得税税额进行抵免。

2. 可抵免境外所得税税额的计算

税收抵免的范围包括直接抵免和间接抵免。直接抵免是指企业直接作为纳税人就其境外所得在境外缴纳的所得税税额在我国应纳税额中抵免。主要适用于企业就来源于境外的营业利润所得在境外所缴纳的企业所得税，以及就来源于或发生于境外的股息与红利等权益性投资所得、利息、租金、特许权使用费，财产转让等所得在境外被源泉扣缴的预提所得税。简言之，直接抵免的范围就是中国居民企业作为纳税人在境外直接缴纳的企业所得税性质的税款，税收完税证明的纳税人名称为中国居民企业，其具体范围包括中国企业在境外提供劳务、贷款给境外企业（或个人）、特许权许可给境外企业（或个人）使用、向境外企业（或个人）收取租金、转让境外财产（含股权）等在境外缴纳的企业所得税性质的税款。对于此类的抵免，需要提供中国居民企业在境外缴纳企业所得税性质税款的完税凭证的原件。对于直接抵免，境外投资的企业在进行税收抵免计算时应该注意以下两点：

其一，可以抵免的税额必须是企业所得税性质的税款。由于境内外税收制度存在较大差异，"走出去"企业在境外经营需要缴纳的税种种类较多，与境内税收规定不尽一致。可纳入境内税收抵免范围的仅有企业所得税及具有企业所得税性质的税款，其他税种虽已缴纳，但如果不属于这一范畴则不能参与抵免，而只能作为成本、费用或营业税金及附加项目纳入税前扣除范围。如中国居民企业在境外缴纳的货物和劳务税，由于不属于企业所得税性质的税款，故不能参与境外企业所得税的税收抵免。但如果在境外缴纳企业所得税的基础上，又按照所在国税收法律缴纳了"超额利润税"，由于该税种属于企业所得税性质的税款，故可以将其纳入税收抵免范围。

其二，可以抵免的税额，必须是依照中国境外税收法律以及相关规定应当缴纳并已实际缴纳的税款。不允许抵免的境外所得税包括六种情形：① 按照境外所得税法律及相关规定属于错缴或错征的境外所得税税款；② 按照税收协定规定不应征收的境外所得税税款；③ 因少缴或迟缴境外所得税而追加的利息、滞纳金或罚款；④ 境外所得税纳税人或者其利害关系人从境外征税主体得到实际返还或补偿的境外所得税税款；⑤ 按照我国《企业所得税法》及其实施条例规定，已经免征我国企业所得税的境外所得负担的境外所得税税款；⑥ 按照国务院财政、税务主管部门有关规定已经从企业境外应纳税所得额中扣除的境外所得税税款。在实践中，部分"走出去"企业在境外被征收了税收协定内没有规定的所得税性质的税款，即使这笔税款是依照中国境外税收法律以及相关规定应当缴纳并已实际缴纳的企业所得税性质的税款，但只要在我国与东道国税收协定中未有此类税款的条款，企业就不能作为可以抵免的税款进行处理。

案例 1：我国 A 公司在甲国设立了一家分公司，甲国税务机关在对该分公司征收了企业所得税后，又对其税后利润征收了 15% 的利润税。我国与甲国税收协定的股息条款中，没有利润税的规定。根据《财政部 国家税务总局关于企业境外所得税收抵免有关问题的通知》（财税〔2009〕125 号）的规定，这笔利润税属于"按照税收协定规定不应征收的境外所得税税款"，无法在我国做境外税收抵免处理。对此，企业及时提出了相互协商程序申请，经过多次沟通，甲国退还了这笔利润税，A 公司维护了自身的合法权利。

间接负担的境外所得税税额,是指居民企业从其直接或者间接控制的外国企业分得的来源于中国境外的股息、红利等权益性投资收益时,外国企业已在境外实际缴纳的所得税税额中属于该项所得负担的部分。抵免要求如下:

(1) 间接负担的境外所得税税额的税收抵免原则。根据直接或者间接持股方式合计持股20%以上(含20%,下同)的规定层级的外国企业股份,由此应分得的股息、红利等权益性投资收益,从最低一层外国企业起逐层计算属于由上一层企业负担的税额。

(2) 间接负担的境外所得税税额的税收抵免的计算。本层企业所纳税额属于由一家上一层企业负担的税额=(本层企业就利润和投资收益所实际缴纳的税额+由本层企业间接负担的税额)×本层企业向一家上一层企业分配的股息(红利)÷本层企业所得税后利润额。

根据《财政部 税务总局关于完善企业境外所得税收抵免政策问题的通知》(财税〔2017〕84号)第二条的规定:企业在境外取得的股息所得,在按规定计算境外股息所得的可抵免所得税额和抵免限额时,由居民企业直接或者间接持有20%以上股份的外国企业,限于符合按照财税〔2009〕125号文件第六条规定的持股方式确定的五层外国企业,即:

第一层:企业直接持有20%以上股份的外国企业;

第二层至第五层:单一上一层外国企业直接持有20%以上股份,且由该企业直接持有或通过一个或多个符合财税〔2009〕125号文件第六条规定持股方式的外国企业间接持有总和达到20%以上股份的外国企业。

案例2:中国居民企业A控股了3家公司——甲国B1、乙国B2和丙国B3,持股比例分别为50%、50%和15%。B1持有丁国C1公司30%的股份,B2持有戊国C2公司50%的股份,B3持有庚国C3公司50%的股份;C2持有辛国D公司100%的股份;D公司持有壬国E公司100%的股份;E公司持有癸国F公司100%的股份;F公司持有子国G公司100%的股份。

不论是三层抵免还是五层抵免,计算顺序均为由上至下。具体到本案例,在抵免层级为三层时,第一步,确定可抵免的具体层级,即B、C、D系列公司所在层级的公司。第二步,第一层B系列公司中,B1、B2持股比例大于20%,B3持股比例小于20%,故只有B1、B2可纳入抵免范围,B3不可纳入抵免范围,且其持有的下一层级公司也不可纳入抵免范围。第三步,在第二层C系列公司中,因A间接持有C1公司15%(50%×30%=15%,以下间接持股比例计算规则类似)的股份、持有C2公司25%的股份,故C1不能纳入抵免范围,C2可纳入抵免范围。第四步,在第三层D公司中,A间接持有D公司25%的股份,D可纳入抵免范围。在抵免层级为五层时,抵免层级可拓展至B、C、D、E、F系列所在层级的公司,直接持股和间接持股比例计算规则与抵免层为三层时相同。

3. 税收饶让

居民企业从与我国政府订立税收协定(或安排)的国家(地区)取得的所得,按照该国(地区)税收法律享受了免税或减税待遇,且该免税或减税的数额按照税收协定规定应视同已缴税额在中国的应纳税额中抵免的,该免税或减税数额可作为企业实际缴纳的境外所得税额用于办理税收抵免,这就是税收饶让。也就是说,享受饶让抵免的境外所得来源国(地区)必须是与我国政府订立税收协定(或安排)且有饶让抵免条款的国家(地区)。享受饶让抵免的境外所得必须是按照所得来源国(地区)税收法律享受了免税或减税待遇,且该免税或减税的数额按照税收协定规定应视同已缴税额,且经企业主管税务机关确认,方可在其申报境外所得税额时视为已缴税额。比如甲居住在 A 国,有来自 B 国的收入,B 国对甲免税,免了 1 万元,甲在 A 国应缴税 10 万元,允许扣减 B 国免除未缴纳的税款 1 万元,这就叫税收饶让。从企业的角度看,饶让抵免是一种特殊的"税收优惠",有利于减轻"走出去"企业的税收负担,增加境外投资经营的税后收益。

税收饶让抵免应区别下列情况进行计算:① 税收协定规定定率饶让抵免的,饶让抵免税额为按该定率计算的应纳境外所得税额超过实际缴纳的境外所得税额的数额;② 税收协定规定列举一国税收优惠额给予饶让抵免的,饶让抵免税额为按所得来源国家(地区)税收法律规定税率计算的应纳所得税额超过实际缴纳税额的数额,即实际税收优惠额。另外,企业需要关注我国与哪些国家(地区)签订的税收协定规定了税收饶让抵免制度(只有美国等少数国家没有)。如果我国与某些国家(地区)之间没有规定税收饶让抵免制度,那么我们就可以通过在具有税收饶让抵免制度的国家设立居民公司来享受该政策。如 A 国与我国签订的双边税收协定有税收饶让抵免制度,但是 B 国没有,我国甲企业在 B 国有子公司乙,甲企业可以在 A 国设立丙公司,将 B 国乙公司所持有股份转给设立在 A 国的丙公司,于是乙公司的利润首先分配到丙公司,丙公司利润再分配给甲公司,这样便可以享受税收饶让抵免的优惠政策了。

案例:A 公司是一家境外施工企业,2015—2017 年承揽了非洲某国的炼油厂扩建项目。根据合同和当地有关规定,自合同生效之日起,到扩建项目完工、试运行并移交扩建项目为止,免除 A 公司在该国的企业所得税。A 公司在办理当年度企业所得税汇算清缴时,将该非洲国家给予的免税优惠视同已缴企业所得税进行了申报并抵免,累计抵免税额 350 多万元。税务机关在后续检查中发现,我国与该非洲国家的税收协定中并未签订税收饶让条款,A 公司的税收饶让抵免并不合法。最终,A 公司补缴了税款并缴纳了滞纳金。

4. 境外所得的换算

境外所得应纳税所得额在进行税收抵免计算时,需要将取得的境外所得按照所得来源国的企业所得税税率换算成税前所得。

(1) 生产经营所得应纳税所得额的计算。居民企业在境外投资设立不具有独立纳税资格的分支机构,其来源于境外的所得,将从境外收入总额中扣除与取得境外收入有关的各项合理支出后的余额作为应纳税所得额,无论是否汇回中国境内,均应计入该企业所属纳税年度的境外应纳税所得额。

(2) 股息、红利等权益性投资收益应纳税所得额的计算。居民企业取得来源于境外的股息、红利等权益性投资收益,或非居民企业在境内设立机构、场所,取得来源于境外的但与境内所设机构、场所有实际联系的股息、红利等权益性投资收益,应按被投资方做出利润分配决定的日期确认收入实现,扣除与取得该项收入有关的各项合理支出后的余额作为应纳税所得额。

(3) 其他所得应纳税所得额的计算。居民企业取得来源于境外的利息、租金、特许权使用费、转让财产等收入,或非居民企业在境内设立机构、场所,取得来源于境外的但与境内所设机构、场所有实际联系的利息、租金、特许权使用费、转让财产等收入,应按有关合同约定应付交易对价款的日期确认收入实现,扣除与取得该项收入有关的各项合理支出后的余额作为应纳税所得额。

(4) 境外亏损的弥补。在汇总计算境外应纳税所得额时,企业在境外同一国家(地区)设立不具有独立纳税资格的分支机构,按照《企业所得税法》及其实施条例的有关规定计算的亏损,不得抵减其境内或他国(地区)的应纳税所得额,但可以用同一国家(地区)其他项目或以后年度的所得按规定弥补。

5. 抵免限额的计算

我国对居民企业来源于境外的所得在境外已经缴纳或负担的所得税税款实行限额抵免。抵免限额是企业来源于中国境外的所得,依照我国税法规定计算的应纳税额。该抵免限额应当分国(地区)不分项计算。抵免限额的计算公式:

$$\text{境外所得税税额的抵免限额} = \text{中国境内、境外所得按税法计算的应纳税总额} \times \frac{\text{来源于某国(地区)的应纳税所得额}}{\text{中国境内、境外应纳税所得总额}}$$

该公式可以简化为:

$$\text{境外所得税税额的抵免限额} = \text{来源于某国(地区)的应纳税所得额} \times \text{企业所得税税率}$$

值得注意的是:① 作为计算抵免限额依据的来源于某国(地区)的应纳税所得额,如果是企业从不具有独立纳税资格的分支机构取得的所得,可以弥补该国(地区)以前年度按照《企业所得税法》及其实施条例的有关规定计算的亏损,以补亏后的所得作为计算抵免限额的依据。② 公式中的企业所得税税率,除国务院财政、税务主管部门另有规定外,应为《企业所得税法》第四条规定的法定税率 25%。③ 可抵免所得税额超过抵免限额的跨年度抵补。纳税人来源于境外的所得在境外实际缴纳的税款,低于按上述公式计算的抵免限额的,可以从应纳税额中按实扣除;超过抵免限额的,其超过部分不得在本年度的应纳税额中扣除,也不得列为费用支出,但可用以后年度抵免限额抵免当年应抵税额后的余额进行抵补,抵补期限最长不得超过 5 年。5 年是指从企业取得的来源于中国境外的所得,已经在中国境外缴纳的企业所得税性质的税额超过抵免限额的当年的次年起连续 5 个纳税年度。

案例:A 企业 2016 年在国外取得税前利润 100 万元,该地区所得税税率为 20%,且已经缴纳过所得税。已知该企业适用的国内所得税税率为 25%,计算抵免限额及抵免额。

抵免限额 = 境外所得 100 万元 × 国内税率 25% = 25(万元)

境外已纳税款 = 境外所得 100 万元 × 境外税率 20% = 20(万元)

抵免额 = 20(万元)

须补税 = 25 - 20 = 5(万元)

6. 境外完税凭证的要求

根据我国税收政策,有效的境外完税证明,是企业办理境外税收抵免的必要条件,即"必需品",是税法规定可以证明在境外实际缴纳所得税性质税款的重要凭据。企业在准备完税证明时,需要注意税种性质、取得时间和一些特殊规定。在税种类型方面,不看名称看性质。可抵免的境外税款类型通常是企业在境外缴纳的所得税性质的税款。在境外不同国家或地区具有企业所得税性质的税款往往有多种不同名称,如称为法人所得税、利得税、工业税等。在多数情况下,由于这些税款没有直接命名为企业所得税,由此给"走出去"企业境外税收抵免带来困惑,甚至不能抵扣而造成损失。例如,中国香港的所得税被称为利得税。哈萨克斯坦针对所得除征收企业所得税外,还征收超额利润税。由于超额利润税未直接命名为所得税,给中国一些石油开采企业申请境外税收抵扣带来困难。根据《国家税务总局关于哈萨克斯坦超额利润税税收抵免有关问题的公告》(国家税务总局公告 2019 年第 1 号)的规定,哈萨克斯坦的超额利润税属于企业在境外缴纳的企业所得税性质的税款,可以按规定纳入可抵免境外所得税税额范围来计算境外税收抵免,由此彻底解决了中资企业在哈萨克斯坦的超额利润税抵扣问题。因此,不论完税证明上标识的名称是什么,只要该税种为所得税性质,就可作为可抵免的境外税款。从另一个角度看,有些国家或地区虽然完税凭证上写着所得税字样,但征收方式是否是所得税性质还需要具体分析,不能仅凭完税证明的税种标识名称就判断其缴纳性质。实务中,在东南亚等的发展中国家经常遇到完税凭证上标注所得税字样,但是根据税制分析以及征收计算来看,其并不具有所得税性质,如果企业仅从字面理解,将会导致违规申报税收抵免的发生。

案例:2017 年 7 月 A 公司的母公司与孟加拉国发包方签订公铁两用大桥项目合同,项目协议总价为 5.57 亿美元,A 公司以分包的形式开展业务。母公司与 A 公司分别在孟加拉国设立非独立核算的项目部,发包方作为扣缴义务人在支付工程款时直接扣缴税款。母公司在项目国具有非居民企业身份,A 公司作为分包单位,根据集团母公司提供的税款分配数据缴纳税款。对于在孟加拉国承建项目的企业,增值税和所得税由发包方作为扣缴义务人在支付工程款时,根据验工计价金额按 5%～7.5% 的比例(每财年税率不等)直接扣缴。企业在对境外税款进行账务处理时,计入工程合同履约成本科目借方,同时贷方记应收账款科目,待年末直接转主营业务成本。企业希望每年在境外缴纳的所得税可以享受税收抵免政策,但因为对政策不了解,故寻求税务机关的帮助,希望税务机关对其是否适用税收抵免政策进行判定并辅导企业申报。对于境外缴纳的税种属性,A 公司非常肯定地认为是所得税性质,因为在留存的凭证清单上外方标注所得税字样,因此企业认为理应是所得税性质。

分析:通过对企业境外税制的相关说明以及境外缴纳税款的留存凭证等的审核分析,

发现企业提供的税款缴纳证明落款签章为高级军官及当地银行,且该企业无法提供孟加拉国税务机关出具的税款缴纳凭证。A公司缴纳的税款是按照验工计价金额的一定比例计算的,且该比例可与发包方进行协商,与国家税务总局发布的《中国居民赴孟加拉国投资税收指南》中披露的税制不相符。由于A公司缴纳的税款是根据工程价款按比例直接扣除的,境外缴纳的税款具备价内税的性质,而非企业所得税性质,因此企业在境内申报时不能适用税收抵免政策,申报时将境外缴纳的税款作为成本列支较为合适。同时税务机关发现,这几年A公司因孟加拉国这个项目产生的境外所得,未在汇算清缴主表及相关附表单独申报,税务机关一并要求企业进行更正申报。

目前"走出去"企业判定境外缴纳的税款是否属于企业所得税性质时,可依据《国家税务总局关于发布〈企业境外所得税收抵免操作指南〉的公告》(国家税务总局公告2010年第1号)中的规定。但是实务操作中很多"走出去"企业难以判断某项税费是否属于企业所得税性质,这导致企业难以及时抵免境外税款,增加了税收负担。企业遇到东道国相关所得税性质的判断疑惑时,可以主动及时向税务机关反映。在日常管理中企业可以从以下几点中获得帮助:① 关注国家税务总局发布的可以纳入可抵免范围的境外税费的具体名称公告。类似于明确哈萨克斯坦相关"超额利润税"公告,便于境内企业比照进行境外税收的抵扣。② 深入了解当地税制,判断该税款是否符合税制征收要求。③ 分析其是否是价外税性质,是否是针对企业净所得征收的税额。

另外,对于完税证明取得时间,部分"走出去"企业在未获得相应完税证明时,就对境外所得进行税收抵免处理。根据《国家税务总局关于发布〈企业境外所得税收抵免操作指南〉的公告》的规定,如果"走出去"企业取得的境外所得完税证明晚于该年度汇算清缴终止日(5月31日),企业可以追溯计算该境外所得的税收抵免额。因此,企业应在取得完税证明后再做税收抵免处理,以免引发税务风险。

五、典型企业境外经营面临的风险

(一)企业境外并购的税务考量

境外并购是指一国跨国性企业,通过一定的渠道和支付手段,将另一国企业的一定份额的股权直至资产收买下来。境外并购涉及两个或两个以上国家的企业、两个或两个以上国家的市场和两个或两个以上政府控制下的法律制度。因此,企业实施境外并购必须整合协调各类资源,建立由战略规划、行业、会计税务、运营、人力资源管理等各方面专家组成的并购团队,从战略角度开展包含税收在内的全方位筹划,并同步参与并购的整个过程,确保并购的成功。在这里我们主要分析并购过程中涉及的税务风险问题。

1. 税务尽职调查

作为管控境外并购税务风险的主要手段之一,税务尽职调查是关键的一步。开展税务尽职调查,不仅能为估值模型和股权买卖协议谈判提供详细的数据支持,而且有利于发现被并购企业存在的税务问题,从而降低交易风险,有助于企业提前做好税务规划,降低以后环节的税负。开展充分的税务尽职调查，企业可按以下两个步骤进行：第一步，看过去，审查目标公司的历史税务合规情况；第二步，看未来，做并购后企业税负、财务、收益等方面的预测，同时，厘清关联交易对税务事项的影响，稳妥设置合同中的涉税条款。

一是查看过去的合规情况。查看目标公司的税务登记证、纳税申报、税务账目明细账、税务机关的税务审查报告、税收减免或优惠相关证明、税务处理相关内部规定和流程描述等文件，以初步了解目标公司的税务情况。在此基础上，审查目标公司以往的税务合规情况，分析其是否存在应缴未缴税款等偷漏税现象，评估税收优惠享受等重大的税务事项处理是否恰当，有无无效的税收优惠和特权，检查是否存在潜在的纳税义务，如亏损弥补、资本化费用扣除等未决争议，有无因公司历史原因导致账面上看不见的税务连带责任等。在企业并购重组特别是股权并购过程中，目标公司历史遗留的税务问题，都将由并购方继承。如果并购方在并购之前未调查清楚被并购方的税务遗留问题，或者未在收购合同中明确历史遗留问题的处理事项，一旦税务问题凸显，由此带来的损失只能由新股东承担。

二是预测未来的发展情形。一般来说，并购基于目标公司未来的收益情况来定价，而并购中能够取得的资料往往是历史数据，根据历史数据对未来做出预测是不可或缺的一环。在税务尽职调查中，企业要充分考虑并购后新运营模式下的税负和风险，并据以得出对未来财务预测的影响。一方面，针对已发现的税务风险，要测算出其现存的风险数额，还要测算出未来进行合规管理后可能增加的税收成本，并据以对财务预测做出调整；另一方面，如果目标公司目前在东道国享有某种税收优惠或税收特权，要考虑并购后公司能否继续适用该项税收优惠，如果未能适用，需要评估其对企业整体经营状况的影响。

2. 厘清关联交易是否公允

在多数投资项目中，被收购目标公司可能不是一家独立经营的实体，而是持有分布于不同地区甚至不同国家子公司股权的企业集团，其经营的业务也可能涉及复杂的关联交易网络。如果目标公司未能合规、准确地披露关联交易税务信息，其潜在税务风险可能在交易后由买方继承。在税务尽职调查过程中，厘清目标公司关联交易的税务影响非常重要。中国企业需要通过检查目标公司与关联企业业务往来的文件，确认转让定价的方法与政策是否完备，是否按规定进行关联交易的披露与申报等，是否曾经接受过针对转让定价的税务调查等，了解目标公司的关联交易实质及潜在的税务风险。

企业并购后的整合，涉及供应链整合、生产管理整合、销售渠道整合、研发部门整合等企业生产经营各方面，这些整合活动由于发生在不同国家或地区之间，与国际税收转让定价息息相关。当企业职能发生变化时，若未从经济实质角度对职能和风险承担者的利润水平进行重新定位，将导致企业职能定位、经济实质与利润水平不相匹配或者没有获得相应补偿。因此，企业需要对集团整体价值链进行梳理，对关联交易架构进行重置与筹划，正确评估境外被并购企业的功能、风险和资产，更有效、合理地安排各经营环节与相应的经济回报，确保关联交易定价方式符合本国和投资国的税法规定，避免遭受税务机关的特别纳税调查。

3. 审阅并优化设置并购协议中的涉税条款

并购合同税务条款的设计,是整个并购过程中税务处理的重要环节。所有并购税务方案的实施,都需要通过并购合同中的税务条款予以明确。如明确相应的税务合作条款:为满足买方开展税务尽职调查的需要,卖方应充分提供资料并全力配合;就关系到重大税务事项的信息披露进行协调;就各国税务机关展开的调查进行协调等。若有两家及以上公司共同收购目标公司,应在合同中明确多个买方之间的税务责任划分。对于在税务尽职调查过程中发现的不确定性税务事项,双方可以事先在合同中予以规定,从而规避或降低未来可能产生的税务风险。尤其是目标公司历史遗留问题导致的税务风险以及并购过程中新产生的税务风险,若不能在交易价格中直接进行调整,收购方企业可以通过特殊的合同条款予以规避,至少要在交易合同中设定对于买方的保护或补偿机制。如尽职调查中发现目标公司未缴纳的税款,要求卖方在规定时间内纳税,对暂时无法确定结果的纳税事项,在第三方保管账户存入部分交易款补偿条款,要求卖方承担并购前税务事项的罚款。对并购过程中产生的卖方税负,规定税务申报缴纳的责任人,要求卖方承担未及时申报纳税所导致的滞纳金、罚款等费用,另外还要规定目标公司可能的报告义务。

4. 设计合理的并购交易架构

一项境外并购可能是资产收购,也可能是股权收购,或者两者兼而有之。收购境外公司的某项技术、品牌或设备,可以通过资产收购的形式进行;而对境外公司进行参股或将其作为整体进行并购时,很可能需要通过股权收购的形式进行。选择何种交易类型更多的是商业决定,但不同的选择会产生不同的税务影响,也会对税务尽职调查和架构设计产生重大影响。

跨境并购首先遇到的是架构设计问题,特别是股权架构和融资的设计。法律上来说,跨境并购架构设计通常围绕合理商业目的,需要考虑税务、合同法、公司法、反垄断法、证券法等因素。控股架构筹划得当有助于降低三个环节的税务成本,包括交易环节、未来利润汇回环节和投资退出环节。在税基侵蚀和利润转移(BEPS)行动计划深入推进,国际税收环境更加透明的大背景下,投资东道国的税收政策、国际税收协定、国际税收规则的变化等,对企业跨境并购的交易架构产生了影响,由此可能导致的税务风险同样不容忽视。企业需要关注的是,很多国家正在陆续修改国内法规,如对受控外国企业法规进行细化更新、修改税收协定文本、调整税收协定的国内法解读等,以遏制跨国企业规避全球纳税义务、侵蚀各国税基的行为。

由于开曼群岛、维尔京群岛、新加坡和中国香港等海外低税负国家(地区),普遍对一些符合条件的被动收入不征收或征收相对较低的所得税,且拥有较广泛的税收协定(安排)网络,因此,"走出去"企业在设计股权架构时,较多选择在这些国家(地区)设立中间控股公司。需要注意的是,中间控股公司所在地的选择,需要结合不同国家税收政策、不同企业类型和不同持有目的等进行个性化设计,如果投资思路不清晰或仅简单复制其他案例,则可能给企业带来额外的税收成本。

案例：我国某企业拟收购德国 C 公司，因听说内地企业在中国香港和新加坡等地设立中间控股公司可以达到税收优化的目的，就选择了设立香港公司作为收购平台。然而，该企业未了解到，由于德国与中国香港之间并未签订双边税收协定，德国 C 公司向中国香港公司支付股息，须按德国国内税法就所派发的股息按 26.38% 的综合税率扣缴德国预提税，无法享受低预提税税率。如果由内地公司直接收购德国 C 公司，根据中德税收协定，符合一定条件下股息适用的预提税率为 5%。

设计融资架构是跨境并购需要重点关注的另一问题。企业通常会在债务融资与权益融资之间进行配比选择。相比较而言，债务融资因所支付的利息可以作为财务费用在税前扣除，具有一定的节税效应，但是目标企业的利息扣除，可能会受多方面的限制。企业还需要考虑投资东道国是否存在资本弱化条款，以及股息与利息预提税的差异，综合衡量企业融资的税收成本。仍以德国为例，德国税务机关对利息扣除有严格的限制，除非满足相关例外条款。一般来说，公司净利息支出超过 300 万欧元时，净利息支出最多只能在息税折旧摊销前利润的一定比例范围内扣除，无法扣除的部分结转到下一年度。在实践中，我国一些企业会考虑先成立一家特殊目的公司并贷款给该公司，然后通过该特殊目的公司收购德国公司。收购完成后，通过合并或其他重组方式将贷款转移到德国公司，从而以支付贷款利息的方式降低德国公司的应纳税所得额。在这种情况下，德国利息扣除限制条款的约束，是中国企业在设计德国投资融资架构时必须考虑的。

另外，还要关注企业并购后的整合重组涉及的特殊性税务处理不合规引起的风险，收购完成后的税务合规风险，如目标公司支付股息、红利的税负，收购主体自身税负及税收抵免，间接股权转让被纳税调整、未按规定申报纳税引起的风险，以及未来出售目标公司股份涉及的资本利得及税负等。

（二）境外工程承包的税收风险

境外承包工程项目（EPC）是我国"走出去"企业境外投资的重要类型。境外工程的税务风险存在于项目的整个生命周期，我国企业应提前了解被投资国的税收政策，特别是税率差异、双边税收协定优惠、免税条款、涉税"合同拆分"、常设机构、投资架构等事项，准确识别风险，最终化解风险。

1. 经济合同拆分的合理性

一般来说，境外承包工程项目（EPC）合同涉及设计（E）、采购（P）、建筑（C）三部分，根据执行合同行为的发生地，可拆分为离岸部分和在岸部分，并适用不同的税务处理。离岸部分通常包括发生在项目所在国之外、EPC 合同中的设计和采购部分，行为发生地不在项目所在国境内；在岸部分通常包括 EPC 合同中的施工部分和少部分当地设计、采购，行为发生地在项目所在国境内。实践中，很多国家对于 EPC 合同的离岸部分不征收所得税。因此，如何进行合理的合同安排，确保离岸供应和离岸服务不在当地纳税，从而降低项目整体税务成本，是"走出去"企业需要重点考量的税务事项。

我国企业在签订 EPC 合同之前，首先对被投资国当地的税收政策及相关规定进行充分的调研,特别关注被投资国对 EPC 合同的离岸部分是否征税,以及不征税时的具体要求和条件,然后进行合理的安排,恰当地选择合同签约方。在条件允许时,还应考虑对合同进行合理的拆分,从而实现降低整体税负的目的。实施 EPC 合同拆分时,企业需要考虑很多税收因素。比如,有的国家不认可合同拆分行为,或者认为人为进行合同拆分是避税行为。有的国家只在税务上允许拆分,但是当地业主出于对合同质量管控等的考虑,可能不允许拆分合同——这就需要我国承包商与当地业主事前进行沟通,尽量在招标阶段与业主达成协议。

在拆分合同的情况下,首先,对于合同设计,总承包商在我国境内承担设计工作,所对应的收入有可能不需要在项目所在地缴纳所得税和增值税,或适用较低的所得税税率;其次,采购合同的相关交易可能被视为业主直接进口材料和设备,总承包商在采购环节的利润,通常不需要在项目所在地缴纳所得税;最后,施工合同若符合"境外建筑业劳务"的条件,则可免征我国增值税。

企业需要注意的是,在合同拆分时应特别关注合同金额划分的合理性,由于离岸部分不需要在当地纳税,EPC 合同项下离岸和在岸部分合同金额的划分,往往会引起东道国税务机关的特别注意。

2. 关注当地常设机构的征税方法

针对在岸服务部分,我国企业应充分了解当地的常设机构相关规定,防范常设机构税务风险。如果作为签约主体的我国企业需要派人到项目所在国作业,满足一定条件时(比如作业周期超过 6 个月),可能会构成常设机构,在岸部分相应的收入就需要在当地缴纳企业所得税。对此,建议我国企业特别关注投资当地对常设机构的征税方法。比如,有的国家要求据实申报,此时企业应准确地归集应归属于常设机构的相关费用和支出等;而有的国家按照核定方式征税,企业则需要与当地税务机关就核定利润率、税基等进行有效的沟通,以合理地降低税负。

在实际案例中,就派遣时间而言,中国企业派遣员工到投资目标国工作超过 1 年的情形不在少数。若投资目标国税收法规中关于常设机构的定义,与《经济合作与发展组织关于对所得和财产避免双重征税的协定范本》关于常设机构的定义相一致,则此安排下的投资目标国常设机构风险较大。就雇佣关系而言,当个人有权代表我国居民企业签订对其具有约束力的合同时,则存在常设机构风险,此时可以通过合理的安排来有效降低常设机构的风险,即通过外派雇员安排将相关人员从母公司派遣至投资目标国工作,受投资目标国项目公司的领导和控制,同时,应限制在投资目标国工作的人员的权力,即不应该有权代表我国居民企业签订对其有约束力的合同,甚至参与合同主要条款的谈判等。

此外,很多国家为加强对非居民企业的税收管理,要求业主在向承包商支付款项时代扣一定比例的预缴税款。此部分代扣的预缴税款,通常需要等承包商按照当地规定完成项目的税务清理后再予以退还,且代扣税款可能高于实际税款,而税务清理的时限比较长。在这种情况下,企业应充分了解当地税务清理的具体要求,准备符合规定的纳税文档,以争取缩短税务清理工作的完成时间,尽早申请退回被扣缴的税款,避免企业资金被长期占用。

3. 设计合理的投资架构

进行境外投资时,选择何种方式进入当地是一个重要的问题。企业通常面临两种选择,即在当地新建项目公司或并购当地公司。无论选择新建还是并购,一个绕不开的问题是:如何设计境外投资架构,以达到现金流健康、税收成本下降的目的?实践中,大多数"走出去"企业在设计境外投资架构时,须重点考虑中间控股公司所在地。选择一个合适的中间控股公司所在地,可以帮助企业在退出投资以及汇回利润的过程中降低税负,同时利用中间控股公司所在地广泛的税收协定网络,降低税负,减少双重纳税的风险,享受友好的税收环境,做出符合公司的商业计划和商业实质的安排。

除了控股架构安排外,境外投资架构的设计,还要重点考虑融资架构安排。由于境外工程项目涉及资金较多,我国企业往往会遇到资金融通不畅、资金使用效率不高等问题。税务效率较高的融资模式,可以降低公司境外工程项目在资金注入和偿还、利息支付等环节所需缴纳的境外所得税以及我国所得税,方便资金的管理和统一调配,改善项目的现金流状况,提高净现值和回报率。因此,中国企业进行融资架构安排时,应重点考量的因素有利息费用是否可在投资目标国税前扣除,从投资目标国向海外支付利息时是否涉及预提所得税、流转税或其他税费,利息收入方所在国对利息收入的征税情况,境外税收抵免的综合安排等,从而有效降低整体税负。

(三)分包方式下境外承包工程的税收风险

集团总包,分包给集团内分、子公司或者在境外成立非独立核算的项目部开展工程作业,成为众多大型企业承揽"一带一路"沿线国家工程的主要形式。项目部形式下的分包方,由于不具备境外税收主体地位,往往在境外会计核算、纳税申报、凭证管理等方面存在问题,值得企业特别关注。

1. 分包方式下的境外承包工程业务流程

(1)合同签订

分包方式下的境外承包工程,通常是指境外发包方将全部施工任务发包给集团公司,与集团公司签订总包合同,集团公司依靠自己的力量完成部分施工任务,经发包方同意,将施工任务的一部分分包给集团子公司,并签订分包合同。分包方在境外设立非独立核算的项目部,在合同期间实施和参与分包工程项目管理。总包方作为境外承包工程的合同主体,具有境外纳税主体责任,分包方仅就分包部分负责,并承担部分税款。

(2)工程结算

部分"一带一路"沿线国家工程结算方式相似,例如孟加拉国,发包方作为扣缴义务人在支付工程款项时通常按照验工计价金额的固定比例扣缴税款,扣除税款后的余额支付给总包方,总包方再与分包方进行工程结算和税款分担。

(3)账务处理

分包方对境外项目部予以单独核算,准确核算境外工程收入、成本、费用、税款,编制境外项目部会计报表,获取并留存会计凭证和完税证明,并请具有资质的机构出具项目部审计报告。

(4) 凭证资料管理

分包方需留存与境外收入和支出相关的会计凭证、账簿及报表。若需要享受境外所得税收抵免优惠,还应做好以下资料的搜集管理:

① 与境外所得相关的完税证明或纳税凭证(原件或复印件);

② 境外分支机构所得依照中国境内《企业所得税法》及其实施条例的规定计算的应纳税额的计算过程及说明资料;

③《分割单(总分包方式)》复印件;

④ 具有资质的机构出具的有关分支机构的审计报告等。

(5) 纳税申报

境外承包工程企业在办理企业所得税年度申报时,应按《企业所得税法》及其实施条例的要求准确申报境外所得,在主表填报境内外所得,并填写相关附表。企业取得的来源于中国境外的应税所得,已在境外缴纳的所得税税额,可以从其当期应纳税额中抵免。

2. 分包方式下的境外承包工程问题

(1) 对项目国税制不了解

分包方由于在境外不具有纳税主体地位,通常根据总包方分配的金额缴纳税款,因此对适用的当地政策不清楚。在项目国由发包方作为扣缴义务人直接扣税,并调整税率,分包企业被动执行。

(2) 所缴纳税款属性不明

企业境外缴纳的税款在由发包方支付款项时直接扣除,税率不固定且可以协商,扣缴税款属性不明影响企业就境外所得进行申报抵免。

(3) 凭证准备不齐全

作为分包方,企业并非境外税款的直接纳税人,其分包部分来源于境外的所得已由总包方在境外缴纳企业所得税的税额,总包方可以按合理比例进行分配税额。在这种情形下,分包方若未及时索要《分割单(总分包方式)》,容易产生税款缴纳凭证准备不齐全的风险。同时,若境外项目部未进行单独核算或出具审计报告,也会产生凭证缺失风险。

(4) 未正确填报境外所得

企业在境外设立项目部,因项目部作为非法人实体,在汇算清缴申报时将境外的收入和成本与境内的数据一并申报,容易产生不单独填报境外所得的问题。如企业境内项目盈利,境外项目亏损,却依然将境内外利润一并申报,且不准确填报境外所得,可能造成境内盈利抵减境外亏损的错误做法,导致少缴税款的情况发生。

3. 应对方法

(1) 弄清项目国税制查询路径

国家税务总局税收服务"一带一路"倡议专题模块中,截至2020年4月底,我国已对外正式签署107个避免双重征税协定,其中101个协定已生效,和香港、澳门两个特别行政区签署了税收安排,与台湾省签署了税收协议,基本包含了境外承包工程涉及的国家和地区。同时2020年还新增发布了56个国家(地区)疫情期间的税收优惠政策。在实务处理中,税务人员及企业人员可根据需要对项目国的税制进行查询,以了解"走出去"企业项目国(地区)税制,判定境外所缴税款是否符合享受税收抵免政策要求。

(2) 判断境外税款属性

企业取得的来源于中国境外的应税所得,已在境外缴纳的所得税税额,可以在法定抵免限额内从其当期应纳税额中抵免。在实务处理中,判定企业境外承包工程项目按照收入额的一定比例扣缴的税款是否属于"依照中国境外税收法律以及相关规定应当缴纳并已经实际缴纳的企业所得税性质的税款",重点把握三条。首先,应了解境外承包工程项目所在国家(地区)的税收制度,查找并分析发包方扣缴税款的法律依据、税种、税率、计税依据;其次,应审核与所扣税款相关的完税证明或纳税凭证,判断其是否属于税务机关出具的完税证明以及凭证内容与税法的匹配度;最后,应要求企业提供由第三方出具的总包方及自身的审计报告,借助第三方报告进行分析判断。

(3) 审核是否符合税收抵免条件

集团总部发生分包,其分包部分来源于境外的所得已由总包方在境外缴纳企业所得税的,税额可按实际取得的收入、工作量等因素确定的合理比例进行分配,总包方开具《分割单(总分包方式)》,并提供给分包方,分包方据此申报抵免。分包方还应向主管税务机关提交与境外所得相关的完税证明或纳税凭证、境外项目部会计报表、境外项目部所得依照中国境内《企业所得税法》及其实施条例的规定计算的应纳税额的计算过程及说明资料、具有资质的机构出具的有关分支机构的审计报告等材料。在实务处理中,应严格审核上述资料是否符合要求,判断企业是否符合税收抵免条件。

(4) 规范企业所得税境外税收申报

对于享受税收抵免的企业,首先,检查是否未申报或未正确申报境外所得。其次,企业应做好留存备查资料的保管工作,以便税务部门后续的管理。

第四节 境外投资退出风险

企业退出方式不同,面临的税务风险不同。企业因经营不善、项目结束或者东道国政治风险等原因,会选择撤出东道国资本市场。中国企业在境外退出投资主要通过以下途径实现:一是转让东道国公司的资产,随后清算并注销该东道国公司;二是转让东道国公司的股权;三是转让中间控股公司的股权;四是中间控股公司或东道国公司在公开的证券交易市场上市。总的来说,退出策略的选择主要取决于买卖双方的商议,但交易整体税负的高低无疑将影响最终的投资回报。

一、资产转让退出

从税务角度看,中国企业出售东道国公司资产,实现投资退出的税务成本通常较高。因为除了所得税外,还可能涉及其他各种潜在的高额税收。如果投资还涉及不动产项目,所涉及的诸如契税、房产税等税收,将增加交易费用,从而影响售价。不过,从买方的角度看,通过资产转让可以规避潜在的公司负债,并以增值后的资产取得较高的计税成本。

二、股权转让退出

相比资产转让,股权转让的税务成本较低,通常只需要缴纳资本利得税以及印花税。此外,有效的税务筹划可以减少股权转让的税务成本,且为投资退出提供了更高的灵活性(如下面案例中境内 A 企业的投资架构)。

案例:中国母公司 A 间接投资美国 B 公司。经过多年运营,现决定撤出美国市场。其投资架构见下图:

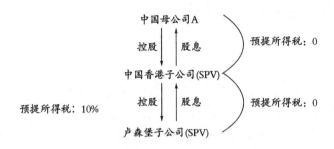

针对上图的投资框架,中国母公司拟定了三种撤出美国市场的股权转让方案。不同转让方案产生的税务结果是不一样的,三种方案产生的税收成本如下表。

不同股权转让方式税收成本一览表

	方式	税收成本
方案 1	母公司通过转让中国香港子公司进而转让美国 B 公司的股权	中国母公司需要就股权转让所得缴纳 25% 的中国企业所得税,在中国香港不缴纳预提企业所得税,但要缴纳一定数额的印花税
方案 2	母公司通过转让卢森堡子公司进而转让美国 B 公司的股权	根据中国香港—卢森堡税收协定,卢森堡不就转让卢森堡中间控股公司的资本利得征税而中国香港也不就该笔资本利得征税。该笔投资收益如果留在中国香港子公司用于直接境外投资等而不选择汇回,则不需要缴纳中国所得税,从而享受了递延缴纳中国所得税的待遇
方案 3	由卢森堡公司转让美国 B 公司的股权	根据美国—卢森堡税收协定,美国公司向卢森堡公司汇回股息,最低只需要缴纳 5% 的预提所得税。卢森堡对满足一定条件的股息收入不征收所得税。同方案 2 一样,利润不汇回国内就不需要缴纳中国所得税,起到递延纳税的作用

基于三种方案产生的税收成本的比较分析,方案2母公司通过转让卢森堡子公司进而转让美国B公司的股权更能符合母公司的战略安排和收益回报。

另外就是上市退出。通常来说通过上市的途径进行投资退出也不会造成额外的税负。

第五节 境外派遣的个人所得税风险

随着经济全球化的发展以及互联网、虚拟远程等技术的广泛运用,跨国公司采用的人员全球流动形式日趋灵活及多样化。目前境外派遣形式,尤其是长期派遣(通常派遣期为一年以上),仍然是绝大部分"走出去"的中国企业常见的人员派出形式。从"走出去"企业外派员工的实践看,外派员工须关注如下需求事项:一是伙食和住宿需求。通常参照当地物价等标准提高住宿和伙食补贴。二是外派安全需求。外派期间的就医、安全管理等。三是当地的朋友圈建立和文化适应需求。四是外派回任管理需求。五是外派家庭陪伴需求和子女教育需求,如外派探亲机票补贴等。因此,在外派雇员薪酬福利策略的选择上,大部分中国公司以母国的薪酬福利实践标准为参照,并辅以外派津贴,津贴种类涉及生活成本补贴、艰苦补贴等。这种类型的人力资源政策需要对境外当地的劳工法、人力资源法规做深入的分析,必要时咨询当地的法律咨询机构做前期分析,规范管理,避免后续不必要的麻烦。如遇到境外当地监管机构(劳动监察机构、社保机构、税务机关等)的稽查,若没做前期的分析和方案的设计,会面临较大的风险稽查和负面社会影响。比如中方给外派人员提供的车辆、食宿以及公司统一购买的宿舍使用的个人生活用品都会纳入边际福利统计范畴,作为社保缴纳基数等。部分中国公司出于对外派人员较少,且整体外派人员流动性较低等情形的考虑,为规避当地合法用工的风险,采用将各项补贴合并至外派薪酬并在外派国家当地发放的方式,外派人员与当地公司签订劳动合同,前提是获得当地合法用工许可,如大多数外资企业外派到中国的管理人员都采用了此类策略。

税务安排方面,大部分"走出去"的中国企业采用的主流方法,是承担外派员工本人在国内原有的税负水平,也就是说实际税负和原有税负之间的差额由公司来承担。目前外派中国雇员的税务处理已经成为雇员及其公司管理层关心的重要事项。作为人力成本的重要组成,外派雇员的个人所得税将对境外企业投资经营如企业境外工程承包的成本构成产生重大影响。

一、境外派遣人员的中国税收居民身份及纳税申报义务

外派员工因公司工作安排在境外派遣期间居住在境外,并取得境外收入,外派结束后,他们仍然会回到中国。很多企业和外派人员存在一个认知误区,认为外派人员只要在境外依照派驻国当地法律申报纳税就可以了,却不清楚外派人员作为中国税务居民还需要就其取得的境外所得在中国履行税务申报的义务。根据中国《个人所得税法》的规定,

在中国境内有住所的个人为中国税务居民,应就其从中国境内和境外取得的所得缴纳个人所得税。"有住所"是指因户籍、家庭、经济利益关系而在中国境内习惯性居住。如因学习、工作、探亲、旅游等在中国境外居住的,在上述原因消除之后,仍然回到中国境内居住的个人,中国即为该纳税人习惯性居住地,因此,中国是这些外派员工的"习惯性居住地",在《个人所得税法》上,这些外派员工是"在中国境内有住所"的居民个人,需要就其来源于中国境内及境外的所得在中国进行纳税申报。

申报境内外所得的范围,包括:工薪、境外的福利津贴补助、除国内法定社保以外公司缴纳的其他社保费用、商业保险费用、公司负担的税收成本、其他与派遣相关的收入或公司承担的成本。

境内用人企业应依法承担两项义务。一是外派人员信息报备义务。凡有外派人员的,应在每一个公历年度终了后30日内向主管税务机构报送外派人员情况,内容包括外派人员的姓名、身份证或护照号码、职务、派往国家或地区、境外工作单位和地址、合同期限、境内外收入状况、境内住所及缴纳税收情况等。二是代扣代缴义务。外派企业对外派人员的所得,如由境内派出企业支付或负担,境内派出的企业为个人所得税扣缴义务人,税款由境内派出企业负责代扣代缴。

二、境外派遣人员的纳税申报

2020年1月17日,财政部、国家税务总局发布了《财政部 税务总局关于境外所得有关个人所得税政策的公告》(财政部 税务总局公告2020年第3号,以下简称"3号公告"),明确了新个税法框架下境外所得的相关个税政策,亦为今后加强管理个人境外所得的税务申报和税收抵免提供了更为清晰的指引。

中国派遣企业将员工派至境外并保持雇佣关系的情况下,有义务继续为员工按月代扣代缴个人所得税。对在两处或两处以上取得综合所得的以及取得所得没有扣缴义务人、代征人的纳税人,在次年3月1日至6月30日申报纳税,也就是在次年年度汇算清缴的期限内,完成向中国税务机关申报缴纳个人所得税。

如派遣所在国与中国的纳税年度不一致,年度终了后30日内申报纳税有困难的,纳税人向主管地税务机关报送《境外所得个人所得税申报特殊事项备案表》,经主管地税务机关登记备案后,可在所得来源国的纳税年度终了、结清税款后30日内申报纳税。因此,取得境外所得的纳税人或其代理人在次年1月30日内完成报送《境外所得个人所得税申报特殊事项备案表》,且在所得来源国的纳税年度终了、结清税款后30日内申报纳税的,视同按期申报。取得境外所得的纳税人既没有按期申报境外所得,又未在申报期限内报送《境外所得个人所得税申报特殊事项备案表》的,从申报期满次日开始计算滞纳金。取得境外所得的纳税人虽在申报期限内报送《境外所得个人所得税申报特殊事项备案表》,但未在所得来源国的纳税年度终了、结清税款后30日内申报纳税的,从境外税款结清后30日的次日起开始计算滞纳金。

外派人员和境内用人企业未按照规定申报缴纳、扣缴境外所得个人所得税以及报送材料的,按照《税收征收管理办法》和《个人所得税法》及其实施条例等有关规定处理,并按规定纳入社会信用管理。

三、境外派遣人员所得税收抵免

不少企业和外派人员有这样的困惑:在国外工作取得的工资,既要在派驻国缴税,又要在中国申报纳税,难道同一项收入需要同时在两个国家缴纳个税吗?一般而言,派驻国对来源于所在地的收入有优先征税权。因此,受派驻国和母国税法的规定约束,以及两国签署的避免双重征税的协议,派遣员工可能在两国都须申报缴纳个人所得税。但根据税收协定,员工在申报缴纳中国个人所得税时可将在境外缴纳的个人所得税款在规定的限额内进行抵扣。当年未抵完的抵免税额可结转到下一年度进行,最长期限为5年。换言之,就同一类收入,如果境外已纳税额低于该收入在中国的应纳税额,须在中国补交差额部分税额。反之,如果境外已纳税额高于在中国的应纳税额,差额部分税额可以往后结转5年。但需要注意的是,可抵免的境外已纳税额不包括:按照境外所得税法律及相关规定属于错缴或错征的境外所得税税款;按照税收协定规定不应征收的境外所得税税款;因少缴或迟缴境外所得税而追加的利息、滞纳金或罚款。另外需要关注的是,在外派人员的薪酬结构保持稳定、派驻国的税制保持不变的情况下,一旦出现留抵税额,以后年度较大概率也会出现留抵税额,最终导致该留抵税额无法完全抵免。由于多数情况下外派人员的境外税额由企业负担,无法抵免的留抵税额实际上形成了双重征税,最终也提高了企业的税务成本。

根据中国税法的规定,抵免境外已缴税额要提供境外征税主体出具的税款所属年度完税凭证,包括完税证明、税收缴款书或者纳税记录等,未提供符合要求的完税凭证,不予抵免。并非所有国家都会出具完税凭证。在境外税务机关无法出具相关完税证明时,有的国家需要提出特别申请方可提供类似完税凭证的对等证明,如新加坡出具的评估通知书等。只要纳税人能提供境外税务机关填发的其他完税证明材料原件和其他辅助证明材料(例如已由税务机关确认的纳税申报表和包含缴款记录的银行回单),即可申请办理境外税款抵免。

如果已申报境外所得但未进行税收抵免,在以后纳税年度取得纳税凭证并申报境外所得税收抵免的,可以追溯至该境外所得所属纳税年度进行抵免,但追溯年度不得超过5年。自取得该项境外所得的5个年度内,境外征税主体出具的税款所属纳税年度完税凭证载明的实际缴纳税额发生变化的,按实际缴纳税额重新计算并办理退税,不加收滞纳金,不退还利息。

我国居民个人境外所得应纳税额应按中国国内税法的规定计算,在计算抵免限额时采取三个步骤。第一步,将居民个人一个年度内取得的全部境内外所得,按照综合所得、经营所得、其他分类所得所对应的计税方法分别计算出该类所得的应纳税额;第二步,计算来源于境外一国(地区)某类所得的抵免限额;第三步,上述来源于境外一国(地区)各项所得的抵免之和就是来源于一国(地区)所得的抵免限额。

案例1：居民个人林小姐2020年度从国内取得工资薪金收入30万元，取得来源于甲国的工资薪金收入折合成人民币20万元，并在该国缴纳了个人所得税6万元，林小姐该年度内无其他收入。假设其可以扣除的基本减除费用为6万元、专项扣除为3万元、专项附加扣除为4万元。如不考虑税收协定，由其个人自行申报纳税。

(1) 林小姐2020年度全部境内外综合所得应纳税所得额：

$30+20-6-3-4=37$（万元）

(2) 林小姐2020年度按照国内税法规定计算的境内外综合所得应纳税额：

$37\times25\%-3.192=6.058$（万元）

(3) 林小姐可以抵免的甲国税款的抵免限额：

$6.058\times[20\div(30+20)]=2.4232$（万元）

由于林小姐在甲国实际缴纳个人所得税6万元，大于可抵免的抵免限额2.4232万元，根据3号公告的规定，林小姐在2020年度综合所得年度汇算时只能抵免2.4232万元，未抵免完的3.5768万元可在以后的5年内在申报甲国取得的境外所得时结转补扣。

外派人员薪酬计划的安排、境内外所得的构成对外派人员个人所得税的缴纳也有影响。

案例2：A公司在一个纳税年度中给一位外派人员在中国境内发放工资及补贴80万元，在境外发放派遣补贴20万元，其中雇主承担20%收入(即境外收入部分)的个税(税额缴纳情况见下表)。

外派人员境内外收入个税计缴一览表(一)

	中国发放部分	境外发放部分
境内外发放工资及补贴金额/元	800 000	200 000
境内外适用税率/%	35	15
境内预扣税额及境外已缴税额/元	173 080	150 000
境内外已缴税额合计/元	323 080	
境内汇算清缴应纳税额/元	264 923	
留抵税额/元	58 157	

境内所得适用税率按《个人所得税法》中综合所得的七级累进税率确定，减除税前扣除额60 000元，假设无其他扣除项目；境外所得税率假设为单一税率15%，假设无其他扣除项目，那么此案例中境外已缴税额应依照$(800\,000+200\,000)\times15\%$计算得出。由计算可以看出，该外派人员在当年的汇算清缴时会产生58 157元的留抵税额。如果该留底税额在以后年度无法抵免，则企业将最终承担该58 157元的税务成本。

如果企业调整了境内外工资及补贴的发放比例(见下表)，就可以将在以后年度可能无法充分利用的留抵税额变为应补税额(雇主仍然承担20%收入的个税，实际上汇算清缴时总体税负并无变化，均为264 923元)，以实现更优的税务效率。

外派人员境内外收入个税计缴一览表(二)

	中国发放部分	境外发放部分
境内外发放工资及补贴金额/元	500 000	500 000
境内外适用税率/%	30	15
境内预扣税额及境外已缴税额/元	79 080	150 000
境内外已缴税额合计/元	229 080	
境内汇算清缴应纳税额/元	264 923	
应补税额/元	(35 843)	

四、境外派遣被认定为常设机构

一些"走出去"企业在开展境外业务时,并不需要在当地设立代表处或分支机构,而是派遣一些技术人员或管理人员指导、支持或参与境外项目。尽管企业未在境外进行工商登记、设立商业实体,但是也有可能构成税务意义上的"常设机构",进而产生境外的企业与个人的纳税义务。因此,"走出去"企业可以通过控制外派人员在境外服务的时间、设置"防火墙"实体(在主体派出公司与境外接受公司之间设置一家有实质性经济活动的境外公司,并从新设公司派出人员,以避免境外税务机关一旦提出质询时波及主体派出公司)等方式,来规避构成常设机构带来的税务风险。

五、境外社保负担

一般情况下,外派人员在派遣结束后会回到中国居住,而非在境外退休养老或享受派驻国社会福利。中国派遣公司继续与外派员工保持雇佣关系,雇主和雇员必须继续在中国缴纳社会保险费。外派人员在派遣期间缴纳的境外社保实际上是无效支出,同时企业也需要承担额外的社保成本。在西欧、北欧等一些高福利国家(如法国),雇主承担的社保最高可占到外派人员工资、薪金的40%以上。

因此,"走出去"企业不仅应当关注外派人员的税务合规问题,还应深入了解当地的社保政策,积极寻求适用社保豁免的优惠政策。如在中国内地参加社会保险的外派人员在中国香港工作不超过13个月的,可以免予参加中国香港的强制性公积金计划。国际上处理双重或多重参加社会保险问题的通行做法是签订双边或多边协议。在派驻国和中国签订互免缴纳社会保险法协议的情况下,员工可免除协议规定险种的缴费义务,也不享受相关社会保险待遇。中国目前已经与德国、韩国、丹麦、加拿大、芬兰、瑞士、荷兰、西班牙、日本、卢森堡等10个国家签订了双边社会保障协定。符合条件的外派人员可以申请豁免缴纳当地的养老、失业等特定的社保项目。

不仅如此,境外社保还会对中国个税产生影响。根据中国税法,外派人员在境外缴纳的社保,不能作为专项扣除项目进行扣除,雇主缴纳的境外社保,应作为应税项目计算中国个税。

第四章

税务机关反避税的风险

长期以来,发达国家凭借其国际税收规则的主导性、技术与无形资产的优势,在和发展中国家的税源竞争中,获取了跨国公司的多数利益。跨国公司在全球利润的分配上存在市场贡献与跨国公司全球利润分配不匹配、公司职能承担与利润回报不匹配、集团社会形象与税收贡献不匹配、投入与产出不匹配的现象。就跨国公司在华子公司的情况来看,存在高新技术企业定位与税收表现错配现象,如享受高新技术企业优惠而处于低利状态,同时向境外支付大额特许权使用费;存在集团利润趋势和中国子公司利润趋势不一致的错配现象,如子公司连年亏损;存在以规避纳税为主要目的的激进税收筹划现象,如在低税地设立壳公司,仅满足法律形式但不从事实质性经济活动;通过拆分合同、签订三方合同,隐藏或减少非居民劳务,规避常设机构的认定等。针对税基侵蚀和利润转移,各国税务当局积极落实 BEPS 行动计划及其税改成果,落实利润要在经济活动地和价值创造地分配的总原则,加大了反避税的力度和强度,这无疑增加了跨国纳税人全球价值布局的压力、风险和挑战。我国领导人对国际税收管理工作非常重视,2014 年 11 月,国家主席习近平在 G20 领导人第九次峰会上指出:加强全球税收合作,打击国际逃避税,帮助发展中国家和低收入国家提高税收征管能力。这是我国最高领导人首次在国际重大政治场合就税收问题发表重要意见,将国际税收管理工作提升到了一个新的高度。

第一节 转让定价反避税风险

在跨国经济活动中,跨国企业集团利用规模优势,统一采购、统一销售、集中技术研发,在全球服务内进行投资筹划。跨国企业集团内部企业间通过转让定价以达到回收资金、增加控制权、避税等各种目的。由于内部交易价格存在不公允的可能性,跨国企业的关联交易也引起了国际关注,各国反避税调查的力度和强度都在加大。很多企业"不了解对方国家税制,不懂得税收协定,不科学开展税收筹划,不知道磋商程序",为此付出了很大的代价。国际税改已进入后 BEPS 时代,国际税收规则的巨大变化和税收透明度的急剧增强,给企业和个人跨境业务的经营带来极大挑战。与此同时,关联申报与同期资料管理制度的变化将使税务机关与纳税人同样面临新的风险与挑战。因此,跨国企业在制定关联交易转让定价时,必须要清醒意识到这种风险,并对可能要承担的风险做好准备。

一、关联关系的判定

各国法律并不禁止公司和个人开展关联交易,而是要将不符合独立交易原则的关联交易纳入规制范畴。转让定价法规针对的是跨国关联企业或个人之间的交易作价。各国税务机关正确地运用转让定价法规开展反避税,首先就是要准确判定交易双方是否是关联企业。因此,关联方与关联交易一直以来是各国税务机关关注的焦点,企业和个人是否通过关联交易规避纳税义务,甚至偷逃税款,往往是税务机关所紧盯的。如何理解关联方与关联交易?跨国纳税人应熟悉并运用好相关税法规定,规避关联交易产生的风险。

企业之间的关联关系主要反映在三个方面:管理、控制和资本。各国税法对于关联关系的具体认定,一般有两大标准:一是股权控制标准;二是企业经营管理或者决策人员的人身关系标准。《经济合作与发展组织关于对所得和财产避免双重征税的协定范本》和《关于发达国家与发展中国家间避免双重征税的协定范本》都规定,凡符合下列两个条件之一者,就构成跨国关联企业的关联关系:

(1) 缔约国一方企业直接或间接参与缔约国另一方企业的管理、控制或资本;

(2) 同一人直接或间接参与缔约国一方企业和缔约国另一方企业的管理、控制或资本。

我国在制定关联关系的标准方面与国际上通行的做法基本相同。《企业所得税法实施条例》第一百零九条规定:关联方,是指与企业有下列关联关系之一的企业、其他组织或者个人:① 在资金、经营、购销等方面存在直接或者间接的控制关系;② 直接或者间接地同为第三者控制;③ 在利益上具有相关联的其他关系。《特别纳税调整实施办法(试行)》对企业在资金方面的控制关系进行了详细说明。依据《国家税务总局关于完善关联申报和同期资料管理有关事项的公告》(国家税务总局公告 2016 年第 42 号),企业与其他企业、组织或者个人具有下列关系之一的,构成关联关系(具体见表 4.1):

表 4.1 关联关系判定一览表

代码	关系	具体判定条件
A	股权关系	一方直接或者间接持有另一方的股份总和达到 25% 以上;双方直接或者间接同为第三方所持有的股份达到 25% 以上 如果一方通过中间方对另一方间接持有股份,只要其对中间方持股比例达到 25% 以上,则其对另一方的持股比例按照中间方对另一方的持股比例计算 两个以上具有夫妻、直系血亲、兄弟姐妹以及其他抚养、赡养关系的自然人共同持有同一企业,持股比例合并计算
B	资金借贷关系	双方存在持股关系或者同为第三方持股,虽持股比例未达到 A 项规定,但双方之间借贷资金总额占任一方实收资本比例达到 50% 以上,或者一方全部借贷资金总额的 10% 以上由另一方担保,与独立金融机构之间的借贷或者担保除外 借贷资金总额占实收资本比例=年度加权平均借贷资金/年度加权平均实收资本,其中: 年度加权平均借贷资金 = i 笔借入或者贷出资金账面金额 × i 笔借入或者贷出资金年度实际占用天数/365 年度加权平均实收资本 = i 笔实收资本账面金额 × i 笔实收资本年度实际占用天数/365

(续表)

代码	关系	具体判定条件
C	特许权关系	双方存在持股关系或者同为第三方持股,虽持股比例未达到A项规定,但一方的生产经营活动必须由另一方提供专利权、非专利技术、商标权、著作权等特许权才能正常进行
D	购销及劳务关系	双方存在持股关系或同为第三方持股,虽持股比例未达到A项规定,但一方的购买、销售、提供劳务、接受劳务等经营活动由另一方控制 上述控制是指一方有权决定另一方的经营政策,并能据以从另一方的经营中获取利益
E	任命或委派关系	一方半数以上董事或者半数以上高级管理人员(包括上市公司董事会秘书、经理、副经理、财务负责人和公司章程规定的其他人员)由另一方任命或者委派,或者同时担任另一方的董事或者高级管理人员;或者双方各自半数以上董事或者半数以上高级管理人员同为第三方任命或者委派
F	亲属关系	具有夫妻、直系血亲、兄弟姐妹以及其他抚养、赡养关系的两个自然人分别与双方具有A至E项关系之一
G	实质关系	双方在实质上具有其他共同利益的关系

可以看出,判断是否构成关联方的主要依据有:① 相互间直接或者间接持有其中一方的股份总和达到一定比例;② 直接或者间接同为第三者持有股份达到一定比例;③ 企业与另一方有资金借贷方面的关系;④ 企业的高级管理人员与另一方有密切联系;⑤ 企业的生产经营活动,包括购销、生产技术等,与另一方有密切联系;⑥ 对企业生产经营、交易具有实际控制的其他利益上相关联的关系,包括家族、亲属关系等。具体判断流程如图4.1所示:

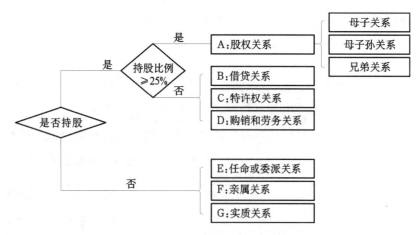

图4.1 关联方判断流程图

二、关联申报和同期资料的准备

众所周知,中国已经全面融入国际反避税大环境中。随着金四系统计划的启动,以及国际上对于避税行为管理的日趋严厉，跨国纳税人面临的风险越来越大。我国《国家税务总局关于完善关联申报和同期资料管理有关事项的公告》（国家税务总局公告2016年第42号）及《特别纳税调整及相互协商程序管理办法》（国家税务总局公告2017年第6号）的出台，对存在关联交易的跨境企业集团来说，如何准确进行关联申报及国别报告的报送，准备同期资料，有效规避潜在的特别纳税调整、税务稽查风险等都是无法回避的问题。但企业在关联申报和同期资料准备上存在着不符合新规定、新要求的现象。如不少纳税人同期资料信息与申报信息不一致、职能定位与实际情况不一致、可比对象选择主观性强、特殊因素调整缺乏合理依据、文档准备模板化等问题相当突出。

1. 关联申报

关联申报是指实行查账征收的居民企业和在中国境内设立机构、场所并据实申报缴纳企业所得税的非居民企业向税务机关报送年度企业所得税纳税申报表时的报表。这两类纳税人只要符合以下两种情形之一的，应进行关联申报：

（1）年度内与关联方发生业务往来的；

（2）年度内未与关联方发生业务往来，但符合《国家税务总局关于完善关联申报和同期资料管理有关事项的公告》第五条规定需要报送国别报告的。

根据《国家税务总局关于完善关联申报和同期资料管理有关事项的公告》的规定，企业向税务机关报送年度企业所得税纳税申报表时，应附送《中华人民共和国企业年度关联业务往来报告表（2016年版）》。纳税人在进行关联申报时，可通过税务部门的电子税务局进行申报，也可采用上门申报、网上申报等方式。纳税人在规定期限内报送年度关联业务往来报告表确有困难，需要延期的，应当按照《税收征收管理法》及其实施细则的有关规定办理。

2. 国别报告

国别报告是税务机关实施高级别转让定价评估，或者评价其他税基侵蚀和利润转移的一项工具。国别报告既能让税务部门全面掌握大型跨国公司的全球价值布局，又能有效增加避税的线索和数据的来源，这给跨国企业自身的税收筹划带来了潜在的风险，并且披露程度的差异也会增加跨国公司的报送负担。

国别报告是BEPS第13项行动计划《转让定价文档和国别报告》中的一项重要内容。《国家税务总局关于完善关联申报和同期资料管理有关事项的公告》将国别报告作为中华人民共和国企业年度关联业务往来报告表的附表，在年度企业所得税申报时一并报送。

上述文件规定，居民企业只要存在下列情形之一，应当在报送年度关联业务往来报告表时，填报国别报告：

（1）该居民企业为跨国企业集团的最终控股企业，且其上一会计年度合并财务报表中的各类收入金额合计超过55亿元。

最终控股企业是指能够合并其所属跨国企业集团所有成员实体财务报表的，且不能被其他企业纳入合并财务报表的企业。

成员实体应当包括:

① 实际已被纳入跨国企业集团合并财务报表的任一实体。

② 跨国企业集团持有该实体股权且按公开证券市场交易要求应被纳入但实际未被纳入跨国企业集团合并财务报表的任一实体。

③ 仅由于业务规模或者重要性程度而未被纳入跨国企业集团合并财务报表的任一实体。

④ 独立核算并编制财务报表的常设机构。

(2) 该居民企业被跨国企业集团指定为国别报告的报送企业。

跨国企业集团应当按照各成员实体所在国的会计准则填报国别报告相关表单。填写国别报告时,应当以中英文双语填写,即《国别报告——所得、税收和业务活动国别分布表》等三张中文表应当使用中文填写,《国别报告——所得、税收和业务活动国别分布表(英文)》等三张表应当使用英文填写。如果部分实体既无中文名称,也无英文名称,企业应当自行进行翻译,并在《国别报告——附加说明表》中进行说明。

最终控股企业为中国居民企业的跨国企业集团,其信息涉及国家安全的,可以按照国家有关规定,豁免填报部分或者全部国别报告。企业信息涉及国家安全,申请豁免填报部分或者全部国别报告的,应当向主管税务机关提供相关证明材料。

3. 同期资料

同期资料是指根据《企业所得税法》规定,参照《OECD转让定价指南》和国际惯例,企业在关联交易符合一定条件的当期,有义务准备同期资料,包括关联交易的价格、费用制定标准、计算方法和说明等具体转让定价文件材料,以证明企业关联交易符合独立交易原则。同期资料包括主体文档、本地文档和特殊事项文档。

符合下列条件之一的企业,应准备主体文档:

① 年度发生跨境关联交易,且合并该企业财务报表的最终控股企业所属企业集团已准备主体文档。

② 年度关联交易总额超过10亿元。

集团最终控股企业会计年度终了之日起12个月内准备完毕主体文档。

符合下列条件之一的企业,应准备本地文档:

① 有形资产所有权转让金额(来料加工业务按照年度进出口报关价格计算)超过2亿元。

② 金融资产转让金额超过1亿元。

③ 无形资产所有权转让金额超过1亿元。

④ 其他关联交易金额合计超过4 000万元。

企业应在每年6月30日前准备完毕本地文档。

另外,企业为境外关联方从事来料加工或者进料加工等单一生产业务,或者从事分销、合约研发业务,原则上应当保持合理的利润水平。如出现亏损,则应当就亏损年度准备同期资料本地文档。

符合下列条件之一的企业,应在每年6月30日前准备完毕特殊事项文档:

① 签订或者执行成本分摊协议的,应当准备成本分摊协议特殊事项文档。

② 关联债资比例超过标准比例需要说明符合独立交易原则的,应准备资本弱化特殊事项文档。

同期资料应当自主管税务机关要求之日起30日内提供。纳税人准备好同期资料后可主动提交至主管税务机关。依照规定需要准备主体文档的企业集团,如果集团内企业分属两个以上税务机关管辖,可以选择任一企业主管税务机关向其主动提供主体文档。企业仅与境内关联方发生关联交易的,可以不准备以上同期资料。

4. 未按规定报送关联申报和同期资料的法律责任

企业未按规定向税务机关报送企业年度关联业务往来报告表同期资料的法律责任(图4.2):

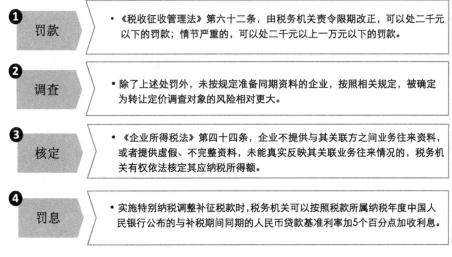

图4.2 未按规定报送的法律责任

三、转让定价管理应考虑的因素

转让定价是跨国集团关联交易中,最为基础重要的部分之一,如何衡量关联交易是否符合独立交易原则是企业也是税务机关重点关注的问题。在转让定价管理中,符合独立交易原则的转让定价方法通常被用于以下两方面:一是判断关联交易是否符合独立交易原则;二是调整不符合独立交易原则的关联交易。我国企业所得税法和相关法规规定税务机关应当在可比性分析的基础上,选择合理的转让定价方法,对企业关联交易进行分析评估,跨国(地区)纳税人也应依据这一方法对转让定价进行合理确定,防范被纳税调整的风险。

1. 可比性分析关注的因素

税务机关通常采用可比性分析实施转让定价调查。可比性分析一般包括以下五个方面：

（1）交易资产或者劳务特性，包括有形资产的物理特性、质量、数量等，无形资产的类型、交易形式、保护程度、期限、预期收益等，劳务的性质和内容，金融资产的特性、内容、风险管理等。

（2）交易各方执行的功能、承担的风险和使用的资产。功能包括研发、设计、采购、加工、装配、制造、维修、分销、营销、广告、存货管理、物流、仓储、融资、管理、财务、会计、法律及人力资源管理等；风险包括投资风险、研发风险、采购风险、生产风险、市场风险、管理风险及财务风险等；资产包括有形资产、无形资产、金融资产等。

（3）合同条款，包括交易标的、交易数量、交易价格、收付款方式和条件、交货条件、售后服务范围和条件、提供附加劳务的约定、变更或者修改合同内容的权利、合同有效期、终止或者续签合同的权利等。合同条款分析应当关注企业执行合同的能力与行为，以及关联方之间签署合同条款的可信度等。

（4）经济环境，包括行业概况、地理区域、市场规模、市场层级、市场占有率、市场竞争程度、消费者的购买力、商品或者劳务的可替代性、生产要素价格、运输成本、政府管制，以及成本节约、市场溢价等地域特殊因素。

（5）经营策略，包括创新和开发、多元化经营、协同效应、风险规避及市场占有策略等。

2. 转让定价方法选择考虑的因素

税务机关通常在可比性分析的基础上，选择合理的转让定价方法，对企业关联交易进行分析评估。转让定价方法包括可比非受控价格法、再销售价格法、成本加成法、交易净利润法、利润分割法及其他符合独立交易原则的方法。跨国企业应知道，符合独立交易原则的转让定价方法有多种，但是没有一种方法是适合所有情形的，每一种方法都要考虑其适用性，管理实践中最优法原则是选择合理转让定价方法时普遍遵循的原则。在最优法原则的运用实践中通常需要考虑诸多影响因素，主要包括：

（1）了解各种方法的优势和缺陷。目前没有一种转让定价方法适用于所有情形，每一种符合独立交易原则的转让定价方法都有其优势和缺陷，税务机关在运用最优法原则选择转让定价方法时，是以充分了解各种方法的应用范围和应用条件为基础的。

（2）掌握关联受控交易的基本情况。在选择最优方法时，必须充分了解关联受控交易的各项基本情况，包括交易各方的功能风险、独占性无形资产、特殊贡献等，因为这些因素会直接影响到方法选择的适当性。例如关联交易各方共同参与一项具有高度集中性的集团活动，当需要对活动产生的收益在交易各方间进行划分时，运用传统交易方法可能存在较大困难，而利润分割法或许是最优方法。

（3）评估可比信息的可获得性。每种转让定价方法的运用均依赖于相应的可比信息，因此在选择最优方法时必须考虑各种方法在应用过程中所需可比信息的可获得性。可比信息的可获得性从某种程度上直接决定了最优方法的选择。比如，当无法或仅能有限获得可信赖的第三方毛利信息时，交易净利润法或许比传统交易方法更具可比性。当然，仅仅因为与非受控交易相关的数据无法获得或不完整就选择交易净利润法也是不恰当的，当所有传统交易方法都不适用时，仍然需要考虑评估交易净利润法的适用性。

（4）分析可比信息的可比程度。在实践中，完全可比的交易几乎不存在，必须要对非受控交易与关联受控交易间的实质性差异进行适当的可比性调整，以使两者之间具有较高的可比程度。然而由于实质性差异的调整通常难以量化或缺乏精确性，越多的调整有时却意味着可比程度的降低，因此，在选择最优方法时，通常应当考虑非受控交易的可比程度以及需要做出可比性调整的实质性差异数量。

（5）考虑其他方法的运用。税务机关在做转让定价调整时，原则上选择了法规列明的转让定价方法，但并不排除可以使用其他适合的方法。需要注意的是，选择其他方法时需要有充足的理由，以证明使用的其他方法符合独立交易原则，且在个案情形下要明显优于使用法律列明的转让定价方法。

虽然在反避税管理中方法选择的权力在税务机关，但企业在转让定价管理中有权选择具体的方法。在与税务机关进行沟通协调说明转让定价合理性时，是可以争取选用更有利于企业的方法的。因此，企业在面对税务机关转让定价调查时，应充分说清企业转让定价方法的选择和使用，具体包括以下几点：① 转让定价方法的选用及理由，企业选择利润法时，须说明其对企业集团整体利润或剩余利润水平所做的贡献；② 可比信息如何支持所选用的转让定价方法；③ 确定可比非关联交易价格或利润的过程中所做的假设和判断；④ 运用合理的转让定价方法和可比性分析结果，确定可比非关联交易价格或利润，以及遵循独立交易原则的说明。

四、转让定价方法选择的比较

转让定价方法是指企业向关联方转让有形资产、无形资产、融通资金或者提供劳务等确定价格所依据的方法。关联方之间的交易采用何种转让定价方法属于企业的自主权利，但关联交易不受市场力量主导，导致并非所有的转让定价方法都符合独立交易原则。

符合独立交易原则的转让定价方法包括传统交易方法、利润法和其他符合独立交易原则的方法。其中，传统交易方法包括可比非受控价格法、再销售价格法、成本加成法；利润法包括交易净利润法、利润分割法。各种方法在实践中都显示了优势，同时也暴露出不足。随着跨境避税方式的不断变化和G20国际税改的落地，"利润要在经济活动发生地和价值创造地征税"成为共识，转让定价方法也在不断创新和发展。

（一）可比非受控价格法

可比非受控价格法将非关联方之间进行的与关联交易相同或者类似业务活动所收取的价格作为关联交易的公平成交价格。可比非受控价格法的可比性分析，应当按照不同交易类型，特别考察关联交易与非关联交易中交易资产或者劳务的特性、合同条款、经济环境和经营策略上的差异。当可比非受控交易可以找到时，该方法是运用公平交易原则最直接、最可靠的方法。

在实际工作中,要找到与受控交易十分类似的在独立企业之间进行的交易,且两项交易间不存在对价格有实质性影响的差异,是比较困难的。有时两项交易间存在的细小差异也会对价格产生重大影响,在这种情况下,应做一些调整。被调查交易与非受控交易是否可比,不仅要考虑产品的可比性,还要考虑企业的功能和商业条件等对价格产生的影响。对受控交易与非受控交易之间存在的差异进行合理准确的调整也是比较困难的,但是,不能仅因为遇到调整的困难就轻易放弃使用该方法,还是应该努力进行调整以使该方法可以适用。该方法的可靠性受到差异调整的准确性的影响。

在运用可比非受控价格法时,关联交易与可比非关联交易之间往往存在一些差异,这些差异一般可分为两类:一是非实质性差异,这种差异对交易价格没有实质性影响;二是实质性差异,这种差异对交易价格有实质性影响。运用可比非受控价格法时,必须对实质性差异进行合理准确的调整,以消除此类差异对价格的实质性影响。否则,可比非受控价格法就无法为独立交易价格提供一个可靠的衡量,该方法也就无法适用。下面举例说明如何对实质性差异进行合理量化调整:

1. 不同交易条件的影响

中国制造商 ABC 向关联分销商及非关联分销商销售同种产品。除了关联销售价格是到岸价而非关联销售价格是离案价之外,关联和非关联的交易条件基本相同。鉴于两种交易合同中运输和保险条款的差异对交易价格有确定及可衡量的影响,因此可对该差异进行可比量化调整。除此以外,关联交易及非关联交易无其他重大的交易条件差异。因此,可采用可比非受控价格法衡量该关联交易是否符合公平交易原则。

2. 商标的影响

假设除了在非关联交易中 ABC 将商标(该商标为知名商标)附到了所销售的产品上,而在关联交易中没有之外,基本情况与 1 相同。此种情况下,知名商标对价格的影响是重大且难以被可靠估算的。既然存在重大的产品差异并且该差异难以进行相应量化调整,在此种情况下,可比非受控价格法就难以适用。

3. 细微的产品差别

除了在非关联交易中,ABC 为了满足某客户的需求对其产品做了细微的外观改造,而在关联交易中却没有之外,基本情况与 1 相同。如果该微小的外观差异(比如关联交易的产品颜色是红色,非关联交易的产品颜色是绿色)对产品价格没有影响,则非关联交易价格可以作为可比非受控价格;如果该微小的外观差异对产品价格有重大影响且该影响差异可被合理可靠地调整,则应就此差异对非关联交易的价格进行调整,调整后的价格可以作为可比非受控价格。

4. 地理区域差异的影响

ABC 将其产品销售给中国内地的一家关联分销商 AM,同时也将产品销售给位于中国香港地区的非关联分销商。关联和非关联销售中的产品是相同的,除了地理差异外,两种交易的其他交易条件也基本相似。如果地理差异不会对价格产生重大影响,或者即使构成重大影响但影响可以被准确衡量以做相应调整,则非关联交易价格或者调整后的非关联交易价格可以作为可比非受控价格;如果地理差异会对价格产生重大影响,且该影响不能被可靠衡量,则可比非受控价格法就不能用来衡量关联交易是否符合独立交易原则。

5. 销售数量差异的影响

ABC 按每吨 80 美元的价格将 1 000 吨某产品销售给一家关联企业,与此同时按每吨 100 美元的价格将 500 吨同样产品销售给一家非关联企业。除此之外,两种交易的其他交易条件基本相同。在这个例子中需要分析不同的销售数量是否会对销售价格产生影响。如果会,则需要对相关市场进行调查,分析类似产品的交易,以确定一般情况下按销售数量所给予的折扣。

(二)再销售价格法

再销售价格法将关联方购进商品再销售给非关联方的价格减去可比非关联交易毛利后的金额作为关联方购进商品的公平成交价格。再销售价格法一般适用于再销售者未对商品进行外形、性能、结构改变或者更换商标等实质性增值加工的简单加工或者单纯购销业务。其计算公式如下:

公平成交价格 = 再销售给非关联方的价格 × (1 - 可比非关联交易毛利率)

可比非关联交易毛利率 = 可比非关联交易毛利/可比非关联交易收入净额 × 100%

再销售价格法在运用实践中须重点关注:

1. 合理选择产品相似性标准

虽然再销售价格法允许产品间存在较大差异,但仍然需要将关联交易中转让的财产与非关联交易中转让的财产相比较,产品的可比性越高,得到的结果越可靠。例如,当交易中涉及价值较高或者相对较为独特的无形资产时,产品的相似性变得更为重要,对此尤其要注意,以确保能够进行有效的比较。但在实践中,对产品相似性要求的高低,往往取决于能够获得的可比信息情况。当能够取得足够多的可比信息时,产品相似性越高越好。

2. 分析独家经营权的影响

独立企业间的交易常常会出现一种情况,即一方授予另一方在某个市场内对产品再销售的专有权利,这种合同条款一般都会对毛利润产生重要影响,因此在任何比较中都要考虑这类专属权利条款。例如,ABC 公司在五个国家通过独立销售商销售一种产品,该公司在这五个国家都没有子公司。销售商只在市场上推广产品,并不进行其他任何额外的工作。该公司在 A 国设立了子公司,因为 A 国这个特定市场具有战略重要性,该公司需要其子公司专门销售其产品,并为客户提供技术服务。由于五个国家的独立销售商不像 A 国子公司那样具有专属销售权利,也不提供技术服务,因此,即使得到了上述独立销售商的毛利润资料,且其他所有因素和情形都类似,也有必要考虑进行相应调整以保证可比性。

3. 确保会计核算口径的一致性

如果关联交易和非关联交易的会计核算口径不同,则在计算再销售价格毛利时,要对所使用的数据进行适当的调整,以确保使用同样成本基础来计算毛利润。例如,假设在对所有产品都提供担保,并且下游价格相同的情况下,销售商C承担质量担保功能,但事实上是通过供应商G以较低的价格加以补偿。销售商D不承担质量担保功能,而是由供应商G承担(产品被送回工厂)。然而,供应商G向销售商D收取的价格比向销售商C收取的价格要高。如果销售商C把承担担保功能的成本记为销售货物的成本,那么可以自动对两者毛利率的差异进行调整。但是,如果把质量担保费用记为营业费用,两者的毛利润就会存在差异,必须加以调整,以保证两者具有可比性。

另外,还要特别注意再销售企业产品的存货周转速度,使用再销售企业购买货物后较短时间内实现的再销售价格毛利是比较可靠的,但最初购买和再次销售之间间隔的时间越长,就越需要在进行可比性分析时考虑其他一些因素,如市场、汇率、成本等方面的变化对毛利润产生的影响。

4. 保证实质性差异调整的可靠性

在运用再销售价格法时,关联交易与可比非关联交易之间存在的差异,一般分为两类:一是非实质性差异,这种差异对再销售毛利率没有实质性影响;二是实质性差异,这种差异对再销售毛利率有着实质性影响。运用再销售价格法时必须能够对实质性差异进行合理准确的调整,以消除此类差异对再销售毛利率的实质性影响。

案例:中国公司ABC是海外母公司FC的独家分销商。ABC公司期初和期末存货未发生任何变化。ABC公司列报的销售成本为800美元,包括从FC购入的价值600美元的产品和与非关联方产生的其他成本200美元。ABC公司的再销售价格和列报的毛利润如下所示:

适用的再销售价格	1 000美元
销售成本:	
从FC购货的成本	600美元
与非关联方产生的其他成本	200美元
列报的毛利润	200美元

主管税务机关确定可比的毛利率为25%,因此ABC公司的毛利应为250美元(再销售价格1 000美元的25%)。由于ABC公司与非关联企业也发生了相应成本,对于从FC公司购入货物的公平交易价格必须通过两个步骤来确定。第一步,从再销售价格(1 000美元)中减去适当的毛利润(250美元)。第二步,将得出的结果(750美元)再减去与非关联方产生的其他成本(200美元)。因此,ABC公司从FC公司购入货物的公平交易价格应为550美元(750美元减去200美元)。

(三)成本加成法

成本加成法将关联交易发生的合理成本加上可比非关联交易毛利后的金额作为关联交易的公平成交价格。成本加成法一般适用于有形资产使用权或者所有权的转让、资金融通、劳务交易等关联交易。其计算公式如下:

公平成交价格＝关联交易发生的合理成本×(1＋可比非关联交易成本加成率)

可比非关联交易成本加成率＝可比非关联交易毛利/可比非关联交易成本×100%

成本加成法在运用实践中须重点关注：

1. 确认成本基础的一致性

在使用成本加成法时要注意成本的基数问题。有的关联企业在将成本加成法作为转让定价方法后，为了减少加成额，故意让交易一方承担本应由另一关联方承担的成本。因此在实践中，应在考虑与可比交易一致性的前提下，分析交易双方所发挥的功能(考虑使用的资产和承担的风险)，将成本在两者之间进行合理分摊。例如，可比供应方在进行其业务活动时使用了租赁来的商业资产，而关联交易中的供应方却拥有其商业资产，那么如果未经调整，其成本基础就不可比。

2. 保证实质性差异调整的可靠性

运用成本加成法必须能够对实质性差异进行合理准确的调整，以消除此类差异对成本加成率的实质性影响。如果无法准确地对影响成本加成率的实质性差异进行量化调整，则成本加成法的可靠性将减弱。因此，应根据可比性分析的结果，采取合理的方法对影响成本加成率的实质性差异进行准确的量化调整，以保证该方法的可靠性。

案例1：ABC是一家国内计算机配件生产商，其将产品销售给境外关联企业FS。C1、C2和C3也均为国内计算机配件生产商，它们的产品均销售给境外非关联方。有关C1、C2、C3承担的功能、风险的信息以及他们在非关联交易中签订的合同条款信息都较充足，并且相关数据也表明所有非关联制造商和FS的会计处理具有一致性。由于可获取的信息比较完整，因此能够准确判定关联交易和非关联交易的所有重大差异，此类差异对成本加成率的影响能够确定并做出可靠的调整。因此可以将C1、C2、C3作为可比企业，并根据它们的加成率设定独立交易的区间。

案例2：基本情况与例1相同，除了与FS之间的交易，ABC使用的原材料是由FS提供的，而C1、C2、C3则自行采购原材料，其毛利润受原材料采购成本的影响。也就是说，ABC因为不用自行采购原材料所以不用承担存货风险，但C1、C2、C3则承担了存货风险。如果此项差异会对非受控制造商的毛利润产生重大影响，则需要进行调整。如果无法确定该项差异对毛利润的影响，则会降低可比性，从而影响到方法的使用。

(四) 交易净利润法

交易净利润法以可比非关联交易的利润指标确定关联交易的利润。利润指标的选取应当反映交易各方执行的功能、承担的风险和使用的资产。利润指标的计算以企业会计处理为基础，必要时可以对指标口径进行合理调整。交易净利润法一般适用于不拥有重大价值无形资产企业的有形资产使用权或者所有权的转让和受让、无形资产使用权受让以及劳务交易等关联交易。利润指标包括息税前利润率、完全成本加成率、资产收益率、贝里比率等。具体计算公式如下：

息税前利润率＝息税前利润/营业收入×100%

完全成本加成率＝息税前利润/完全成本×100%

资产收益率＝息税前利润/[（年初资产总额＋年末资产总额）/2]×100%

贝里比率＝毛利/（营业费用＋管理费用）×100%

案例：中国 BBB 公司从事镍氢电池的制造，主要原材料向国内第三方采购，产品全部向海外母公司销售，母公司以其自有品牌向独立第三方销售，没有其他关联交易。2015—2018 年，BBB 公司年均销售额为 3 亿美元，电池行业平均销售利润率在 5% 以上。下面验证 BBB 公司 2015—2018 年取得的利润率是否符合公平交易原则：

第一，选择最优转让定价方法。母公司以其自有品牌向独立第三方销售产品，BBB 公司的主要功能是为其母公司提供加工劳务。因此，BBB 公司不拥有该产品品牌的所有权和使用权。BBB 公司加工的产品与其母公司销售的产品的区别在于，后者拥有该品牌，而前者不拥有该品牌，因此可比非受控价格法很难适用。再销售价格法一般适用于分销，而 BBB 公司的主要功能是加工制造，显然，再销售价格法也无法适用。由于无法取得足够信息来保证销售成本的一致性，因此成本加成法也无法适用。主管税务机关最后选择了交易净利润法，利润指标采用完全成本加成率。

第二，选择可比的企业。首先，根据 BBB 公司的实际情况，确定了选取可比企业的 7 条标准：① USSIC 分类码为 3691（storage battery）、3692（primary batteries，dry and wet）；② 2015—2018 年财务数据健全；③ 年平均销售收入不小于 1 亿美元且不大于 5 亿美元；④ 年平均息税前利润大于 0；⑤ 主要职能为生产制造；⑥ 地处制造成本与中国相当的国家或地区；⑦ 独立性指标为 A＋、A 或者 A－，表明没有任何单个股东控制该公司的股份超过 25%。其次，按照上述标准，使用 BvD 数据库筛选可比企业。共计筛选出 8 家潜在可比企业，其 4 年加权平均销售利润率的四分位区间为（5.56%，7.44%），中位数为 6.76%。

第三，分析 BBB 公司与上述潜在可比企业之间存在的差异，并对影响净利润率的实质性差异进行可比性量化调整。一是营销功能差异，从"销售费用/销售收入"指标来看，BBB 公司 2015—2018 年这 4 年的加权平均比率为 1.68%，而 8 家潜在可比企业的区间为（2.52%，16.01%），两者存在着明显的差异，且该差异为影响净利润率的实质性差异，需进行可比性量化调整。二是产能利用差异。BBB 公司于 2014 年开始正式生产经营，2015—2018 年处于生产经营初期，工人技术不熟练，生产规模未达到预计水平，导致企业在生产过程中存在着较大的产能浪费。而潜在可比公司基本处于稳定经营状态，技术都比较成熟，无产能浪费情况。两者在产能利用方面存在着明显的差异，且该差异为影响净利润率的实质性差异，需进行可比性量化调整。调整方法是将 BBB 公司产能调整至正常水平，与潜在可比企业一致。调整后，BBB 公司 2015—2018 年这 4 年的加权平均销售利润率由－1.82% 调整至－1.76%；8 家潜在可比企业 4 年的加权平均销售利润率的四分位区间由（5.56%，7.44%）变为（4.71%，5.86%），中位数由 6.76% 变为 5.20%。进行可比性量化调整后,8家潜在可比企业就成为BBB公司的可比企业。

第四,对BBB公司与8家可比企业4年的加权平均销售利润率进行比较,BBB公司的利润率明显不在可比区间,应按不低于可比区间的中位数5.20%水平进行调整。

(五) 利润分割法

利润分割法根据企业与其关联方对关联交易合并利润(实际或者预计)的贡献计算各自应当分配的利润额。利润分割法主要包括一般利润分割法和剩余利润分割法。

一般利润分割法通常根据关联交易各方所执行的功能、承担的风险和使用的资产,采用符合独立交易原则的利润分割方式,确定各方应当取得的合理利润。当难以获取可比交易信息但能合理确定合并利润时,可以结合实际情况考虑与价值贡献相关的收入、成本、费用、资产、雇员人数等因素,分析关联交易各方对价值做出的贡献,将利润在各方之间进行分配。剩余利润分割法将关联交易各方的合并利润减去分配给各方的常规利润后的余额作为剩余利润,再根据各方对剩余利润的贡献程度进行分配。

利润分割法一般适用于企业及其关联方均对利润创造具有独特贡献,业务高度整合且难以单独评估各方交易结果的关联交易。利润分割法的适用应当体现利润应在经济活动发生地和价值创造地征税的基本原则。

案例: XYZ是一家开发、生产和销售警用产品的中国公司。XYZ的研发部门研制出了一种可用于防弹衣帽的防弹材料(Nulon),并就Nulon的化学方程式获得了专利保护。自进入美国市场后,Nulon在美国防弹材料市场中占据了相当大的市场份额。XYZ许可其欧洲子公司XYZ-Europe生产并在欧洲市场推广Nulon。XYZ-Europe是一家在欧洲生产和推广XYZ产品的功能完善的公司。XYZ-Europe拥有自己的研发部门来调整XYZ产品以适应市场的需求,同时拥有其自行开发的品牌以及完善的市场网络。XYZ-Europe的研发部门对Nulon进行调整以使其适应军事应用的特殊需求,并针对一些欧洲国家的国防工业进行了集中的市场推广。

从2015纳税年度开始,XYZ-Europe生产Nulon并以自己的某品牌通过其营销渠道进行销售。从2015纳税年度开始,XYZ未就其授予XYZ-Europe的关于Nulon的许可发生直接费用,也没有就Nulon在欧洲市场的推广发生任何费用。2015年,XYZ-Europe销售Nulon的收入和相关费用(不包括特许权使用费)分别为50 000万美元和30 000万美元,净利润20 000万美元(不包括特许权使用费),XYZ-Europe与Nulon业务相关的经营性资产为20 000万美元。

为审核XYZ向子公司收取的特许权使用费是否合理,根据以上情况,主管税务机关确定剩余利润分割法是最可靠的符合公平交易原则的最好方法。

第一步,确定常规贡献的应得利润。在分析了与XYZ-Europe履行功能可比的欧洲公司后,主管税务机关确定XYZ-Europe Nulon业务的经营性资产平均市场回报率为10%,应得回报约2 000万美元,剩余利润为18 000万美元。

第二步,对剩余利润进行分割。根据关联交易双方的无形资产价值对关联交易所做的贡献，在关联交易双方分配剩余利润。与 Nulon 有关的无形资产包括 Nulon 的欧洲品牌、XYZ 所提供的关于 Nulon 的化学配方的专利、XYZ-Europe 对产品的改进等。为估算相关无形资产的价值，主管税务机关将与 Nulon 研发、推广相关的关联交易双方 2015 年的研发费、市场推广费用的资本化价值与 2015 年 Nulon 的销售收入进行比较：

由于 XYZ 承担了 Nulon 专利的研发支出，支撑了 XYZ 公司全球防御产品的销售，因此有必要在全球业务下分摊该费用。基于防御产品研发投入的平均受益年限等相关信息，主管税务机关将 XYZ 防御产品的研发费用资本化并进行摊销。与销售收入比较的结果是：2015 年每 1 美元全球防御产品销售包含 0.2 美元的资本化研发费用的支出。

XYZ-Europe Nulon 的研发和市场费用只支持欧洲地区的销售。基于 XYZ-Europe 防御产品研发投入、市场推广费用的平均受益年限等相关信息，主管税务机关将 XYZ-Europe 防御产品的研发费用、市场推广费用资本化并摊销。与销售收入比较的结果是：2015 年 XYZ-Europe 每 1 美元的 Nulon 销售收入包含 0.4 美元的资本化研发费用及市场推广费用的支出。

因此，2015 年 XYZ 和 XYZ-Europe 为每 1 美元的防御产品 Nulon 销售收入贡献了合计 0.6 美元的资本化无形资产研发及市场推广开支，其中 XYZ 贡献了三分之一（每 1 美元销售中占 0.2 美元）。因此，主管税务机关决定 2015 年符合公平交易的 Nulon 特许权使用费为 6 000 万美元，换言之，占 XYZ-Europe Nulon 业务剩余利润的三分之一。如果 XYZ 实际收到的特许权使用费与此数不一致，税务当局有权进行调整。

五、典型转让定价的调查

跨国公司跨境投资经营，采用转让定价手段可以开拓市场，保持市场份额，可以有效转移资金和利润，可以在一定程度上避开东道国的价格管制，可以重点支持境外子公司或分公司的发展，可以获取总体竞争优势，规避东道国政府、合作伙伴和其他利益集团等制造的麻烦。它与企业的生产经营成本和市场供求关系没有直接的关系，它服从于跨国公司的战略和整体利润最大化的目标，因此客观上严重侵蚀了东道国的收益，引发了东道国税务当局开展转让定价的调查。下面是税务机关根据跨国公司转让定价行为的不同，在系统分析的基础上实施的典型调查，以便跨国公司从中认识到风险，制定合理的集团内部转让价格。

（一）单一功能企业

《特别纳税调查调整及相互协商程序管理办法》第二十八条规定："企业为境外关联方从事来料加工或者进料加工等单一生产业务，或者从事分销、合约研发业务，原则上应当保持合理的利润水平。上述企业承担由于决策失误、开工不足、产品滞销、研发失败等原因造成的应当由关联方承担的风险和损失的，税务机关可以实施特别纳税调整。"

案例：

1. 案例概要

中日合资企业 M 公司，注册资本为 X 万美元，主要生产电子元器件产品。该企业在集团中主要承担生产制造职能,所承担的市场风险较小,不承担研发职能,在与母公司的关联交易中承担有限的功能和风险。通过大量的调查分析工作,税务机关认为企业存在利用关联销售向境外关联企业转移利润的情况,于是进行了调整补税。

2. 相关事实

该企业自20世纪90年代初成立以来,年销售额达上百亿元,主要的关联交易类型为关联购销,99%出口给集团内关联企业。1997年进入获利年度,享受生产型企业"二免三减半"、出口型企业减半征收等优惠政策。

该企业主要的关联交易类型有关联购销和无形资产交易,其中关联采购金额约占采购总金额的50%,关联销售金额约占销售总额的99%。该企业自国内非关联企业和境外关联企业购入零部件及半成品,产品生产后销往海外关联方及中国市场。通过对企业所处行业及生产工艺流程的分析,境外母公司承担上游前道工序,该企业承担行业上游后道的组装工序。

经调查分析,该企业存在以下避税疑点:① 销售规模不断扩大,单一职能长期微利。企业销售规模增长迅速,从2001年的10亿元增长到2006年的160亿元,年增长率约为74%,承担单一生产职能但利润率却始终维持在1%左右,利用关联交易调节利润水平的痕迹明显。② 关联、非关联销售价格差异大。经比较,相同年度、相同规格型号产品的关联销售价格与非关联销售价格差异悬殊,非关联销售价格普遍要高于关联销售价格50%以上。③ 与母公司利润率比较明显偏低。通过对境外母公司年报的分析,调查期间境外母公司销售毛利率每年都在25%以上,并且与该企业毛利率走势呈相反趋势。④ 与同行业比较,利润水平偏低。通过收集同行业企业信息资料,走访行业协会了解行业技术和分析国内上市公司信息,该企业的利润水平远低于同行业内其他企业的利润水平。

3. 征税过程

(1) 转让定价调查阶段

经过分析调查,认为M公司不存在利用技术入门费和技术使用费进行避税的情况,排除该企业利用"高进"(提高原材料采购价格)来转移利润的可能性。关联交易采用"以销定产"的方式,认为该企业存在利用关联销售(降低出口产品价格的方式)向境外关联方转移利润的情况。从2004年起开展反避税调查,经多次协商,应用交易净利润法,选择财务指标作为完全成本加成率,通过OSIRIS数据库选择可比企业,可比企业筛选范围为远东及中亚地区,调整范围为关联外销。

(2) 对应调整双边磋商阶段

反避税调整后,企业在中国补税,但是该企业转移到境外母公司的利润已在母公司所在国申报纳税,这就使得集团的同一笔利润在中日两国被分别征税。日本母公司为避免双重征税向日本国税厅提出了启动对应调整的相互协商程序。自2007年起该企业就调查年度关联出口销售的利润水平、职能风险定位及可比公司的选择,申请中日双边磋商,经多轮磋商,最终日方接受我方的调整方案,并约定通过双边预约定价方式解决以后年度的税务问题。

(3) 中日双边预约定价安排

在中日税务当局就该企业以前年度关联交易利润水平调整磋商成功后,集团为了确定其以后年度关联交易的纳税义务,同时为了避免双重征税,向中日税务机关同时提交了未来年度双边预约定价安排申请。双方就双边预约定价的适用性、涉及的关联交易、功能风险、可比企业进行了磋商,在双边预约定价协商过程中,由于两国立场不同、经验存在差异,故出现了一些新问题、新理论,例如增值成本概念、选址节约理论等。调查人员在有利于我国税收权益的前提下,恰当使用这些新观点,坚持采取完全成本加成的测算方法,不接受日方提出的增值成本的概念。经多轮磋商,两国税务机关就预约定价方案达成一致意见,运用交易净利润法,采用完全成本加成率指标,运用 OSIRIS 数据库筛选可比企业组,利用四分位法建立独立交易利润区间。

(4) 税款入库

根据达成的预约定价安排,补征 2007—2009 年度税款近 x 亿元,整个预约定价安排期间涉及税款近 y 亿元。

4. 案件点评

该案件属于对生产加工型企业进行转让定价调查案件,为避免双重征税,中外双方税务机关进行了双边磋商,而且就未来年度的关联交易达成了双边预约定价安排。在双边预约定价协商过程中,调查人员在有利于我国税收权益的前提下,坚持采取完全成本加成的测算方法,没有接受日方提出的增值成本的概念,在维护了我国税收权益及合资中中方权益的同时,也有利于企业进行经营决策。

(二) 集团内劳务费用分摊

随着世界经济一体化的日趋深入和跨国公司功能服务的不断整合,越来越多的跨国集团通过总部控股公司为集团内关联企业提供集中化的专业服务、技术服务、行政服务等(简称"总部服务"),以期达到整合资源、提高效率、降低成本的目的。G20 税改达成的重要共识是按照经济实质征税、避免双重不征税,但在激进的税收筹划下,集团内服务费可能存在不符合独立交易原则、税基侵蚀和利润转移的风险。

BEPS 第 10 项行动计划要求 G20 和 OECD 成员国制定相应的转让定价规则,防止关联企业利用费用支付侵蚀税基。2015 年 BEPS 最终成果发布,其中对《OECD 转让定价指南》中第七章集团内劳务进行了修改,最主要的修改是新增了关于低附加值集团内劳务的第 D 节内容,作为 BEPS 成果的可选建议,由各国自主决定是否采用。第 D 节内容本质上是一项安全港措施,如果一项劳务被认定为低附加值劳务,则可以适用简化的服务费受益性测试。

中国高度重视 BEPS 行动成果的转化,突出符合独立交易原则的关联劳务应是受益性劳务的判定,凡不能为企业带来直接或间接经济利益,且非关联方在相同或类似情况下不会购买或自行实施的劳务属于非受益性劳务,不应在税前列支等。因此,在低附加值集团内劳务问题上,提出了解决集团内劳务的六项测试,并于 2017 年出台了《特别纳税调查调整及相互协商程序管理办法》,对集团内劳务费用予以了进一步明确。

案例: 集团母公司(中国香港 F 控股)与境内子公司签订了框架协议,F 控股向境内子公司提供投融资协助、财务协助、法律协助、风险评估协助、公共关系及市场营销协助、战略发展协助、行政和人力资源协助等服务,境内子公司按照成本加成向其支付服务费。框架服务协议内容笼统、支付标准不清晰。

第一步,六项测试

(1) 真实性测试:即集团内提供的服务一定是真实存在的。若全部按照劳务费产生,在具体操作上对应该劳务的人员、级别、服务类型、具体服务对象、服务内容、服务结果等均为真实性的佐证。例如,在实际操作中,特别是高附加值的劳务,有很多国内、海外的金融机构提供投资的决策或高管的金融战略性布局。

(2) 受益方测试:提供方企业在提供服务中是获益较多一方时,不应向劳务接受方收取费用。

(3) 需求方测试:集团内劳务提供方即使不提供这项服务,劳务接受方仍能正常运营,说明这项集团内劳务实际不需要发生。

(4) 重复性测试:企业已经向第三方购买或者已经自行实施的劳务活动。

(5) 价值创造测试:劳务提供方对于劳务接受方管理决策的批准出于授权需要而非真正创造了可辨识的经济或商业价值。即该项服务需要真正给接受方带来商业价值或潜在的经济活动,并非只是给予接受方授权或批准性的行政命令,使其继续自身活动从而产生价值。

(6) 补偿性测试:已经在其他关联交易中获得补偿的劳务活动。

第二步,调整方案

通过六项测试,对 F 控股集团内服务费分摊的真实性和重复性的疑点基本排除:F 控股为集团内各关联企业提供的其所需的集中化专业服务、职能服务、技术服务、行政服务等需要由集团总部按照统一的要求来完成,通过功能风险整合,集中某些功能,以集团内部服务的形式提供给各关联企业,从而达到有效利用和整合集团资源、提高效率、降低成本的目的。

对于广泛受益服务费的分摊,应按照能体现与该服务项目相关的系数进行合理分摊。BEPS 第 10 项行动计划第 7.25 条提出,不能分别按照各劳务接受方、劳务项目为核算单位归集相关劳务成本费用时,应当采用合理标准和比例向各劳务接受方分配,确定交易价格。分配标准应当根据劳务性质合理确定,可以采用营业收入、人员数量、设备使用量、工作时间以及其他合理指标,分配结果应当与劳务接受方的受益程度相匹配。

非受益服务的比例和成本加成率的确定,是本案的突出难点。本着独立交易、公平合理、据实分摊的原则,税企开展了多轮坦诚、深入的谈判与磋商,调整方案如下:企业认可税务机关提出的部分财务、法务、投资行为属于"股东活动",并通过进一步的细分将广泛受益服务的分摊比例从80%降低为60%;成本加成方面,企业认可对于支付给外部服务提供商的专项服务成本,不予加成;并通过可比公司和中位值的计算,将广泛受益服务的成本加成率从7%降低为3%,仅2015年就减少对外支付服务费1 000余万元。

(三)无形资产转让定价

随着数字经济的不断发展,跨国公司避税的新模式层出不穷,无形资产由于其自身的特点,使得其与有形资产、劳务提供等存在很大的不同。截至目前,我国仍没有对无形资产转让定价制定符合其自身特点的、相对独立的法律规定。无形资产转让定价的相关规定与其他关联交易,如关联购销、劳务提供、有形资产使用等转让定价法规交织在一起,零星散落于不同的税收文件中。此外,跨国公司价值链中无形资产的权重逐渐加重,这也使其通过无形资产转让定价实施利润转移更加便利。无形资产的独占性和专有性特点,使得无形资产转让定价调整起来更加困难,这已成为转让定价领域最具挑战性的课题之一。

征管实践中,无形资产利润转移模式多样,最常见的做法是集团总部向其位于各个国家的子公司收取特许权使用费、商标费等费用;高新技术企业仍向母公司支付高额技术使用费;境内研发中心的研发成果、无形资产的所有权都属于境外母公司或避税地公司,境内的合约、研发业务只获得成本加成后的微薄回报。这些业务模式的背后,往往是跨国集团价值链全球调整的结果,忽视了中国境内企业在无形资产开发、价值提升、维护、保护、应用和推广中的价值贡献,将利润最大化地转移至境外。

目前,国际税改对转让定价的相关规则进行了补充完善,主要包括:一是强调经济实质要与法律形式相一致;二是指出地域特殊因素对利润的贡献;三是明确开发、提升、维护、保护和利用均是无形资产价值创造的重要环节。我国国内法也对反避税规则进行了修改和完善。明确对无形资产进行开发、提升、维护、保护、应用和推广的各方均对无形资产价值做出了贡献,各方应根据贡献程度分享相应的收益,仅拥有无形资产所有权而未对无形资产价值做出贡献的,不应参与无形资产收益分配。

案例:高新技术企业支付特许费贡献分析"七步法"

A公司为高新技术企业,按产品销售收入的4.75%向集团母公司支付技术特许费。该案例首次探索性地使用了经济学中的贡献分析法,计算境内企业无形资产研究成果在集团中的贡献份额,探索了无形资产面临的计价难、调整难困境,不仅降低了境内子公司向境外母公司支付特许权使用费的比例,同时突破了集团子公司对于特许权使用费"只付不收"的壁垒,实现了对技术"走出去"收费,进一步确立了境内企业在价值链中的地位。

步骤一,识别产品列表

筛选出A公司生产并销售给第三方的产品和型号。其中,整个集团(包括A公司)的主要产品可以分为两个大类,X产品类和Y产品类。

步骤二,判定研发周期

收集A公司与产品开发相关研发项目的周期信息。通过与研发人员的沟通,翻阅相关研发项目备案资料等,获取的主要信息为:(1)集团和 A 公司共同研发产品;(2)X 产品项目研发周期约为 32 个月,Y 产品研发周期约为 20 个月。

步骤三,计算中国及中国以外的研发投入

将 A 公司的研发费用和国外其他研发中心的研发费用进行了拆分整理。

步骤四,将研发投入转化成具体时点的现金流出

在计算研发贡献时,有几种选择:一是研发费用简单求和,再进行比较;二是考虑资金的时间价值,将研发支出的现金流出转换为某一时点的终值。考虑到研发项目的持续时间为 2~3 年,且企业的资金成本各不相同,故选用了第二种方法。将中国和中国以外的研发支出转换为某一时点(截至 2013 年 12 月 31 日)的现金流出再进行比较,分别计算出 2011—2013 年 A 公司和集团公司的加权平均资金成本(Weighted Average Cost of Capital,WACC)。

步骤五,计算中国及中国以外的研发贡献比例

将中国和中国以外的三年研发投入资本化为 2013 年 12 月 31 日的时点技术类无形资产,进一步计算两者分别对于 X 产品和 Y 产品的相对贡献比例。

步骤六,计算调整以后的特许权使用费率

贡献分析结果显示,A 公司和集团对于 X 产品和 Y 产品的贡献比约为 1∶4,A 公司向集团支付的特许权使用费中将近 20% 应由企业自己保留。考虑到 A 企业的经营利润比较对象和特许权使用费率比较对象的一致性,将特许权使用费率评估报告的中位值作为调整基础。经过如下调整后的特许权使用费率计算,A 公司将支付给集团的特许权使用费率由 4.75% 降至 3.25%。

特许权使用费率中位值	a	4%
A 公司研发贡献比例	b	18.84%
应抵特许权使用费率	$c = a \times b$	0.75%
应付集团特许权使用费率	$d = a - c$	3.25%

考虑到集团向其他成员收取的特许权使用费率依然为 4.75%,故在计算 A 公司分享集团获取的整体特许权使用费中,应向其他集团成员收取的费率以 4.75% 为基础,故经过如下计算,A 公司应向集团内使用其技术的成员收取的特许权使用费率为 0.9%。

集团对其他成员收取的特许权使用费率	a	4.75%
A 公司研发贡献比例	b	18.84%
A 公司应收取的特许权使用费率	$d = a \times b$	0.9%

税企积极沟通,共同细化上述分析方案,最终企业同意按上述方案自行调整,补缴税款 500 余万元及相应利息。其中通过降低特许权使用费率,补缴企业所得税 494 万元;通

过对外收取特许权使用费,补缴企业所得税 11 余万元。此次对企业研发职能的准确判断和价值评估,意味着该企业在未来年度可以持续稳定收取境外关联企业的特许权使用费。

步骤七,反向验证贡献分析法测算方案

用上述调整后的数据,计算支付特许权使用费前的营业利润,通过特许权费用支付的方式转移至集团公司部分的营业利润,以及 A 公司在支付完特许权费用后留存的营业利润。由数据可见,分配给集团的利润占营业利润的 7.14%,而 A 公司保留了大部分的利润(92.86%)。利润分配结果从侧面证明了 A 公司在研发贡献方面保留了相对合适的利润。

(四)与低税地关联方发生关联交易的企业

税务机关实施特别纳税调查应当重点关注的风险特征之一是"与低税地关联方发生关联交易"。跨国集团在全球设置多层架构,通过关联交易将利润转移到低税地。较为常见的做法是向低税地关联方支付特许费、商标费、劳务费等,这在数字经济时代更为突出。

利用居民管辖权将数字经济的无形资产设置在避税地,而常规业务通过虚拟业务平台规避有形的实体经济以实现价值链上的利润流动。企业生产经营不需要有形的集中,通过信息平台就能实现交易,因此相应的纳税人居民身份难以确定。或者利用地域管辖权中对常设机构认定要求上的限制,提供在线产品销售和在线支付手段,通过银行确认收入,并且通过全球的多地服务器部署和区块链技术,分散实际营利场所,从而实现规避所有国家的税收义务。即使在 BEPS 计划中认定"经济实质"和"价值创造"原则,也会因为具体固定化且集中的管辖权与业务虚拟化且分散的经营手段相冲突而失去反避税的条件。

例如:2013 年苹果公司下属的 iTunes 从事音乐及软件销售等业务,其卢森堡 iTuneSSARL 公司年收入超 10 亿美元。虽然 iTuneSSARL 公司是在卢森堡注册成立的销售公司,但其员工在美国上班,iTunes 也在美国开发。按照传统的价值归属判断,iTuneSSARL 实现的收入应该归属于美国公司。但是按照居民管辖权判断,美国企业所得税规定,在美国境内注册的公司才是居民纳税人,iTuneSSARL 注册在卢森堡,规避了美国居民纳税人身份。苹果公司利用数字经济的无形资产在管辖权上的漏洞,毫无障碍地将利润转移到了低税率国家。

(五)基于价值链分析的转让定价

价值链管理是指企业对其价值链进行的计划、分析、协调及控制,其核心是使企业保持长期竞争优势,目的是使各项经济活动安排最优化,以实现企业价值最大化。随着价值链活动的多样化和复杂化,跨境企业避税手段也变得多种多样,不再局限于传统的关联交易、避税地避税等手段,而是运用价值链上的无形资产转让、功能风险剥离、跨境重组设计等多种新方式进行税收规避。企业价值链分析是无形资产转让定价分析的基础。价值链分析不仅仅是对价值链的描述,更有助于识别真正的价值贡献环节及各成员的价值贡献度。一般步骤如下:

(1)识别和确认集团创造价值的"战略环节"。它可能是使企业的产品保持技术上领先优势的一项专利技术,也可能是拥有大量消费者群体的一个品牌。企业的主要价值驱动因素可能只有一个,也可能有多个。只有找出主要价值驱动因素,才能对价值链上各成员实体的价值贡献进行分析。

(2) 对价值链上集团各成员实体承担的关键功能和风险及使用的重要资产进行分析。有别于传统转让定价分析中仅对单个实体或某项具体交易所涉及的功能和风险进行分析,该项分析需要对集团价值链全貌进行分析,确认功能、风险以及使用的资产哪些是关键和重要的,哪些与集团创造价值的"战略环节"直接相关联。

(3) 确认价值链上各成员实体的主要价值贡献,以及价值贡献是否具有可持续性。实践中,一项价值创造"战略环节"可能会对应多个实体执行的多项功能,如某价值创造的关键节点为核心技术,而这项核心技术的研发、价值提升、维护、保护和利用可能由不同的实体执行。

(4) 确认是否存在地域性特殊优势等其他特殊因素。《国家税务总局关于完善关联申报和同期资料管理有关事项的公告》关于同期资料本地文档的披露要求中,新增了价值链分析的要求,包括企业集团内业务流、物流和资金流,地域性特殊因素对企业创造价值贡献的计量及其归属,企业集团利润在全球价值链中的分配原则和分配结果等。目前从跨国企业同期资料报送质量上看,其并未严格按照要求进行,特别是对全球价值链及地域性特殊优势往往避而不谈。

我国近年来积极实践 BEPS 所倡导的"利润在经济活动发生地和价值创造地征税""转让定价结果与企业价值创造相一致"的原则,在对反避税规则修改落实中将特殊地域因素作为可比性分析因素,强调市场在价值创造和利润实现中独特而重大的作用,对在中国拥有重要市场份额的跨国公司在利润分配中体现这一"特殊性"提出了要求。面对可比信息匮乏的技术难题,转而从价值链整体分析关联交易各方的贡献并积极考虑本地研发的地域成本节约因素,有针对性地采用利润分割法进行调整,从而更加科学地确定中国的真实贡献。

案例:A 公司成立于 2001 年,属于高新技术企业,主要从事 P 产品的研发、生产和销售。A 公司隶属于境外 AAA 集团,由 AAA 集团通过境内 B 公司(中国投资)间接控股 A 公司。A 公司的关联交易分为境内关联交易和境外关联交易,针对境内销售,A 公司根据销售额向境外关联方每年支付数亿元特许权使用费,同时接受 B 公司和境外关联方的委托进行研发。

1. 分析主要避税风险

从所得税贡献角度看,A 公司实际没有任何贡献:A 公司在被调查期间基本处于微亏状态。从整体获利水平看,A 公司利润与贡献明显错配:A 公司隶属于 AAA 集团的某部门,该部门是专门从事 P 产品生产、销售的部门,调查期间该部门的营业利润率平均超过10%,而同期 A 公司的平均营业利润处于微亏状态。从外销可比交易看,A 公司内销获利明显不正常:A 公司的境外关联销售承担单一制造职能,调查期间平均营业利润水平高于5%,而反观其境内销售,实际营业利润水平却是 -9%,两者差异非常显著,因此利润转移的途径就是境内交易支付的高额特许权使用费。

2. 价值链关键功能风险分析和利润归属

P产品行业的一个重要特征就是"寡头竞争+垂直整合",因此在公开市场上很难找到与A公司关联交易具有高度可比性的独立交易,特别是针对无形资产转让定价的非受控可比交易。税务机关对P产品整体价值链进行了关键功能和风险分析,将其定义为全职能制造商,但其研发活动相对于集团来说是有限的。从利润归属情况看,企业提供的AAA集团转让定价文档采用交易净利润法评估了欧洲、亚太、美洲等地区的子公司在分销、合约研发、合约制造等价值创造环节应获得的符合独立交易原则的合理回报。根据集团设定的亚太区分销商的合理利润率中位值、欧洲区硬件制造的合理利润率中位值测算,A公司的整体利润率应在5%左右,而A公司实际息税前营业利润率却为负数,这明显不合理。

3. 确定本地研发在价值链上的重要贡献及成本节约量化

集团成员对无形资产的价值贡献是国际税收难题。调查人员突破惯性思维,转而从企业的高新技术资质和每年享受的大额增值税优惠的合理性评估入手。企业由此提供了本地研发功能的高效率、高价值及对集团产生重要贡献的证据,证实了本地企业的重要价值贡献,保证了本地企业在无形资产利润分配中的合理份额。当使用研发费用作为无形资产利润分割基础时,我国境内企业相较于欧美企业的研发成本节约优势应予以考虑。

4. 基于价值链贡献的无形资产利润分割

第一步,以A公司境内销售为基础,首先计算出价值链上的整体息税前利润;第二步,寻找一组行业可比硬件制造企业,用其息税前利润率的中位值作为标准来确定制造职能的一般回报水平,从而计算得到A公司制造职能的一般回报;第三步,将价值链上A公司的研发费用和营业费用作为分配基数,并考虑研发费用的成本节约倍数,对价值链上的剩余利润进行分配,从而得到应实际归属于A公司的利润;第四步,验算得出,调整后A公司境内销售的部分息税前利润占价值链贡献的比重约是2/3,考虑到研发在价值链上的贡献地位,税企双方认为基于价值链贡献的调整结果是较为合理科学的。

(六) 资本弱化

资本弱化是指企业通过加大借贷额(债权性筹资)而减少股份资本(权益性筹资)比例的方式,增加税前扣除,减少应纳税额。资本弱化的特点是企业注册资本与负债的比例不合理,注册资本太少,即资本结构弱化,满足不了企业生产经营对资本金的基本要求;借入资金过多,财务杠杆过高。根据经合组织的规定,企业权益资本与债务资本的比例应为1∶1,当权益资本少于债务资本时,即为资本弱化。跨国公司进行跨国融资,通过高负债、低股本方式,即通过资本弱化来增加利息支出、减少应纳税所得额。资本弱化又称资本隐藏、股份隐藏或收益抽取。在国内,《财政部 国家税务总局关于企业关联方利息支出税前扣除标准有关税收政策问题的通知》(财税〔2008〕121号)规定,金融企业准予扣除的关联债资比例为5∶1,其他企业为2∶1。

案例:2011年11月,某日资企业(以下称A企业)将逾千万元税款缴入国库,这标志着国内首个资本弱化避税案件顺利结案。据悉,2011年初,税务机关在对江苏省关联企业台账进行综合分析时,发现日本某跨国公司在中国的子公司A企业的关联性借贷资本超过税法规定的比例,有利用资本弱化避税的嫌疑,经过近半年数十轮正式和非正式协商谈判,经税务部门特别纳税调整,实际应补税款逾千万元。

1. 相关事实

A企业的日本母公司多年来或直接向其提供大量借款,或通过担保由第三方银行向其提供贷款,然后由子公司支付母公司巨额利息和担保费用,以此把大部分利润从中国抽走。子公司则利用利息、担保费、质押费等费用列支达到少缴税款的目的。具体税收疑点如下:

(1) 企业资产负债率高出常规

A公司2007年至2009年的资产负债表显示,资产负债率分别为91.26%、87.32%、93.86%,大大高于一般负债经营企业常规负债率标准。更重要的是,其负债中存在大量来自关联方的借款费用,且每年有高额的担保费用、质押费用和利息在税前扣除并被转移至境外母公司,3年间的利息支出高达2000多万元。

(2) 企业长亏不倒,越亏越投资

A公司的可行性研究报告预计的投资回收期为3.84年,但其自2003年投产以来,账面显示一直处于亏损状态。即使这样,关联方母公司仍然不断向亏损的子公司增加投资,2007年增资100万美元,2010年增资1300万美元。

(3) 第三方银行愿意向该亏损企业发放高额贷款的原因

该子公司与境外银行签订借款合同,总金额达5500万美元,并由关联方母公司承担连带保证责任。一个账面显示长年亏损的企业,第三方银行为何愿意向其提供高额贷款?母公司的担保安排背后隐藏着什么?

2. 征税过程

面对上述涉税疑点,初步判定该子公司及其母公司存在极大的避税嫌疑,税务机关随即决定对其进行反避税调查。在反避税调查过程中,该税务机关收集和选取了大量可比企业的资料和数据,运用多种分析方法,按照独立交易原则对该公司的每一个涉税疑点进行论证和判定。经过近半年数十轮正式和非正式协商谈判,在严密的论证和分析面前,该企业负债经营、长期亏损背后的真相浮出水面——假借贷之名行避税之实,是典型的利用资本弱化手段逃避我国税收的行为。

3. 税款入库

根据税法的有关规定,对该企业进行了特别纳税调整。具体处理意见为:弥补以前年度亏损且兑现以前各项税收优惠,最终企业补缴企业所得税1000多万元。

负债经营是企业为谋求经济效益最大化,实现规模经营而普遍采用的一种经营方式。但是,对于关联企业来说,必须要掌握税法规定的"度"——债资比例限制:金融企业不高于5∶1,一般企业不高于2∶1。上述案件,是我国税务部门首次运用法律法规成功限制企业利用资本弱化避税的反资本弱化案件,该案的顺利查结,拓展了税务部门反避税工作的领域。而对于企业来说,该案件也起到了很好的警示作用,即关联方之间进行融资时,必须合理控制债资比例,以防范可能面临的反避税调查。

第二节 受控外国企业反避税风险

居民企业进行国际避税的一个重要方法和途径就是通过关联企业间的关联交易将利润的一部分转移到设在避税地的受控外国公司,并利用居民国推迟课税的有关规定将利润长期滞留在境外,不汇回国内或要求境外子公司对利润不作相应的分配,从而规避居民国实际上应缴纳的企业所得税。

随着我国越来越多的企业践行"走出去"的发展战略,其中很多企业选择在英属维尔京群岛、开曼群岛等一些税率极低的或零所得税的国际著名避税地设立关联公司,也就是我国税法上所说的"特别目的公司"。这种情形已引起我国税务机关的高度关注,并纳入反避税的规制范围。

一、受控外国企业规则条件

受控外国企业是指根据《企业所得税法》第四十五条的规定,由居民企业,或者由居民企业和中国居民个人控制的设立在实际税负低于《企业所得税法》第四条第一款规定的税率水平(25%)50%的国家(地区),并非出于合理经营需要对利润不作分配或减少分配的外国企业。

为了防止企业在低税率国家或地区设立受控外国企业,将利润保留在外国企业不分配或少量分配,逃避国内纳税义务,我国参照国际上一些国家的做法,引入了受控外国公司的反避税措施。

一是明确了构成受控外国企业的控制关系。具体包括:(1)居民企业或者中国居民直接或者间接单一持有外国企业10%以上有表决权股份,且由其共同持有该外国企业50%以上股份。(2)居民企业或者居民企业和中国居民持股比例没有达到第(1)项规定的标准,但在股份、资金、经营、购销等方面对该外国企业构成实质控制。(3)中国居民股东多层间接持有股份按各层持股比例相乘计算,中间层持有股份超过50%的,按100%计算。

二是明确实际税负偏低的判定标准。即实际税负明显低于《企业所得税法》第四条第一款规定的税率水平,是指低于25%法定税率的50%,即12.5%。

根据上述规定,如果我国一家居民企业对设在避税地的某外国企业进行控制,并且出于避税方面的利益对该外国企业的利润不进行应有的分配,那么该利润应计入居民企业当期收入总额中一并纳税。关于"受控外国企业"的规定对采取间接投资架构的境外投资企业有很大影响。

中国居民企业股东应在年度企业所得税纳税申报时提供对外投资信息,附送《对外投资情况表》。税务机关应汇总、审核中国居民企业股东申报的对外投资信息,向受控外国企业的中国居民企业股东送达《受控外国企业中国居民股东确认通知书》。中国居民企业股东符合《企业所得税法》第四十五条规定的征税条件的,按照有关规定征税。

二、受控外国企业的判定

在间接投资的架构下,企业往往选择将被投资企业分配的股息暂时保留在境外较低税率国家(地区)的中间控股公司,暂时不分配到中国母公司。在"合理商业目的"的前提下,中国母公司可以在中间控股公司的层面上将该股息再用于其他境外项目的投资,从而在一定程度上达到高效利用资金、递延中国税纳税义务的目的。而根据"受控外国企业"的规定,中国企业在境外投资设立的中间控股公司所产生的利润,将有可能需要在中国缴纳企业所得税。因为企业对外投资时,考虑到税收成本等因素,往往倾向于选择在巴哈马、百慕大群岛、开曼群岛等较低税率的国家或地区设立控股公司,再由该公司对外进行投资活动。在将来分配被投资企业的股息时,也往往选择将股息暂时保留在境外较低税率国家或地区的中间控股公司,而暂不分配到中国母公司,以便在中间控股公司的层面上将该股息再投资用于其他境外投资项目。这种投资方式如果受到"受控外国企业"的限制,则投资利润在不分配或少分配时就需要在中国缴纳企业所得税。

BEPS 项目第 3 项行动计划成果《制定有效受控外国公司规则的报告》,通过对六个构成要件的设置,建立了一套逻辑较为清晰完整的受控外国公司管理规则体系,供各国参考使用。中国《企业所得税法》及其实施条例对"受控外国公司"做出了规定。受控外国公司的风险主要体现在"控制标准""低税率标准"和"并非合理经营需要的标准"三个要件的判定上。

1. 控制标准

从税法的规定可以看出,控制标准包括股权控制标准和实质控制标准。股权控制标准从两方面把握:一是"个体持股标准",本国每一个居民股份必须达到一定比例,即居民企业或者中国居民直接或者间接单一持有外国企业 10% 以上有表决权股份;二是"总体持股标准",即由其共同持有该外国企业 50% 以上股份。实质控制标准指在股份、资金、经营、购销等方面对该外国企业构成实质控制。

2. 低税率标准

境外投资架构的设计还需要考虑中国企业设立的境外企业(尤其是中间控股公司)所在地的实际税负是否低于 12.5%。国家税务总局在《关于简化判定中国居民股东控制外国企业所在国实际税负的通知》(国税函〔2009〕37 号)中对国家进行了列举,明确中国居民企业或居民个人能够提供资料证明其控制的外国企业设立在美国、英国、法国、德国、日本、意大利、加拿大、澳大利亚、印度、南非、新西兰和挪威的,可免于将该外国企业不作分配或减少分配的利润视同股息分配额,计入中国居民企业的当期所得。该通知中列举的这些国家被称为白名单国家。有些国家(地区)的企业所得税税率虽然高于 12.5%,但是,其采用地域税收管辖权,导致海外收入的实际税负是零,这种情况也是可以被判定为符合低税率标准的。

3. 并非合理经营需要的标准

中国《企业所得税法》规定:"……并非由于合理的经营需要而对利润不作分配或者减少分配的,上述利润中应归属于该居民企业的部分,应当计入该居民企业的当期收入。"对同时满足以下六个条件的商业安排,税务机关有权调整:

(1) 中国居民企业或个人对外国企业具有控制权;

(2) 外国企业设立地实际税负率低于12.5%;

(3) 外国企业年度利润总额在500万元以上;

(4) 外国企业取得收入以消极所得为主;

(5) 外国企业对利润不向中国控制方进行分配或减少分配;

(6) 对利润不作分配或减少分配的安排并非基于合理商业目的。

这里涉及积极所得和消极所得的概念。国际税收中的积极所得是指主要通过生产经营活动取得的收入,消极所得是指主要通过投资活动取得的收入,如股息、利息、特许权使用费等收入。从现实情况看,我国对受控外国公司的立法过于简单,在缺乏具体判定标准的情况下,受控外国企业对利润分配活动的税务安排的合法性和非法性具有不确定性。因此,一方面纳税人要承担举证责任,证明受控外国企业留存收益的合理性,另一方面要加强同税务机关的沟通,将涉税安排向税务机关备案,争取与税务机关达成共识。如果中国企业将其在境外低税地设立的中间控股公司定位为某一地区的投资平台,将其取得的投资收益用于该区域其他项目的投资,则有可能被税务机关认可为"合理的经营需要",而无须将利润分配回中国母公司缴纳所得税。因此,境外投资架构的设计需要考虑中国企业设立的境外企业,尤其是中间控股公司所在地的实际税负率是否低于12.5%,以及将利润(股息、资本利得等)保留在该公司的做法是否具有"合理的经营需要"。

三、受控外国企业利润的分配

计入中国居民企业股东当期的视同受控外国企业股息分配的所得,应按以下公式计算:

$$\text{中国居民企业股东当期所得} = \text{视同股息分配额} \times \frac{\text{实际持股天数}}{\text{受控外国企业纳税年度天数}} \times \text{股东持股比例}$$

中国居民股东多层间接持有股份的,股东持股比例按各层持股比例相乘计算。受控外国企业与中国居民企业股东纳税年度存在差异的,应将视同股息分配所得计入受控外国企业纳税年度终止日所属的中国居民企业股东的纳税年度。计入中国居民企业股东当期所得已在境外缴纳的企业所得税税款,可按照《企业所得税法》或税收协定的有关规定抵免。受控外国企业实际分配的利润已根据《企业所得税法》第四十五条规定征税的,不再计入中国居民企业股东的当期所得。

中国居民企业股东能够提供资料证明其控制的外国企业满足以下条件之一的,可免于将外国企业不作分配或减少分配的利润视同股息分配额,计入中国居民企业股东的当期所得:

(1) 设立在国家税务总局指定的非低税率国家(地区);

(2) 主要取得积极经营活动所得;

(3) 年度利润总额低于 500 万元人民币。

案例 1:"走出去"企业境外投资,大多选择借道设在低税地的中间控股公司间接向投资目的国或地区进行投资,"走出去"企业境外所得一直是国际税收风险管理的重要内容。

1. 基本情况

H 公司成立于 1997 年 5 月 12 日,为高新技术企业,享受高新技术企业优惠。中国香港 H 公司成立于 2008 年 2 月,是 H 公司的全资子公司。香港 H 公司作为国际贸易和国际物流的平台贸易公司,主要从事转口贸易。2012—2017 年,香港 H 公司累计未分配利润近 1 亿元。H 公司上市时公开发布的《首次公开发行股票并在创业板上市招股意向书》显示,其全资子公司香港 H 公司在香港无工作人员、无经营办公场所,不承担相关职能,其每年取得的净利润在香港缴纳所得税为 0,并且在香港已取得零纳税申报的审批。通过分析,国家税务总局认为香港 H 公司账上的累计未分配利润可能存在涉税风险。

2. CFC(受控外国企业)风险分析

对于香港 H 公司是否构成 H 公司的受控外国企业,根据《企业所得税法》第四十五条及《特别纳税调整实施办法(试行)》,香港 H 公司符合受控外国企业的定义。该公司设立在中国香港,在香港免于征税,符合设立在实际税负率低于所得税法规定的税率水平 50% 的国家(地区)这一条件;该公司被 H 公司 100% 控股,符合由中国居民企业控制的条件。对于免于将外国企业不作分配或减少分配的利润视同股息分配额计入中国居民企业股东的当期所得的三个情形当中,是否符合"主要取得积极经营活动所得"成为关键点。

BEPS 第 3 项行动计划的成果——《制定有效受控外国公司规则的报告》中指出,各国应关注 CFC 公司以下类别的所得:股息、利息、保险所得、特许权使用费及知识产权所得、销售及服务所得。报告指出,在 CFC 管辖区销售生产的货物或在 CFC 管辖区提供服务获得的所得通常不会引发 BEPS 问题。但是,"开票公司"通过销售从关联方采购的货物或服务来赚取所得,而它们自身的价值贡献极少甚至为零。如果仅仅因为这类所得被冠以销售和服务所得的名义而被排除在 CFC 所得之外,那么实际上就没有将所有具有 BEPS 性质的所得全部归入。

3. 应对处理

依据 BEPS 最新成果,第一,从税收层面看,H 公司通过集团层面的交易安排,将很大一部分利润堆积在香港,最大限度地减少其全球总体税负,达到双重不征税的目的(在香港已取得零纳税申报审批)。香港 H 公司虽在形式上从事转口贸易,但其自身无雇员、无必要的生产经营场所,不承担任何功能风险,企业亦无法证明其香港 H 公司具有经营实质。第二,从业务实质看,香港 H 公司的贸易实质上由境内母公司——H 公司进行操作管理,再次印证香港 H 公司不承担任何功能风险,对利润无贡献,进一步否定了香港 H 公司的经济实质。第三,从合理经营需要看,香港 H 公司历年形成的巨额未分配利润仅做挂账处理,既没有用于拓展业务,也没有用于境外再投资。第四,从 BEPS 风险看,香港 H 公司虽然是贸易公司,但其实质就是一个"开票公司"。香港 H 公司通过销售从关联方采购的货物或服务来赚取大额的利润,而它自身的价值贡献极少甚至为零。按照 BEPS 第 3 项行动计划的最新成果,开票公司的所得应该属于 CFC 所得的范围,不能被排除在外。此外,根据 BEPS 的总原则——价值应在经济活动发生地和价值创造地征税,显然香港不是该笔贸易的价值创造地,该笔所得存在明显的 BEPS 风险。

经多次约谈沟通,企业最终同意将其视同股息分配额计入 H 公司年度所得缴纳企业所得税。

案例 2: A 公司是一家中国境内的大型化工企业。2011 年 6 月,A 公司在中国香港全资注册成立了 B 公司。之后,B 公司在香港注册成立了 C 公司,持股比例为 100%。C 公司分别持有注册地位于山东的 D 公司、E 公司、F 公司各 90% 的股权,剩余各 10% 的股权由 A 公司持有。2011 年 7 月,B 公司与荷兰 G 公司签订股权转让协议,将 C 公司的全部股权以 4.5 亿元的价格转让给 G 公司,扣除相关成本后 B 公司最终取得股权转让收益 3 亿元。B 公司自成立以来一直未向其母公司 A 公司进行过利润分配,2012 年,B 公司欲将对 C 公司股权转让的收益向 A 公司进行利润分配。为享受免税待遇,B 公司委托 A 公司向税务机关提起居民身份认定申请。

在此过程中,税务机关掌握了 A 公司的上述整个股权投资架构和 B 公司对外转让 C 公司股权的交易信息,并发现 A 公司存在利用受控外国企业和非居民企业间接转让中国居民企业股权实施避税的嫌疑。经过近一年的特别纳税调查,税务机关最终对 A 公司做出受控外国企业的特别纳税调整处理决定,查补企业所得税税款 5 000 余万元。

第三节　一般反避税风险

我国在新企业所得税法中加入了一般反避税条款。由于其他特别反避税或税政措施的有关规定一般都是十分明确的,为了使一般反避税达到兜底的目的并具有操作性,我国陆续出台了一些一般反避税规则的应用文件。国际税收规则的一般规定只有细化为各国国内法的具体有关规定,以国内法为支撑,才能得以顺利执行。一般反避税的实施,具有威慑作用,使一般反避税达到了兜底的目的,打击和遏止了以避税为主要目的但其他反避税措施又无法涉及的避税行为。

一、一般反避税的启动

1. 一般反避税启动的情形

《特别纳税调整实施办法(试行)》第九十二条规定,税务机关可对存在以下避税安排的企业,启动一般反避税调查:① 滥用税收优惠;② 滥用税收协定;③ 滥用公司组织形式;④ 利用避税港避税;⑤ 其他不具有合理商业目的的安排。所谓滥用,就是胡乱地或过度地使用。就一般反避税规则本身而言,2014年12月2日颁布的《一般反避税管理办法(试行)》规定了一般反避税规则的执法流程适用于上述任何一种方式下立案调查的案件。该办法进一步规范和明确了税务机关采取一般反避税措施的适用范围、判断标准、调整方法、工作程序、争议处理等相关问题,从而为税务机关实施一般反避税规则(General Anti Avoidance Rule)提供了明确的规程指引。

2. 我国实施一般反避税时采用的判定原则

我国在实施一般反避税的过程中采用了国际上通行的"实质重于形式"原则和"合理商业目的"原则。两者虽都具有抽象性和主观性的特点,但并不是说没有客观的标准。税务机关在评估具体的一般反避税案件时将两者有机地结合运用,同时采用了目的测试与经济实质测试,以得到尽可能客观、公正、令纳税人信服的结果。

"合理商业目的"原则的判断带有主观性。比如,企业实施一项安排,到底有没有某个目的,是有这个目的还是有那个目的,税务机关在判断时可能会有一些主观因素包含在其中。但是也并非没有任何客观标准可循。根据《一般反避税管理办法(试行)》的规定,企业实施的不具有合理商业目的而获取税收利益的避税安排有两个特点:一是以获取税收利益为唯一目的或主要目的;二是以形式符合税法规定,但与其经济实质不符的方式获取税收利益。即如果企业除了因某一项安排达到了减少税收或推迟缴纳税款的目的之外,其经营活动没有受到影响或没有发生实质的变化,就可以认定是以避税为主要目的,这其实是一个客观的标准。在实践中,对于判定是否属于合理商业目的需要同时考虑经济行为的结果及其进行该项交易的具体动机。具体而言,不具有合理商业目的的安排应该满足三个条件:一是人为设计一系列行动或交易;二是获取税收利益是其行动或交易的唯一或主要目的,即企业不是主要出于商业的目的而从事交易;三是企业从该行为或交易中获取税收利益,即通过规划或交易可以减少应纳税额或推迟缴纳税款。只有当这些条件获得满足,一项经济行为或交易才可以被认定为不具有合理商业目的,从而构成避税事实。

"实质重于形式"是很多国家的基本税法原则,在一定程度上兼容了主客观的不同标准,因为BEPS的整个目的和遵循的规则就是税收与经济实质相匹配。也就是说,企业的税收一定要和其经济活动的实质相匹配,不能没有经济实质但是有税收,或者有经济实质没有税收。在衡量经济实质与税收收入时,我们具有更多的客观依据。如一些房地产企业,其境外关联方仅在境外避税地注册了品牌,拥有法律所有权,但该品牌的开发、价值提升、维护、利用、保护都由境内企业承担,则境外关联方未对该品牌的价值创造做出贡献,没有经济实质,境内企业就不应向其支付特许权使用费。该原则在会计核算上被使用,与税法上的运用有一定差异,具体体现可看前面章节的介绍。

3. 一般反避税实施的范围

《一般反避税管理办法(试行)》一般针对的是跨境交易或支付,而不涉及境内交易。

主要基于以下三点考虑：一是跨境的避税安排会侵蚀我国税基，造成我国税款的流失。同时，打击跨境国际逃避税行为正好与BEPS行动计划相衔接。二是目前国内这种避税问题并不突出。另外，境内交易实际上涉及国内税源的分配，对境内交易进行调整容易导致各地之间争夺税源，还有可能会造成两地重复征税。三是将逃税、骗税、抗税等税收违法行为排除在外，主要是考虑《税收征收管理法》及其实施细则已经对涉嫌逃避缴纳税款、逃避追缴欠税、骗税、抗税以及虚开发票等税收违法行为做出了明确的规定，并且明确由稽查局专司上述案件的查处，即《税收征收管理法》明确了一般反避税与税收稽查的职能划分。

二、对滥用公司组织形式实施一般反避税

1. 滥用公司组织避税的形式和特点

滥用公司组织形式通常是指以逃避或减少税收、转移利润等为目的而设立公司，这类公司仅在所在国（地区）登记注册，只满足法律所要求的组织形式，而不从事制造、经销、管理等实质性经营活动。滥用公司组织形式是一般反避税所指安排中最为常见和典型的避税方式，涵盖了滥用公司法人资格、公司倒置重组、利用导管公司避税、滥用总分机构等复杂多样的形式。滥用公司组织形式一般体现出以下特点：

（1）大多数滥用组织形式的方式都比较隐蔽。在进行股权转让等滥用公司组织方式避税时，转让方和受让方均发生在境外，信息的获取难度较大，税务机关往往并不知情，很多情况下是从偶然的资料中获得的，以此来甄别跨国公司是否滥用公司组织形式进行股权转让。

（2）跨国公司在利用公司组织形式避税中设立了一层甚至多层的导管公司。在避税港设立导管公司是其常见的行为。跨国公司通常都是间接持有股权，以导管公司为中介，以达到间接转让股权方面的目标。多层导管公司的识别更是难上加难，因此税务机关的反避税难度增加，监管难度加大。

（3）跨国公司往往将中间层设立在低税地。跨国公司在进行税收筹划时，如果想利用公司的组织形式规避纳税义务，往往会把中间层设立在低税或者根本就不征收企业所得税的国家（地区）。这是税收筹划中惯用的手法，也是常见的操作。这种架构的搭建本身也增加了其隐蔽性。

2. 我国对滥用公司组织形式避税的规制

在BEPS背景下，有效防止滥用公司组织形式避税，防止税收流失，已成为各国重点关注的问题之一。我国对滥用公司组织形式避税十分重视，不仅对国内外滥用公司组织形式避税的现状、类型及特点进行了梳理研究，而且有针对性地发布了规制政策。下面结合典型的非居民股权转让的案例，来分析滥用公司组织形式的基本表现和具体问题。

2009年12月10日，《国家税务总局关于加强非居民企业股权转让所得企业所得税管理的通知》（国税函〔2009〕698号，以下简称"698号文"）（部分废止）发布，规定境外投资方（实际控制方）通过滥用组织形式等安排间接转让中国居民企业股权，且不具有合理的商

业目的,规避企业所得税纳税义务的,主管税务机关层报税务总局审核后可以按照经济实质对该股权转让交易重新定性,否定被用作税收安排的境外控股公司的存在。并且第七条规定非居民企业向其关联方转让中国居民企业股权,其转让价格不符合独立交易原则而减少应纳税所得额的,税务机关有权按照合理方法进行调整。这个文件的发布,是一般反避税规则的首次明确应用,运用的就是滥用公司组织形式这一条。这个文件创新性地将一般反避税原则用税收政策文件的形式予以固化,方便基层税务机关执法,也方便纳税人遵从。

2015年2月3日,《国家税务总局关于非居民企业间接转让财产企业所得税若干问题的公告》(国家税务总局公告2015年第7号,以下简称"7号公告")发布,其规定非居民企业通过实施不具有合理商业目的的安排,间接转让中国居民企业股权等财产,规避企业所得税纳税义务的,应按照企业所得税法第四十七条的规定,重新定性该间接转让交易,确认为直接转让中国居民企业股权等财产。可以看出,从整个国际税收发展趋势来看,针对财产转让收益,国际间的着眼点已经转移为探讨对"收入来源地"的理解:如一项交易所得的价值"来源"于某国,则该国拥有征税权。而对于"来源"的理解,2014年G20确定的改革原则是,利润应在经济活动发生地和价值创造地被征税。在此国际大背景中,7号公告应运而生,是中国税务机关借鉴国际反避税法规和国际实践的成果,彰显了中国税务机关顺应国际变化,把税收与经济实际、利润来源、税收公平性以及收入分配的公正性相接轨的发展趋势。近年来,随着跨国公司架构重组的增多,纳税人对照7号公告,越来越关注境外的架构是否有可能会被税务机关否定,从而对交易重新定性并在我国承担纳税义务。

近年来,随着经济全球化不断纵深发展,国际间的资本流动速度加快,企业兼并重组活动增多,非居民企业重组与合并十分活跃,在我国境内,非居民股权的转让活动越来越多。非居民企业股权转让往往两头在外,转让方和受让方都是非居民企业,这些企业对于中国的税法了解较少,税务机关又无法在第一时间获取股权转让的信息,导致税款流失。依据有关的税法条例规定,境外投资者转让境内股权,应就非居民企业股权转让所得缴纳企业所得税。非居民企业往往通过税收筹划,采取间接转让股权等手段来规避在我国的纳税义务。由于交易双方及交易标的均在境外,股权架构异常复杂,涉税金额大,税务机关难以取证并进行税收处理,也给纳税人的税收遵从带来风险。

案例1:2015年8月21日,注册地在英属维尔京群岛的J公司,与注册地在中国香港的F公司签订了股权转让协议,J公司将持有的注册地位于开曼群岛的M公司20%的股权转让给F公司,转让价为3亿元。交易完成后,J公司与F公司分别持有M公司60%和40%的股份。

股权转让交易的转让方、受让方以及直接被转让的标的股权均不在我国境内,通常不会在中国境内产生纳税义务。由于该集团是上市公司,股权架构的变化需要公告,因此J公司与F公司的股权转让交易引起了税务机关的关注。税务人员通过收集、分析J公司与F公司的股权转让协议、财务报告等信息,了解到M公司于2011年3月注册成立,通过

100%全资控股非居民企业P公司,持有我国境内几家公司的股权:P公司100%全资控股L公司、D公司、H公司;D公司、H公司分别持有境内S公司94.21%和5.79%的股份;S公司100%全资控股境内W公司;S公司、H公司分别持有境内N公司72%和28%的股份。公司内部的结构变化如图:

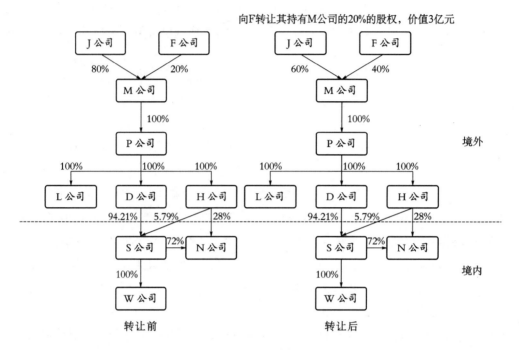

税务人员通过对企业股权转让信息的分析,最终梳理出M公司旗下境外"夹层公司"的组织架构,主要包括P公司、D公司和H公司。P公司为M公司的100%全资控股子公司,注册地在开曼群岛,主营范围是投资控股;D公司为P公司的100%全资控股子公司,注册地在中国香港,主营范围是贸易及投资控股;H公司为P公司的100%全资控股子公司,注册地在中国香港,主营范围是投资控股。

A市税务人员随后约谈了S公司的有关负责人。作为境外非居民企业J公司在境内的代理人,S公司同意代为办理股权转让涉及的纳税申报及相关事项,并按要求提供了委托代理协议等相关资料。根据7号公告,判断是否具有合理商业目的、有无滥用公司组织形式,可以综合整体分析以下几个因素:(1)境外企业股权主要价值是否直接或间接来自中国应税财产;(2)境外企业资产是否主要由直接或间接在中国境内的投资构成,或其取得的收入是否主要直接或间接来源于中国境内;(3)境外企业及直接或间接持有中国应税财产的下属企业实际履行的功能和承担的风险是否能够证实企业架构具有经济实质;(4)境外企业股东、业务模式及相关组织架构的存续时间;(5)间接转让中国应税财产交易在境外应缴纳所得税情况;(6)股权转让方间接投资、间接转让中国应税财产交易与直接投资、直接转让中国应税财产交易的可替代性;(7)间接转让中国应税财产所得在中国可适用的税收协定或安排情况。依据以上判断标准,税务机关对S公司分析如下:

首先,投资管理决策仅是M公司为了筹集P公司出资D公司和H公司的资本金,用以履行出资义务,并非其自身的实质性经营活动。J公司所持M公司股权的价值主要取决于S、N、L三家公司的收益,而且其雇佣人员、办公场所、设备等信息与其巨额收入并不匹配。

其次,主要看"夹层公司",判断其是否滥用公司组织形式,是否位于避税地,有没有从事实质性的经营活动。J公司通过在避税港设立不从事实质性经营活动的组织形式,实施了"J公司—M公司—P公司—D公司和H公司"的结构安排,表面上是转让M公司的股权,实质上转让了S公司等境内被投资企业的股权,符合滥用组织形式的判定要素。因此,此安排不具有合理商业目的性,境外公司在中国负有纳税义务。

最后,P公司注册于开曼群岛,M投资公司也在此,而且是实际控制人。众所周知,开曼群岛是全球著名的离岸金融中心,被誉为"避税天堂",其国内税法规定:居民转让的股权所得不征税。由此可见,纳税人利用公司组织形式逃避纳税义务。

通过上述分析,认定该非居民企业为降低在股权转让所得来源国的税收负担,实现投资收益最大化,通过周密的税收安排来规避纳税义务。上述J公司通过"夹层公司"间接转让股权进行避税,表面上是转让M公司的股权,实质上转让了S公司等境内被投资企业的股权,符合滥用组织形式的判定要素。

在税务机关与S公司约谈的过程中,双方就J公司向F公司转让股权取得的所得,中国税务机关是否有征税权产生了争议,S公司认为:

第一,M公司具有自己的经营管理活动,除了定期召开董事会进行投资管理决策,还对外签署诸多境外合作协议,承担了相应的义务,并非一家空壳公司;P公司、D公司和H公司配备了相应人员、办公场所和管理设备,是行使管理职能的公司。

第二,设立P公司、D公司和H公司是集团公司应对经济全球化挑战、拓展国际市场和扩大投资经营渠道而进行的战略布局,具有合理商业目的,不存在滥用组织形式进行避税筹划或获取税收优惠。我国现行税法中规定,为了满足法律规定的形式,非居民纳税人仅在协定国注册登记,而不从事实质性的经营活动,可能会被判定为为攫取税收利益而设立的"夹层公司",不能享受税法所赋予的优惠。

借助第三方信息平台,A市税务人员进行了仔细的研究,要求企业提供财务报表、应付工资明细账、股权转让协议等,对企业的这些资料进行了审查,对其中的重要问题,要求企业负责人进行详细的说明,并拿出说明报告。参照7号公告,对滥用公司组织形式判定的七项规定,由以下几个方面对J公司进行了全面的分析:

① 注册资本:招股说明书上写道,转让方J公司在英属维尔京群岛注册,而被转让方F公司在中国香港注册,实缴股本分别为1 000美元和100港元,资产规模太少,但取得的实际收益巨大。

② 注册地:众所周知,英属维尔京群岛是有名的低税地,该岛规定,在其内注册登记设立的公司,有关的业务收入以及盈余均免征各项税款,除了每年按法律缴纳的登记费以

外,但是这种费用非常少。所以,在J公司的注册地,J公司转让F公司股权,取得的收入不需要在任何地方缴纳税收,属于税基侵蚀和利润转移行动计划中要规避的双重不征税所得。

③公司资产:在财务报表的提供上,J公司并未就F公司的财务报表进行证明,仅提供了J、F公司在2012—2015年的合并会计报表,该报表显示J、F公司在2012、2013年度的合并利润表中营业收入为0,而事实上两家公司拥有大量的资产、负债和所有者权益,但是两家公司的实缴资本却是1 000美元和100港元,这显然不符,有很大的矛盾。

④人员配置:根据提供的应付工资明细账,J、F两家公司发放的工资,以及福利数额非常少,而这两家公司事实上并没有专职人员,其与收益并不相匹配。显然,申请的公司是实体,而其经营取得所得的数额,与公司的资产、规模以及人员配置不能匹配,相差很大,J、F两家公司不符合合理商业目的的认定标准。

⑤经营活动:在提供的书面说明中,声称F公司在中国香港主要负责资金筹集,以及境外品牌的宣传等业务,而税务机关在审查的过程中,要求查看协议、合同等一些能够证明商业实质的材料时,企业不能提供,因此说明在现有所得产生的财产和权利以外,企业并未有其他实质性的经营活动。

从以上几点综合分析,J、F公司并不存在有关的实质商业活动,注册资本、人员以及规模和普通公司相比,均不符合,没有合理的商业目的,存在滥用公司组织形式规避纳税义务的行为。J公司间接转让中国香港F公司20%的股权,其主要的目的就是增设多层组织架构,用以规避我国企业所得税的纳税义务。

2015年底,根据7号公告的有关规定,税务机关对股权转让交易进行了重新认定,否认了J公司和F公司两家公司的存在,认为这两家公司的存在就是为了取得税收利益进行的安排。同时对该笔股权转让取得的收入征收了企业所得税。通过税务机关的不断努力,以及和J公司的多次沟通,企业负责人表示愿意接受有关处理意见。对J公司这次境外股权转让价格在境内各子公司间予以分配,具体分配方案综合S公司、W公司、L公司和N公司4家境内公司的实际投资额,计算转让收入分配比例。最终,在2016年1月缴纳了税款及滞纳金。

案例2:ZS公司有两个境外股东,其中股东HJ持股30%,HM持股21%,HJ和HM为中国香港RJ全资子公司。2018年4月,RJ将其直接持股的HM、HJ公司股权转让给中国香港DL公司,具体示意图如下:

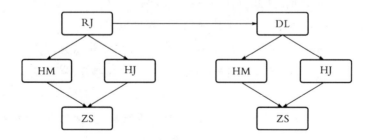

从经济业务的法律形式来看,RJ 公司转让的是境外 HJ 和 HM 公司的股权,境内 ZS 公司的股权没有发生变化。而从经济业务的商业实质看,考虑到 HJ 和 HM 公司具备注册资本低、行政费用少、资产绝大部分为境内企业长期股权投资等特点,RJ 公司实际转让的是境内 ZS 公司的股权。RJ 公司的股权转让行为有"金蝉脱壳"之嫌,HJ、HM 这两家空壳公司尚在,真正的控制人 RJ 公司却已经逃走了。站在中国税务机关的角度,RJ 公司之所以能在该笔股权转让中获利,原因是 ZS 创造了价值。换个角度来说,这笔所得是来源于中国境内的。如果企业没有搭建中间层 HM 公司和 HJ 公司而直接控制 ZS 公司,那么它转让中国境内企业的股权,就取得的来源于中国的所得,应在中国缴税。企业通过搭建无经济实质的架构以逃避在我国的纳税义务,税务机关根据一般反避税的原则,判定企业滥用公司组织形式,否认中间层的存在,要求纳税人 RJ 公司就其股权转让所得在我国纳税。

三、对滥用税收协定实施一般反避税

1. 滥用税收协定的影响

国际税收协定网络的构建为跨国纳税人进行国际避税提供了客观条件。一般而言,税收协定限制了缔约国双方的课税权限,因此纳税人可以利用税收协定进行避税。作为国际避税的主要形式之一,滥用税收协定是指纳税人利用交易或安排,来获取本不应享有的税收协定待遇,其主体既包括第三国居民,也包括缔约国居民。

值得注意的是,协定滥用(Treaty Abuse)和择协避税(Treaty Shopping)不是同一概念,而是种属关系。择协避税是指并非为缔约国一方居民或国民的纳税人,通过在缔约国双方中的任一方设立公司或其他法律实体,作为从缔约国另一方取得所得的导管,寻求获得该税收协定的优惠。大多数择协避税都涉及纳税人试图适用股息、利息、特许权使用费条款所规定的降低预提税税率,或规避对资产处置收益的征税。因而择协避税只是协定滥用的一种形式。

协定滥用会带来很多危害,主要有如下几个方面:一是损害相关国家的税收利益。税收协定滥用属于一种特殊的国际避税活动,纳税人利用税收协定网络进行筹划安排获得了其本不应享有的协定优惠,减少了税收协定缔约方的税收收入,损害了其税收利益,违背了公平原则。二是违背税收协定的互惠原则。缔约国签订税收协定主要为双方负有无限纳税义务的居民提供税收优惠、避免双重征税,如果第三国居民利用协定滥用安排享有此种税收优惠,那么税收协定所假设的双方利益牺牲的均衡状态就会发生变化,其中一方发生无谓的利益牺牲,违背互惠原则。三是削弱国家间缔结税收协定的意愿。当他国税收协定所授予的优惠被第三国通过改变投资安排获得时,该国就会降低与他国缔结税收协定的动力,不利于国际税收合作的发展。

2. 我国对滥用协定的规制

近年来,我国一方面制定国内法,规定税务机关如果发现纳税人滥用税收协定,可以拒绝给予相应的税收协定优惠待遇。比如:2014 年 4 月,《国家税务总局关于委托投资情

况下认定受益所有人问题的公告》(国家税务总局公告2014年第24号,以下简称"24号公告"),规定非居民或其委托代理人拒绝提供资料,或提供的资料不能区分非居民委托投资收益与投资链条上其他各方报酬的,税务机关应不予批准相应的税收协定待遇。24号公告第五条规定,非居民与投资链条上一方或多方形成关联关系的,应向税务机关提供关联交易定价原则、方法及相关资料。不提供资料或提供资料不足以证明相关联各方交易符合独立交易原则的,税务机关可拒绝给予相应的税收协定待遇。

2015年8月27日,《国家税务总局关于发布〈非居民纳税人享受税收协定待遇管理办法〉的公告》(国家税务总局公告2015年第60号,以下简称"60号公告")取消了对非居民纳税人享受税收协定股息、利息、特许权使用费、财产收益条款的行政审批。60号公告规定非居民纳税人享受协定待遇的基本模式是:非居民纳税人自行申报的,自行判断是否符合享受协定待遇条件,如实申报并向主管税务机关报送相关报告表和资料。在源泉扣缴和指定扣缴情况下,非居民纳税人自行判断符合享受协定待遇条件,需要享受协定待遇的,应主动向扣缴义务人提出并提供相关报告表和资料。对符合享受协定待遇条件的非居民纳税人,扣缴义务人依协定规定扣缴,并将相关报告表和资料转交主管税务机关。非居民纳税人应享受而未享受协定待遇的,可向主管税务机关申请退税,此规定改进了非居民纳税人享受协定待遇的管理,简化了报送资料,加强了税务机关后续的管理。

2018年2月3日,《国家税务总局关于税收协定中"受益所有人"有关问题的公告》(国家税务总局公告2018年第9号)发布,规定根据本公告第二条规定的各项因素判定"受益所有人"身份时,可区分不同所得类型,通过公司章程、公司财务报表、资金流向记录、董事会会议记录、董事会决议、人力和物力配备情况、相关费用支出、职能和风险承担情况、贷款合同、特许权使用合同或转让合同、专利注册证书、版权所属证明等资料进行综合分析;判断是否为本公告第六条规定的"代理人代为收取所得"情形时,应根据代理合同或指定收款合同等资料进行分析。第十条规定申请人虽具有"受益所有人"身份,但主管税务机关发现需要适用税收协定主要目的测试条款或国内税收法律规定的一般反避税规则的,适用一般反避税相关规定。

2019年10月,《国家税务总局关于发布〈非居民纳税人享受协定待遇管理办法〉的公告》(国家税务总局公告2019年第35号)取代60号公告,进一步优化税收营商环境,提高非居民纳税人享受协定待遇的便捷性,将原先60公告要求的备案制改为备查。《非居民纳税人享受协定待遇管理办法》从2020年1月1日起执行。国家税务总局公告2019年第35号对纳税人提交的《非居民纳税人享受协定待遇信息报告表》进行了大幅简化,在表格的最后,有一栏是纳税人声明。根据对文件的解读,非居民纳税人需要做出的声明包括四个方面,其中包括应声明相关安排和交易的主要目的不是为了获取税收协定待遇。根据税收协定主要目的测试条款或国内税收法律规定的一般反避税规则,如果相关安排和交易的主要目的是为获取税收协定待遇,则不能享受协定待遇。

另外,我国积极落实税基侵蚀和利润转移(BEPS)第6项行动计划,运用双边谈签及多边公约,加入主要目的测试条款或利益限制条款,防止税收协定的滥用。

2015年10月,OECD发布了BEPS第6项行动计划最终成果报告——《防止税收协定优惠的不当授予》。在该报告中,OECD强调税收协定滥用,尤其是择协避税,是导致BEPS问题最重要的原因之一。为此,报告建议各国采用以下方法来应对不同形式的协定滥用情形:

首先,各国应在其签订的税收协定标题和序言中明确阐明,税收协定签订的目标是在消除双重征税的同时,避免为逃避税创造条件。这对于解释税收协定各项条款来说至关重要。修改协定标题和序言的意图在于提供法律依据,以便于各国税务机关和法院在解释双边税收协定的具体条款时,将防止避税考虑在内。

其次,在各国签订的税收协定中引入利益限制条款(Limitation on Benefits,简称LOB条款)。LOB条款的作用机理是通过判断享受协定利益的实体与其所在国是否具有足够的关联,来决定是否给予其享受协定利益待遇。判断的依据一般包括纳税人的法律性质、所有权结构及经营活动等。在具体应用上,可以分为客观测试和主观测试。客观测试主要是测试纳税人的某些实际情况,包括合格居民测试、所有权和税基侵蚀测试、上市公司测试以及衍生利益测试;主观测试关注的是纳税人进行经济活动的动机和目的,包括积极商业测试和税务局裁量。

最后,为了应对其他滥用税收协定的行为,包括上述LOB条款没有涉及的某些特定形式的择协避税情形,OECD建议各国在税收协定中加入一个更为概括性的一般反滥用规则,其主要由两部分测试组成:交易或安排的主要目的之一是获得协定待遇,即主要目的测试(Principal Purpose Test, PPT);如果测试证实上述主要目的的存在,则纳税人有责任证明其在此特定情况下,获得协定待遇符合协定有关条款的设定目的,否则其协定待遇将遭到拒绝。

鉴于各国的具体情况不同,OECD允许各国在采用上述建议时具有一定的灵活性,但同时OECD也提出了一个各国应当遵守的最低限度要求,即各国首先应当在各自签署的税收协定中声明签订税收协定的目标是避免双重征税,同时防止为逃避税行为创造条件。此外,各国应当或者采用PPT规则测试,或者采用LOB条款并辅之以其他能够防止LOB条款未能应对的防范协定滥用机制。

2016年11月24日,OECD发布了《实施税收协定相关措施以防止税基侵蚀和利润转移的多边公约》(以下简称《BEPS多边公约》),旨在迅速高效地实施BEPS项目有关税收协定的建议,避免缔约国两两之间重新修订税收协定带来的成本以及低效率。截至2021年2月18日,《BEPS多边公约》已覆盖全球95个税收辖区的1 700多个双边税收协定。中国于2017年签署了《BEPS多边公约》,涵盖了102项已生效税收协定(安排)中的100项,这100项协定(安排)都包含了序言声明和PPT规则。《BEPS多边公约》生效后,所有被公约涵盖的100项协定(安排)都包含了防止协定滥用的条款。在此之前,中国与智利的税收协定包含了序言声明、PPT规则和LOB条款,因此已经符合最低标准。此外,中国未将印度列入公约涵盖的范围,两国已通过双边磋商,在协定中通过PPT规则解决了落实最低标准的问题。

案例:2013年11月21日、12月19日,中国香港A公司和B公司先后向某市税务机关提出享受税收协定待遇申请。税务机关根据公开资料了解到,这两家公司均为本地C公司的股东,分别持有C公司12.34%和15.66%的股份,均在某银行当地支行开户。A公司和B公司在申请中均称,公司在C公司的持股比例不足25%,根据《内地和香港特别行政区关于对所得避免双重征税和防止偷漏税的安排》规定,申请税务机关对此次股权转让所得免征所得税。

税务人员仔细查阅《内地和香港特别行政区关于对所得避免双重征税和防止偷漏税的安排》和有关的执行通知,确认凡中国香港居民转让其在内地居民公司中的股份或其他权益取得的收益,如果该收益人在转让行为前的12个月内,曾经直接或间接拥有上述内地公司25%以上的股份,内地有权按相关税收法律法规的规定予以征税。据此,税务人员分析,A公司和B公司的申请似乎有理有据,此次股权转让应累计被免征非居民企业所得税9 500多万元。而鉴于中国香港税制中规定对居民境外所得不予征税,这两家企业在我国内地的巨额所得基本上在哪里都不用缴税,属于双重不征税的情形。

为避免巨额税款流失,税务人员对这两家港企展开了调查。通过对企业提交的申请资料进行深度剖析,税务人员发现,这两家企业在以下六个方面有巧合之处:一是两家企业均基本在同一时间点买入或卖出C公司股票;二是两家企业在香港的经营明细地址完全相同;三是两家企业均在我国S市设有办事处,且有证据显示其实际管理机构在S市;四是两家企业的开户行均为某银行当地支行;五是其企业股东均来自国际知名"避税天堂"D群岛,且经营明细地址完全相同;六是共同授权某国际知名事务所向税务机关申请享受税收安排优惠。凭借多年的工作经验,税务人员分析这些"巧合"后认为,这两家企业可能存在这样的行为,即联合在我国内地股票市场炒作C公司股票,获益后通过申请享受内地和香港的税收安排优惠进行避税。

获知上述"巧合"信息后,税务人员开始全面收集企业的相关资料信息。由于A公司和B公司提供的企业股权架构信息比较片面,税务人员一方面联系C公司,以获取这两家港企在投资过程中提供的详细股权架构图;一方面前往某银行当地支行,调取这两家港企的开户资料。通过整合分析相关资料及进一步调查,税务人员发现,这两家港企均为中国香港风险投资公司,所有资金均来源于国外基金公司,且两家企业分别由D群岛不同企业在中国香港投资建立。对于上述D群岛企业,税务人员通过互联网搜索发现,其均为西方某私立大学基金会设立的。再细看这两家港企提供的《非居民享受协定待遇身份信息报告表》,税务人员发现,企业在中国香港并没有实质性的经营业务和经营所得。

结合已获证据,税务人员深入分析了两家港企的股权架构图,通过分析认为,位于D群岛的投资企业主营风险投资与项目管理,完全可以直接持有C公司的股份,没有必要通过在中国香港设立公司来进行投资。因此,企业在中国香港增设公司,通过中国香港公司持有我国内地公司股份,极有可能是基于避税的筹划。具体来说,由于D群岛是"避税天堂",我国与其没有税收协定,该投资企业在我国内地与D群岛之间进行利益转让,必须依法在我国按照10%的税率缴纳所得税。而企业通过在中国香港设立控股公司持有和转让C公司股份,就能享受内地和香港的税收安排优惠,从而获得可观的税收利益。

基于上述调查分析,税务人员约谈了两家港企共同授权委托代理申请享受税收安排优惠待遇的某国际知名事务所,当面提出了质疑。为证明两家港企实际管理策划地在我国S市,而非中国香港,进一步在税收意义上否定其为中国香港企业,之前税务人员就对这两家港企同时下达《税务事项通知书》,要求企业提供其在中国香港运营企业经营事项的高层管理机构的办公场所、地址等系列证明资料,并举证这种安排具有合理的商业目的。但这两家企业不是不愿提供资料就是无法举证。经过税收政策辅导,这两家港企于2014年4月22日委托其代理事务所提交了放弃享受税收安排优惠的申请。至此,税务机关认定,D群岛企业设立中国香港公司持有和转让C公司股份的安排,主要目的是为了享受内地和香港的税收安排优惠,以获得税收利益,属于滥用税收协定的行为。根据我国《企业所得税法》及其实施条例的有关规定,税务机关有权按照合理的方法对其进行纳税调整。

第四节 个人反避税风险

为防范高净值人群境外逃避税,新个税法引入了反避税条款,国际社会推出了共同申报准则(CRS)。这就标志着国家所使用的"追税利器"有两个:一个是新个税法,首次引入对个人的反避税条款,另一个是CRS,即"金融账户涉税信息自动交换标准"。CRS使个人境外账户更加透明,国家税务总局能够轻松掌握个人境外资产信息。税务机关如果有证据证明个人存在法律规定的避税行为,则可以主动依法对个人进行纳税调整,要求补缴税款和利息,这是新修订的《个人所得税法》赋予税务机关的法定权力。个人反避税条款的确立,将防止个人通过不合理商业目的的关联交易、离岸架构及其他特殊安排逃避纳税义务。

一、个人反避税的法律规定

前面已经介绍,我国个税法的基本规定是中国税务居民个人应就其全球收入在中国缴纳个人所得税。因此,对于中国税务居民个人的判定,决定了哪些人需将其全球收入在中国缴税。

虽然《个人所得税法》对反避税条款进行了规定,但相关法条并不清晰。因此,税务机关在日常的反避税管理中常常通过《企业所得税法》的相关规定对《个人所得税法》的相关条款进行理解。作为个人为了避免出现"被调整"的情况,也应该对比《企业所得税法》的相关规定,对《个人所得税法》的相关条款进行解读。

对于关联交易的税收管理问题,《税收征收管理法》只包含了企业和企业之间关联交易的税收调整规则。《企业所得税法》规定,对于企业和关联方之间的关联交易,税务机关有权对其进行纳税调整。《个人所得税法》对于个人和关联方之间的关联交易,赋予了税务机关可以对个人进行纳税调整的权力,这样就建立了关联交易完整的所得税管控链条。

根据《个人所得税法》第八条规定,有下列情形之一的,税务机关有权按照合理方法进行纳税调整:

(1) 个人与其关联方之间的业务往来不符合独立交易原则而减少本人或者其关联方应纳税额,且无正当理由;

(2) 居民个人控制的,或者居民个人和居民企业共同控制的设立在实际税负明显偏低的国家(地区)的企业,无合理经营需要,对应当归属于居民个人的利润不作分配或者减少分配;

(3) 个人实施其他不具有合理商业目的的安排而获取不当税收利益。

税务机关依照前款规定作出纳税调整,需要补征税款的,应当补征税款,并依法加收利息。如果属于境外所得,且境外所得已经缴纳相应税款,可以向税务机关要求抵免国内的应缴税款,避免重复缴税。

二、引入转让定价规则

《个人所得税法》第八条第一种情形,是对关联交易中无正当理由的不符合独立交易原则减少应纳税额的"避税"行为实施反避税。这里涉及关联关系、独立交易、无正当理由的概念及其在实务中的具体判定。

1. 居民个人关联关系的判定

在实际经济生活中,公司的控股股东、董事、监事、高级管理人员与其直接或者间接控制的企业之间,常常通过交易的安排转移公司的利益,以达到规避纳税义务的目的。这里涉及居民个人关联关系的判定标准。《个人所得税法》第八条第一款所称关联方,是指与个人有下列关联关系之一的个人、企业或者其他经济组织:

(1) 夫妻、直系血亲、兄弟姐妹,以及其他抚养、赡养、扶养关系;

(2) 资金、经营、购销等方面的直接或者间接控制关系;

(3) 其他经济利益关系。

《国家税务总局关于完善关联申报和同期资料管理有关事项的公告》(国家税务总局公告2016年第42号,简称"42号公告")第二条第一款对夫妻、直系血亲、兄弟姐妹,以及其他抚养、赡养关系的两个自然人个人所在企业是否构成关联,从股权关系方面明确了具体判断条件:一是一方直接或者间接持有另一方的股份总和达到25%以上;双方直接或者间接同为第三方所持有的股份达到25%以上。二是如果一方通过中间方对另一方间接持有股份,只要其对中间方持股比例达到25%以上,则其对另一方的持股比例按照中间方对另一方的持股比例计算。如A对B(中间方)拥有的持股比例达到50%,B(中间方)持有

C(另一方)股份的比例达到50%,那么A持有C(另一方)的股份比例,可以按B(中间方)持有C(另一方)的股份比例为50%来对待,即视同A拥有C(另一方)的持股比例为50%。三是两个以上具有夫妻、直系血亲、兄弟姐妹以及其他抚养、赡养关系的自然人共同持股同一企业,持股比例合并计算。如自然人A与自然人B是兄弟关系。自然人A持有甲企业16%的股份,自然人B持有甲企业18%的股份。从每个自然人看都不与甲企业构成关联关系。但由于A与B因存在夫妻、直系血亲、兄弟姐妹,以及其他抚养、赡养关系,他们对甲企业共同持有的股份比例应合并计算达到34%,由此甲企业与A、B都构成关联关系。甲企业与A、B的业务往来就需要按照42号公告的要求进行信息披露并按文件规定遵从交易定价规则。

2. 对独立交易原则的判定

《个人所得税法》第八条第一款所称独立交易原则,是指没有关联关系的交易各方,按照公平成交价格和营业常规进行业务往来遵循的原则。个人关联交易已被纳入税务机关的日常税收监管中。对于跨境来说,境外关联方在向境内关联方收取货款、利息、服务费或技术使用费时,人为抬高价格,在反向付款时人为压低价格,借此将境内的应税所得转移到境外,以逃避中国境内的纳税义务。又比如公司资产用于个人消费(如购置游艇),个人对游艇等使用也需要按照公允价值支付使用费,否则,税务机关可以进行纳税调整,视同个人获得分红等所得来进行征税。因此,不合理的关联交易定价将可能面临被反避税调查的风险。

对于个人与其关联方之间的业务往来,不符合独立交易原则的情形,增加了无正当理由的限制条件,可参看《股权转让所得个人所得税管理办法(试行)》,其第十三条规定,个人股权转让价格明细偏低可以不做调整的正当理由为:

(1)能出具有效文件,证明被投资企业因国家政策调整,生产经营受到重大影响,导致低价转让股权;

(2)继承或将股权转让给其能提供具有法律效力身份关系证明的配偶、父母、子女、祖父母、外祖父母、孙子女、外孙子女、兄弟姐妹以及对转让人承担直接抚养或者赡养义务的抚养人或者赡养人;

(3)相关法律、政府文件或企业章程规定,并有相关资料充分证明转让价格合理且真实的企业员工持有的不能对外转让股权的内部转让;

(4)股权转让双方能够提供有效证据证明其合理性的其他合理情形。

因此,当个人与本人控制的或者有利益关系的企业之间进行交易,如果支付的实际对价低于市场价格的70%,并且不能提供有效的证明文件的,税务机关依法有权认定该交易违反了独立交易原则,要求个人进行纳税调整,补缴个人所得税款和利息。

三、引入受控外国公司规则

随着经济的发展,我国已经开始从一个资本输入国转变为一个资本输出国。"走出去"已经成为很多国有企业和民营企业当下的重要经营战略。企业所得税层面在2008年已经制定了相应的反避税规则,这些规则10多年来发挥了很大作用,有效地维护了国家的税收权益。与此同时,很多中国的居民个人,通过在境外避税地设立不从事实质经营业务的公司,将大量的利润留在境外避税地,迟迟不分配回国内,来逃避个人所得税纳税义务。新个税法第八条第二种情形,就是针对投资活动的反避税条款。该条款与CRS信息交换,是精准打击以往境外避税安排的强强组合拳,实际是针对境外避税行为的"强制分红"条款。如中国税务居民田先生在开曼群岛设立了一家离岸公司用于经营,该离岸公司拥有若干金融账户。以往,中国税务机关很难掌握田先生的离岸公司信息,特别情况下也只能通过国际情报交换的方式,而启动国际情报交换的程序复杂、耗时较长。另外,即便税务机关掌握了离岸公司信息,如果田先生的个人账户确实没收到一分钱分红,那么在原有个人所得税规定下无须纳税,并且税务机关也没有依据来进行纳税调整。

受控外国企业是指居民个人控制的,或者居民个人和居民企业共同控制的设立在实际税负明显偏低的国家(地区)的企业,无合理经营需要,对应当归属于居民个人的利润不作分配或者减少分配。这实际上是对境外避税的"强制分红"条款。这里涉及控制、实际税负明显偏低、无合理经营需要等如何把握的问题。

对"控制"的理解,《个人所得税法》第八条第二款所称控制,是指:① 居民个人或者居民企业直接或者间接单一持有外国企业10%以上有表决权股份,且由其共同持有该外国企业50%以上股份;② 居民个人或者居民企业持股比例未达到以上规定的标准,但在股份、资金、经营、购销等方面对该外国企业构成实质控制。

对"实际税负明显偏低"的理解,《个人所得税法》第八条第二款所称实际税负明显偏低,是指实际税负低于《中华人民共和国企业所得税法》规定的税率水平的50%,即实际税负在12.5%及以下。对于应当分配的利润没有分配,或者没有足额分配的,税务机关依法有权对该自然人股东进行纳税调整,视同利润分配,要求补缴个人所得税和利息。

对"无合理经营需要"的理解,《个人所得税法》第八条第二款所称无合理经营需要不作分配或者减少分配,可参看《特别纳税调整实施办法(试行)》第八十四条的规定,即中国居民企业股东能够提供资料证明其控制的外国企业满足以下条件之一的,可免于将外国企业不作分配或减少分配的利润视同股息分配额,计入中国居民企业股东的当期所得:

(1) 设立在国家税务总局指定的非低税率国家(地区);
(2) 主要取得积极经营活动所得;
(3) 年度利润总额低于500万元人民币。

案例:中国个人王先生在海外通过BVI空壳公司进行投资,BVI公司的利润只要不分配到个人股东层面,在原个税法下,个人王先生就无须缴纳个人所得税;而在新个税法反避税条款下,中国税务机关可以以受控关联公司的名义将没有商业实质的BVI公司取得的利润视同个人直接取得的所得而课税。

四、个人一般反避税

对于个人实施不具有合理商业目的的生产经营活动,以规避个人所得税的行为,《个人所得税法》制定了一般反避税条款,个人实施其他不具有合理商业目的的安排而获取不当税收利益的,税务机关可对其进行纳税调整,需要补征税款的,应当补征税款,并依法加收利息。这一规则与企业所得税规则相对应。如对非居民个人通过境外避税主体间接转让中国境内公司股权的活动,实施所得税征税权。

个人一般反避税,是除特别纳税调整、受控外国企业反避税外的兜底条款,建立了我国个人所得税管理的最终屏障,为我国后期不断完善个人所得税反避税体系提供了制度性保障。比如以往税务机关对非居民个人间接转让境内财产缺少明确的反避税依据,纳税人和税务机关存在很大分歧。现在有了明确法规之后,监控管理力度势必更加严格。

一般反避税涉及是否具有合理商业目的的理解。如何判定"不具有合理商业目的"?《中华人民共和国企业所得税法》第四十七条首先引入了"不具有合理商业目的的安排"的概念,《中华人民共和国企业所得税法实施条例》第一百二十条对此进行了定义,即以减少、免除或者推迟缴纳税款为主要目的。可以理解为设立的公司没有正常经营业务,只有收入没有相应正常支出,自然人持股该企业只是为了将利润留存在国外而不进行分配,因此,税务机关依法有权对该公司自然人股东进行纳税调整。下面我们通过《中国税务报》登载的原北京市海淀区地方税务局审理的一起非居民个人不具有合理商业目的的境外股权转让案例,对一般反避税的实施进行分析。

案例:

1. 案情概述

2014年10月,两名中国居民到北京市海淀区地方税务局办理境外企业股权转让个人所得税缴纳业务。海淀区地方税务局国际税务管理科要求其提供股权转让合同,但这两名纳税人仅提供了两页合同摘要,摘要中的"土地出让金"一词引起了税务人员的注意,遂要求其提供全套交易合同。

合同显示:2014年8月,加拿大籍华人甲与A公司(注册于英属维尔京群岛)以及中国居民李某、王某等四方共同签署了《B公司整体股权转让协议》,将共同持有的B公司(注册于开曼群岛)100%股权转让给注册于开曼群岛的C公司。加籍华人甲、A公司、李某和王某在B公司中所占股权分别为58%、30%、10%、2%,该项交易最终转让价格为4.1亿元人民币。B公司唯一的子公司是其100%控股的境内企业D公司,而D公司拥有的位于北京市海淀区的一座写字楼A大厦,是此次交易的核心资产,合同中将近90%的篇幅都是关于D公司和A大厦相关事项的约定。

2. 交易实质的判断

税务机关初步判断,此项股权交易中被转让的B公司很可能是一家空壳公司,股权转让的实质是通过转让避税地空壳公司股权达到间接转让我国境内实体公司D,进而实现A

大厦易主,而境外A公司和加拿大籍华人甲借此达到避税目的。从交易内容看,加拿大籍华人甲此次股权转让收入,实质上很可能是来源于中国境内的所得,应该在我国负有纳税义务。

税务人员查阅了大量关于加拿大籍华人甲本人、境外B公司、境内D公司及A大厦的相关信息。发现A大厦面积为1.9万平方米,按市值保守估算价值在4亿～5亿元人民币。也就是说,此次股权交易总金额4.1亿元,全部为A大厦的价值。调查结果验证了税务人员对该项股权交易核心内容的判断,加拿大籍华人甲的股权转让所得来源于我国境内。

3. 适用法律及政策

适用的法律及政策为《企业所得税法》第四十七条、《企业所得税法实施条例》第一百二十条,以及《国家税务总局关于加强非居民企业股权转让所得企业所得税管理的通知》(国税函〔2009〕698号)第六条(注:第六条被国税〔2015〕7号文废止,全文被国税〔2017〕37号文废止)的规定:"境外投资方(实际控制方)通过滥用组织形式等安排间接转让中国居民企业股权,且不具有合理的商业目的,规避企业所得税纳税义务的,主管税务机关层报税务总局审核后可以按照经济实质对该股权转让交易重新定性,否定被用作税收安排的境外控股公司的存在。"虽然国税函〔2009〕698号文第一条明确规定,该项法规适用主体是"非居民企业转让中国居民企业股权所取得的所得",无法适用本案,但税务机关经检索发现,2011年国家税务总局曾根据深圳市地方税务局的业务请示,专门下发了国税函〔2011〕14号文《国家税务总局关于非居民个人股权转让相关政策的批复》。该文件中明确,此类非居民个人间接转让境内企业股权所得属于来源于中国境内所得。

4. 结果

海淀区地方税务局向加拿大籍华人甲送达了《税务事项通知书》。随后,税务人员与加拿大籍华人甲委托的某著名执业机构人员进行了多轮约谈。经过近9个月的交涉,加拿大籍人员甲最终同意就其来源于我国境内的所得补缴税款4 651万元。

个人反避税条款的实施,对独立交易、合理经营需要、控制等的判定,使得纳税人的避税成本加大了。当然,纳税人如果交易真实且具有合理的商业目的,也无须担忧。因此,在新的反避税形势下,纳税人应与时俱进,合理调整以往的税务筹划,维护好自身的合法权益。

第五章

国际税收协作带来的风险

在经济全球化进程中,伴随着新技术的广泛运用,国家、国界等关系到国家主权的因素相对减弱,由此产生了一系列的国际税收新问题:各国的税收主权受到侵蚀,各国的税收竞争加剧,跨国纳税人的逃避税活动更加活跃,网络技术对税收管理提出了严峻挑战。各国除了积极落实应对税基侵蚀和利润转移(BEPS)行动计划,强化国家间的税收协定的签订等合作外,还加大了税收情报交换的力度、广度和深度,国际税收规则正在重塑,打击跨国纳税人不合理的避税行为已成为各国的共同任务。跨国纳税人的国际税收筹划正面临更加困难和更大风险的局面。

第一节 国际国内税务争议风险

国际税收争议问题由来已久,这种争议的产生,本质上是主权国家对跨国涉税事项的不同理解,是一国行使自己的税收管辖权导致的与他国、与跨国纳税人之间的冲突。国际税收争议的存在,不仅影响国家间的友好经济交往,还直接影响对跨国纳税人权利的保护,影响跨国纳税人对内外投资的积极性。

一、税收筹划:避税与偷税的界限

美国著名的大法官汉德说过:"人们安排自己的活动以达到降低税负的目的,是无可指责。每个人都可以这么做,不管他是富翁,还是穷光蛋。"由于世界各国(地区)的税种、税率、税收优惠政策等千差万别,为企业开展国际税收筹划提供了广阔的空间;经济全球化、贸易自由化、金融市场自由化以及电子商务的发展都为国际税收策划提供了可能。在科技进步、通信发达、交通便利的条件下,跨国企业资金、技术、人才和信息等生产资料的流动更为便捷,这为进行国际税收筹划提供了条件。

1. 国际税收筹划的可能性与方式

税收筹划是指纳税人在税法规定许可的范围内,通过对经营、投资、理财活动事先进行筹划和安排,尽可能取得节约税收成本的税收利益。而国际税收筹划是指跨国纳税义务人利用各国税法差异及双边税收协定,通过对跨国筹资、投资、收益分配等财务活动进行合理的事先规划和安排,在税法许可的范围内减少或消除其对政府的纳税义务。税收筹划已成为跨国公司财务管理不可或缺的部分。国际税收筹划是国内税收筹划在国际范围间的延伸和发展，其行为不仅跨越了国境，而且涉及两个或两个以上国家的税收政策，因此国际税收筹划比国内税收筹划更为复杂。国际税收筹划必须同时满足下列三个条件：一是国际税收筹划的主体是具有纳税义务的单位和个人，即纳税人；二是税收筹划的过程或措施必须是科学的，必须在各国税法规定并符合立法精神的前提下，通过对经营、投资、理财活动的精心安排，控制税务风险；三是税收筹划的结果是获得节税收益，提高利润水平，实现股东权益的增加。

由于国际税收筹划牵涉的面非常广泛，其中税收管辖权是国际税收筹划中的一个根本性问题，而对税收管辖权的回避成为国际税收筹划的重要方法。由于主要利润来源于股息及股权转让所得，因此国际税收筹划的出发点就是如何通过合理方法避免、降低或递延上述收益的税负。各国之间税收的差异，避税港的存在，税收协定网络的不断拓宽，为经济全球化提供了税收筹划的新环境，为开展国际税收筹划提供了空间和机会。其中，国际税务筹划的基础就是各国税制的差异，不同国家税收制度的差异为跨国经营的税收筹划提供了种种可能，跨国经营者面对的税收法规越复杂，税收负担差别越明显，其进行税收筹划的余地就越大。

国际税收筹划有不同的划分角度。从投资阶段看，包括投入(资本输出)、运营、退出(投资收回)三个阶段的筹划；从核心内容看，包括境外投资法律形式选择、投资架构、融资安排、商业模式(供应链、转让定价)等的筹划；从涉及的税务管理看，包括中国税收、当地税收、国际税收协定的筹划。但从筹划的实质内容看，无非都是围绕着国际避税地的利用和转让定价这两个基本方法在开展。具体包括合理选择投资地点、选择有利的企业组织方式、选择有利的资本结构和投资对象、利用关联企业交易中的转让定价、通过避免设常设机构、通过选择有利的会计处理方法等进行国际税收筹划。

2. 税收筹划与避税

所谓避税，一般国内解释为"纳税义务人以合法手段减轻或避免纳税义务的行为"。可见，避税的前提虽是遵守税法，但其结果，却会造成国家税收收入的流失，甚至会降低经济活动的效率，造成税收公平方面的问题，并加大税收制度的复杂性和征管的困难性。避税虽属不违反税法的行为，但它同违反税法的偷漏税行为具有的许多消极后果是相同的。从经济角度看，政策有目的、有选择地设置低税区，有利于吸引资金、吸收技术，带动经济繁荣。所以政府能容忍的避税行为通常是指政府指导下和税法控制下的避税，而不能容忍的则是失控的避税行为。从法律角度看，避税就是以合法的形式对法所做的挑战，即以法律上的"非不合法"与"合法"的对峙作掩护来钻税法不完善的空子。

避税情形是客观存在的。从主观上来说，避税活动源于人们规避纳税义务的欲望，跨国纳税人为了追求最大限度的物质利益，合理避税是其中最巧妙且往往被认为是合法的一种手法。从各国税制特性来说，税法本身所具有的原则性、稳定性、针对性等特征，为避税提供了存在的可能性。从其原则性来说，税法不可能包罗万象，但它涉及的具体事物又是十分复杂的,因此原则性与具体性之间就产生了漏洞;从其稳定性来说,税法不可能朝令夕改,而现实的经济状况又是变幻不定的,但修补税法又需要一个过程;从税法的针对性来说,任何一种税法都有其针对性,但在具体运用时,由于纳税人的生产经营活动频繁变动,往往使针对性达不到要求,出现种种偏差。从各国税制为了吸引资金、技术等而设立的特别条款来说,税法是避税得以实现的前提条件。所谓特别条款,一般指的是税收减免优惠条款,即通常所讲的政策洼地、避税港。纳税人通过对现行各国税收制度的研究和利用,精心设计能获得特别条款对待的方案并付诸实施,就构成了避税活动。

2013年,经济合作与发展组织(OECD)发布了题为"应对税基侵蚀和利润转移"(BEPS)的报告,旨在携手打击国际逃避税,共同建立有利于全球经济增长的国际税收规则体系和行政合作机制。特别是BEPS第12项行动计划,针对激进税收筹划,要求强制披露。为了达到强制披露规则设计的目的,成功获取关于税收筹划的早期信息,BEPS第12项行动计划针对强制披露规则应披露的交易内容、披露方式、相关惩罚措施和信息使用等,提出了建议性规则框架。在现有强制披露规则下,如果一项交易(筹划安排)符合该规则所列举的描述或特征,则该交易属于应披露的安排。税务机关可以选择将强制披露的义务赋予筹划方或纳税人,也可两者都要求披露。在OECD和G20成员中,美国、加拿大、南非、英国、葡萄牙、爱尔兰、以色列和韩国已引入强制披露规则,欧盟也发布了相应的指令,要求欧盟各国尽快立法,将强制披露规则纳入国内法,这表明了打击激进税收筹划的态度。因此,企业在开展国际税收筹划时应依法、科学、适当,防止激进税收筹划。

3. 国际税收筹划与偷税

《国际税收辞汇》将偷税解释为:偷税一词指的是以非法手段逃避税收负担,即纳税人缴纳的税少于他按规定应纳的税收。偷税可能匿报应税所得或应税交易项目,不提供纳税申报,伪造交易事项,或者采取欺诈手段假报正确的数额。由此可见,世界上任何一个国家的税法对逃税行为都规定了惩罚措施,对逃税行为的制裁不存在法律依据不足的问题,逃税被认为是已经圆满解决的一个概念。但是,毋庸置疑,偷税具有非法性,采取的是一种欺诈的手段,其行为是不会被法律所认可的,要承担相应的法律责任,情节严重的,可以构成犯罪。我国《税收征收管理法》指出,偷税是指纳税人伪造、变造、隐匿、擅自销毁账簿和记账凭证,在账簿上多列支出或不列、少列收入,用虚假的纳税申报手段或者经税务机关通知申报而不申报等方法,不缴或少缴税款的行为。显而易见,偷税是纳税人故意违反税法,通过对已发生的应税经济行为进行隐瞒、虚报等欺骗手段以逃避纳税义务,具有明显的欺诈性。因此,偷税尽管能实现税款的节省,但由于其手段违法,不属于税收筹划的范畴,企业在开展国际税收筹划时应把握好偷税和避税的界限,防止筹划不当而陷入偷税的泥沼。

二、跨境经营产生税务争议的表现形式

一国政府与跨国纳税人在税收征纳关系中对是否征税、如何征税有不同的主张和要

求,国家与国家之间在国际税收利益分配上或者在国际税收协调与合作中也可能有不同的主张和要求,这就导致了国际税务争议的产生。有国际税收征纳,就有可能产生国际税务争议。涉税争议解决和税收确定性问题仍是当前纳税人、税务机关和政策制定者最为关心的问题,直接影响着全球营商环境。与国内税法上的征纳双方权利义务产生的争议相比,这种争议是基于纳税人的国际经济活动而产生的,具有跨国因素。所得税的国际争议主要围绕着税收管辖权的协调、国际双重征税的消除、防范国际避税等问题产生。国际税务争议根据国际税务法律关系的特殊性表现为国家间的争议和国家与跨国纳税人间的争议。

就国家间的国际税务争议来看,由于国际税收协定的适用而带来的争议往往是因为各自对税收协定的解释存在差异造成的。当缔约双方在税收协定的解释和适用过程中存在差异导致税务争议时,就需要两国税务当局进行协商,讨论决定应该如何正确适用税收协定的条款,并达成一致。国家之间的税务争议会影响到某一个纳税人或某一类纳税人。

就一国与跨国纳税人间的争议来看,在一国国内,税务机关针对居民和非居民纳税人征税时均有可能产生税务争议。比如,一国采用免税法消除国际双重征税,当本国居民纳税人有境外所得时,首先要确定该居民纳税人哪些境外所得应当享受免税法,税务机关可能与纳税人存在不同看法,就会产生争议。再比如,非居民纳税人有来源于一国的所得时,该国主张来源地管辖权认定对该笔所得有征税权,而非居民纳税人认为该笔所得来源地没有征税权,这也会产生税收争议。除了税务机关与跨国纳税人在征税行为方面产生税务争议外,在税收优惠的给予、税收行政处罚、转让定价调整等方面均可能产生争议。比如,对非居民纳税人来讲,当其有来源地一国的所得时,假如根据所得来源地国的法律,如果该笔所得是营业所得,而且非居民纳税人在当地没有常设机构,来源地国就不能对此征税,如果该笔所得属于特许权使用费,那么非居民纳税人就需要在来源地国纳税。此时,对该笔所得性质的认定就是一个关键问题。

跨国纳税人需要注意的是,在所得税领域,一国管辖权的行使是通过税务机关来实施的。在国际税法领域,一国税务机关对跨国纳税人的征税虽然要依据国内法,但国内法往往体现了国际税收协定的要求;而两国之间的税务争议也由税务机关解释和适用的税收协定引起,争议也是由两国税务机关解决的。因此,这里介绍的税务机关与跨国纳税人的争议、国家间税务机关的争议等同于国家与跨国纳税人、国家之间的税务争议。

三、国家和跨国纳税人之间税务争议的法律救济

一国与跨国纳税人之间的国际税务争议主要根据国内法机制来解决。这类争议的主体双方直接表现为一国税务机关和跨国纳税人,实际上是一国税务机关与纳税人之间的法律关系。事实上,税务机关与跨国纳税人的关系与税务机关和国内纳税人的关系相比没有特殊之处,只不过是涉及了居民的境外所得或对非居民征税的问题,这类争议的产生也是由于税务机关根据国内税法行使征税权所导致的,因此应当按一国的国内法解决。

由于税务机关的征税行为是一种行政行为,故处理涉外纳税人与税务机关间争议的方式主要为征纳双方协商、行政复议和行政诉讼,后两种方式有"裁判者"参与,有专门的行政法调整,属于国内法律救济措施。有的国家还允许采用仲裁方式解决某些税务争议。

1. 税务行政复议

纳税人具有行政复议权。当纳税人认为税务机关及其工作人员做出的税务具体行政行为侵犯了自己的合法权益时,可依法向东道国主管税务机关的上一级税务机关(复议机关)提出申请,复议机关经审理对原税务机关具体行政行为依法做出维持、变更、撤销等决定。因此,跨国纳税人应了解并掌握东道国关于税务行政复议规则等法律救济的范围、程序和要求,一旦发生税务争议,可争取并维护自身的合法权益。

我国根据《中华人民共和国行政复议法》(1999年10月1日起实施,简称《行政复议法》)和其他有关法律法规的规定,制定了《税务行政复议规则(试行)》,并于1999年10月1日起实行,2018年国家税务总局对该规则进行了修订。根据《税收征收管理法》《行政复议法》和《税务行政复议规则》的规定,税务行政复议的受案范围仅限于税务机关做出的税务具体行政行为。税务具体行政行为是指税务机关及其工作人员在税务行政管理活动中行使行政职权,针对特定的公民、法人或者其他组织,就特定的具体事项,做出的有关该公民、法人或者其他组织权利、义务的单方行为。主要包括:

(1) 征税行为,包括确认纳税主体、征税对象、征税范围、减税、免税、退税、抵扣税款、适用税率、计税依据、纳税环节、纳税期限、纳税地点和税款征收方式等具体行政行为,征收税款、加收滞纳金,扣缴义务人、受税务机关委托的单位和个人做出的代扣代缴、代收代缴、代征行为等。

(2) 行政许可、行政审批行为。

(3) 发票管理行为,包括发售、收缴、代开发票等。

(4) 税收保全措施、强制执行措施。

(5) 行政处罚行为:① 罚款;② 没收财物和违法所得;③ 停止出口退税权。

(6) 不依法履行下列职责的行为:① 颁发税务登记;② 开具、出具完税凭证、外出经营活动税收管理证明;③ 行政赔偿;④ 行政奖励;⑤ 其他不依法履行职责的行为。

(7) 资格认定行为。

(8) 不依法确认纳税担保行为。

(9) 政府信息公开工作中的具体行政行为。

(10) 纳税信用等级评定行为。

(11) 通知出入境管理机关阻止出境行为。

(12) 其他具体行政行为。

申请人认为税务机关的具体行政行为所依据的下列规定不合法,对具体行政行为申请行政复议时,可以一并向行政复议机关提出对有关规定的审查申请;申请人对具体行政行为提出行政复议申请时不知道该具体行政行为所依据的规定的,可以在行政复议机关

做出行政复议决定以前提出对该规定的审查申请:

(1) 国家税务总局和国务院其他部门的规定。

(2) 其他各级税务机关的规定。

(3) 地方各级人民政府的规定。

(4) 地方人民政府工作部门的规定。前款中的规定不包括规章。

跨国纳税人通过行政救济维权时应注意以下方面:

(1) 对税务机关的征税行为不服,应当先申请税务行政复议,对行政复议决定不服的,可以向法院提起行政诉讼;对税务机关的其他行政行为如行政许可、行政审批、行政处罚等不服,可以申请行政复议,也可以直接向法院提起行政诉讼。

(2) 应当在税务机关做出具体行政行为之日起60日内提出行政复议申请,行政复议机关应当自受理申请之日起60日做出行政复议决定,特殊情况可以适当延期,但延期不得超过30日。

(3) 行政复议机关在申请人的行政复议请求范围内,不得做出对申请人更为不利的行政复议决定,也就是说不用担心行政复议决定会对自己不利。

(4) 申请人可以委托1至2名代理人参加行政复议,如委托他人代理,应向行政复议机关提交授权委托书并载明委托事项、权限和期限。

(5) 行政复议决定做出后,申请人不服复议决定的,可以在收到复议决定书之日起15日内向法院提起行政诉讼;如行政复议机关不予受理或者超过复议期限不做答复的,申请人可以自收到不予受理决定书之日起或者行政复议期满之日起15日内,依法向人民法院提起行政诉讼。

在行政复议中,《税务行政复议规则》第五十八条规定,下列证据材料不得作为定案依据:违反法定程序收集的证据材料;以偷拍、偷录和窃听等手段获取侵害他人合法权益的证据材料;以利诱、欺诈、胁迫和暴力等不正当手段获取的证据材料;无正当事由超出举证期限提供的证据材料;无正当理由拒不提供原件、原物,又无其他证据印证,且对方不予认可的证据的复制件、复制品;无法辨明真伪的证据材料;不能正确表达意志的证人提供的证言;不具备合法性、真实性的其他证据材料。

2. 税收行政诉讼

纳税人具有行政诉讼权。当跨国纳税人认为东道国的税务机关的具体行政行为侵犯了自己的合法权益时,有权依法向东道国的法院提起行政诉讼,通过司法途径维护自己的合法权益。因此,跨国纳税人应了解并熟悉东道国的税务行政诉讼的范围、程序和要求,一旦发生税务争议,可选择通过行政诉讼来维护自身的合法权益。

我国税务行政诉讼案件除受《行政诉讼法》有关规定的限制外,也受《税收征收管理法》及其他相关法律、法规的调整和制约。具体来说,税务行政诉讼的受案范围与税务行政复议的受案范围基本一致,包括:

(1) 税务机关做出的征税行为:一是征收税款、加收滞纳金;二是扣缴义务人、受税务机关委托的单位做出的代扣代缴、代收代缴及代征行为。

（2）税务机关做出的责令纳税人提交纳税保证金或者纳税担保行为。

（3）税务机关做出的行政处罚行为：一是罚款；二是没收违法所得；三是停止出口退税权；四是收缴发票和暂停供应发票。

（4）税务机关做出的通知出境管理机关阻止出境行为。

（5）税务机关做出的税收保全措施：一是书面通知银行或者其他金融机构冻结存款；二是扣押、查封商品、货物或者其他财产。

（6）税务机关做出的税收强制执行措施：一是书面通知银行或者其他金融机构扣缴税款；二是拍卖所扣押、查封的商品、货物或者其他财产抵缴税款。

（7）认为符合法定条件向税务机关申请颁发税务登记证和发售发票，税务机关拒绝颁发、发售或者不予答复的行为。

（8）税务机关的复议行为：一是复议机关改变了原具体行政行为；二是期限届满，税务机关不予答复。

跨国纳税人在进行税务行政诉讼时应注意以下几方面：

（1）向法院起诉时应当提供其符合起诉条件的相应的证据材料。《最高人民法院关于行政诉讼证据若干问题的规定》第四条规定：公民、法人或者其他组织向人民法院起诉时，应当提供其符合起诉条件的相应的证据材料。在起诉被告不作为的案件中，原告应当提供其在行政程序中曾经提出申请的证据材料。但有下列情形的除外：① 被告应当依职权主动履行法定职责的；② 原告因被告受理申请的登记制度不完备等正当事由不能提供相关证据材料并能够作出合理说明的。第五条规定：在行政赔偿诉讼中，原告应当对被诉具体行政行为造成损害的事实提供证据。对税务机关的行政不作为和税务行政赔偿诉讼案件，由被告承担举证责任不现实，其举证责任由原告承担才有利于诉讼程序推进。

（2）被告对做出的具体行政行为负有举证责任。《中华人民共和国行政诉讼法》第三十四条规定：被告对作出的具体行政行为负有举证责任，应当提供作出该行政行为的证据和所依据的规范性文件。根据法律规定，纳税人应当在收到起诉状副本之日起10日内，提供据以做出被诉具体行政行为的全部证据和所依据的规范性文件。被告不提供或者无正当理由逾期提供证据的，视为被诉具体行政行为没有相应的证据。被告因不可抗力或者客观上不能控制的其他正当事由，不能在前款规定的期限内提供证据的，应当在收到起诉状副本之日起10日内向人民法院提出延期提供证据的书面申请。人民法院准许延期提供的，被告应当在正当事由消除后10日内提供证据。逾期提供的，视为被诉具体行政行为没有相应的证据。在诉讼过程中，被告及其诉讼代理人不得自行向原告和证人搜集证据。

在行政诉讼中，以下证据不能作为定案根据：严重违反法定程序收集的证据材料；以偷拍、偷录、窃听等手段获取侵害他人合法权益的证据材料；以利诱、欺诈、胁迫、暴力等不正当的手段获取的证据材料；当事人超出取证期限提供的证据材料，包括原告、被告；在中华人民共和国领域外或者在港澳台地区形成的没有办理法定证明手续的材料；当事人无正当理由拒不提供原件、原物，又无其他证据印证，且对方当事人不予认可的证据的复制件或者复制品；被当事人或其他人做过技术处理而无法辨明真伪的；不能正确表达意志的证人提供的证言；违反法律禁止性规定或者侵犯他人合法权益而取得的证据；不具备合法性和真实性的其他证据材料。

（3）关注法律、法规的适用问题。在注重取得合法证据的同时，纳税人无论采取哪一种救济手段，都应关注法律、法规的适用问题。除了了解我国税收法律体系外，还要了解法律适用的原则，如法律优位原则，法律不溯及既往原则，新法优于旧法原则，实体从旧、程序从新原则和程序优于实体原则，正确判定税法之间的相互关系，合理解决法律纠纷。

（4）税务行政诉讼前置程序性事项。税务行政诉讼前置程序，尤其是涉及纳税争议的复议前置性规定，设置了部分当事人起诉的门槛。根据《税收征收管理法》第八十八条的规定，纳税人、扣缴义务人、纳税担保人同税务机关在纳税上发生争议时，必须先依照税务机关的纳税决定缴纳或者解缴税款及滞纳金或者提供相应的担保，然后可以依法申请行政复议；对行政复议决定不服的，可以依法向人民法院起诉。《中华人民共和国行政诉讼法》第四十四条规定，法律、法规规定应当先向行政机关申请复议，对复议不服再向人民法院提起诉讼的，依照法律、法规的规定。

四、国家间税务争议的国际协商

国家之间的税务争议不同于国家和跨国纳税人之间的税务争议，尽管后者可导致前者的产生，但纳税人不是国家间税务争议的主体，基于主权国家平等的国际法原则和税收管辖权独立原则，国家间的税务争议需要通过国际税收合作机制解决。国际争议解决常用的方法有相互协商程序、仲裁程序以及国际司法程序等，最常用的是相互协商程序。仲裁程序，作为一种高效、中立的解决国际税务争议的重要方式，目前正得到国际社会的重视和推崇运用。

1. 相互协商程序

相互协商程序（Mutual Agreement Procedure，MAP）是国际税收协定中规定的缔约国之间相互协商税收问题所应遵循的规范化程序，允许缔约国政府的授权代表直接通过沟通协商解决双方的国际税收争议。它是一种传统的也是现行解决国际税收争端的首选形式。通常只在签订有协定的缔约国双方主管税务当局之间开展，主要目的在于确保签订的税收协定的有效适用，切实避免重复征税，消除缔约双方对税收协定的解释或适用产生的分歧。由于MAP协商的主体只能是国家，即只能由国家主管当局就国家之间的税收争端进行协商，而针对外国纳税人与一国税务机关之间所引发的税收争议，则需要由纳税人向其居民国提出税收争议解决申请，经审核申请后再决定是否启动。纳税人要注意的是提出请求启动MAP的申请存在时间的限制，以及时间问题可能带来的风险。纳税人必须在收到其认为不符合税收协定规定的征税措施第一次通知之日起3年内提出申请，当接收案件的税务机关认为纳税人提出的异议合理,且不能自行单边解决时,应积极与争议所涉及的对方缔约国主管税务机关进行相互协商,以避免不符合协定规定的征税措施。达成协议的时间不受缔约国国内法限制。

案例:"我们在中亚A国的亚湾公司,已收到当地税务局函件,同意公司贷款利息按税收协定享受免税待遇,这将带来近500万美元的经济利益!"2015年3月10日,华新水泥股份有限公司会计小肖在电话里兴奋地向湖北省国家税务局国际税务管理处负责人告知了这一好消息。

至此,经湖北省国家税务局和黄石市国家税务局历时36天的共同努力,湖北省首例"一带一路"境外投资企业税收维权案,终于尘埃落定。"便民办税春风行动"进一步升级,吹暖了"走出去"企业。

2015年2月2日,湖北省黄石市国家税务局致电湖北省国家税务局,反映华新水泥股份有限公司设在中亚A国的子公司申请税收优惠待遇受阻,如果处理不善,可能遭受重大损失。作为分管局领导,湖北省国家税务局总审计师吴维平对此事高度重视,当即要求省局国际税务管理处约见华新水泥股份有限公司财务负责人,详细了解情况。

作为我国"一带一路"建设的重点项目,华新水泥"走出去"后遇到了什么样的税收难题呢?据华新水泥股份有限公司财务负责人吴昕介绍,2012年12月,亚湾公司从国家开发银行取得了为期7年的7800万美元贷款,2013年支付利息394万美元,已依据A国国内法,按12%的税率缴纳所得税47万美元,2014年支付利息445万美元,还未缴纳所得税。碰巧,在黄石市国家税务局组织的一次纳税辅导课上,华新水泥公司财务人员通过学习,从湖北省国家税务局编印的国际税收宣传册中得知,按照我国与A国签订的税收协定,该项利息可以享受免税待遇。随即,亚湾公司向A国税务局提出申请。

2014年11月3日,A国税务局回复,同意以后年度利息按税收协定规定的8%的税率征税,但不包括2013年度和2014年度的利息应缴税款。为此,亚湾公司多次与A国税务局沟通,希望按照税收协定,免征2014年利息所得税并退还2013年已缴税款,该国税务局没有同意,并催促亚湾公司缴纳2014年利息预提税款53万美元,否则将予以处罚。

当时,亚湾公司已同国家开发银行签订金额高达1亿美元的二线项目投资贷款协议,经测算,若不能享受税收协定待遇,公司将多缴纳近500万美元的所得税!吴昕介绍,原以为凭借充分的法律依据能够妥善解决这起税收纠纷,不料事与愿违,协调屡次受阻。无奈之下,华新水泥股份有限公司只好向属地国税机关——黄石市国家税务局求援。

面对全省首例"一带一路"境外投资企业税收维权案,湖北省国家税务局高度重视,特事特办,简化程序,将原本需要一个月的协商案件受理过程缩短为两天。2015年春节前夕,该局国际税务管理人员争分夺秒地收集整理资料,加班加点分析情况、研究政策,于2月4日向国家税务总局报告了详细情况。总局国际税务司获悉后,立即启动两国税收协定项下的相互协商程序,致函A国税务局,要求根据税收协定对亚湾公司向国家开发银行支付的利息给予免税待遇。经中国驻该国大使馆等多方努力和沟通协调,2月28日,A国税务局确认收到信函,最终同意按税收协定的规定办理免税。

从上述案例可见,中国居民认为缔约对方所采取的措施已经或将会导致不符合中国政府与其他国家政府签订的避免双重征税协定或内地与香港、澳门签订的避免双重征税安排(以下统称税收协定)所规定的征税行为的(不含特别纳税调整事项),可以向税务机关提出申请启动相互协商程序,由省税务机关受理,上报国家税务总局。境外税务当局拒绝给予非境内注册居民企业税收协定待遇,或者将其认定为所在国家(地区)税收居民的,该企业可向税务机关申请启动税务相互协商程序,由主管税务机关受理,层报国家税务总局。具体包括下列情形：

（1）对居民身份的认定存有异议,特别是相关税收协定规定双重居民身份情况下需要通过相互协商程序进行最终确认的；

（2）对常设机构的判定,或者常设机构的利润归属和费用扣除存有异议的；

（3）对各项所得或财产的征免税或适用税率存有异议的；

（4）违反税收协定非歧视待遇(无差别待遇)条款的规定,可能或已经形成税收歧视的；

（5）对税收协定其他条款的理解和适用出现争议而不能自行解决的；

（6）其他可能或已经形成不同税收管辖权之间重复征税的。

相互协商程序处理的是当事人之间的利益分配关系,能够确保税收协定得到恰当解释与适用,能够防止纳税人被税收协定的任何缔约一方不当征税,为消除企业和投资者从事跨境经贸活动所面临的双重征税,解决纳税人的跨境税收争议,发挥了关键性作用。但是,在实践中,相互协商程序有时会无果而终,纳税人权益无法得到保障。其弊端包括：缺乏强制性,不能必然解决税收争议；缺乏明确的时间表,耗时长、效率较低；纳税人参与度低,决策不透明；受各国国内法限制,协商达成的协议是否具备法律效力存在不确定性。

根据OECD网站公布的统计数据,2019年结案的2 821个相互协商案件中,52%的案件的协商结果使纳税人全面消除了双重征税或者完全解决了税收问题,15%的案件是通过单边措施解决的,5%的案件是通过国内法的补救措施解决的。这些案件中,转让定价案件平均耗时30.5个月,其他案件平均耗时22个月。2019年底库存案件前十位的国家是德国、美国、法国、印度、意大利、比利时、英国、西班牙、瑞士和荷兰。这十个国家中,平均耗时较短的是英国、瑞士、荷兰、美国和法国,耗时较长的是印度和比利时,其平均耗时分别为33.43个月和31.41个月,远远超过了BEPS第14项行动计划要求的24个月的时限。

2. 税收仲裁

税收仲裁是涉税争端通过相互协商程序没有得到解决时使用的强制争端解决机制。2007年,OECD财政事务委员会批准了《改进税收协议争端解决方法》的报告,在相互协商程序条款中引入了仲裁解决办法,确立了详细的国际税收仲裁使用规则。仲裁条款规定,在税务主管当局不能在两年之内达成协议的情况下,根据提交协商案件纳税人的请求,未能解决的问题可以通过仲裁程序解决。

不同于相互协商程序,《OECD协定范本》中的强制性仲裁机制赋予了跨国纳税人一定程度的参与权,允许纳税人在仲裁过程中口头陈述,仲裁的结果也只能在得到纳税人的同意后才能执行,因此引入仲裁能够提升纳税人提请解决争端的积极性。根据《OECD协定范本》的规定,税收争端进入仲裁程序并不取决于主管当局是否事先同意,只要必需的程序性要求得到满足,经过相互协商后还未获得解决的问题必须提交仲裁,缔约国的税务主管当局迫于压力会进行更加积极的磋商,努力达成协议,促进税收争端解决效率的提高。

世界上最早引入税收仲裁机制的国家是美国和德国,在两国1989年签订的税收协定中引入了自愿仲裁条款,后来在两国修订税收协定时改为强制性仲裁;欧洲共同体(欧盟前身)的《避免对关联企业调整利润双重征税的公约》(以下简称《仲裁公约》)于1994年经所有成员国批准,于1995年1月1日正式生效。2008年,《OECD协定范本》第二十五条中正式增加了强制性仲裁条款,供各国选用。BEPS第15项行动计划成果《实施税收协定相关措施以防止税基侵蚀和利润转移的多边公约》(以下简称《多边公约》)的第六章规定了仲裁程序。截至2021年3月底,95个签署《多边公约》的国家中,有30个国家选择适用仲裁程序解决相互协商未决争端,其中部分国家对仲裁程序的适用范围进行了保留,具体见表5.1。

表5.1 部分国家对《多边公约》仲裁程序保留的内容一览表

序号	保留的内容	保留的国家
1	适用国内反避税法规的案件除外	澳大利亚、奥地利、芬兰、爱尔兰、意大利、毛里求斯、新西兰、葡萄牙、新加坡、斯洛文尼亚和西班牙
2	税务欺诈、刑事犯罪、税务犯罪、逃税或已判处重罚的案件除外,或与税务欺诈、故意违约或重大过失有关的已判刑的案件除外	芬兰、法国、德国、爱尔兰、意大利、毛里求斯、葡萄牙和斯洛文尼亚
3	收入未纳入应税基础、免税或零税率的情况除外	法国、德国、意大利、葡萄牙、斯洛文尼亚和西班牙
4	根据《仲裁公约》或成员国同意的任何其他文书提出请求的案件除外	芬兰、法国、德国和西班牙
5	在仲裁程序开始之前,主管当局已共同商定不适合仲裁的案件除外	法国、西班牙和瑞典
6	个人以外的双重居民身份案件除外	日本、斯洛文尼亚和瑞典
7	在《多边公约》、税收协定或国内立法中排除适用反滥用条款的案例除外	加拿大
8	仅针对适用于各国以外交照会方式商定的或与《OECD协定范本》第四、五、七、九和十二条有关的案件进行仲裁	加拿大

(续表)

序号	保留的内容	保留的国家
9	没有双重征税的案件除外	芬兰
10	在《多边公约》生效之前开始的有关应税期间的案例除外	芬兰
11	税收争端金额少于15万欧元的案件除外	法国
12	涉及适用国内立法或税收协定规定通过抵免法而不是免税法消除双重征税的案件除外	德国
13	纳税人与税务机关就事实达成一致的案件除外	德国
14	双重居民身份案件除外	意大利
15	仅针对与《OECD协定范本》第五、七和九条有关的案件进行仲裁	葡萄牙

但公开的数据表明,在双边税收协定的相互协商程序中引入强制性仲裁条款的缔约国税务主管当局,迄今少有启动仲裁机制以解决税收争端的情况,不仅包括发展中国家,也包括发达国家在内,实际上均没有表现出将相互协商机制下未决的争端问题交付强制性仲裁方式解决的明确意图。截至2012年,除了在美国与加拿大双边条约下有个别相互协商案件进入仲裁程序进行解决外,在美国与德国、美国与比利时、美国与法国的双边税收条约下均未有将相互协商程序下未决争端交付仲裁的案例发生。此外,据欧洲委员会的一份文件披露,截至2016年符合提交仲裁条件但实际并未交付仲裁的争端案件数量已经高达900件之多。亚洲国家中的马来西亚、新加坡、菲律宾这三个国家都成立了国际仲裁中心,但既没有具有税收专业知识的仲裁员,也没有处理过税收争端的案件。新加坡和墨西哥的税收协定、印度尼西亚和墨西哥的税收协定中都包含了仲裁条款,但没有资料显示有具体的案件。

尽管如此,作为一种有效的争议解决机制,在未来一定会被越来越多的国家所接受和运用。数字经济"支柱一"蓝图报告里阐述的争端解决机制,无论是与金额A有关的争端还是金额A之外的争端,都回避了发展中国家普遍不予以接受的仲裁机制,试图通过审议小组和裁定小组来解决争端。社会各界,特别是跨国公司普遍呼吁建立有约束力的强制性争端解决机制,再加上发达国家的支持,无论是创新还是采用传统的仲裁机制,建立强制性争端解决机制恐怕势在必行。从"支柱一"蓝图报告的描述来看,审议小组类似于多边的协商机制,裁定小组的运作模式则与仲裁类似。无论是审议小组的决定,还是裁定小组的裁决,除跨国公司不予接受外,对于跨国公司和各主管税务当局都具有约束力。

第二节 国际税收情报交换风险

经济全球化和市场自由化带来经济快速发展的同时给国际税收秩序造成许多负面影

响,国家间税收竞争在加剧,跨国公司和富人的国际逃避税行为日趋严重。国际税收情报交换逐渐成为国际社会打击日益严重的境外逃避税行为的主要措施。这就给跨国纳税人的国际税收筹划和权利保护带来了挑战。如何在国际税收情报交换广泛推进的形势下保护好自身的权利,这应是当前跨国纳税人必须考量的问题。

一、《多边税收征管互助公约》及其影响

由于人员、资本、货物和服务跨国流动加速,纳税人跨国经营的无国界性与税收管理有国界性之间的矛盾,造成税收管理的信息不对称,进而形成信息缺失与错配下的"空中楼阁"和"避税天堂"。尤其是随着数字经济的发展,灵活而新型的跨境交易模式给开放经济条件下如何纳税和征管带来严峻挑战。正是在这样的形势下,《多边税收征管互助公约》(以下简称《公约》)应运而生。其目的是促进全球各类涉税问题的各种形式的征管协助,同时确保纳税人的权利得到充分保障。该公约是税收领域开展符合国际最高标准的合作的国际税收法规,是实现全球税收透明度和确立信息交换标准框架的原则工具,是第一个真正意义上的全球税收多边互助协定。截至 2020 年 9 月 29 日,签署了该公约的司法管辖区已达到 141 个。

1.《公约》内容及作用

《公约》内容较为全面,它规定了各司法管辖区在评估和征收税款方面行政合作的一切可能形式。根据《公约》第六条的规定,缔约国主管当局(税务局)就自动交换信息的范围和应遵守的程序相互商定。这种合作范围从取得有纳税人专项收入的税收情报到追讨外国税收债权。根据《公约》条款的规定,司法管辖区税收征管协助适用的税种有:

(1)所得税或利润税。

(2)所得税或利润税分开征收的资本利得税。

(3)财产净值税。

(4)代表一方施加所得税、利润税、资本利得税,或代表某一部分的政治分支机构或地方当局征收的净财富。

(5)向政府或根据法律设立的社会保障机构缴纳的强制性社会保障费用。

(6)代表一方征收的关税以外的其他税种:① 遗产税、继承税或赠予税;② 不动产税;③ 一般消费税,如增值税、销售税;④ 对货物和劳务征收的特别税种,如消费税;⑤ 对机动车辆以外的动产的使用或所有权征税;⑥ 其他任何税收。

国家税务总局发布了《关于〈多边税收征管互助公约〉生效执行的公告》,《公约》已于 2016 年 2 月 1 日对我国生效,并自 2017 年 1 月 1 日起执行。

公告规定了我国适用的税种范围。《公约》在我国适用除关税、船舶吨税外的目前由税务机关负责征收的 16 个税种。也就是说,《公约》执行后,我国开展国际税收征管协助的范围将由原来的以所得税为主,扩大到由税务机关征收的所有税种,税务机关收集纳税人涉税信息的力度将得到大大加强。对于我国未开征的税种,我们不对外提供任何形式

的征管协助。

公告规定了税收征管协助形式。《公约》规定了情报交换、税款追缴和文书送达三种税收征管协助形式,但允许缔约方对税款追缴和文书送达做出保留。考虑到我国现有法律制度及税收征管实际,我国在《公约》批准书中对税款追缴和文书送达(包括邮寄文书)做出了保留。因此,我国税务机关主要是与其他缔约方开展情报交换协助。

公告保护了纳税人的权利。《公约》要求缔约方之间在开展税收征管协助的同时,注意保护纳税人的隐私权和知情权。关于纳税人的隐私权,《公约》规定,缔约方应对纳税人信息采取严格的保密措施,且仅用于税收征管目的。在我国已签署的税收条约中,有关情报交换的条款均按照国际通行标准对纳税人信息保密的相关事项做了约定,我国现行国内法也详细规定了税收情报的制作、收发、传递、使用、保存和销毁程序,从国际和国内法律制度上保障了纳税人信息的安全。在税收征管实践中,我国税务机关始终坚持以保护纳税人信息安全为前提,严格执行有关制度规定,有效防止了信息的不当披露和滥用。关于纳税人知情权,《公约》规定,如果缔约方国内法规定在提供专项情报或自发情报前可将相关情况告知其居民或国民,则缔约方可在批准《公约》时做出相关声明。考虑到我国在国内法中已规定税务机关可以将收集情报的目的、情报的来源和内容告知相关当事人,为了进一步保护纳税人的知情权,我们在《公约》批准书中也做出了此项声明。

《公约》在我国获得批准并实践标志着我国在税收征管现代化道路上迈出了重要一步,对于提高我国税收征管水平,营造公平透明的税收环境,打击国际逃避税行为,维护我国的税收利益,提升我国国际站位具有重要的现实意义。其一,参加《公约》是我国履行G20承诺的要求。其二,《公约》有效拓展了我国国际税收征管合作的广度和深度。其三,《公约》为反避税工作的开展提供了有力支持。其四,《公约》有助于进一步加强对"走出去"企业的税收管理和服务。

2. 国际税收情报交换的影响

国际税收情报交换是当前国际税收征管协助的主要形式,指缔约方税务机关之间交换涉税信息或开展税务检查合作,包括专项情报交换、自动情报交换、自发情报交换、同期税务检查和境外税务检查。我国国内法已对如何开展情报交换做了详细规定,制定了《国际税收情报交换工作规程》,并且在实践中,我国税务机关一直按照国际通行标准对外开展情报交换工作,执行《公约》规定的相关条款,开展反逃避税工作。

(1) 我国对外发出专项情报

通过发送专项情报,对境外纳税人的基本情况、境外劳务、境外所得、转让定价等问题提出请求,寻求缔约对方国家(地区)税务机关的帮助,获取境外相关信息,核实佣金、劳务费、咨询费等境外劳务所得的真实性,核实是否符合享受协定待遇的条件,掌握个人境外收入情况,掌握转让定价明显偏低的证据等,避免了税款流失。

案例1:A公司是境内一家房地产开发企业,成立于2011年,经营范围包括房地产开发经营、房屋建筑工程等。2016年,A公司与中国香港B公司签订项目咨询顾问服务合同,合同总金额为 2 600 万元人民币。合同约定由中国香港 B 公司为 A 公司提供项目前期项目定位、可行性研究、规划方案设计以及开发过程中市场调研、规划设计等多项服务。该款项分两次支付,每次支付 1 300 万元。2016 年 6 月 13 日,A 公司向中国香港 B 公司支付第一笔 1 300 万元人民币。

税务机关在合同审核中发现以下疑点：① 合同简单,随意性较大；② 形式发票与项目内容不一致；③ 境内劳务有所隐瞒；④ 劳务实际提供方存疑；⑤ 存在转移利润的可能。

因此税务机关向香港税务局发出有关协查信息：

① 请提供香港 B 公司的财务信息：2015—2017 年的审计报告、财务报表（资产负债表、利润表）、年度纳税申报表,取得 1 300 万元人民币收入后的纳税申报资料。

② 请提供企业固定资产清单、在职人员名单、工资发放明细。

③ 请提供香港 B 公司为该咨询合同提供的服务清单、定价标准以及人员来华情况。

香港税务局情报回复：

① 2015—2017 年,B 公司并不拥有设计人员,除 2017 年对董事徐某支付薪酬外,未对任何人支付薪酬。

② B 公司除与 A 公司签订设计服务合同外,还与 C 公司签订了项目管理合同。C 公司的项目中,人员工资均由 C 公司支付,B 公司收取扣减人员成本以后的费用。同时,为 A 公司提供设计服务的人员与 C 公司的人员相同。

③ 2014—2016 年,香港 B 公司的营业收入分别为 13 744 万元、2 808 万元、1 300 万元。

④ 香港 B 公司 2016 年收到 1 300 万元后进行了股权投资 300 万港元,向美国个人支付 120 万美元。

根据情报回复和约谈情况,该合同所涉及的劳务应认定为完全发生在境内的服务,应按照 100%境内劳务缴纳企业所得税。因合同约定税款由 A 公司承担,故主管税务机关指定 A 公司为 B 公司代扣代缴企业所得税和增值税,最终企业按照核定利润率 30%补缴了企业所得税 90 万元,补缴增值税 55 万元。

案例 2：中国境内个人甲,长期为×国×公司提供咨询服务,服务费由×公司直接发放给甲在境外的账户。

税务人员在日常管理中发现,甲开具了中国税收居民身份证明,应该在境外享受了税收协定,但甲的个人所得税申报方面并没有任何境外收入的申报。于是,税收机关要求甲提供与境外公司签订的服务合同及收入明细。甲一直推托,不愿就其境外收入情况进行解释。税务人员根据掌握的情况向×国税务机关发出专项情报,请求对方协助提供×公司与甲是否签有服务合同,是否向甲支付劳务报酬,在×国是否申报缴纳个人所得税,以及甲在×国开设的银行账户信息和流水等信息。

很快,×国税务部门回复了相关情报,情报显示甲与×公司签订了咨询设计服务合同,按次收取咨询服务费,而且×公司还为甲申请了享受协定待遇,相关收入并未在×国缴纳个人所得税。同时甲在×国的银行账户定期有收入入账。

根据×国税务机关的回复,税务人员再次约谈了甲,在确凿证据面前,甲对近几年的境外收入进行汇算,补缴了相关的个人所得税及滞纳金。

(2) 外来专项情报核查

根据《公约》的规定,我国税务机关须对外来情报进行核查并回复。从近几年国外发来情报中的核查重点看,澳大利亚、德国、日本等部分发达国家非常重视居民个人税收管理,往往将居民个人收入及纳税情况与所掌握的境外收入进行比对,统筹管理居民个人的整体收入。

案例3:澳大利亚税收居民C先生100%控股中国境内的甲、乙两家公司。近几年,两家公司营业收入均稳步增长,盈利能力良好,但C先生作为股东,从未向澳大利亚税务局申报其从中国实体取得的股息或利息收入。C先生律师向澳大利亚税务局提供了一份无生效时间的个人"代持股确认证明书",声称上述两家中国公司的股东实际控制人和受益人是陈某(C先生的父亲),C先生只是"代持股"。

澳大利亚税务局怀疑C先生从中国取得收入,未在澳大利亚进行申报纳税,于是请求中国税务机关调查C先生从2011年7月1日至2016年6月30日期间与上述两家中国公司的资金往来,以及中国税务机关对C先生税收居民身份的判断。

首先,我国税务机关根据税收征管系统信息确认陈某与C先生是父子关系。随后,根据出入境管理部门提供的C先生和陈某的详细出入境记录,以及C先生加入外籍的时间和国内资产等信息,对C先生的税收居民身份进行初步判断。同时,对于C先生以外籍个人的身份作为两家公司的股东,其代持股的方式是否会对两家公司的外商投资企业身份认定产生影响提出了质疑。

其次,税务机关与C先生的委托人陈某约谈了解情况。陈某声称甲公司和乙公司实际都是由陈某实际控制管理,C先生只是代持股。甲公司没有分配过股息,乙公司分配过5次股息,共计7000万元。乙公司股息分配决定由陈某决策,资金也由陈某控制。股息分配资金有三个流向:一是打入陈某个人的中国的银行账户;二是在企业账务上冲减陈某与公司的个人往来账项;三是先打入C先生在国内的银行账户(由陈某保管),再转给陈某或借给甲公司。除上述股息外,两家中国企业未支付给C先生其他费用。

根据调查情况,中国税务机关判定C先生不是中国税收居民。税务机关无法主动判断个人"代持股"协议是否有效。中国税务机关对上述阶段性调查结果进行了情报回复。

澳大利亚税务局收到中国税务机关的专项情报回复后,完成了对C先生的调查,并将调查结果以自发情报的形式反馈给中国税务机关。此次自发情报确认了代持股协议的真实性和合法性。甲公司、乙公司的实际控制人是陈某,C先生只是代陈某持有公司股份,而且陈某是乙公司股息分配的实际受益人。澳大利亚税务局认可了这一结果,没有对C先生收到的来源于乙公司的股息征税。

中国税务机关收到自发情报后,立刻开展后续核查。因为澳大利亚税务局认可代持股协议的真实性和合法性，明确了境内陈某是股息的受益人，不再要求C先生对乙公司分配的股息补缴税款。所以，陈某应就收到的乙公司股息所得在中国补缴个人所得税，否则，乙公司分配的股息在两国将构成双重不征税。因此，税务机关向陈某发送《税务事项通知书》，要求其补缴税款。同时，税务机关把乙公司股东个人"代持股"相关信息转交给工商部门，由其对该外商投资企业的身份进行判断。

(3) 自发情报交换

自发情报交换是指当一国税务当局将在税收执法过程中获取的其认为有助于另一方税务当局执行税收协定及其涉及税种的国内法信息时，主动提供给另一方税务当局的行为。包括公司或个人收取或支付价款、费用，转让财产或提供财产使用等与纳税有关的情况、资料等。

案例4：韩国税务局在对韩国A旅行社进行税务检查时发现，2014—2015年，A旅行社支付给中国甲旅行社旅游购物返还款近700万元。韩国税务局怀疑甲旅行社可能隐匿收入，未在中国申报纳税，于是向中方发出自发情报，将相关信息通报给中方。

中国税务机关在收到自发情报后，经调查发现，甲旅行社系私营有限责任公司，2014—2016年营业收入均过亿元。该企业虽然营业收入额较高，但是长期亏损，截至2016年底，仍有未弥补亏损478万元。结合韩国情报，税务机关认为甲旅行社可能存在隐匿收入问题，需要通过调取会计账簿等资料和税务约谈等方式开展核查工作。

税务机关通过调取2014—2016年甲旅行社的账簿、凭证和报表等资料，发现甲旅行社2014年账上并未取得境外汇款，2015年和2016年虽然陆续收到多笔境外汇款，但都记入预收账款，且未计入收入。结合情报信息，基本可以推断甲旅行社很可能隐匿了部分境外收入。税务机关两次约谈甲旅行社法人代表，提示甲旅行社2015年和2016年的收汇情况，表示税务局已掌握甲旅行社收受旅游购物返还款的事实，并向其宣传该购物款的会计性质以及存在的涉税风险。在证据面前，该负责人最终承认存在旅游购物返还款。

经逐笔核查，发现甲旅行社2014年通过企业负责人个人账户收到返还款503万元，2015年通过企业账户收到返还款近200万元，2016年通过企业账户收到返还款112余万元，合计800余万元，均未计入收入。结合2016年5月全面营改增的实际情况，税务机关对甲旅行社2014年至2016年4月收到的返还款征收营业税，2016年5月以后收到的30余万元返还款征收增值税。甲旅行社最终补缴企业所得税、营业税及滞纳金共计约180余万元，并补缴增值税1万元。

(4) 自动情报交换

自动情报交换是指缔约国双方当局之间根据协定，以批量形式自动提供有关纳税人取得专项收入的税收情报的行为。专项收入包括利息、股息、特许权使用费收入；工薪、各类津贴、奖金、退休金收入；佣金、劳务报酬收入；财产收益和经营收入等。

由于长期以来，税企信息不对称，因此对于非居民在华劳务情况以及"走出去"的纳税人的境外情况,税务机关掌握的程度极其有限。少数企业带有侥幸心理,经常会利用这一点来隐瞒收益以达到避税目的。但现在,随着跨境税源管理的深入发展,境内税务机关充分利用情报交换的手段,核查合同执行的真实情况,深入挖掘企业的交易方式与目的。

二、美国的 FATCA 及其影响

2014 年 7 月生效的 FATCA(Foreign Account Tax Compliance Act,美国海外账户税收合规法案),是美国打击海外避税、偷逃税行为的国内立法。它具体的功能是查明美国纳税人的离岸财产,防止美国纳税人掩饰海外资产,继而逃税。FATCA 生效以后,外国金融机构自 2014 年起必须向美国国税局提供美国纳税居民的账户资料。该法案使得美国有能力在全球范围内收集纳税人的海外账户信息。

FATCA 主要采用双边信息交换机制,即美国与其他国家(地区)根据双边政府间协定开展信息交换。根据 FATCA 的规定,若美国纳税人个人或机构持有的海外金融资产总价值个人账户达 5 万美元,或企业账户余额达 25 万美元,该纳税人将有义务向美国国税局进行资产申报。同时,FATCA 要求全球金融机构与美国国税局签订合规协议,规定海外金融机构建立合规机制,对其持有的账户信息展开尽职调查,辨别并定期提供其掌握的美国账户(包括自然人账户以及美国纳税人持有比例超过 10%的非金融机构)信息。这些信息包括:美国纳税人的姓名、地址、纳税识别号、账号、账户余额或价值以及账户总收入与总付款金额。

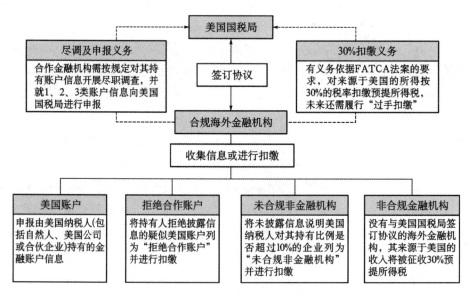

图 5.1 金融机构合规义务一览图

届时,未签订合规协议或已签订协议却未履行合规义务的海外金融机构会被认定为"非合规海外金融机构",在合理时间内未披露信息的账户将被认定为"拒绝合作账户",未披露信息说明美国纳税人对其持有比例是否超10%的非金融机构将被认定为"未合规非金融机构"(图5.1)。作为惩罚,美国将对所有非合规的金融机构、非金融机构以及拒绝合作账户来源于美国的"可预提所得"按照30%的税率征收预提所得税(通常来说,在签有双边税收协定的情况下,该类收入的预提所得税率最高不会超过10%)。其中,FATCA最有争议也最为关键的一点是,即使这些被扣缴人所在居民国与美国签订有双边税收协定,美国仍会对其适用30%的预提所得税税率。

从这里可以看出FATCA是一对多的双边协议。美国在世界上实行长臂管理(流氓政策),对于不配合的外国金融机构进行处罚。迫于美国压力,最为重视客户财产信息保密的瑞士,作为第一个政府间协议签约国与美签约。截至2014年7月,已经有英国、德国、法国、加拿大、意大利、西班牙和澳大利亚等39个国家或地区同美国就FATCA达成了政府间协议,另有包括中国在内的60多个国家或地区与美国就协定的实质性内容达成一致。到目前为止,合计有113个税务当局与美签约FATCA。

由此,美国通过一系列逻辑严密的法律条文和环环相连的过手扣缴机制,将包括中国在内的全球金融机构都绑上了美国反避税的战车(图5.2)。

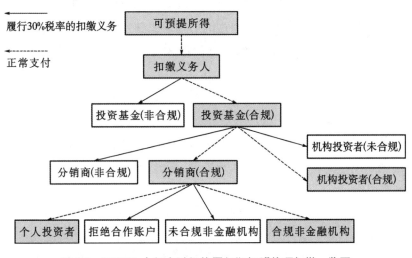

图5.2 FATCA合规金融机构履行"过手"款项扣缴一览图

该法案的实施给国际税收征管秩序带来极为深远的影响。对全球金融机构来说,FATCA是一项仅有义务而没有权利的法律,银行保密时代终结。从现阶段来看,构建全球税收情报自动交换网络已是大势所趋,未来富人和跨国企业想通过离岸避税港藏匿资产并毫无代价地逃避纳税义务将几无可能。

对于我国金融机构(非美国金融机构)来说,全球税收情报"大数据"时代的到来意味着更高昂的合规成本以及更严格的合规要求,相对于客户信息搜集程序、反洗钱内部控制制度以及合规机制都已十分成熟的欧美金融机构而言,中国金融机构在未来几年或许需要投入数倍的精力方可符合包括FATCA在内的国际新标准要求。

案例： A保险公司在上海设立，A公司需要遵循FATCA，要求投资人填写know your client表格，并根据客户填写的一些基本信息，了解其投资人是否是美国人、持有绿卡人士或美国机构等，据此来判断是否适用FATCA。为了顺利准确地进行判断，A公司投入额外的成本去识别管理，因为很多投资人结构复杂，所以识别过程需要专业知识和实务操作经验，而且对合同也有很大的影响。A公司向政府提供的客户账户信息，是否违背了合同条款中的保密协议，以及如何来提供也是让A公司头大的事情。

情报交换并分享是相互的。对我国国内个人和企业在美国设立的账户来说，美国也需要将信息与中国共享。

三、共同申报准则（CRS）及其影响

"全球征税"这一概念最初由美国扩展到英国，之后又进一步扩展到OECD。OECD受G20的委托制定了CRS（Common Reporting Standard，共同申报准则），近百个国家或地区已于2017年或2018年实施。所以，CRS其实就是全球版的FATCA，旨在推动国与国之间税务信息的自动交换，在签署国或地区之间相互披露对方国家或地区公民在本国的经济财产情况，以提升税收透明度、维护诚信的纳税税收体制和打击跨境逃税。CRS对应的只是一个标准，各国将以本国法律法规的形式落实到底。

2017年1月1日起，中国内地和香港、澳门地区成为第二批加入CRS的国家和地区。2017年5月19日，国家税务总局联合财政部、中国人民银行、中国银行业监督管理委员会、中国证券监督管理委员会和中国保险监督管理委员会正式发布《非居民金融账户涉税信息尽职调查管理办法》，中国版CRS正式落地。毋庸置疑，越来越多的中国税务居民离岸资产信息也将会被相应地提供给中国国家税务总局。中国的全球反避税大幕豁然拉开，中国迎接国际税收征管协作的新纪元开始了。

1. CRS的风险

承诺实施CRS的国家和地区，都要将非本国（地区）税务居民的金融账户信息进行交换，这实际上就是一个避免境外逃税的系统。CRS启动后，中国人的境外资产面临"裸奔"的局面。目前，全球已有101个国家和地区承诺实施CRS，涵盖了几乎所有的发达经济体，以及全球主要"离岸避税地"和"洗钱中心"（比如英属维尔京群岛、开曼群岛、泽西岛等）。境外逃避税的纳税人面临三大风险：

（1）税收风险。补缴个人所得税、滞纳金、境外公司25%的企业所得税以及较高的企业合规税务成本等费用。

（2）法律责任风险。将会面临对偷税漏税行为的行政处罚及罚款；承担逃避外汇监管的刑事法律责任；如果资金来源不明，甚至面临财产审查、刑事罚款、拘役或监禁等刑事处罚。

（3）资产披露风险。审查境外金融资产，并且披露给中国国家税务总局，将会对资金来源、合法性、完税情况、个人信息等进行稽查。

具体而言,由于 CRS 的核心是透明穿透,即穿透最终的权益者身份,让其不能再用离岸等方式,来避开居住地的纳税要求,因此不管是什么样的架构,都要进行穿透,找出最终受益人是谁。可以说在 CRS 下,税务信息是透明的。可能产生下列问题:

第一,中国企业在境外开壳公司挣钱要交企业所得税。

第二,中国人控股的公司在境外减持,要交所得税。(企业所得税税率 25%,个人红利所得税税率 20%,加总扣除 45%)

第三,高净值人士在境外的非上市公司股权及收入将被自动披露,面临税务风险。

第四,隐藏在境外的资产也将面临被披露。

2. CRS 的管辖范围及识别

从资产分布来看,居民账户不在 CRS 的管辖范围,但当一国居民在境外某国家或地区以非居民身份拥有金融账户,那么就会被 CRS 大网捕获。

从资产额度来看,CRS 将一百万美元作为个人资产高低净值分界线,金融机构对高低净值个人进行尽职调查的内容并无差异,只是尽职调查时间有先后之分,各国规定不同。例如我国在 2017 年 12 月 31 日前对截至 2017 年 6 月 30 日余额加总超过 100 万美元的高净值账户完成尽职调查。对于已注册的公司账户,余额在 25 万美元以下可以不进行信息交换;如果未来公司的账户余额超过了 25 万美元,那么这个账户所在的金融机构就需要做尽职调查,看这个账户是不是属于需要申报的账户。对于新开设的公司账户,无论金额大小,均须进行信息交换。

从资产持有形式来看,CRS 搜集和交换的是金融账户信息,包括现金、保险、证券投资及托管账户,以上资产具有良好的流动性,而对于流动性相对较差的固定资产则不在信息交换范围内。

从机构性质来看,与非居民个人不同,对非金融机构的尽职调查分为两个层次,首先要识别该机构的居民身份,其次要识别该机构的性质是积极还是消极,如为消极则会进一步穿透至该非金融机构的实际控制人。

以中国内地为例,因居民身份而在中国内地负有缴税义务的任何个人或实体("税收居民"),属于受 CRS 规制的账户持有人,其持有的离岸金融账户涉税信息将被提交给国家税务总局。税收居民的范围囊括了在中国内地注册的企业,以及中国籍自然人。从主体上而言,境外投资监管的主体均受 CRS 规制。境外投资须事前依法进行投资申报或登记,投资的事中事后则不仅要接受投资方面的监管,还须依据 CRS 披露境外金融资产信息。从信息交换开展情况来看,拥有 100 万美元以上的高净值人士是这次全球资产透明化进程的主要攻克对象。虽然 CRS 并没有把低净值人士排除在外,但交换账户信息会产生海量数据,即便有些低净值人士不愿意资产被"透明化",但从实践角度来说影响并不大。这表明境外投资全程的监督管理已经实现了首尾呼应、多角度印证,形成了完整的规范体系。

为了进一步有效地识别 CRS 项下的税收居民,部分国家和地区已经做出了更为细致的规定。以中国香港为例,所有新开立香港银行账户的主体须提交《自我证明》说明其税收居民身份,不能说明的将会被冻结银行账户。新西兰最新法律也做出了类似规定,要求金融机构必须了解其客户是否是其他国家的税务居民,并向税务机关报告。

金融组织检索判别非居民的有关要素包括以下方面:

(1) 账户持有人的境外身份证明。

(2) 账户持有人的境外现居地址或邮递地址,包括邮政信箱。

(3) 账户持有人的境外电话号码,且没有我国境内电话号码。

(4) 存款账户以外的账户向境外账户定时转账的指令。

(5) 账户代理人或受权签字人的境外地址。

(6) 境外的转交地址或留交地址,并且是仅有地址。转交地址是指账户持有人要求将其相关信函寄给转交人的地址,转交人收到信函后再交给账户持有人。留交地址是指账户持有人要求将其相关信函暂时存放的地址。

3. CRS 下的交换运行机制

金融机构是开展金融账户涉税信息尽职调查和信息报送工作的主体。我国的金融机构主要是指依法在中华人民共和国境内设立的金融机构,不包括我国金融机构在海外的分支机构。上述金融机构按照业务类型分为四类,即存款机构、托管机构、投资机构和特定的保险机构,不包括金融资产管理公司、财务公司、金融租赁公司、汽车金融公司、消费金融公司、货币经纪公司、证券登记结算机构等。金融机构可以委托第三方开展尽职调查和信息报送,但相关责任仍由金融机构承担。基金、信托等属于投资机构的,可以分别由基金管理公司、信托公司作为第三方完成尽职调查相关工作。

金融机构应对在本机构开立的相关账户进行尽职调查,尽职调查的目标账户包括存款账户、托管账户、投资机构的股权权益或债权权益以及具有现金价值的保险合同或年金合同。这些账户不论金额大小,都需要通过尽职调查识别账户持有人是否为非居民,记录并报送非居民金融账户相关信息。非居民是指中国税收居民以外的个人、企业和其他组织,但不包括政府机构、国际组织、中央银行、金融机构或者在证券市场上市交易的公司及其关联机构。非居民金融账户是指在我国境内的金融机构开立或者保有的、由非居民持有或者有非居民控制的消极非金融机构持有的金融账户。金融机构应当在识别出非居民金融账户之日起将其归入非居民金融账户进行管理。账户持有人同时构成中国税收居民和其他国家(地区)税收居民的,金融机构也应当收集并报送其账户信息。

一个国家(地区)的金融机构,通过尽职调查程序识别另一个国家(地区)税收居民个人和企业在该金融机构开立的账户,并将上述账户的名称、纳税人识别号码、地址、账号、余额、利息、股息和金融资产出售收入等信息提交给金融机构所在国家(地区)的主管当局。国家(地区)税务机关与账户持有人的税务机关交换信息,最终实现各国(地区)对跨境税源的有效监管。即若 A 国和 B 国同为 CRS 参与国,A 国税收居民在 B 国金融机构拥有账户,则该居民的个人信息以及账户收入会被 B 国金融机构收集并上报给 B 国相关政府部门，B国相关政府部门再与A国相关政府部门进行信息交换，这种交换每年进行一次。理论上讲，一国（地区）税务部门将掌握本国（地区）税收居民境外资产的收入状况。

案例：中国税收居民张先生设立了一家个人独资BVI公司，该公司在新加坡一家银行拥有银行户口。该银行将在两个维度对这个户口进行分别处理：

（1）公司层面这是一家BVI公司，银行需要将法人户口的税收居住地BVI信息通过新加坡税务局最终交换至BVI税务局。

（2）公司的实际受益人为中国税收居民，张先生的个人信息及户口信息也将通过新加坡税务局最终交换至中国国家税务总局。

4. 交换资产信息账户的类型及范围

CRS下交换资产信息账户的类型主要分为：

（1）存款账户，主要包括支票账户、储蓄账户，及带有预存功能的信用卡账户等。

（2）托管账户，是指为了他人的利益而持有金融资产的业务类别，例如证券经纪和期权经纪等。

（3）保险业务和年金业务，具有储蓄或理财性质的保险业务，一般为人身保险产品，不包括短期意外险、健康险或财产险等没有现金价值，或现金价值极少的保险品种。

（4）某些投资实体中的股权权益或债权权益，该部分是金融账户中最复杂、最核心的部分。例如，避税者通过在离岸地设立资产持有实体，从而来达到避税的目的。

（5）信托中"金融账户"的特殊性，在讨论此类账户时，须格外注意的是信托。在CRS下，如果满足一定的条件，信托通常会被分类成"金融机构"中的"投资实体"一类，需要按照CRS的尽职调查程序进行"金融账户"持有人的识别和报送工作。

在CRS下，金融账户涉税信息自动交换的核心是"账户"，也就是说跨国之间共享的信息是金融账户信息，而并非金融资产信息，因为一个金融账户有可能同时涉及金融资产和非金融资产。其中，金融资产的概念与金融机构身份属性以及金融账户类别的判定密切相关，单从金融资产本身无法判定其是否需要申报。一个金融账户如果属于需要申报的账户，那么该账户下所持有的所有资产，不论是金融资产还是非金融资产，均需要申报和交换。

账户中须交换的信息包括：

（1）存款账户和账户余额。对于公司账户，需要查看公司是积极所得类型公司还是消极所得类型公司。如果公司是消极所得类型公司（投资收益占50%以上），控制者需要成为信息交换的对象。此外，在信息交换范围内，现有的个人账户没有门槛，也就是说，对于新开立的个人或公司账户，无论金额多少，都需要进行信息交换。

（2）相关账户的利息收入、股息收入、保险产品收入以及相关金融资产的交易所得。

（3）一系列有关账户持有人的基本信息：姓名、出生日期、国家等。

（4）当年支付或记入账户的总金额。

简要讲，交换的信息包括：存款账户、管理账户、有现金价值的保险合同、年金合约、持有金融机构的股权/债权、账户和账户余额、姓名和其他个人信息。这相当于说,所有存款、股票、保险和其他信息都是完全透明的。

但下列账户不纳入交换的范围:

(1) 符合条件的退休金账户、投资或者储蓄账户、定期人寿保险合同、上一公历年度余额不超过1 000美元的休眠账户。

(2) 为特定事项而开立的账户:① 法院裁定或者判决;② 不动产或者动产的销售、交易或者租赁;③ 不动产抵押贷款情况下,预留部分款项便于支付与不动产相关的税款或者保险;④ 专为支付税款。

(3) 符合条件的存款账户:① 因信用卡超额还款或者其他还款而形成,且超额款项不会立即返还客户;② 禁止客户超额还款5万美元以上,或者客户超额还款5万美元以上的款项应当在60天内返还客户。

(4) 由我国政府机关、事业单位、军队、武警部队、居民委员会、村民委员会、社区委员会、社会团体等单位持有的账户;由军人(武装警察)持军人(武装警察)身份证件开立的账户。

(5) 政策性银行为执行政府决定开立的账户。

(6) 社会保障类金融账户,包括基本养老保险基金、基本医疗保险基金、工伤保险基金、生育保险基金、失业保险基金、住房公积金、企业年金等。

(7) 保险公司之间的补偿再保险合同。

CRS是否意味着所有个人财产都要曝光?并非如此,不动产的非债务性直接权益和具体的商品实物不属于金融资产的范畴,因此不在交换的信息范围内。如果是个人直接持有房产等非金融资产,且持有的过程中与金融机构不发生任何业务往来,那这里面既不涉及金融资产的判定,也不涉及金融账户的识别,这种情况是完全不用考虑CRS影响的。因此,CRS调查不包括海外房地产、游艇、跑车、古董书画、珠宝等非金融资产,因为它们不是收入项目。但如果你在与中国有税务信息交换的CRS国(地区)持有房产,并将房产出租出去,每个月租客把租金打到你在当地的银行账户上,那么这个银行账户本身就属于信息披露范围内的金融账户,所以就会被申报给当地的税务局,最后交换给中国。但是你在这个国家持有什么样的房产,持有多少套,这类信息是不会被申报到中国国家税务总局的。

案例1:李小姐是中国居民,其在英国拥有一套价值约1 000万英镑的庄园。CRS下去识别金融账户的主体是金融机构,而这里面根本不涉及金融机构,因此,李小姐在海外直接持有再多的房产也不会在CRS下被披露给中国政府。

如李小姐在开曼群岛设立一家房产持有公司A,并由当地的管理公司B来管理,通过A公司,李小姐在英国拥有一套价值约1 000万英镑的庄园。此时A公司无法满足CRS下金融机构的概念,而且这其中的房产持有关系中并没有其他金融机构的参与,因此,该房产的信息也是不会在CRS下被披露给中国政府的。但是,如果通过两层或者更多层实体间接持有房产,那么情形就会变得复杂,因为要具体分析其他间接持有房产的公司是否属于投资机构。例如,如果上例中 A 公司上面还有一家设立在中国香港的 B 公司,那么 B 公司有可能被分类成投资机构,因为其持有的是 B 公司的股权(即金融资产),B 有可能将李小姐的个人信息以及 A 公司的资产信息通过中国香港特区政府报送给中国政府,从而李小姐持有开曼群岛公司的信息也会被中国政府所掌握。

与个人持有的情形不同,因为公司或者信托属于 CRS 下"实体"的概念,也就是说需要看该公司或者信托是否属于"实体"分类中的金融机构类别来判断 CRS 下的合规义务,如果是金融机构,则需要完成 CRS 下的账户识别和信息报送。但是对于直接持有房产的公司或者信托,在 CRS 下通常是无法满足金融机构的概念的。

案例 2:王先生是中国税收居民,其在开曼群岛设立了一家私人投资公司 A 公司。A 公司持有的资产中 80% 为金融资产,20% 为非金融资产,其中包括位于英国境内的一套房产。那么在 CRS 下,如果该 A 公司属于金融机构(如投资机构),那么 A 公司在申报其金融账户(即投资机构的股权权益或者债权权益)时,其所持有的金融资产和非金融资产的价值全都应当作为账户余额来进行申报。

5. 中国 CRS 影响的人群及风险

依照 CRS 的规定,中国税收居民在境外持有存款账户、托管账户、证券账户、期货账户、有现金价值的保单、年金合约、金融机构的股权/债权权益等金融资产,须将上述金融资产的相关信息交换给中国国家税务总局。因此,CRS 对普通工薪阶层而言没有任何影响,但对有境外账户的高净值群体影响较大。CRS 可能对这八类重点人群产生较大影响:

第一类:已经移民的中国人。中国高净值人士比较喜欢移民到美国、澳大利亚、加拿大、英国、新西兰等国家,这些国家本身都要求税务居民每年都要将全球资产进行披露,并且每年还要进行税务申报,具体见图 5.3。但中国移民大多低调,不习惯全面申报资产,更没有如实向移民国家交所得税。那么,根据 CRS 协议内容:在中国境内的金融资产也很有可能被披露给移民国,同时极有可能面临税务补缴及各种罚金,甚至刑事责任。

第二类:境外有金融资产配置的人。不管你是否移民,你在境外有金融资产,这些金融资产存放的国家或地区也会将你所持有金融资产情况披露给中国国家税务总局。那么,你现在就要思考以下几个问题:如果钱是从中国内地出去的,那么资金是合法收入还是灰色收入?是合法出境,还是非法地下钱庄逃避外汇监管出境?这些资金在中国是否合法纳税?能否提供纳税凭证?

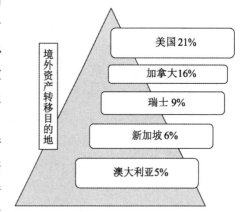

图 5.3 高净值人士境外资产转移目的地一览图

第三类：在境外持有壳公司投资理财的人。中国籍人士在境外税收非常优惠的地域设立公司,通过该公司在银行等金融机构开户持有资产,或通过公司账户进行理财或消费,那么,这类企业可能将被认定为"消极非金融机构"(也就是我们通常说的壳公司)。最为典型的就是许多中国高净值人士喜欢在英属维尔京群岛或开曼群岛设立离岸控股公司,然后再利用该公司在各家金融机构开户,持有境外的基金、股票等。这次的CRS标准的实施,要求作为公司实际控制人的你及公司两层拥有的金融资产均要披露,利用壳公司的名义来避税现在是越来越困难了。

第四类：在境外藏钱的境内公务员。作为公务员或国家工作人员,虽然没有移民,但如果在境外藏了不少钱,那么可能涉及刑事犯罪。我国刑法有个罪名是专门为国家工作人员准备的,叫巨额财产来源不明罪。

第五类：在境外买了大额人寿保单的高净值人士。近几年来很多高净值人士为了应对人民币贬值,通过各种途径配置美元资产。在此种情况下,很多人都选择购买境外保单,比如中国香港保单和美国保单。我们知道中国香港也是CRS签约地区,且香港立法机构已在2016年6月30号出台了《2016税务(修订)(第3号)条例》。根据该条例,香港的保险公司要将境内高净值人士的大额保单资产信息披露给中国国家税务总局,这个披露不是说2017年新买的保单才披露,而是说历史上已经购买的保单都要披露。这个可能是境内高净值人士不希望看到的局面。但这并不是说,中国香港保单资产就一定有风险,如果境内外的人寿保险规划合理,在应对CRS风险方面反而有其独特功能。

第六类：已经设立了境外家族信托的高净值人士。中国首批富豪几乎都在境外设立了家族信托,他们最喜欢设立家族信托的国家(地区)有英属维尔京群岛、库克群岛、耿西岛、新加坡、新西兰、开曼群岛和中国香港等,但这些国家(地区)都已成为CRS签约国(地区),而且,CRS协议内容规定:已设立的家族信托的有关信息也要被披露,包括家族信托的委托人(即财产授予人)、保护人、受托人(通常是信托机构)、受益人、各方当事人都在披露范围之列。当然,家族信托的本质功能不是避税工具,而是财富传承及债务风险隔离。合理巧妙地运用好家族信托工具,也有递延纳税的功能。

第七类：在境外设立公司从事国际贸易的高净值人士。这次境内外同时一起实施CRS,会导致老板们在境外开立的个人金融账户资产被披露,那么在中国国家税务总局稽查的时候,就会查到其实这些钱不是从境内换汇出境的,而是老板们在境外直接从自己公司分红所获得的收入,这要受"受控外国公司规则"的规范。根据中国《企业所得税法》第四十五条：由居民企业,或者由居民企业和中国居民控制的设立在实际税负明显低于本法第四条第一款规定税率水平的国家(地区)的企业,并非由于合理的经营需要而对利润不作分配或者减少分配的,上述利润中应归属于该居民企业的部分,应当计入该居民企业的当期收入。另外,还要受税法关于依据实际管理机构标准实施居民企业认定问题的规范,按规定应该在境内缴纳25%的企业所得税。

第八类：金融财富机构从业人员。CRS的实施影响到的金融机构从业人员包括：银行客户经理、保险公司代理人、信托机构财富顾问、境外投资理财人员、家族办公室人员、境内外税务师等。一方面,CRS 的实施显然会导致客户资产配置地域及类型的改变,对有些行业有所冲击,客户需要对资金收入合法化、换汇出境合法化、纳税义务完成合法化做好考虑。另一方面,按照 CRS 落地执行细则,金融机构从业人员可能面临被机构询问其所服务的客户的情况,同时也有一定的职业风险。

拥有多国金融账户的高净值人群,其面临多个账户分别被认定为非居民账户而被交换回国籍国的可能,但这并不意味着你必须为这些查明的资产交税。因此,应主动对接 CRS,目前要做的是梳理、核实,判断哪些钱是已经完税的,哪些钱是免税的,哪些钱是不予交税的,哪些钱是真的需要交税而没有交的。对于已有投资者且投资的项目跟上述 CRS 信息交换内容重叠,则应该尽早与自己的开户银行联系,和银行一起将申报信息梳理清楚。同时,改变投资偏好,调整投资结构。而在选择配置时,对于一些重税区国家的居民,境外资产应适当减少金融资产的占比,如投资艺术品。

CRS 开创了一个前所未有的国际税收征管秩序,使得银行等金融机构进入国际税收征管之网络,实现了跨国界、涵盖多税种的情报交换和多样性的征管合作,影响深远。但跨境情报交换也带来了纳税人权利保护问题,跨境税收征管会带来相应的国际司法合作问题。

过去查处自然人的情报来自实名举报。在实名举报时,涉税信息一般比 CRS 交换的金融资产信息要丰富得多,而且形成收入的来龙去脉都有可能是一目了然的,税务机关据此稽查,效率较高、效果也较明显。实施 CRS 后,获取的是境内税收居民在境外的金融资产信息(第三方信息),仅为资产所有人可能的偷逃税行为提供一个线索。是否违法,则须通过严格的执法程序进行确认,如通过纳税评估、税务稽查等方式根据事实即涉税证据进行识别和确认,而不是根据涉税交流信息就做出相应的处理或处罚决定。

从境外实施 CRS 的效果看,最严峻的后果并不是客户面临补税的风险,比这严峻得多的是"拔出萝卜带出泥"的其他后果。假如一位我国内地客户在中国香港被查出来具有 1 000 万美元的境外财物,那么政府首要关心的不是这 1 000 万美元是否缴纳所得税,而是关心这 1 000 万美元是合法收入吗?是怎样换汇出境的呢?有没有走地下钱庄?……这些前置问题理清楚了,才会轮到清查这位先生是否交过所得税。有的国家(地区)规定了一个自我补税的期限,并豁免相关刑事法律责任。至于我国政府在取得高净值人士隐藏在境外的金融财物后,会做何处置,如今还没有发布有关文件。

CRS 的目标本质是反避税,CRS 的核心目的是反洗钱。受 CRS 影响最大的是中国税收居民,包括"走出去"企业和境外投资人。正确应对 CRS 的第一步,就是要弄清对税收居民身份的判断。在此基础上,一方面要合规履行各项申报义务,准备各项资料,应对各国税务情报调查。另一方面,要对资产配置、税务规划、身份调整等合规筹划,利用现行法律维护自身权益,保守商业秘密,规避情报交换带来的其他风险,使得在资产保全和财富传承之路上,即使是"欲渡黄河冰塞川,将登太行雪满山",依然能"长风破浪会有时,直挂云帆济沧海"。

第三节　国际遵从确认计划和联合审计

从国际上税收治理的趋势来看,国家间加强国际税收合作是大势所趋。除了传统的情报交换、相互协商程序之外,近年来,在OECD的倡导和组织下,不少发达国家先后参与了国际遵从确认计划和联合审计项目,旨在共同分析跨国公司的涉税交易,在信息共享的基础上对交易的风险进行评估,得出结论,给予纳税人税收确定性。从跨国公司的角度来看,这些新型的国际税收合作方式打破了原先各个税务局与纳税人之间的信息不对称,使交易的各个环节和流程的信息全部展示在各个参与国的税务机关面前,这对跨国公司来讲,机遇与风险并存。

一、国际遵从确认计划

国际遵从确认计划(International Compliance Assurance Programme,ICAP)是一项自愿的多边开展合作进行风险评估、确认的计划。它旨在成为一种高效的协调方法,为愿意积极、公开和完全透明地参与的跨国企业集团提供某些活动和交易的更高的税收确定性。ICAP不能为跨国企业集团提供像通过预约定价安排所能实现的法律确定性,但是,如果风险评估的税务机关认为是低风险的话,那么也可以给参与的跨国企业集团提供安慰和保证。如果某个领域被确定为需要进一步关注,那么按照ICAP进行的工作也可以提高效率。ICAP于2018年1月首次启动,试点时有8个国家(地区)的税务部门参与。2019年3月开始第二轮试点,有19个国家(地区)的税务机关参与。

1. 使用ICAP带来的好处

随着税务机关和跨国企业集团进入一个信息更加透明的时代,税务机关可以利用增加的信息来支持纳税人和税务机关之间的开放、合作关系的建立,提供通往更大确定性的途径,以及促进更多资源的有效利用。ICAP使用国别报告和其他相关信息促进跨国企业集团和参与的税务机关之间的多边合作,其带来的好处包括以下方面:

(1) 有针对性地使用国别报告和其他用于风险评估的信息。ICAP使跨国集团能够和税务机关讨论他们的国别报告,进行风险评估,并提供额外的信息以帮助税务机关了解他们的跨境交易。税务机关还可以共同讨论他们的发现,从而提高数据解释的一致性。这有助于税务机关尽早就这些文件中包含的数据所呈现的税务风险水平做出判断,还可以提高对在多个司法管辖区进行类似交易的跨国企业集团的理解的一致性。

(2) 有效利用资源。税务机关讨论跨国企业集团为其ICAP风险评估提供的信息,相互分享他们的发现并协调后续问题。因此,跨国企业集团可以通过多边合作或通过牵头税务机关同时与多个税务机关接触,而无须处理多个单独的询问。

(3) 是实现多边税收确定性的更快、更清晰的途径。ICAP是一个管理过程,具有明确的时间表,这些时间表是预先商定的,以便跨国公司集团和税务机关就目前的税收风险水平达成共识。该流程还为跨国企业集团提供了一个机会,其可以更广泛地利用ICAP来管理自身的全球事务。

(4) 增进跨国企业集团和税务机关之间的合作关系。通过ICAP,跨国企业集团和税务机关以透明、开放和合作的方式对风险进行评估和确认。作为参与该计划的结果,可能会产生一种基于开放和善意的相互信任关系。

(5) 减少进入相互协商程序(MAP)的争议。为跨国企业集团提供更便于合作和协作的风险评估和确认机制,改善税务机关理解其他税务机关对交易的看法和处理方式。它们还为税务机关提供了在风险评估阶段讨论交易的机会,这可以提高税务机关在交易解释和处理方面的一致性,减少进入MAP的争议。

2. ICAP与其他税收确定性工具的比较

ICAP作为一种获取非法律税收确定性的工具,与其他税收确定性工具(如预约定价等)的区别在于:

(1) 确定性程度不同。作为一种风险评估工具,ICAP可以让跨国企业集团放心,所涵盖的税务机关不会将资源专门用于在规定时期内进一步审查涵盖的风险。ICAP不能为跨国企业集团提供可通过其他双边或多边途径获得的法律确定性,例如双边或多边APA、联合税务审计或MAP/仲裁。

(2) 涵盖的交易和司法管辖区更广泛。ICAP有多个交易涉及的税务机关参与,也可以同时针对多个跨境交易的安排。这比大多数APA和MAP案例以及联合审计的范围更广泛。

(3) 跨国企业集团准备的文件更少。ICAP风险评估所需的文件往往要少于APA、MAP或联合税务审计所需的文件。此外,在ICAP下,跨国企业集团能够提供单一文件包供所有涵盖的税务机关使用,而根据国内计划,可能需要在每个司法管辖区准备不同的文件。

(4) 跨国企业集团花费的时间更短。ICAP包括明确的时间框架,通常跨国企业集团的ICAP风险评估要在交付主要文件包后的24~28周内完成,并发出结果信函。这个时间框架比APA、完成税务审计或MAP案例所需的时间要短。

3. ICAP风险评估的流程

ICAP风险评估主要分为三个阶段。

第一阶段:选择。首先,它为跨国企业集团提供了一种简单、经济、高效的方式,以了解哪些税务机关愿意参与其ICAP风险评估。其次,它为牵头税务机关和其他涵盖的税务机关提供了一个机会,以审查与涵盖风险相关的跨国集团所有交易的摘要,并确定是否应将某些交易排除在其ICAP风险评估的范围之外。

第二阶段:风险评估和问题解决。风险评估和问题解决阶段(也简称为"风险评估阶段")是ICAP的核心,是由牵头税务机关和其他税务机关对风险进行多边评估和确认的过程。此阶段从跨国公司提交主要文档包开始。在大多数情况下,风险评估阶段包括跨国企业集团、牵头税务机关和其他参与的税务机关之间的至少一次多边电话通话或会议,并根据需要举行进一步的电话通话或会议。主管税务机关和其他参与的税务机关将讨论他们的发现,直到每个人都能够放心地确认风险是否为低风险。

第三阶段:出具结论。在这个阶段,跨国企业集团将收到主管税务机关签发的完成函,确认ICAP风险评估和确认过程已经结束。跨国企业集团还会收到每个参与税务机关的结果信函,其中包含税务机关的风险评估结果和涵盖期间涵盖风险的确认。

4. 跨国公司选择是否参与ICAP需要考虑的因素

跨国企业集团是否适合参与ICAP要根据具体情况考虑,跨国企业集团在考虑其是否适合进行ICAP风险评估时应考虑的因素包括:

(1) 跨国企业集团的最终母公司是否居住在参与该计划的税务机关的管辖范围内;

(2) 跨国企业集团的足迹以及其在参与该计划的各个税务机关管辖范围内所涵盖交易的数量和重要性;

(3) 跨国企业集团在其最终母公司管辖区是否需要遵守国别报告申报要求,以及是否可以获得2016年1月1日或之后开始的相关财政年度的国别报告;

(4) 如果跨国企业集团之前曾参与过ICAP,则由相同或者不同的参与税务机关进行进一步的ICAP风险评估;

(5) 跨国企业集团是否有明确记录并由董事会高级管理层拥有的集团税务战略,以及制定和管理其税务政策的内部结构;

(6) 跨国企业集团是否在全球范围内针对涵盖的风险制定了有效的税收控制框架;

(7) 跨国企业集团是否愿意承诺在整个ICAP过程中以合作和透明的方式参与,包括:参与和税务机关的公开和坦率的讨论,及时提供文件和信息,对不确定领域及其在这些领域的立场持开放态度,积极主动地解决出现的问题。

5. 涵盖的风险和涵盖的交易

ICAP适用于处理广泛的国际和跨境税务风险,ICAP风险评估可能涵盖的国际和跨境税务风险包括:转让定价风险,常设机构风险,跨国企业集团、主导税务机关和其他参与的税务机关同意的其他国际税务风险类别(例如混合错配安排、预提税和协定优惠等)。

考虑到重要性,这些涵盖的风险中的每一个都可能包含许多交易。对所涵盖风险进行评估,需要了解跨国企业集团的全球价值链和税收政策,包括在非参与国的活动。因此,涵盖的交易不仅包括参与税务机关的管辖范围之间的交易,还包括与未参与的税务机关的辖区之间的交易,如果这些交易可能对参与的税务机关构成风险。当然,对于未参与方会如何看待这些交易,参与方的结论是不能反映未参与方的意见的。

作为一种新的国际税收合作手段,ICAP在给予跨国纳税人税收确定性上做出了有益的尝试。与此同时,对于跨国纳税人来说,做好全球布局和转让定价的规划至关重要,只有这样,才能消除风险。

二、联合审计

1. 联合审计的内涵

联合审计为两个或多个税务机关联合起来检查一个或多个相关应纳税者(法人实体和个人)的跨境业务活动的问题/交易。联合审计以预先商定和协调的方式进行,由税务机关与纳税人共同参与,纳税人与这些国家共同进行陈述和共享信息,联合审计团队包括来自每个税务机关的主管当局代表,至少包括两个或多个参与国。

联合审计是一项自始至终进行全面协调的审计,用于所有合规活动,这些活动可以通过参与国之间的所得税条约和指导限制的法律框架中概述的主管当局程序进行。术语"联合审计"本身并不是一个法律术语。在税务事务中,"联合审计"一词在实践中被用来表示两个或多个税务机关协同工作。如果各国要进行联合审计,就必须确定可以合作的法律框架。合作的基础可以在包含互助的双边和多边税收协定中找到。

在以下情况下应考虑采用联合审计:① 与信息交换程序相比有附加值;② 这些国家在一个或多个相关纳税人的国际税收中拥有共同或互补的利益,并且在国内审计不充分的情况下,为了全面了解纳税人在其业务的某些部分或特定交易中的纳税义务。

2. 联合审计的目标

联合审计的主要目标包括:① 减轻多个国家对类似利益和(或)交易进行审计的纳税人负担;② 通过相互风险识别和分析改进税务审计的案例选择;③ 通过高效和有效的行政合作,提供尽可能多的证据,证明按照国家立法正确和完整地报告了收入、费用和税收;④ 提高税务官员对处理国际税务风险的认识;⑤ 了解立法和程序的差异,并在必要时通过主管当局的早期参与加速相互协商程序,其中涉及双重征税;⑥ 认识并学习参与国的不同审计方法;⑦ 为了联合审计的利益,利用来自不同主管部门的团队成员(例如估值专家、经济学家或行业专家)的特殊优势和专业知识;⑧ 确定和改进进一步的合作领域;⑨ 所有参与国就审计结果达成联合/相互协议,以避免双重征税(如适用)。

3. 联合审计案件选择

在正常的国内审计过程中,每个参与国都会对潜在联合审计案件进行基本选择。但是,打算进行联合审计的国家可以在选择适当案例的过程中随时相互协调。参与国通常拥有用于案例选择的工具和风险管理计划。

在选择潜在的联合审计案件时,各国可能会考虑以下指标:① 有理由相信,即使辅以信息交流或其他形式的国际税务合作,仅靠国内审计在充分理解和了解事实方面效率较低或不太成功;② 特定问题、交易或一系列交易使税务机关认为单边税务审查可能导致双重征税,例如在跨境业务重组的情况下;③ 联合审计将有助于建立双边或多边关系并能促进更好地了解彼此的审计规则、做法和程序;④ 一个案例在 MAP 中没有取得进展或进展很小,并且有理由相信联合审计有可能解决问题;⑤ 联合或单独的风险评估导致两个或多个税务机关认为特定问题、交易或一系列交易存在重大国际税务风险。

4. 联合审计程序

联合审计的开展,主要包括案件选择、准备、审计、审计结论、评估五个环节。

(1) 案件选择

联合审计的案件选择,可能会经过如下程序:① 任何一方可根据各自的内部惯例和程序,独立提出联合审计案例。② 双方同意定期召开选案会议(面对面或通过电话/视频会议),在此期间,各方按顺序介绍符合联合风险评估选案标准的案件。③ 每一方将在案例选择会议期间向另一方提供足够的信息,以便另一方评估参与联合审计的好处。另一方可要求提供额外信息,并可能根据需要召开进一步的初步会议,以确定其是否参与。④ 如果一方接受联合审计建议,则该方将尽快且不迟于收到联合审计建议后两个月以书面形式确认是否接受联合审计,并将指定一名或多名负责协调各自联合审计的指定代表(联合审计协调员)。

(2) 准备

在准备阶段,主要须完成以下事项:① 各国收集与审计相关的资料,分析审计需要关注的风险点;② 准备谅解备忘录,就审计程序、原则、适用的法律框架等达成一致意见;③ 各国选择审计队伍,指派审计协调员,让审计人员了解案件情况,如需要外部专家,则按规定聘请;④ 准备启动会议。组织面对面的联合审计启动会议,在会上就联合审计进行介绍,准备联合审计计划。

(3) 审计

审计阶段主要就是完成联合审计,主要包括:① 准备要求纳税人提供资料的清单;② 讨论联合审计需要采取的行动并就行动方案如何开展进行探讨;③ 在与纳税人接触前召开预备会议;④ 每次会议都要准备会议纪要;⑤ 在审计过程中根据案情需要及时调整审计人员;⑥ 与纳税人就审计中期的意见进行沟通;⑦ 根据需要更新审计计划。

(4) 审计结论

本阶段是审计的最后阶段,主要须完成以下事项:① 组织最后的审计会议;② 草拟审计报告;③ 与纳税人沟通协调最后会议的时间安排;④ 审计报告完成,并发给纳税人;⑤ 根据需要调整国内的评估程序。

(5) 评估

审计完成后,对审计过程进行评估,总结经验和教训,以方便下一次的联合审计行动。评估标准主要包括:是否达到了审计的目标;是否按时完成;审计过程的沟通协调是否顺畅;分析投出产出是否符合预期。

第四节 "一带一路"税收征管合作机制

2019年4月在乌镇召开的第一届"一带一路"税收征管合作论坛上,《"一带一路"税收征管合作机制谅解备忘录》的签署,标志着"一带一路"税收征管合作机制(以下简称机制)

正式建立。机制由"一带一路"沿线国家和地区税务部门共同倡议、共同商议、共同建立，是规范化、制度化的官方多边税收合作平台，由理事会、秘书处、"一带一路"税收征管合作论坛、"一带一路"税收征管能力促进联盟，以及专家咨询委员会构成。截至目前，机制理事会有成员36个，观察员28个。

一、"一带一路"税收征管合作机制的目标和职能

机制尊重各成员国的主权、领土完整以及在税收政策和管理方面的独立选择。机制遵从并支持经济合作与发展组织及联合国税收协定范本和转让定价规则、税基侵蚀与利润转移包容性框架以及税收透明度和情报交换全球论坛等现行国际税收标准。

机制的目标是推动"一带一路"各参与方通过加强纳税服务、税收争端解决、税收能力建设等的合作，分享税收管理经验与最佳实践，推动构建增长友好型的税收环境，促进营商环境优化，支持贸易自由化和投资便利化。

机制的职能是利用好税收征管合作机制，求同存异，加强税收征管协调对接；立足于"一带一路"建设的现实需求，围绕加强征管能力建设、加强税收法治、加快争端解决、提高税收确定性、通过征管数字化提升纳税遵从等，制订务实合作行动计划，为跨境纳税人带来实实在在的好处；积极搭建互学互鉴实用平台，及时分享实践经验。

二、"一带一路"沿线国家税收争端的解决机制

随着"一带一路"倡议实施的不断深入，当前"一带一路"的国际影响力达到新高度。沿线64个国家遍布亚洲、非洲、欧洲、大洋洲、拉丁美洲。我国企业在"一带一路"沿线国家发生的税务争端主要有以下几种类型：

1. 预提所得税适用条款问题

"走出去"企业在"一带一路"沿线国家取得特许权使用费、利息等收入，对方国按照法定税率征税，没有执行中国和对方国家的税收协定规定的限制税率。

2. 常设机构判定及利润归属

"走出去"企业在"一带一路"沿线国家不执行税收协定的规定，对来源于东道国的收入，不论其是否适用常设机构条款，均按照国内法进行扣税。而有些企业即使按照规定建立了收入、成本等账册进行核算，东道国征收税款时仍然未按照常设机构规则征税，查补税款、罚款等。

3. 双重居民问题

各国国内法对居民定义的不同导致双重居民身份，在确定纳税人的居民国和来源国时发生争议。

4. 转让定价问题

一些"一带一路"沿线国家缺乏健全的市场价格机制和透明的税收环境，在发生跨国交易时无法寻找可比价格，发生税务争端。

目前解决"走出去"企业税收争议的主要机制是以依托于国际税收协定的相互协商程序为主要支柱,加以预约定价安排等其他争议解决方式的税收争议解决机制。

另外,我国作为《解决国家与他国国民间投资争端公约》(华盛顿公约)的缔约国,接受仲裁条款解决投资领域内的争议。但我国在国际税收争议仲裁案件的参与方面非常谨慎。目前虽然成立了"一带一路"(中国)仲裁院,在上海自贸区也成立了上海自贸区仲裁院,但仲裁条款并未引入我国对外谈签的国际税收协定。我国引入仲裁条款,存在国内法与仲裁规则对接,国际仲裁规则是否适应我国国情等诸多需要解决的问题。

第五节　数字经济挑战

随着信息通信技术的蓬勃发展,数字经济以互联网为载体,数字企业实行网络化运营,对经济各领域产生深远而持续的影响。众多数字企业跨国经营,注册地、经营地和利润来源地具有不同源性,颠覆了传统的经营模式,并使得传统国际税收规则面临新挑战。在 G20 的倡导下,经济合作与发展组织(OECD)引领着国际社会持续推进对数字经济税收挑战的研究,2021 年 7 月 1 日,OECD 宣布,税基侵蚀和利润转移包容性框架(Inclusive Framework)的 130 个成员一致签署了关于双支柱方案的声明,就支柱一和支柱二的基本原则达成了一致意见。参与签署联合声明的 130 个国家(地区)的经济总量超过全球 90%以上的 GDP,声明的一致签署,标志着全球税制改革跨出了加速落地的关键一步。该框架的其余要素,包括实施计划,已在紧锣密鼓地推进。跨国企业为了应对转让定价、税收协定、税收征管层面的变化,确保缴纳最低税,全球架构、供应链和商业模式等都将面临调整。

一、数字经济给传统税收制度带来的挑战

关于数字经济,普遍认可的定义是指以使用数字化的知识和信息为关键生产要素,以现代信息网络为重要载体,以信息通信技术的有效使用为效率提升和经济结构优化的重要推动力的一系列经济活动。近年来,全球经济数字化发展趋势愈加明显,传统产业加速向数字化、网络化、智能化转型升级,数字经济规模持续扩大,数字经济规模从 2018 年的 30.2 万亿美元扩张至 2020 年的 32.6 万亿美元,数字经济已成为全球经济发展的新动能。与此同时,数字经济已成为各国国民经济的重要组成部分。数字经济占 GDP 的比重已由 2018 年的 40.3%增长至 2020 年的 43.7%,提升了 3.4 个百分点,数字经济对全球经济的贡献持续增强。从全球各国来看,美国数字经济规模仍然远超全球水平,继续蝉联世界第一,2020 年美国数字经济规模达到 13.6 万亿美元。中国凭借强大的国内市场优势,倒逼技术革新与模式创新,数字经济体量位居全球第二,规模为 5.4 万亿美元,但同比增速达到 9.6%,居全球首位。德国、日本位列第三、四位,数字经济规模超过 2 万亿美元;英国、法国位列第五、六位,数字经济规模超过 1 万亿美元。从我国国内来看,数字经济增速达到 GDP 增速的 3 倍以上,成为稳定经济增长的关键动力。从各个省份的数字经济数据来看,

已有广东、江苏、山东等13个省市数字经济规模超过1万亿元；北京、上海数字经济占GDP的比重超过50%。中国既是重要的数字经济企业居民国，也是数字经济企业重要的市场国以及全球数据流动的主要参与国，如何改革我国的税收制度，维护国家税收权益，确保税收中性和税收公平就成为值得研究的重大现实问题。

1. 数字经济对国际税收传统课税规则形成冲击

一直以来，税收征管与实体企业通过物理联系紧密互联，常设机构是国际社会普遍认可的国际税收课税规则，是国际税收中一国拥有征税权的门槛。在各国流转税制度体系中，其课税方式和环节往往与非居民企业在境内设立的营业机构、场所，或者进口商、营业代理人等中介性机构相关联。针对非居民纳税人在境内的营业活动，大部分国家所得税法通常规定，对跨国所得行使来源地税收管辖权的依据在于在来源国境内设有营业活动的机构、场所或设有营业代理人等，并将其构成某种物理性的课税联结点。

但随着数字经济的不断发展，新兴商业模式不断推陈出新，跨国企业对价值链进行全球化整合的过程中，交易双方的合约达成已不再需要借助实体介质实现，而是通过数字经济下的云计算、云服务以及电子货币等虚拟介质即可实现，"去实体化"（de-materialization）、脱离"物理存在"已经成为数字经济商业模式发展的演进趋势。非居民企业一般通过承担核心业务功能的数字化媒介和虚拟实体，无须在数字化产品或服务的交易对方所在国境内设立实体性的营业机构、场所或委托营业代理人等交易中介，便可以达到在任意目的国市场销售其数字化产品或服务，进而获得跨境营业利润的目的。这些高度数字化的商业模式体现出以下三类特征：一是大规模的无实体的跨境经营减少了可归属营业利润征税权的辖区数量，从而随着时间的推移会影响征税权的分配；二是高度依赖于无形资产破坏了跨国企业集团从其不同部分取得无形资产的所得分配规则，为将所得归属于低税或无税实体创造了机会和不确定性；三是数据和用户参与给现行联结度和利润分配规则带来了挑战，特别是在利用数据和用户为生产内容高度数字化的企业在用户所在辖区没有或者几乎没有应税存在的情况下。数字经济交易模式显然突破了既往实质性课税联结点的构成要件，税收问题随之而来，依传统税收征管规则，来源国已无权主张行使来源地税收管辖权。数字经济给税收带来了颠覆性的影响。

2. 数字经济对税基侵蚀和利润转移提出挑战

在数字经济模式下，无形资产的流动性、集团服务的集中化与远程化、产品或服务提供的网络化与虚拟化，摆脱了传统经济模式下价值实现对于所得来源国和居民国的高度依赖性，也增强了纳税主体的避税动机。为达到向位于低税或无税地区的关联实体倾斜性地分配利润的目的，跨国数字企业一方面利用各种无形资产转让定价规则工具如专利授权许可、成本分摊协议等，转移其无形资产及相关权利到那些位于低税或无税地区的关联实体；另一方面，对从事实质性商业活动的、身处正常税负国家的关联实体进行重组，使之成为仅具单一功能且不承担风险的合约研发商或制造商，其所参与分配的利润亦非常有限，从而进一步加剧税基侵蚀和利润转移。数字经济的特征加剧了激进税收筹划的风险。

3. 数字经济对税收征管模式提出新课题

数字经济带来的双重征税和双重不征税等窘境使税收征管进退维谷,来源国和居民国政府都对这种跨国企业的业务是否征税、如何征税缺乏确定性,且按照现行国际税收规则,数字跨国企业利用转让定价规则来避税往往不是个案。如星巴克国际咖啡连锁公司,2009—2012年间在英国拥有的735家门店,营业收入高达30亿英镑但却没缴一分钱的税,其关键点在于星巴克利用了"爱尔兰—荷兰三明治"这种避税模式,且国际知名数字公司易趣(eBay)、苹果、谷歌等都在使用,给各国税收征管带来了极大的困难。

同时,更多国家开始采取征收数字服务税行动作为短期单边措施,以解决国内面临的税基侵蚀问题。如法国开征数字税,对全球年收入在7.5亿欧元及以上且来源于法国境内收入达2 500万欧元的数字企业,按3%的税率征收数字税,征税范围是数字交易,主要针对数字广告及跨境数据流动。表5.2为部分已开征数字税的国家,新加坡、泰国、印度尼西亚等东南亚国家也纷纷考虑或正在内部积极研究和征求意见,拟未来开征数字服务税或其他类似的数字税。全球各国数字服务税单边措施的纷纷出台,凸显了就数字经济的征税方案达成共识、避免国际贸易摩擦和税收争议的迫切性。

表5.2 部分开征数字服务税的国家一览表

国家	税种名称	税率	现状	国家	税种名称	税率	现状
法国	数字服务税	3%	开征	印度	衡平税	2%、6%	开征
意大利	网络税	6%	开征	匈牙利	数字服务税	7.5%	开征
英国	数字服务税	2%	开征	菲律宾	货物和劳务税	12%	开征
澳大利亚	商务及服务税	10%	开征	马来西亚	数字服务税	6%	开征

二、数字经济征税方案草案的主要内容

为应对数字经济带来的挑战,实现经济活动发生地和价值创造地参与数字企业利润分配的目标,着眼于税收中性和税收公平等原则,OECD等国际组织进行了诸多尝试和努力。2019年5月,OECD发布《制定应对经济数字化税收挑战共识性解决方案的工作计划》,明确了应对数字经济税收挑战的两大支柱:支柱一集中于税收管辖权的分配,旨在解决数字经济带来的更为宽泛的挑战,确保最大的跨国公司(包括数字公司)方面在国家之间更公平地分配利润和征税权。它将把跨国公司的一些征税权从母国重新分配到它们开展业务活动并赚取利润的市场国,无论该公司在那里是否有实体存在。支柱二则集中于悬而未决的税基侵蚀和利润转移(BEPS)问题,设计构建全球最低税税制,各国可以用来保护税基,从而为企业所得税的竞争设置底线。

1. 支柱一的主要内容

(1)范围

根据目前的方案,纳入支柱一范围内的公司是全球营业额超过200亿欧元且盈利能力超过10%（即税前利润/收入）的跨国企业。等到支柱一正式生效实施7年后，将进行审查（不超过一年），看营业额门槛是否降低至100亿欧元。行业不包括采掘业和受监管的金融服务业。

（2）联结度

范围内的跨国公司，需要与市场国达到一定的联结度，市场国才可以参与剩余利润的分配。这个联结度标准目前确定为跨国企业从该司法管辖区获得至少100万欧元的收入。对于国内生产总值低于400亿欧元的较小司法管辖区，联结度将设定为25万欧元。

（3）限量标准

对于范围内的跨国企业，该方案规定跨国公司超过收入10%的利润视同剩余利润，而跨国公司需要将剩余利润的20%～30%作为金额A，用于分配给构成联结度的市场管辖区。分配时，将该跨国公司市场国实现的销售收入作为分配因子。

举个简单的例子，如集团的整体实际营业利润率为12%，其中集团X%的营业利润应被视为常规利润，是对集团内各公司的常规功能的合理回报。假设各国就"X% = 10%"达成一致意见，则该集团的非常规利润为2%（12% - 10%）。非常规利润中一部分是对营销型无形资产等与市场有关因素的回报，一部分是对技术型无形资产等其他因素的回报，故只有非常规利润中的一定比例（Y%）可重新向市场国分配。假设各国就"Y% = 20%"达成一致意见，则该集团应向市场国分配的非常规利润率Z%为0.4%（2%×20%）。集团总收入的0.4%应在全球市场国进行分配，包括那些没有设立任何实体的市场国。

然后，全球符合联结度条件的市场国，须基于一定分配因子确定各市场国可分得的金额A，再对本国所分得的部分征税。如确定分配因子为集团在市场国实现的当地收入，则

$$\begin{aligned}某市场国应分得的非常规利润 &= 金额A \times 集团市场国收入 \div 集团全球收入\\&= 集团全球收入 \times 0.4\% \times 集团市场国收入 \div 集团全球收入\\&= 集团市场国收入 \times 0.4\%\end{aligned}$$

（4）收入来源地确认原则

收入来源地确认原则将确定使用或消费商品或服务的终端市场管辖区。为促进这一原则的应用，将针对特定类别的交易制定详细的来源规则。在应用采购规则时，跨国企业必须根据跨国企业的具体事实和情况使用可靠的方法。

（5）税基确定

范围内跨国企业的相关损益计量将参照财务会计收入确定，并做少量调整，损失可以结转，用以后年度的利润弥补。

（6）营销和分销利润安全港

如果范围内跨国公司的剩余利润已经在市场管辖区征税，营销和分销利润安全港将通过A金额限制分配给市场管辖区的剩余利润。安全港设计的进一步工作正在进行，包括考虑综合范围。

（7）消除双重征税

分配给市场管辖区的利润可能导致双重征税，各国将使用免税或抵免法予以免除。承担纳税义务的实体将从赚取剩余利润的实体中提取。

（8）税收确定性

范围内的跨国企业将受益于争议预防和解决机制，该机制将以强制性和有约束力的方式避免金额A的双重征税，包括与金额A相关的所有问题（例如转让定价和营业利润争议）。对是否涉及金额A的争议将采取强制性、约束性的方式解决，不耽误实质性争议预防和解决机制。

对于有资格推迟BEPS第14项行动计划的同行审议，且没有或很少发生MAP争议的发展中经济体，将考虑针对与金额A相关的问题制定选择性的有约束力的争议解决机制。

（9）金额B

独立交易原则在国内基准营销和分销活动中的应用将得到简化和精简，将特别关注低能力国家的需求。金额B这项工作将于2022年底完成。

税务合规性将得到简化（包括申报义务），并允许跨国公司通过单一实体流程管理。该一揽子计划将在新国际税收规则的应用与所有公司的所有数字服务税和其他相关类似措施的取消期间提供适当的协调。用于实施金额A的多边文书将于2022年制定并发放，供各国选择签署，金额A的方案将于2023年生效。

2. 支柱二的主要内容

支柱二包括：（1）两个相互关联的国内规则［连同全球反税基侵蚀规则（GloBE）］：①收入纳入规则（IIR），就组成实体的低税收入对母公司征收附加税；②低税支付规则（UTPR），该规则拒绝扣除或要求对组成实体的低税收收入根据IIR征税。（2）一个基于税收协定的规则［应予征税规则（STTR）］，允许来源地管辖区对低于最低税率的某些关联方付款征收有限的来源税。

根据现有的方案，各国可以选择是否采用GloBE规则，一旦选择采用，他们将需要根据包容性框架确定的原则和方式予以实施。最低税的税率预计将不低于15%。

（1）范围

GloBE规则将适用于满足BEPS第13项行动计划（国别报告）确定的7.5亿欧元门槛的跨国公司。当然，各国可以不使用这个门槛，将IIR应用于总部设在本国的所有跨国公司。

作为跨国企业集团的最终母公司的政府实体、国际组织、非营利组织、养老基金或投资基金以及此类实体、组织或基金使用的任何控股工具不受GloBE规则的约束。

（2）规则设计

IIR根据自上而下的方法补足最低税，对于低于80%股权的情形，则须遵守所有权分割规则。UTPR根据商定的方法从低税组成实体（包括位于最终母公司管辖范围内的实体）分配补足税。

(3) 有效税率(ETR)计算

GloBE 规则将使用有效税率测试征收附加税,该税率测试是根据管辖范围计算的,并使用涵盖税的通用定义和参考财务会计收入确定的税基。就现有的分配税制度而言,如果收益在 3 至 4 年内分配并按高于最低税率的水平征税,则不会产生额外的税收责任。

(4) 最低税税率

用于 IIR 和 UTPR 的最低税率将不低于 15%。

(5) 剔除

GloBE 规则将规定一个公式化的剥离,将排除至少有形资产和工资账面价值 5%(在 5 年的过渡期内,至少为 7.5%)的收入金额。GloBE 规则还将规定最低限度的排除。

(6) 简化

为确保 GloBE 规则的管理尽可能有针对性,并避免与政策目标不成比例的合规和管理成本,实施框架将包括安全港和(或)其他机制。

(7) 与全球无形资产低税所得(GILTI)共存

同意支柱二根据管辖范围应用最低税率。在这种情况下,将考虑美国 GILTI 制度与 GloBE 规则共存的条件,以确保公平的竞争环境。

(8) 其他排除

GloBE 规则使用《OECD 协定范本》对国际运输收入的定义,规定排除国际运输收入。

(9) 应予征税规则(STTR)

包容性框架成员认识到 STTR 是在发展中国家就支柱二达成共识的一个组成部分。包容性框架成员如果在协定中对利息、特许权使用费和其他收入适用低于最低税率水平的税率的,则根据包容性框架的要求适时将实施 STTR 纳入与发展中国家的双边条约。

征税权将限于最低税率和目前确定的税率之间的差额。STTR 的最低税率为 7.5% 至 9%。

(10) 执行

包容性框架成员将同意并发布实施计划。支柱二应于 2022 年成为法律,并于 2023 年生效。

实施计划将包括：① 具有适当机制的 GloBE 模型规则,以促进随着时间的推移协调包容性框架成员已实施的 GloBE 规则,包括可能为此目的制定多边工具。② STTR 示范条款和多边文书,以促进包容性框架成员采用。③ 过渡性规则,包括推迟实施 UTPR 的可能性。

三、数字经济征税方案对我国的影响

无论是支柱一还是支柱二,一旦执行,对我国"引进来"和"走出去"的大型跨国公司,都将带来深远的影响。据 OECD 测算,"统一方法"将给我国带来更多的税收,但这个结论的得出是基于 OECD 目前所能取得的各种数据,实际情况是否和 OECD 测算的一样还须

进行更加详细的研究。另外，以双支柱为主要组成部分的新的国际规则一旦确定，将会带来各国新一轮国内法的修改与完善，我国如何建立与此相适应的国内法，保护我国的税基不受侵蚀的同时增强国际税收竞争力，更是一个需要重点研究的课题。

1. 支柱一对我国企业和税收的影响

（1）范围和门槛的影响

数字经济征税方案从最初的只针对高度数字化的企业，发展到如今的适用于几乎所有行业的企业（仅排除了采掘业和金融服务业），其范围已经发生了深刻的变化。如果说当初仅针对高度数字化的企业的方案对我国的影响较为有限的话，如今的支柱一涵盖的范围之广，对我国的影响之深，已引起社会各界的广泛关注和跟进研究。

将众多行业的企业纳入范围，对我国的影响是多方面的。首先，我国作为进口大国和跨国集团的重要投资目的地，我国消费者每年消费大量奢侈品和高附加值产品，从这个角度来看，预计新规则可增加我国对某些欧美跨国集团的税收。但是，由于关税的影响，奢侈品在国内的价格偏高，导致很多国人在出国旅游时在境外大量采购奢侈品，这部分消费额是否能归入我国的征税范围，取决于能否根据产品或服务的最终使用或消费地确定所得来源地。虽然在前面的讨论中，OECD秘书处认为应根据产品和服务的最终使用或消费地确定收入来源地规则更符合新联结度规则的政策目标，但最终使用或消费地往往难以观察，且不同的商业模式会有很大差异，需要一套较为完备的征管措施才能实现。

其次，我国作为制造业大国，大量出口面向个人消费者的产品，如服装鞋帽、家居装饰品等。经初步判断，我国对外出口面向消费者的产品的企业多数规模有限，利润水平低，可能不会受到新规则的影响。2020年世界500强企业名单中，中国企业（含港澳台企业）133家，其中石油石化、有色金属、黑色金属等采掘冶炼行业，银行、保险等金融业，主要服务于国内的基础设施、房产地、公用事业行业，大型机械制造业等可能不在适用范围内的行业企业占据了多数席位。有可能被纳入新规则适用范围的主要是一些数字经济企业、汽车制造企业、个人电脑和家用电器生产企业、线下零售商等。但相关企业是否受新规则影响，还受其利润率水平和跨境经营规模等因素的影响。

（2）联结度规则的影响

根据OECD发布的报告，对于范围内的超过收入门槛的跨国企业，将根据其与市场管辖区之间"重要且持续的参与"的指标建立一个新的联结度规则。

跨国企业在市场管辖区进行了"重要且持续的参与"的一个主要证据是其在数年内从该市场管辖区取得了范围内的收入。收入门槛值将与市场规模相匹配，但是最低收入额门槛将适用所有市场，无论大小。对于销售收入这一基本指标的设计，OECD建议采用市场国的销售收入占市场国GDP的比重这一相对值指标，目的在于维护中小经济体的税收利益。然而，中国是世界第二大经济体，很可能会出现某跨国集团在中国实现了巨额销售收入，但其占我国GDP的比重却未达到OECD确定的联结度门槛的情况，影响我国的税收权益。

(3) 潜在双重征税和运行机制的影响

目前的方案下,金额 A 通过利润分配机制分配至市场国,但企业就金额 A 可能已经在某个国家(地区)交税,导致双重征税,这就需要一套完备的争端解决机制来配套。支柱一能够得以顺畅地运行实施,不仅需要一个可操作性较强的方案,对各类定义、范围、实施细节予以明确,而且还需要一个相当复杂的多边消除重复征税的机制。在方案的讨论过程中,多国对于如何实施有效征管表示担忧。OECD 曾考虑是否可以借鉴欧盟对于在线服务的统一申报机制(MOSS),并通过各国的财政支付实现税款的转移,这样可以大大减轻跨国公司到各个市场国申报纳税的负担。但是,这样的一个机制想要得以运行,需要一个强有力的国际组织,并建立一整套财政收入、税收管理、跨境支付的协调机制。在目前各国税制差异较大、征管水平参差不齐的情况下,协调机制的运转将面临重重困难,可能面临税收管辖权的让渡,也会对我国实施日常的税收管理带来影响。

2. 支柱一对现行转让定价规则的影响

(1) 支柱一剩余利润的确定与价值驱动因素的分析

在现行转让定价框架下,得益于税基侵蚀和利润转移(BEPS)行动计划的影响,价值链分析得到广泛应用,尤其是在使用利润分割法时,价值链分析可以帮助梳理和识别企业集团经营过程中的核心价值驱动因素,并据此判断核心价值驱动因素所带来的非常规利润的归属。

剩余利润通常指企业通过非常规活动(如与核心价值驱动因素相关的业务活动)而获得的非常规利润。非常规活动包含多种业务活动,在数字经济下这些非常规活动有些属于与市场国征税权相关的活动(如用户、数据或其他市场因素),也有些并不属于与市场国征税权相关的活动(如核心技术和资产等)。尽管"统一方法"下将采用一个简化的方式来确认新征税权下需要分配至各市场国的剩余利润额,如使用一个获得各国一致同意的固定比例,但该比例仍应充分考虑不同行业、不同市场、不同业务线下价值驱动因素的差别,以及不属于市场国征税权的价值驱动因素及其比重。

(2) 支柱一的利润分配原则与 DEMPE

基于《OECD 转让定价指南》,无形资产可以分为营销型无形资产和交易型无形资产。同时,《OECD 转让定价指南》提出"承担无形资产开发、价值提升、维护、保护和利用(DEMPE)相关的重要价值创造功能的一方拥有无形资产的经济所有权,应依据独立交易原则对其所做出的贡献予以相应的补偿,而仅拥有无形资产法律所有权的一方并不能享有无形资产的收益"。作为 BEPS 行动计划在转让定价领域的无形资产收益权的核心观点之一,DEMPE 的概念受到各国的高度认可,并已开始在实践中应用。DEMPE 的概念强调在交易过程中交易方对无形资产执行的核心功能以及承担的风险,这也充分体现了对无形资产收益权的判定基于实质重于形式的原则。

数字经济的快速发展使很多企业突破了传统的经营模式,但实际场所的缺失使得利用 DEMPE 的理念判断企业对无形资产的贡献变得困难。市场国所拥有的用户以及用户产生的数据是否可以认为是市场国对营销型无形资产所做出的贡献,并继而让DEMPE理念得以使用,仍值得我们思考。

3. 全球最低税的影响

为了结束各国竞相压低企业税率的举措,进一步防范跨国公司的逃避税行为,确保税收公平,增加各国政府的财政收益,七国集团于2021年6月5日发表声明,支持把全球最低税率设为15%。原先一家公司利用低税地缴纳较少的税,一旦最低税体系实施,那它还需要回到居民国补足低于15%的差额部分。目前已有130多个国家(地区)表示支持把全球最低税率设为15%。如果说支柱一突破了原有的国际税收规则,将给企业的运营和纳税遵从带来深远影响,那么这个新规则的影响面还仅仅限于达到一定规模的范围内企业。支柱二中的全球最低税体系的影响面更广,会给各国和企业带来更强的约束力,还会影响各国的国内法。支柱二旨在打击遗留的BEPS问题,以收入纳入规则和低税支付规则为主要措施,保证跨国公司在全球范围内的税负达到最低水平,遏制各税收管辖区有害的税收逐底竞争。从目前的方案来看,支柱二提案逐渐从解决BEPS遗留问题演化为设计构建全球最低税税制体系。该体系的特征表现为:一是以统一税基和统一税率为途径;二是以收入纳税规则和低税支付规则相互捆绑为主要手段。如果该提案得以实施,会对解决BEPS遗留问题有所帮助,但是,由于难以有机融入现行国际税收框架体系,会使不存在BEPS问题的国家(地区)和企业受到约束,产生诸多问题。

参 考 文 献

［1］范坚,姜跃生.国际反避税实务指引［M］.南京：江苏人民出版社,2012.

［2］郭心洁,王学浩.后 BEPS 时代：转让定价中的价值链分析［J］.国际税收,2016(12)：16-20.

［3］中国国际税收研究会课题组.转让定价与企业价值创造税收问题研析［J］.国际税收,2016(9)：34-39.

［4］国家税务总局."走出去"税收指引(2019 年修订版)［EB/OL］.［2021-10-11］. http://www.chinatax.gov.cn/chinatax/n810219/n810744/n1671176/n2884609/c2884646/content.html.

［5］OECD. Statement on a two-pillar solution to address the tax challenges arising from the digitalisation of the economy［EB/OL］.［2021-12-23］. https://www.oecd.org/tax/beps/statement-on-a-two-pillar-solution-to-address-the-tax-challenges-arising-from-the-digitalisation-of-the-economy-july-2021.pdf.

［6］OECD. International compliance assurance programme-handbook for tax administrations and MNE groups［EB/OL］.［2021-12-23］. https://www.oecd.org/tax/forum-on-tax-administration/publications-and-products/international-compliance-assurance-programme-handbook-for-tax-administrations-and-mne-groups.pdf.

［7］OECD. Joint audit 2019-enhancing tax co-operation and improving tax certainty［EB/OL］.［2021-12-23］. https://read.oecd-ilibrary.org/taxation/joint-audit-2019-enhancing-tax-co-operation-and-improving-tax-certainty_17bfa30d-en#page1.

［8］OECD. Mutual agreement procedure statistics for 2019［EB/OL］.［2021-10-11］. https://www.oecd.org/tax/dispute/mutual-agreement-procedure-statistics.htm.

［9］OECD. Statement on a two-pillar solution to address the tax challenges arising from the digitalisation of the economy［EB/OL］.［2021-12-23］. https://www.oecd.org/tax/beps/statement-on-a-two-pillar-solution-to-address-the-tax-challenges-arising-from-the-digitalisation-of-the-economy-october-2021.pdf.

［10］OECD. Standard for automatic exchange of financial account Information in tax matters：implementation handbook (second edition)［EB/OL］.［2021-12-23］. https://www.oecd-ilibrary.org/docserver/9789264267992-en.pdf?expires=1640249838&id=id&accname=guest&checksum=1A02C4283DECA8D64A969D86616CFAF7.